D1694714

Trio 8

Geschichte/Sozialkunde/Erdkunde

Hauptschule Bayern

Autoren:
Thomas Bauer, Möhrendorf
Walther Grosser, Wilhermsdorf
Evelyn Kuchler, Regensburg
Rudolf Kunz, Neustadt/Waldnaab
Renata Libera, München
Astrid Senft, Altenschneeberg
Herbert Wagner, Amberg

Schroedel®

Mit Beiträgen von

Norbert Autenrieth, Cadolzburg
Christa Jodelsberger, Geretsried
Franz Kiefersauer, Wolfratshausen
Günter Reinhart, Wendelstein
Volkmar Weinhold, Neunkirchen a. S.

Auf diesen Seiten erhältst du Anregungen zu selbstständigem Arbeiten. Zudem werden hier fachspezifische Arbeitsweisen eingeführt.

Diese Seiten enthalten die höheren Anforderungen für den Mittlere-Reife-Zug. Das Lernen ist hier gekennzeichnet durch eine stärkere Differenzierung, eine inhaltliche Ausweitung sowie eine stärkere methodische Kompetenz.

Zum Abschluss der jeweiligen Kapitel findest du auf diesen Seiten Hilfen, um das Gelernte zu wiederholen, einzuüben, anzuwenden und zu vertiefen.

© 2005 Bildungshaus Schulbuchverlage
Westermann Schroedel Diesterweg Schöningh Winklers GmbH, Braunschweig
www.schroedel.de

Das Werk und seine Teile sind urheberrechtlich geschützt. Jede Nutzung in anderen als den gesetzlich zugelassenen Fällen bedarf der vorherigen schriftlichen Einwilligung des Verlages. Hinweis zu § 52a UrhG: Weder das Werk noch seine Teile dürfen ohne eine solche Einwilligung gescannt und in ein Netzwerk eingestellt werden. Dies gilt auch für Intranets von Schulen und sonstigen Bildungseinrichtungen.
Auf verschiedenen Seiten dieses Buches befinden sich Verweise (Links) auf Internet-Adressen. Haftungshinweis: Trotz sorgfältiger inhaltlicher Kontrolle wird die Haftung für die Inhalte der externen Seiten ausgeschlossen. Für den Inhalt dieser externen Seiten sind ausschließlich deren Betreiber verantwortlich. Sollten Sie bei dem angegebenen Inhalt des Anbieters dieser Seite auf kostenpflichtige, illegale oder anstößige Inhalte treffen, so bedauern wir dies ausdrücklich und bitten Sie, uns umgehend per E-Mail davon in Kenntnis zu setzen, damit beim Nachdruck der Verweis gelöscht wird.

Druck A^6 / Jahr 2014
Alle Drucke der Serie A sind im Unterricht parallel verwendbar.

Umschlag: Janssen Kahlert Design & Kommunikation, Hannover
Zeichnungen: B. Müller, Bartensleben
Karten, Grafiken: Freier Redaktionsdienst, Berlin; Heidolph, Kottgeisering
Satz: O & S Satz GmbH, Hildesheim
Druck und Bindung: westermann druck GmbH, Braunschweig

ISBN 978-3-507-**36053**-2

Inhaltsverzeichnis

1 Europa

■ Europa im Überblick
Lagen und Grenzen Europas 10
Die naturräumliche Grobgliederung Europas 12
Die politische Gliederung Europas 14
- Klima- und Vegetationszonen Europas 16
- Unterschiedliches Leben in Nord- und Südeuropa 18
- Auswerten eines Kartogramms: Wirtschaftsleistung in Europa . 20
- Nachrichten auswerten und räumlich einordnen 22

■ Binnenmarkt Europa
Wirtschaft und Handel in Europa 24
- Ergebnisse in einer Galerie präsentieren:
  die Nahrungsmittelindustrie in Frankreich 26
Industrie im Westen Europas: Frankreich 28
Rohstoffe aus dem Norden Europas 30
Tourismus im Süden Europas: Urlaubsziel Costa Blanca 32
Wirtschaftliche Entwicklung in Osteuropa:
  das Beispiel Tschechien 34
Ungleichheiten in Europa 36
- Die gemeinsame Währung – eine verbraucherfreundliche
  Maßnahme 38
- Waren und Verkehrsströme quer durch Europa 40
- Schüler begegnen in ihrem Alltag Europa – ein Projekt 42

Trio-Kompakt
- Wir werten Informationen zu Großbritannien aus 44
- Die Staaten Europas und ihre Lage 46

2 Industrielle Revolution und nationale Einheit

■ Merkmale der industriellen Revolution
Deutschland um 1800: Leben in einer Agrargesellschaft 50
Der Beginn des Maschinenzeitalters 52
Revolution durch Maschinen 54
Wandel der Arbeits- und Lebenswelt 56
Die Lage der Arbeiter im 19. Jahrhundert 58
- Wir setzen Quellenmaterial in Spielszenen um 59
Ansätze zur Lösung der sozialen Frage 60

■ Die nationale Einheit
- Liberale und nationale Ideen 62
Die deutsche Revolution von 1848/49 64
Gründung des Deutschen Reiches 1871 66

Trio-Kompakt
- Industrielle Revolution und nationale Einheit 68

3 Deutschland – ein Sozialstaat

■ Streben nach sozialer Gerechtigkeit
Ausgleich sozialer Gegensätze 72
Soziale Sicherheit: Sicherung des Daseins 74
Geschichte des Sozialstaats 76

■ Prinzipien der sozialen Sicherung
Soziale Sicherung durch Versicherungen 78
Soziale Sicherung durch Versorgung 80
Soziale Sicherung durch Fürsorge 82
Wir werten Grafiken und Statistiken zum Sozialstaat aus 84

■ Alterssicherung als sozialpolitische Herausforderung
Lebenssituationen von Senioren 86
Der Generationenvertrag 88
Eigenverantwortung des Bürgers 90
Altersvorsorge in anderen Ländern 91

Trio-Kompakt
Prinzipien des Sozialstaats 92
Grenzen des Sozialstaats 93

4 Boden und Ernährung

■ Boden als Nutzfläche
Wie der Mensch den Boden nutzt, gefährdet und schützt 96
Das Beispiel Wohnen 98
Das Beispiel Verkehr 100
Das Beispiel Industrie 102
Naturnahe Gestaltung eines Schulhofes – ein Beispiel 104

■ Boden als Ernährungsgrundlage in Deutschland
Wandel in der Landwirtschaft 106
Folgen der „industriellen" Landwirtschaft für den Boden 110
Chancen der nachhaltigen Landwirtschaft für den Boden 112
Erkundung eines landwirtschaftlichen Betriebes 114

■ Boden als Ernährungsgrundlage in der Welt
Menschen leben im Überfluss – Menschen leiden Hunger .. 116
Wege aus der Ernährungskrise: das Beispiel Indien 120
Wege aus der Ernährungskrise: das Beispiel Ruanda 122
Lässt sich der Hunger besiegen? 124

Trio-Kompakt
Bodenschutz als Aufgabe 126
Boden als Ernährungsgrundlage der Welt 127

Inhaltsverzeichnis

5 Imperialismus und Erster Weltkrieg

Rivalitäten unter den europäischen Nationalstaaten
Großbritannien: Die Idee einer britischen Vorherrschaft 130
Die imperialistische Politik Deutschlands 132
Aufteilung der Welt in Kolonialreiche 134
Wettlauf um „herrenlose" Gebiete 136
Die Kolonialisierung aus unterschiedlichen Perspektiven 138
  Wir berichten über die Kolonialisierung aus Sicht der Einheimischen 139
Rivalität unter den Großmächten 140
Der Weg in den Krieg 142
Verlauf und Ende des Krieges 144
  Wir rekonstruieren menschliche Schicksale im Krieg 146

Trio-Kompakt
  Imperialismus und Erster Weltkrieg 148
  Die Diskussion um die Kriegsschuldfrage 149

6 Demokratie und NS-Diktatur

Die Weimarer Republik
Vom Kaiserreich zur Republik 152
Die Republik setzt ihr Fundament 154
Deutschlands erste demokratische Verfassung 156
Belastungen der Republik: der Vertrag von Versailles 158
Belastungen der Republik: politische Gegner 160
Belastungen der Republik: wirtschaftliche Krisen 162
Erfolge der Republik 164
Das Ende der Demokratie 166

Von der Machtergreifung zur Diktatur
Deutschlands Weg in die Diktatur 168
Machtsicherung durch Gleichschaltung 172
  Machtsicherung durch Propaganda und Terror 176
  Beeinflussung der Jugend 178
Machtsicherung durch Verfolgung politischer Gegner 180

Alltag zwischen Akzeptanz und Widerstand
Wir sind wieder wer! 182
Arbeit und Brot für alle – ein „Erfolg" 184
Zwischen Anpassung und Widerstand 186
Widerstand in Deutschland 188
  Sophie Scholl, Beispiel einer Widerstandskämpferin 190

Außenpolitik und Zweiter Weltkrieg

Die nationalsozialistische Außenpolitik 1933–1939 192
Revision des Versailler Vertrags 194
Schaffung eines Großdeutschen Reiches 196
„Lebensraum im Osten": Der Weg in den Zweiten Weltkrieg ... 198
Der Zweite Weltkrieg 1939–1945: Beginn und Verlauf 200
Der Zweite Weltkrieg: ein Vernichtungskrieg 202
8. Mai 1945: Kapitulation oder Befreiung? 206
   m Der 8. Mai 1945 – ein „denkwürdiger" Tag 207

Terror und Völkermord

Eine unmenschliche Rassenlehre 208
   m Die Geschichte der Juden – eine Geschichte ständiger
      Verfolgung 209
Die Entrechtung der jüdischen Bevölkerung 210
Die Ermordung der Juden in Europa 212
Die Behandlung der „fremden Völker" in Osteuropa 216
   a Filmmaterial auswerten und vergleichen 218

Trio Kompakt
   w Weimarer Republik und NS-Diktatur 220

7 Demokratie in Deutschland

Mehrparteiensystem

Politische Parteien 224
Aufgaben der Parteien 226
   a Wir untersuchen Wahlplakate 228

Wahlen auf Bundesebene

Ausübung der Volkssouveränität durch Wahlen 230
Der Bundestag – das Herzstück der Demokratie 232

Entscheidungsprozesse in der parlamentarischen Demokratie

   m Wichtige Institutionen der deutschen Demokratie 234
Die Staatsorgane und ihr Zusammenwirken 236

Trio Kompakt
   w Demokratie in Deutschland 238

8 Deutschland – ein Bundesstaat

■ Föderalismus in Deutschland
Deutschland – ein Bundesstaat 242
  Vielfalt und Einheitlichkeit im Bundesstaat Deutschland 244
Die Aufgabenverteilung im Bundesstaat 246
  Zusammenwirken von Bund und Ländern 246
  Unterschiedliche Interessen zwischen Bundesrat
  und Bundestag.. 247

Freistaat Bayern
  Bayern – ein Land mit politischer Tradition 248
Die Regierungsbildung in Bayern 249
Die Stimme abgeben – und sie trotzdem behalten 250
  Lesen und Auswerten eines Artikels aus der
  bayerischen Verfassung..................................... 250
  Wir werten einen Zeitungsbericht zur Landespolitik aus 251

Trio Kompakt
  Deutschland – ein Bundesstaat 252

Register... 254

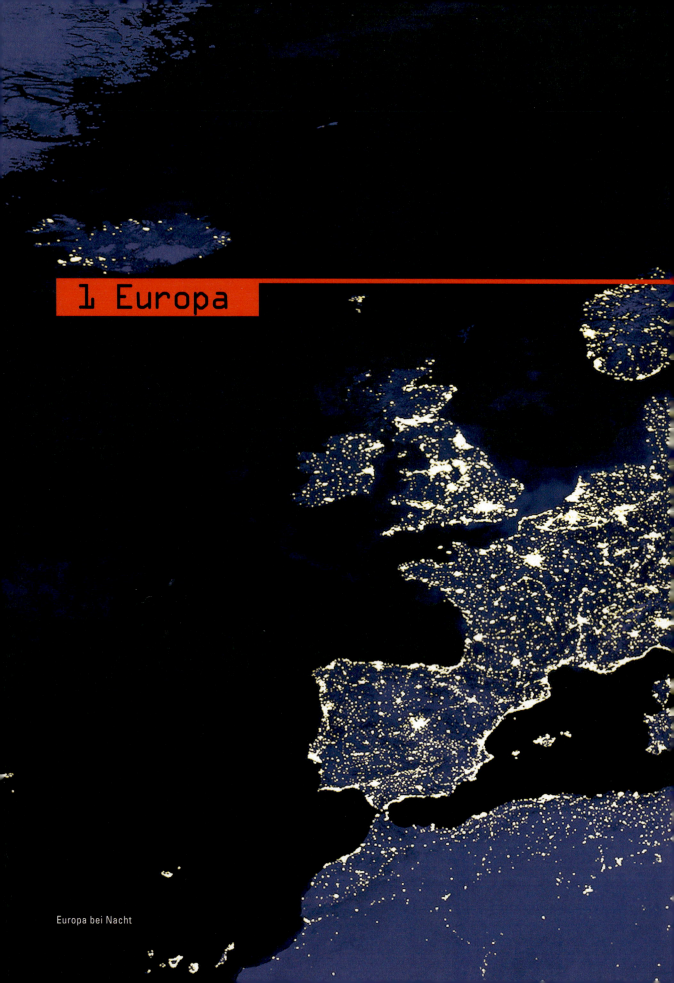

1 Europa

Europa bei Nacht

9.1 Auf der Brenner-Autobahn

9.2 Flaggen vor dem Europa-Parlament in Straßburg

1 Europa

Lage und Grenzen Europas

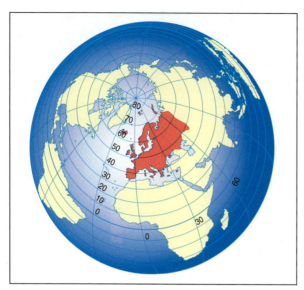

10.1 Die Lage Europas auf der Erde

Wo auf der Erde liegt Europa?
Der Kontinent Europa liegt auf der Nordhalbkugel. Wenn du allerdings Europa auf der Weltkarte (Abb. 10.1) betrachtest, so kommen Zweifel auf, ob Europa überhaupt ein eigener Kontinent ist. Europa wirkt wie ein „Anhängsel" Asiens im Westen. Zusammen mit Asien bildet es die größte Landmasse und wird auch als Eurasien bezeichnet. Im Westen grenzt es an den Atlantik und im Süden liegt das Mittelmeer zwischen ihm und dem Kontinent Afrika.

Woran erkennt man Europa?
Europa zeigt sich auf der Weltkarte als ein eher „zerrissener" und reich gegliederter Kontinent. Das Festland Europas bildet die Form eines Keils, der sich von Westen nach Osten erstreckt und sich nach Asien hin zunehmend verbreitert. (In Abb. 10.2 ist dieser Keil gelb eingefärbt.)
An seinem Umriss hängen Halbinseln. Zusammen mit zahlreichen vorgelagerten Inseln nehmen sie etwa ein Drittel der Landmasse Europas ein und schließen zahlreiche Meeresbuchten ein. Typische Halbinselformen wie der „Stiefel Italien", der „skandinavische Hund" oder die „Faust Iberien" (Abb. 10.3) geben Europa sein unverkennbares Aussehen.

Wäre Europa bei gleicher Fläche kreisrund, so würde sein Umfang nur rund 10 000 km betragen; tatsächlich macht der Umfang aber 87 000 km aus. Diese starke Zergliederung führt dazu, dass in Europa kein Ort im Durchschnitt weiter als 300 bis 500 Kilometer vom Meer entfernt liegt.

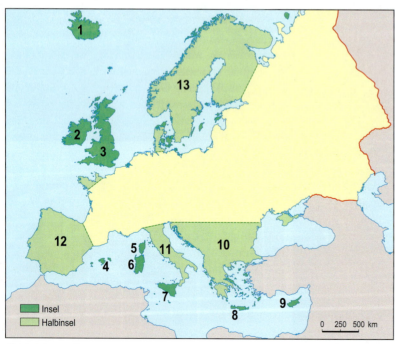

10.2 Inseln und Halbinseln in Europa

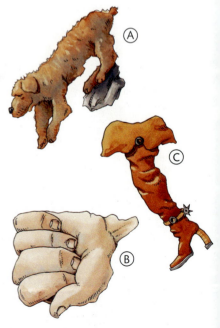

10.3

Europa im Überblick

Wo sind die Grenzen Europas?

Das Festland Europas liegt zwischen dem 35. und 70. Breitengrad und zwischen dem 10. westlichen und dem 60. östlichen Längengrad. Um Europa von Norden nach Süden oder von Osten nach Westen zu durchqueren, bräuchte man mit dem Auto jeweils fünf bis sechs Reisetage.

Im Norden und Westen lässt sich Europa gegen das Europäische Nordmeer und den Atlantischen Ozean leicht abgrenzen. Im Süden bildet wiederum das Mittelmeer eine deutliche Grenze zu Afrika. An der Straße von Gibraltar stoßen die zwei Kontinente bis auf wenige Kilometer aneinander. Das Schwarze Meer und das Kaspische Meer bilden im Süden und Südosten bereits die Grenze zwischen Europa und Asien. Im Osten schließlich wird es schwierig mit der Grenzziehung Europas. Das Uralgebirge und der Fluss Ural gelten hier als Grenze Europas.

Steckbrief Europa	Stand 2002
Fläche:	10 Mio. km² (Deutschland: 357 000 km²)
Einwohner:	793 Mio. (Deutschland: 82,5 Mio.)
Bevölkerungsdichte:	73 Ew./km² (Deutschland: 231 Ew./km²)
Größte Städte:	Paris (10,6 Mio. Ew.) Moskau (8,7 Mio. Ew.) Istanbul (8,3 Mio. Ew.) London (7,1 Mio. Ew.)
Längste Flüsse:	Wolga (3680 km) Donau (2840 km) Ural (2428 km)
Höchster Berg:	Montblanc (4808 m)
Größter See:	Ladogasee (18 130 km²)
Größter Gletscher:	Vatnajökull (8400 km²)

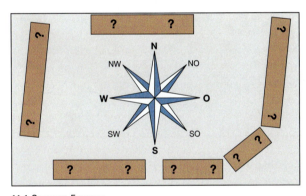

11.1 Grenzen Europas

AUFGABEN >>

1. Suche Europa auf dem Globus. Wie bist du bei deiner Suche vorgegangen?
2. Welche typischen Merkmale und Formen Europas haben dir bei deiner Suche auf dem Globus geholfen?
3. Erkläre den Begriff „Eurasien".
4. Benenne mithilfe des Atlas die Inseln und Halbinseln auf Abb. 10.2.
5. Spitzbergen, Island, Azoren und Kanarische Inseln gehören ebenfalls zu Europa. Suche sie in der Weltkarte und beschreibe ihre Lage. Zu welchem europäischen Land gehören sie jeweils?
6. Zeichne Abb. 11.1 ab und fülle die Kästchen mit den Grenzen Europas aus. Es helfen dir dabei die Angaben aus dem Text und die Europakarte.
7. In der 6. Jahrgangsstufe habt ihr gelernt, wie man eine eigene Bayern-Wandkarte erstellt. Zeichnet euch nun für dieses Kapitel eine entsprechende Europa-Wandkarte. Dabei ist es sinnvoll, dass ihr entlang der Küstenlinie, zum Beispiel im Nordwesten Skandinaviens, nicht jede kleine Insel einzeichnet, sondern hier verallgemeinert. Tragt in diese Karte die Inseln und Halbinseln aus Abb. 10.2 und die wichtigsten Meere und Meeresteile ein.
8. Durchschnittlich sind die Orte in Europa nicht weiter als 300 bis 500 Kilometer von der nächsten Küste entfernt. Welche Rückschlüsse kannst du aus dieser besonderen Lage auf das Klima ziehen?

Die naturräumliche Grobgliederung Europas

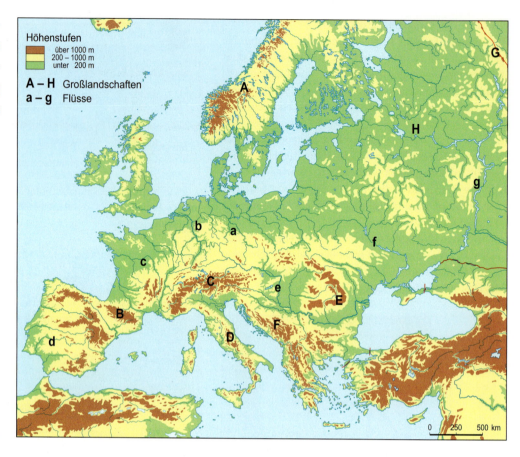

12.1 Großlandschaften in Europa

Europa ist in Großlandschaften gegliedert

Der relativ kleine Kontinent Europa weist einen großen Reichtum an landschaftlichen Formen auf.

Bei einem ersten Blick auf die Europakarte fallen dir zunächst die *Hochgebirge* auf. Besonders die Länder im südlichen Europa sind von hohen Faltengebirgen geprägt (> S. 13). Der höchste Berg Europas, der Montblanc, liegt in den Alpen. Das skandinavische Gebirge im Norden Europas ähnelt mit seinen schneebedeckten markanten Bergen und den tiefen Tälern teilweise den Alpen. Besonders eindrucksvoll zeigt sich dieses Gebirge an der Küste mit den zahlreichen vorgelagerten Inseln. Gletscher haben tiefe Täler ausgeschürft, die als vom Meer überflutete Buchten oder Fjorde weit in das Festland einschneiden.

Zwischen den Gebirgen Nord- und Südeuropas liegen die *Mittelgebirgslandschaften* und das *Tiefland*. Die Mittelgebirge erreichen Höhen zwischen 200 und 2000 Metern. Mit ihren meist bewaldeten Höhen sind sie in allen Regionen Europas vertreten. Das Tiefland finden wir in Mitteleuropa hauptsächlich um die Nord- und Ostsee. Es setzt sich nach Osten hin in das osteuropäische Flachland fort. Hier ist die Landschaft ziemlich eintönig. Tausende Kilometer lang sieht man auf der Fahrt nur baumloses Tiefland. Flache Hügel zeugen als Moränen von der Formung während der Eiszeiten. Die feinkörnigen Flugsandablagerungen am Rande der damaligen Gletscher bilden fruchtbare Böden, auf denen heute besonders in Ungarn und in der Ukraine auf endlosen Flächen Weizen angebaut wird.

AUFGABEN >>

1. Benenne in der Karte 12.1 mithilfe der Atlaskarte die Großlandschaften (A–H) und Flüsse (a–g) Europas.
2. Beschreibe die drei Landschaftstypen, die das Landschaftsbild Europas hauptsächlich prägen.
3. Übertragt die Großlandschaften und Flüsse in eure Europa-Wandkarte.

Europa im Überblick

Die Entstehung der unterschiedlichen Landschaften in Europa

Die Entstehung Europas lässt sich auf vier große Prozesse zurückführen:

Durch das Aufeinandertreffen der afrikanischen und europäischen Platte wurden Gebirge aufgefaltet. Markant erheben sich die Hochgebirge der Pyrenäen, Alpen und Karpaten. Sie bilden eine Hauptlinie der europäischen Faltengebirge. An den Plattengrenzen ist die Erde zudem äußerst unruhig. In Südeuropa, aber auch auf Island, zeigen sich die Kräfte aus dem Erdinneren in einem aktiven Vulkanismus und häufigen Erdbeben.

Fast überall in Europa haben die Eiszeiten Spuren hinterlassen. Ähnlich wie heute noch Grönland lag ganz Skandinavien unter einem mächtigen Eisschild. Die Gletscher drangen bis nach Mitteleuropa vor und formten die heute flachen, von Moränen und Hügeln durchsetzten Landschaften. Besonders in Finnland zeugen rund 50 000 Seen von der Formung durch die Gletscher. Auch die Alpen lagen unter einem gewaltigen Eispanzer, aus dem nur die höchsten Gipfel herausschauten. Die Gletscher stießen auch hier bis in die Vorgebirgsländer vor und schufen die typischen Moränenlandschaften mit den vielen Seen.

Heute unterliegen die Gebirge der Abtragung. Das losgelöste Material wird über die Flüsse in Richtung Meer transportiert. Wenn im Tiefland das Gefälle abnimmt und die Flüsse langsamer fließen, kommt es zur Ablagerung des mitgeführten Materials. Es entstehen fruchtbare Schwemmlandebenen.

An der Ost- und Nordsee arbeitet das Meer deutlich sichtbar an der Umformung der Küste. Besonders während großer Sturmfluten kam es zu Veränderungen an der Küstenlinie. Die Niederlande liegen teilweise sogar unter dem Meeresspiegel. Sie müssen daher ihr Land mit aufwändigen Deichanlagen vor dem Hochwasser schützen.

AUFGABEN >>

1. An der Landschaftsbildung in Europa sind vier unterschiedliche Prozesse beteiligt. Nenne und beschreibe sie kurz. Welche Landschaftsformen haben sie jeweils geschaffen?
2. Suche die in den Abb. 13.1–4 dargestellten Landschaften in der Europakarte und beschreibe ihre Lage (Himmelsrichtungen, Lage zu den Meeren, Flüsse oder Gebirge).
3. Betrachte die Abbildungen 13.1–4. Beschreibe, was das Typische an der jeweils dargestellten Landschaft ist und was du über deren Entstehung erfahren hast.

13.1–4 Faltengebirge, Seenlandschaft, Tiefland, Küste

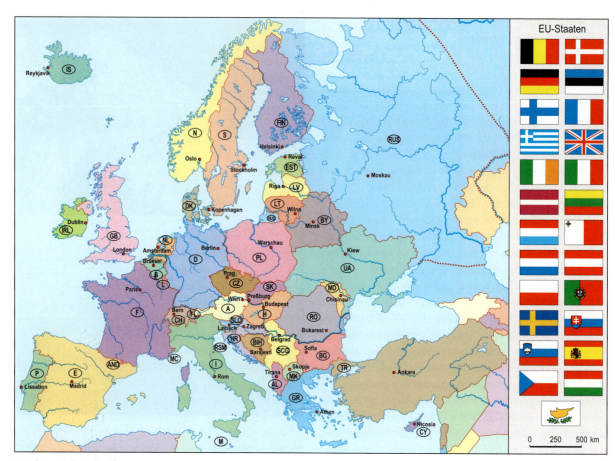

14.1 Staaten Europas

Die politische Gliederung Europas

Europa, ein Kontinent mit vielen Nationen

Menschen fühlen sich zusammengehörig, weil sie eine gemeinsame Geschichte, Kultur, Religion oder Sprache haben. Sie verstehen sich dann häufig als Volk und streben einen eigenen Staat an. Trotz gemeinsamer Sprachen war Europa jahrhundertelang in kleinere Herrschaftsgebiete aufgeteilt. Das liegt hauptsächlich an der natürlichen Vielfalt Europas und seiner starken Zergliederung. Auch kleine Völker konnten somit ihre Sprache und Kultur erhalten und eigene Staaten bilden. Dabei kam es durch Kriege, aber auch auf dem Wege von Verhandlungen immer wieder zu Veränderungen.

So zerfiel der Vielvölkerstaat Jugoslawien in den 1990er-Jahren nach teilweise grausamen Bürgerkriegen in die Staaten Slowenien, Kroatien, Bosnien-Herzegowina, Makedonien, Serbien und Montenegro. Über die Hälfte der europäischen Staaten besteht erst seit dem 20. Jahrhundert in ihrer heutigen Form. Die Staatenkarte (Abb. 14.1) ist also nur eine Momentaufnahme. Mit ihren 45 Staaten gleicht Europa bis heute einem Puzzle mit einigen kleinen Teilen.

Je nach ihrer Lage innerhalb des Kontinents kann man einzelne Staaten zu Staatengruppen zusammenfassen. Man unterscheidet Nordeuropa, Westeuropa, Mitteleuropa, Südeuropa, Südosteuropa und Osteuropa (Abb. 15.1).

„Vereinigte Staaten von Europa"?

Viele Teile Europas wurde im 20. Jahrhundert zweimal durch mörderische Weltkriege (> S. 142, 200) in Schutt und Asche gelegt. Tiefe Gräben waren zwischen den Völkern Europas aufgerissen worden. Ausgehend von den ehemaligen Erzfeinden Deutschland und Frankreich gab es kurz nach dem Zweiten Weltkrieg erste Bemühungen, Trennendes zu überwinden und gemeinsame, zunächst wirtschaftlich Ziele zu verfolgen. Über mehrere Jahrzehn-

Europa im Überblick

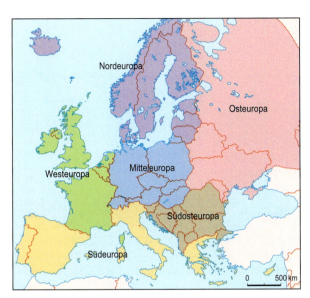

15.1 Staatengruppen in Europa

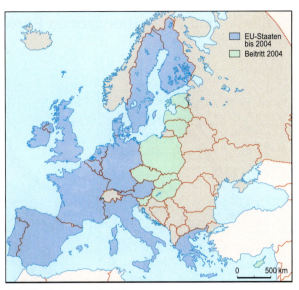

15.2 Mitgliedstaaten der EU

te hinweg entstand allmählich die Europäische Union (EU). Sie bestimmt inzwischen nicht mehr nur wirtschaftliche, sondern zunehmend auch politische Entscheidungen. Die europäischen Einrichtungen gewinnen an Bedeutung, wenn es um die Landwirtschaft, den Umweltschutz, die Friedenssicherung und einen gemeinsamen Binnenmarkt geht. So gibt es innerhalb der EU-Staaten keine Zollschranken mehr und seit 2001 haben 12 Staaten der EU mit dem Euro eine gemeinsame Währung (> S. 38).

Die Wunschvorstellung vieler Europäer sind die „Vereinigten Staaten von Europa", innerhalb derer die Mitgliedstaaten zunehmend auf ihre nationalen Rechte verzichten. Immer mehr Staaten wollen der EU beitreten. Im Mai 2004 wurden zehn neue Staaten, viele davon aus dem ehemaligen Ostblock, aufgenommen. Bereits 2007 könnte die EU mit dem Beitritt von Rumänien und Bulgarien auf 27 Mitgliedstaaten anwachsen, weitere Staaten wie die Türkei drängen ebenfalls auf den Eintritt in die EU.

Die Europaflagge

Die 12 Sterne im Kreis symbolisieren die Nationen. Die Zahl 12 steht dabei für die Vollständigkeit (du kennst vielleicht den Ausspruch „das Dutzend ist voll") und ist unveränderlich.
Auch der Kreis steht als Symbol für die Geschlossenheit und Einheit der europäischen Völker. Der blaue Hintergrund gibt das Blau des Himmels über Europa wieder.

15.3

AUFGABEN >>

1 Lege eine Tabelle an, in welcher du den Staatengruppen Europas (Abb. 15.1) die jeweiligen Länder mit ihren Autokennzeichen (Abb. 14.1) zuordnest. Benenne dabei die Ländernamen und suche in der Europakarte die jeweilige Hauptstadt:

Staatengruppe	Autokennzeichen	Landesname	Hauptstadt
Südeuropa	E	Spanien	Madrid

2 Welche sind deiner Einschätzung nach von ihrer Fläche her die zehn größten Staaten Europas?
3 Ermittle die tatsächlichen Flächengrößen im Lexikon oder im Internet. Vergleicht eure Ergebnisse.
4 Begründe, warum die derzeitige Staatenkarte Europas nur eine „Momentaufnahme" sein kann.
5 Kennzeichne in der zu Aufgabe 1 angelegten Tabelle die Staaten, die der Europäischen Union (EU) angehören.
6 Neben Abb. 14.1 sind die Flaggen der 25 EU-Länder (Stand 2005) angeordnet. Ordne sie den jeweiligen EU-Ländern zu. (Nutze dazu Lexika oder das Internet.) Zeichne sie ebenfalls in der von dir angelegten Tabelle mit ein.
7 Benenne die Staaten, die im Mai 2004 im Rahmen der Osterweiterung zur EU hinzukamen (Abb. 15.2).

Klima- und Vegetationszonen Europas

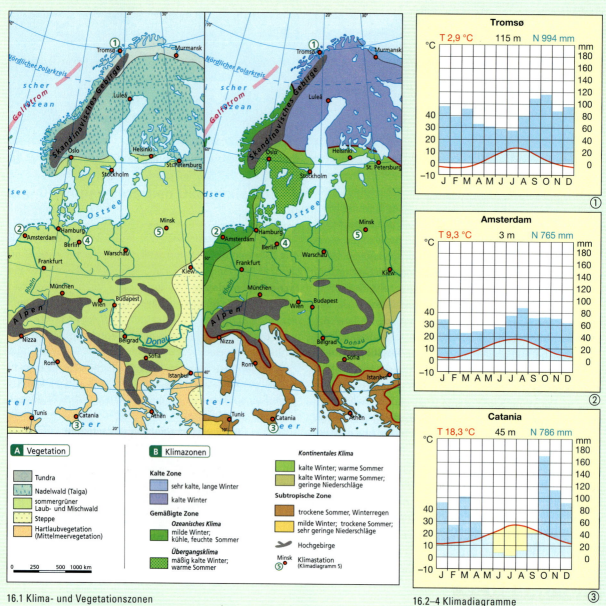

16.1 Klima- und Vegetationszonen

16.2–4 Klimadiagramme

Klimafaktoren in Europa

In der 7. Klasse hast du die Klimazonen auf der Erde und deren Zustandekommen kennen gelernt. Du weißt: Neben der Lage eines Ortes im Gradnetz beeinflusst auch die Nähe zum Meer das Klima. Denn Wassermassen lassen sich weniger schnell von der Sonne erwärmen und kühlen langsamer ab als die Landoberfläche. Das bedeutet: Je näher ein Ort am Meer liegt, desto ausgeglichener ist sein Klima. Folglich sind die Sommer nicht so heiß und die Winter nicht so kalt wie an einem Ort, der im Inneren des Kontinents liegt. Zugleich fallen an der Küste mehr Niederschläge als im Landesinneren. Du weißt auch, dass das Klima an der Küste Nordeuropas hauptsächlich von den warmen Wassermassen des Golfstromes beeinflusst wird.

Einfluss auf das Klima in Europa haben außerdem die Gebirge. Zum Beispiel verhindern die Alpen weitgehend den Luftaustausch zwischen Mittel- und Südeuropa.

Europa im Überblick

Die kalte Zone: Lange (6–8 Monate), kalte und schneereiche Winter kennzeichnen diese Klimazone. Die Sommer sind dagegen kurz und nur mäßig warm. Der Jahresdurchschnitt beträgt knapp über 0°C. An diese Voraussetzungen haben sich frostunempfindliche Nadelhölzer und Birken angepasst. Diese vor allem in Russland verbreitete Nadelwaldzone wird auch als Taiga bezeichnet.

Die gemäßigte Zone: Dieser Zone gehört der Großteil unseres Kontinents an. Hier ist die Nähe eines Ortes zum Meer von großer Bedeutung. Das Klima ist ozeanisch oder kontinental geprägt: Mit der Entfernung von der Küste nehmen von West nach Ost die Niederschläge ab, die Temperaturunterschiede zwischen Sommer und Winter werden extremer. Bei sehr trockenem Kontinentalklima ist die Steppe die typische Vegetation. Unsere Heimat gehört mit den mäßig kalten Wintern und warmen Sommern zum Übergangsklima. Die typische natürliche Vegetation für unser Klima sind die Laub- und Mischwälder.

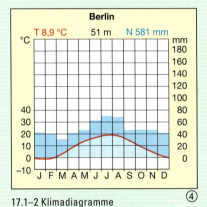
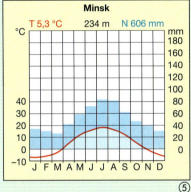

17.1–2 Klimadiagramme

Die subtropische Zone: Trockene, heiße Sommer und milde regenreiche Winter bestimmen das Klima um das Mittelmeer. Typischer Vertreter der Vegetation ist der Ölbaum. Wie andere Hartlaubgewächse schützt er sich vor der Hitze und einer zu großen Verdunstung durch kleine lederartige, harte Blätter mit Wachsüberzug.

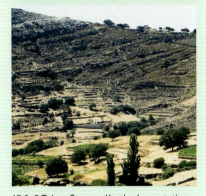

17.3–5 Taiga, Steppe, Hartlaubvegetation

AUFGABEN >>

1. Welche Faktoren beeinflussen unser Klima in Europa?
2. Erkundige dich nochmals über den Golfstrom. Deine Einträge oder ein GSE-Buch aus der 7. Jahrgangsstufe helfen dir dabei. Fasse die wichtigsten Informationen zusammen.
3. Vergleiche die Informationen zu den einzelnen Klimazonen aus dem Text mit den Klimadiagrammen. Fasse sie in einer Tabelle zusammen:
   Klimazone | Klima | Vegetation
4. Das Klima in Europa lässt sich in Nord-Süd- sowie in West-Ost-Richtung unterscheiden. Zeichne dazu das Schema 17.6 ab und ergänze es.
5. Überlege, warum im extrem kontinental geprägten Klima nur noch die Steppe als Vegetation vertreten ist.

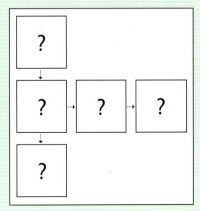

17.6 Schema zum Klima Europas

Unterschiedliches Leben in Nord- und Südeuropa

18.1 Tromsö am 21. Juni, 24 Uhr

Das Leben in Nordeuropa

Eine Schülerin aus Tromsö (Norwegen) berichtet:

„Bei uns gibt es Wintertage, an denen herrscht 24 Stunden lang Nacht, meist tiefe Dunkelheit, manchmal ein graues, dumpfes Dämmerlicht. Die Sonne steigt in dieser Zeit nicht über den Horizont. 50 Tage lang dauert diese Polarnacht. Wir warten gegen Ende Januar sehnsüchtig auf die ersten Sonnenstrahlen. Sozusagen als Ausgleich für die lange Finsternis haben wir im Sommer fast 60 Polartage. Die Sonne streicht dann knapp über den Horizont entlang, steht um Mitternacht im Norden, geht aber nicht unter."

Außer durch die Höhenlage werden die Temperaturen eines Ortes durch seine Lage im Gradnetz bestimmt. Am Äquator treffen die Sonnenstrahlen senkrecht auf die Erde, hier ist es das gesamte Jahr über am heißesten. Je weiter ein Ort vom Äquator entfernt liegt, desto schräger fallen die Sonnenstrahlen ein. An den Polen, jenseits der Polarkreise, steht die Sonne so schräg zur Erde, dass sie diese kaum mehr erwärmen kann. Dies hat auch Auswirkungen auf das Klima (> Klimadiagramm Abb. 16.2).

Nördlich des Polarkreises herrschen in Nordeuropa Polartag und Polarnacht. Zur Sommersonnenwende geht hier die Sonne 24 Stunden nicht unter. Um 0.00 Uhr scheint die Mitternachtssonne. Je weiter man nach Norden kommt, desto länger dauern Polartag und Polarnacht.

AUFGABEN >>

1. Beschreibe, wie die Schülerin aus Tromsö den Sommer und den Winter erlebt.
2. Erkläre, warum die Kraft der Sonne vom Äquator weg zu den Polen hin abnimmt.
3. Zeichne die zwei Erdstellungen aus Abb. 18.2 in dein Heft ab. Berücksichtige dabei die Schrägstellung der Erde und zeichne nur die Breitenkreise ein. Vernachlässige die Längenkreise und die Kontinente. Markiere die Regionen, in denen Polartag beziehungsweise Polarnacht herrschen.
4. Erkläre: Wie entstehen Polartag und Polarnacht am Nord- und Südpol?

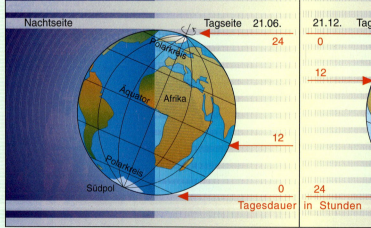

18.2 Polartag und Polarnacht am Nordpol

Europa im Überblick

19.1 Um die Mittagshitze in Griechenland: Ziegen suchen Schatten unter Bäumen.

Das Leben in Südeuropa

Ein griechischer Bauer erzählt von seinem Tagesablauf: „Mittags, wenn es zum Arbeiten zu heiß wird, treffe ich mich mit anderen Männern unseres Dorfes im Kafenion. Im Schatten genießen wir den Kaffee und tauschen Neuigkeiten und Probleme aus. Bei Hitze wirkt unsere Ortschaft dann wie ausgestorben, niemand traut sich aus dem Schatten auf die Straße. Nachmittags, wenn die Schatten länger werden, gehen wir erneut unserer Arbeit nach. Ab 17 Uhr öffnen wieder die Geschäfte, es erwacht das Leben in unserem Ort. Erst spät am Abend, wenn die Temperaturen erträglich geworden sind, nehmen wir unser Hauptessen für den Tag ein und treffen uns mit Bekannten erneut auf dem Dorfplatz. Wir genießen das Abkühlen der Nacht und legen uns erst nach Mitternacht zum Schlafen."

Die Tag- und Nachtlänge unterscheiden sich in dieser Breitenlage im Jahresverlauf wenig. Hier müssen sich die Menschen mit heißen und trockenen Sommern auseinandersetzen. Wie sie haben sich auch die Pflanzen an die Hitze anpassen müssen. Außer dem Öl- oder Olivenbaum gibt es weitere Kulturpflanzen wie den Weinstock und die Zitrusfrüchte. Sie spielen in der Landwirtschaft der Mittelmeerländer eine große Rolle. Diese Anpflanzungen benötigen jedoch größere Wassermengen. Mit der Anlage von Wasserrückhaltebecken wie Zisternen und Stauseen können auch trockene Sommer überwunden werden. Über ein Netz von Kanälen und Gräben wird das kostbare Wasser auf die Felder geleitet.

AUFGABEN >>

1. Suche aus Abb. 19.2 und mithilfe des Atlas die Gebiete mit den höchsten Julitemperaturen heraus.
2. Beschreibe, wie sich die Menschen in Südeuropa im Alltagsleben an die Sommerhitze angepasst haben.
3. Betrachte nochmals das Klimadiagramm von Catania (Abb. 16.4). Wann können dort Stauseen und Zisternen gefüllt werden?

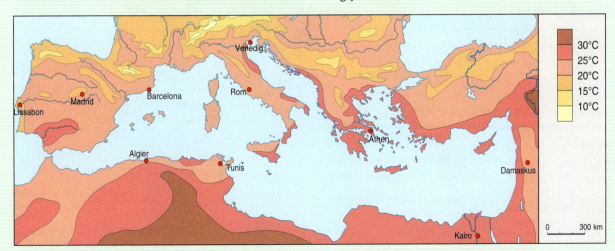

19.2 Julitemperaturen in Südeuropa

TRIO-Arbeitsweise: Auswerten eines Kartogramms: Wirtschaftsleistung in Europa

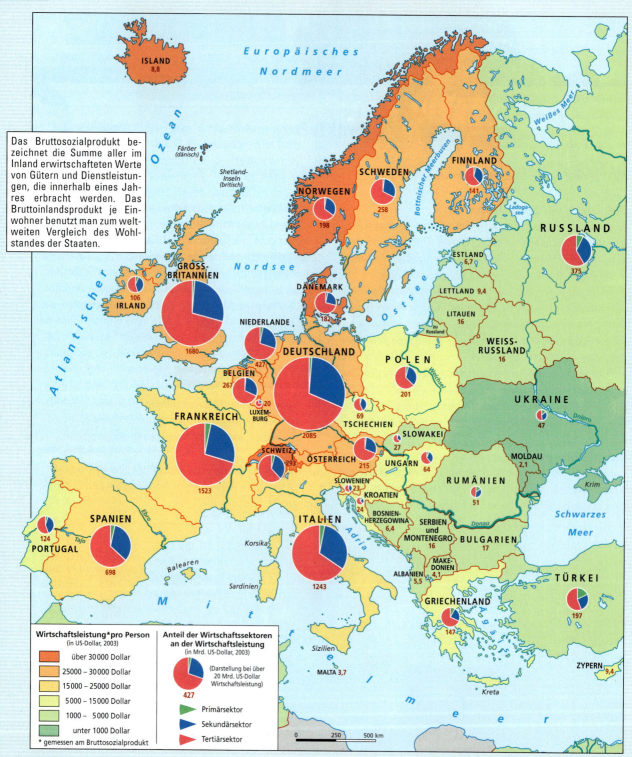

20.1 Die Länder Europas und deren Wirtschaftsleistung

Europa im Überblick

Was ist ein Kartogramm?

Die Abb. 20.1 unterscheidet sich deutlich von den bisherigen Europakarten: Auf ihr sind nicht nur die einzelnen europäischen Staaten dargestellt, sondern es sind außerdem Kreisdiagramme und Zahlen eingefügt. Auch verrät die Verteilung der Farben, dass diese Art der Einfärbung nicht nur der Abgrenzung einzelner Länder dient. Darstellungen, in denen Diagramme, in diesem Fall Kreisdiagramme, in Karten eingefügt sind, werden als Kartogramme bezeichnet. In ihnen lassen sich Zahlen und Größen bezogen auf eine bestimmte Region besonders anschaulich und leicht lesbar darstellen. Deshalb werden Kartogramme immer häufiger auch in den Massenmedien eingesetzt.

Wie lese ich ein Kartogramm?

1. Schritt: Was ist dargestellt?
Der Titel (d. h. die Unterschrift) der Karte sowie die zwei Blöcke der Legende geben Auskunft zum Inhalt des Kartogramms: Die Länder Europas werden zum einen nach den Anteilen der drei Wirtschaftssektoren, zum anderen nach ihrer Wirtschaftsleistung miteinander verglichen.

2. Schritt: Was sagen die Kreisdiagramme aus?
Zunächst verdeutlichen sie die Anteile der drei Wirtschaftssektoren in der jeweiligen Wirtschaft. Du kennst die drei Wirtschaftssektoren noch aus dem AWT-Unterricht. Bei einem Vergleich der Kreisdiagramme wirst du feststellen, dass viele Länder eine ähnliche Aufteilung haben wie Deutschland: Der Primärsektor (die Urproduktion) ist verschwindend gering. Der Sekundärsektor (Handwerk und Industrie) umfasst etwa ein Drittel. Den bei weitem größten Anteil jedoch nimmt der Tertiärsektor (Handel und Dienstleistungen) ein.
Nun sind diese Kreisdiagramme zusätzlich sehr unterschiedlich groß gezeichnet. Hierdurch wird verdeutlicht, wie stark die Wirtschaftsleistung in den einzelnen Ländern ist. Deutschland hat den größten Kreis, unterschrieben mit der Zahl 2085. Diese gibt laut dem rechten Teil der Legende die Wirtschaftsleistung in Milliarden US-Dollar an. Im Jahr 2003 wurden in Deutschland demnach von allen Erwerbstätigen 2085 Milliarden, oder 2,085 Billionen US-Dollar erwirtschaftet.

3. Schritt: Was sagen die einzelnen Farben aus?
Die Farbgebung wird dir im linken Teil der Legende erklärt: Es geht um die Wirtschaftsleistung pro Person in dem jeweiligen Land. In Deutschland beispielsweise hat jeder Einwohner im Durchschnitt zwischen 15 000 und 25 000 US-Dollar erwirtschaftet.

Wie werte ich ein Kartogramm aus?

Um solch ein Kartogramm auszuwerten, können einzelne Länder miteinander verglichen werden. In einem Beispiel wollen wir die Wirtschaftsstruktur Norwegens mit der Deutschlands und der Türkei vergleichen.

Vergleich Norwegen – Deutschland:
Zunächst fällt auf, dass Norwegen und Deutschland nahezu die gleiche Verteilung der einzelnen Wirtschaftssektoren aufweisen. Diese Aufteilung ist typisch für alle hoch entwickelten Industrieländer. Dabei entspricht die Wirtschaftsleistung Norwegens nur etwa einem Zwölftel der Bundesrepublik Deutschland.
Dazu muss man allerdings wissen, dass Norwegen im Jahr 2003 nur 4,5 Millionen Einwohner, Deutschland hingegen 82,5 Millionen Einwohner hatte. So kommt es, dass jeder norwegische Einwohner mehr US-Dollar erwirtschaftet als der deutsche. Genau dieser Sachverhalt wird in der unterschiedlichen Farbgebung der beiden Länder wiedergegeben.

Vergleich Norwegen – Türkei:
Vollkommen unterschiedlich fällt der Vergleich Norwegens mit der Türkei aus, obwohl beide Staaten etwa über die gleiche Wirtschaftsleistung verfügen. Zunächst weist die Türkei einen erheblich größeren Anteil am Primärsektor auf, ist also noch nicht so weit industrialisiert wie Norwegen. In der Türkei erbringen 70 Millionen Einwohner eine Wirtschaftsleistung von 198 Milliarden Dollar, während in Norwegen nur 4,5 Millionen fast das gleiche erwirtschaften. Pro Person liegt somit die Wirtschaftsleistung in der Türkei bei 1000 bis 5000 US-Dollar und somit erheblich unter den Werten Norwegens (über 30 000 US-Dollar).

AUFGABEN >>

1. Suche in deinem Atlas nach weiteren Kartogrammen. Welche Region und welcher Sachverhalt werden jeweils dargestellt?
2. Bei der Verteilung der Länder nach ihrer Wirtschaftsleistung pro Kopf kann man von einer Zweiteilung Europas sprechen. Begründe.
3. Vergleiche, wie im Text ausgeführt, die Wirtschaftsstruktur der Schweiz mit der Russlands. Erkundige dich zu den jeweiligen Einwohnerzahlen und setze die Zahlen aus dem Kartogramm dazu in Beziehung.

TRIO-Arbeitsweise: Nachrichten auswerten und räumlich einordnen

22.1 Europakarte

Eine wachsende Europakarte

Zu Beginn des Themas Europa haben die Schüler in der Klasse 8b eine eigene Europa-Wandkarte angefertigt. Sie haben in diese Karte nicht nur die wichtigsten Informationen aus den einzelnen Stunden eingetragen, sondern es werden auch aktuelle Nachrichten zum Geschehen in Europa inhaltlich bearbeitet und räumlich ausgewertet. Wenn im Laufe des Schuljahres alle Schüler eine Meldung bearbeiten, wird die Europakarte immer lebendiger und informativer.

Höchste Brücke der Welt fertig gestellt

Nach 38 Monaten Bauzeit übergibt Frankreichs Präsident Jacques Chirac heute die höchste Brücke der Welt ihrer Bestimmung. Das Bauwerk des britischen Architekten Norman Foster überspannt das südfranzösische Tarn-Tal und soll eines der letzten und schlimmsten Nadelöhre für den europäischen Autoverkehr zwischen Paris und der Mittelmeerküste beseitigen. Um 100 km wird mit dieser Brücke die Fahrtstrecke verkürzt, vorbei sind dann die 50 km langen Staus vor Millau, die besonders zur Sommerzeit den Anwohnern im Tal das Atmen erschweren. Die 2460 Meter lange Brücke, ein 400-Millionen-Projekt, steht auf sieben Stützpfeilern, wobei der höchste mit 343 Metern sogar den Eifelturm um 23 Meter übertrifft.

22.2 Aus der Zeitung

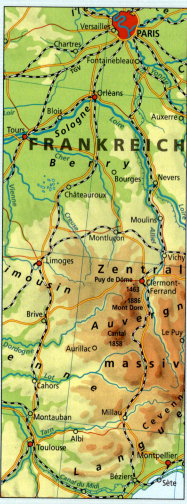

22.3 Atlaskarte (Ausschnitt)

Europa im Überblick

Auswahl eines Themas

Du findest in den Medien Beiträge zum Thema „Europa" aus den Bereichen Politik, Wirtschaft, Geschichte, Gesellschaft oder Erdkunde. Jedes dieser Themen kannst du mit unterschiedlichen Schwerpunkten auswerten. Julian aus der Klasse 8b ist am 14. Dezember 2004 auf der Titelseite einer Tageszeitung die Aufnahme von der höchsten Brücke der Welt aufgefallen. Das Bauwerk hat ihn so interessiert, dass er beschloss, dieses Thema zu bearbeiten. Im Laufe der nächsten Wochen stieß Julian in den Nachrichten auf weitere Themen, z. B. die Vorstellung des Superflugzeugs A 380 von Airbus und dessen Bedeutung für die europäische Wirtschaft. Er stieß auch auf politische (erste demokratischen Wahlen in der Ukraine) und geschichtliche Themen (Gedenkfeiern zur Befreiung des KZ Auschwitz). Da er zur Verortung des Geschehens auch mit der Europakarte arbeiten musste, setzte er gleichfalls erdkundliche Arbeitstechniken ein.

Julian wurde schnell klar, dass es sich bei dem von ihm ausgewählten Thema ausschließlich um ein erdkundliches handelt. Ihm stellten sich dabei weitere Fragen (Abb. 23.1), die er nun bearbeitete.

23.1 Julian beim Beschaffen weiterer Informationen

Bearbeitung des Themas

Über das Ortsregister seines Atlasses findet Julian die Ortschaft Millau auf einer Europakarte. Wichtige Informationen aus dem Zeitungstext sieht er in der Karte bestätigt: Die von Paris kommende, direkt in Richtung Mittelmeer führende Autobahn ist kurz vor Millau und dem Tarn-Tal zu Ende. „Wie wurde dann eigentlich der Verkehr bisher weitergeführt?" überlegt sich Julian. Dazu benötigt er eine Straßenkarte von Frankreich. Diese leiht er sich von einem Nachbarn, der schon mal Frankreich besucht hat. Julian findet heraus, dass sich die Straße tatsächlich durch das Tarn-Tal schlängelte und mitten durch Millau führte. Nun versteht er auch, dass es hier im Sommer zu Staus gekommen sein muss, denn diese Reiseroute benützen viele Urlauber mit dem Reiseziel Spanien.

Julian kann nun verstehen, dass die Brücke vom nächsten Sommer an den Anwohnern des Tarn-Tals eine große Erleichterung bringen wird. Aber gibt es auch Menschen, die das anders sehen? Die gegen diese Brücke waren? Auf Internet-Seiten erfährt Julian, dass Umweltschutzverbände große Einwände gegen die gewaltige Brückenkonstruktion hatten. Sie bezeichneten den Bau zunächst als „größenwahnsinnig" und verglichen ihn mit dem „Turmbau zu Babel". Sie hatten Sorge, dass die Brücke weit sichtbar das Tarn-Tal „verschandeln" würde. Heute allerdings sind die kritischen Stimmen angesichts der zu erwartenden Verkehrsentlastung weitgehend verstummt.

23.2 Autokarte (vor Fertigstellung der Brücke)

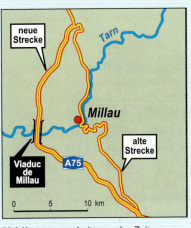

23.3 Kartenausschnitt aus der Zeitung

Wirtschaft und Handel in Europa

24.1 Ölförderplattform in der Nordsee (> S. 31)

24.2 TGV, Frankreichs Hochgeschwindigkeitszug (> S. 29)

24.3 An der spanischen Küste (> S. 32)

24.4

Legende:
- Industrieschwerpunkt
- **Rohstoffabbau:** Erdöl, Erdgas, Erdölpipeline, Erdgaspipeline, Steinkohle, Braunkohle, Uran, Eisen, Stahlveredler, Bauxit, Kupfer, Blei, Zinn, Nickel, Quecksilber, Gold, Silber, Phosphat
- **Rohstoffverarbeitung:** Eisen- und Stahlerzeugung, Buntmetall- und Aluminiumverarbeitung, Raffinerie
- **Industrie:** Schiffbau, Fahrzeugbau, Flugzeugbau, Eisen- und Metallverarbeitung, Elektroindustrie

Binnenmarkt Europa

25.1 Flößerei in Finnland (> S. 30)

25.2 Automobilbau in der Slowakei (> S. 35)

25.3 Stau auf der Brenner-Autobahn (> S. 40)

Früher war der grenzüberschreitende Handel mit vielen Schwierigkeiten verbunden. Bei Auslandsreisen durfte man nur wenig Geld in eigener und in fremder Währung mitnehmen. Lange Wartezeiten an den Pass- und Zollstationen waren nicht selten. Oft wurde sogar ein Einreisevisum verlangt.

Seit 1993 gibt es den grenzenlosen Binnenmarkt Europas. Um ihn zu fördern, wurden die Grenzkontrollen innerhalb der Europäischen Union, der EU, abgeschafft.

Heute umfasst der europäische Binnenmarkt 25 Nationen und er vergrößert sich weiter. Als letztes sind im Jahr 2004 im Zuge der Osterweiterung zehn Staaten dazugekommen. Diese Staaten können zwar noch nicht alle Freiheiten nutzen, die der Binnenmarkt bietet, sie werden aber in den nächsten Jahren schrittweise an die vier Freiheiten (Abb. 25.4) der EU herangeführt.

Ziel des EU-Binnenmarktes ist ein dauerhaftes Wirtschaftswachstum, mehr Wohlstand für seine Bürger, mehr und bessere Arbeitsplätze, größere und bessere Auswahl von Produkten und ein größerer sozialer Zusammenhalt. Er soll allen Vorteile bringen und stellt einen wichtigen Schritt auf dem Weg der Einigung Europas dar.

25.4 Die vier Freiheiten in der EU

AUFGABEN >>

1. Der EU-Binnenmarkt wird durch vier Freiheiten bestimmt. Erläutere.
2. Welche Ziele verfolgt der EU-Binnenmarkt?

TRIO-Arbeitsweise: Ergebnisse in einer Galerie präsentieren: die Nahrungsmittelindustrie in Frankreich

Im Jahre 1946 war noch jeder dritte Franzose in der Landwirtschaft tätig. Heute arbeiten hier nur noch 4% der Beschäftigten. Dennoch erwirtschaftet die leistungsstarke französische Landwirtschaft 1/5 der EU-Produktion. Frankreich liegt damit an der Spitze aller EU-Länder. Aus den Regalen der Feinkostläden sind französische Delikatessen nicht wegzudenken. Frankreichs Spezialitäten sind in ganz Europa begehrt und bringen dem Land hohe Exporterlöse.

Die Frage „Welche Voraussetzungen führen dazu, dass Frankreichs Nahrungsmittelindustrie hohe Exportüberschüsse erzielt?" könnt ihr mithilfe der Materialkarten 1–4 selbst beantworten.

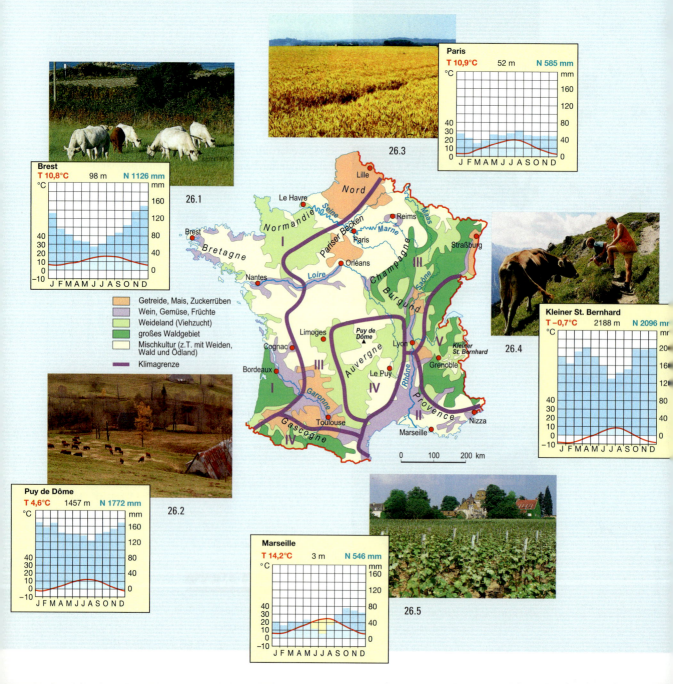

Binnenmarkt Europa

> Wir bieten unseren Kunden Spezialitäten aus ganz Frankreich. An unserer Käsetheke finden Sie Camembert, Roquefort und verschiedene Bries. In unseren Weinregalen stehen Spitzenweine aus Bordeaux, Burgund oder der Languedoc. Aus der Provence werden wir mit Nektarinen, Pfirsichen, Aprikosen versorgt. Aber sehen Sie sich selbst um! Greifen Sie zu!

27.1 In einem Feinkostgeschäft mit Waren aus Frankreich

Materialkarte 1
Auf dem Bild 27.1 seht ihr eine Warentheke mit Käse aus Frankreich. Haltet in Stichpunkten fest, was ihr über das Warenangebot aus Frankreich erfahrt. Informiert euch in Nahrungsmittelgeschäften, welche Lebensmittel dort aus Frankreich bezogen werden. Haltet Herkunftsorte und Preise mit Wortkärtchen in einer Faustskizze von Frankreich fest. Ihr könnt auch im Internet unter www.frankreich-experte.de dazu recherchieren.

Materialkarte 2
Erstellt aus den folgenden Zahlen ein Balkendiagramm zur Bedeutung der Weizenproduktion und Rinderhaltung Frankreichs in der EU.

Weizenproduktion in Mio. t (2002):

Frankreich	39,0	Deutschland	20,8
Großbritannien	15,8	Polen	9,3
Italien	7,5	Spanien	6,6

Rinderbestand in Mio. (2002):

Frankreich	20,3	Deutschland	14,2
Großbritannien	10,4	Irland	7,2
Italien	7,2	Spanien	6,4

Materialkarte 3
Auf Seite 26 seht ihr Klimadiagramme und Bilder bestimmter Regionen in Frankreich. Fügt das passende Klimadiagramm und Foto der entsprechenden Klimabeschreibung zu.
Seeklima: ganzjährig hohe Niederschläge, milde Winter, warme Sommer
Hochgebirgsklima: ganzjährig Regen, kurze und kühle Sommer, sehr kalte Winter
Mittelgebirgsklima: ganzjährig Regen, kühle Sommer, kalte Winter
Landklima: ganzjährig Niederschläge, kühle Winter, warme Sommer
Mittelmeerklima: trockene warme Sommer, feuchte milde Winter

Materialkarte 4
Welche Maßnahmen ergreifen französische Landwirte um Menge und Qualität ihrer Agrarprodukte zu steigern?
Beantwortet die Frage mithilfe des Textes.
Die gut ausgebildeten französischen Landwirte nützen moderne Anbaumethoden. Sie verwenden hochwertiges Saatgut und setzen Dünger und Schädlingsbekämpfungsmittel ein. Der Anbau, die Ernte und die Herstellung ihrer Spitzenprodukte wird durch moderne Technik unterstützt, z. B. durch Vollerntemaschinen oder computergesteuerten Anlagen bei der Lagerung der weltberühmten Weine. Außerdem können die durchschnittlich 42 Hektar großen Betriebe rentabel bewirtschaftet werden.
Aus diesen Gründen erwirtschaftet die leistungsstarke französische Agrarwirtschaft hohe Exportüberschüsse.

Unter einer Galerie versteht man eine Ausstellung. In diesem Fall hängen an den Klassenzimmerwänden Plakate mit den Ergebnissen eurer Schülergruppen. So gelingt es:
- Teilt euch in Kleingruppen auf und legt fest, welche Gruppe welche Aufgabe (> Materialkarten) übernimmt.
- Haltet eure Ergebnisse auf Wandplakaten fest. Mit Klebestreifen befestigt ihr diese an freien Stellen im Klassenzimmer oder auf Stellwänden.
- Eure Klasse wandert nun von Plakat zu Plakat und betrachtet die Ergebnisse. Dabei stellt jeweils die Schülergruppe, die das Plakat erstellt hat, ihre Ergebnisse vor.
- Bewertet nun in einem letzten gemeinsam Schritt eure Teilergebnisse unter der Fragestellung: „Die französische Nahrungsmittelindustrie erwirtschaftet hohe Exportüberschüsse. Welche Voraussetzungen führen dazu?"

Industrie im Westen Europas: Frankreich

Bereits vor 200 Jahren entstanden in Nordfrankreich erste Zentren der Schwerindustrie aufgrund von reichhaltigen Kohle- und Erzvorkommen. Auch die Hauptstadt Paris entwickelte sich zu einem Industriestandort. Die Mehrzahl der Franzosen lebte aber weiterhin von der Landwirtschaft.
Dies änderte sich nach dem Zweiten Weltkrieg. Frankreich holte den industriellen Rückstand auf. Heute zählt das Land zu den führenden Industrienationen. Wie glückte in Frankreich dieser wirtschaftliche Aufschwung?

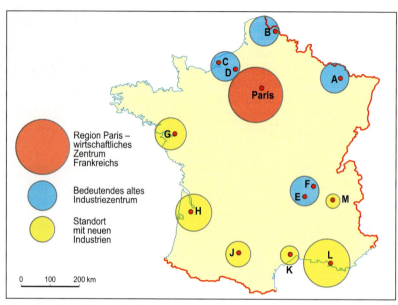

28.1 Industriestandorte in Frankreich

1. Phase: Reformen „von oben"

Nach 1945 griff der Staat selber aktiv in das Wirtschaftsgeschehen mit ein. Die französische Regierung plante wirtschaftspolitische Maßnahmen und setzte sie um:
- neue Energiequellen (Erdöl und Atomkraft) wurden verwendet,
- in die Stahlindustrie und den Bereich Verkehr wurden enorme Geldsummen investiert,
- besonders förderte der Staat die Hochtechnologie, wie die Luft- und Raumfahrt, die Elektro- und die chemische Industrie, die Computer- und Rüstungsindustrie.

Möglich war dies, weil viele Unternehmen, Banken und Versicherungen dem Staat gehörten. Frankreich erreichte hohe wirtschaftliche Wachstumsraten. Es entwickelte sich eine Konsum- und Wohlstandsgesellschaft. Auch in den bisher vernachlässigten Regionen im Süden und Südwesten entstanden neue Industriezentren. Der Airbus und der TGV (> S. 29) zählen zu den großen Erfolgen. Doch es gab auch Fehlschläge, z. B. das Überschallflugzeug Concorde oder das Stahlwerk Fos am Mittelmeer.

Verlierer dieser industriellen Entwicklung waren zahlreiche Kleinunternehmer und -händler. Versäumt wurde auch, traditionelle Branchen (z. B. die Stahl- und Textilindustrie) durch entsprechende Maßnahmen zu modernisieren. Die Folge: Immer mehr dieser Unternehmen waren international nicht mehr wettbewerbsfähig. Der Export sank, der französische Markt wurde mit Billigimporten aus dem Ausland überschwemmt. Beides führte zu einem Rückgang des Wirtschaftswachstums. In einigen Regionen stieg die Zahl der Arbeitslosen stark an.

2. Phase: Kurswechsel ab 1983

Um die wirtschaftliche Krise zu bekämpfen, privatisierte der Staat Banken, Versicherungen und Industrieunternehmen. Öffentliche Dienstleistungsunternehmen, wie Post, Telefon, Bahn- und Gasunternehmen, verloren ihre Monopolstellung (alleinige Zuständigkeit). Damit wurden sie gezwungen, sich der Konkurrenz zu stellen. Durch die Privatisierung sank die Zahl der Beschäftigten in den staatlichen Unternehmen von 19 % (1985) auf 7 % (2002). Damit Firmen ihre Produkte kostengünstiger herstellen können, bekamen sie Vergünstigungen (z. B. Steuererleichterungen). Die Produktion in der Stahl- und Autoindustrie wurde modernisiert. 2003 zählten 13 französische Unternehmen zu den 100 weltweit größten Firmen.
In den letzten Jahren hat sich immer mehr der Dienstleistungssektor ausgedehnt. Fast drei Viertel der gesamten französischen Wirtschaftsleistung wird im tertiären Bereich erarbeitet (vgl. Abb. 20.1)

AUFGABEN >>

1. Nenne Maßnahmen und Folgen der wirtschaftlichen Entwicklung Frankreichs in der 1. Phase und in der 2. Phase. Vergleiche.
2. Fertige eine Faustskizze von Frankreich an. Trage in diese wichtige Industriezentren und Industriezweige ein. Nutze dazu den Atlas, Abb. 24.4 und 28.1.
3. Beschreibe und erkläre die Lage der alten und der neuen Industriezweige (Abb. 28.1). Benenne mithilfe des Atlas die Städte A–M.

Binnenmarkt Europa

Frankreich setzt auf Hochtechnologie: Der TGV – Frankreichs Erfolgszug

Der TGV („train à grande vitesse") ist ein Beispiel für den erfolgreichen Aufbau eines Industriezweiges der französischen High-Tech-Branche. Informationen über diesen Hochgeschwindigkeitszug und die Gründe für dessen Markterfolg könnt ihr euch selbst mithilfe der Materialkarten M 1–M 3 erschließen. Bildet dazu Kleingruppen und wählt eine Materialkarte aus, deren Bearbeitung euch reizt.

Stellt eure Ergebnisse in der Klasse vor und sammelt sie an einer Stellwand, welche die Überschrift „Der TGV – Frankreichs Erfolgszug" trägt.

Internet: www.franceguide.com

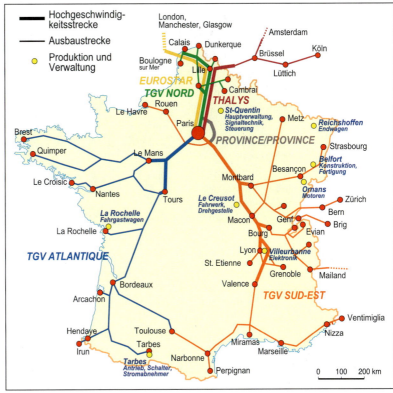

29.1 Streckennetz des TGV und Produktionsstandorte

Materialkarte 1
Zeichnet eine Faustskizze von Frankreich. Tragt die Streckenlinien des TGV ein.
Stellt fest, welche Städte an den TGV-Strecken liegen. Vermutet, warum der Streckenverlauf des TGV an diesen Städten vorbeiführt.

Materialkarte 2
Erstellt eine Faustskizze, welche die Produktionsstätten der Teile für den TGV zeigt. Begründet die Aussage „ganz Frankreich trägt zum Erfolg des TGV bei".

Materialkarte 3
Entwickelt wurde der TGV von dem französischen Elektrokonzern Alstom. Die heutigen Züge sind für 320 km/h ausgelegt. Bei einer Rekordfahrt wurden 1990 für kurze Zeit sogar 515 km/h erreicht. Der TGV ist ein Gliederzug (d. h. zwischen den einzelnen Wagen sind Gelenke statt Kupplungen) mit zwei Triebköpfen (Lokomotiven mit nur je einem Führerstand) an den Enden und je einem angetriebenen Drehgestell unter dem jeweils ersten Wagen nach dem Triebkopf. Dabei ergeben sich sehr gute Laufeigenschaften und hohe Sicherheit bei Unfällen. Der TGV „Duplex" besteht aus Doppelstock-Wagen.
TGV-Züge sind auch im Einsatz auf Strecken in Spanien und Korea. Eine abgeänderte Version des TGV für niedrigere Geschwindigkeiten, aber mit Neigetechnik, ist in den USA im Einsatz zwischen Washington DC und Boston.
Begründet, was den Erfolg des TGV ausmacht.

29.2 TGV

AUFGABE >>

Eine ähnlich erfolgreiche Entwicklung verzeichnen die französische Automobilindustrie, die Airbusproduktion und die Atomenergie. Informiert euch über diese Industriezweige im Internet.

Rohstoffe aus dem Norden Europas

30.1 Holzflöße

Holz aus Finnland

Jeder von euch geht täglich mit Papier um. Es begegnet euch als Buch, Zeitung oder Heft. Eine Welt ohne Papier ist nicht vorstellbar. Papier wird vorwiegend aus Holz hergestellt. Das Holz stammt oft aus Nordeuropa.

Finnland, das Land der tausend Seen, ist etwas kleiner als Deutschland. Rund zwei Drittel der Fläche sind mit Wald bestanden. In den ausgedehnten Wäldern wachsen hauptsächlich Kiefern und Fichten. Sie sind der wichtigste Naturreichtum des Landes. Dieser Rohstoff wächst ständig nach und wird deshalb „grünes Gold" genannt.

Die Holzwirtschaft beschäftigt ein Fünftel der in der Industrie tätigen Finnen. Fast ein Viertel der gesamten Industrieproduktion wird mit Holz erwirtschaftet. Die Sägewerke erzeugen vielfältige Produkte. Sie liegen verkehrsgünstig an Floßwegen, Wasserstraßen oder an der Ostseeküste. Dadurch gelangen die Güter schnell über das Meer zu den Nachbarstaaten. Früher erfolgte der Holzeinschlag mit Säge und Axt. Heute wird die Arbeit innerhalb von Minuten mit Holzvollerntemaschinen erledigt (Abb. 30.2).

In Finnland wird nur so viel Holz eingeschlagen, wie nachwachsen kann. Aufforstung ist gesetzlich vorgeschrieben. Dieser forstwirtschaftliche Grundsatz sieht weiterhin vor: Gewinnung von Samen in Plantagen, Ziehen von Setzlingen in Baumschulen, Aufforstung weiterer Gebiete und Düngung junger Baumbestände.

Außerdem gehört zum staatlichen Planungsprogramm „Wald 2000", auf weiteren Flächen Wälder der Natur zu überlassen. So können sich wieder verschiedene Pflanzen ansiedeln. Denn Monokulturen (Wälder mit nur einer Pflanzenart) bergen große Gefahren: Bei Krankheiten wird der ganze Wald befallen und ist in seinem Bestand gefährdet.

30.2 Holzvollernter

AUFGABEN >>

1. Der Waldreichtum besitzt große Bedeutung für die finnische Wirtschaft. Begründe.
2. Beschreibe, durch welche Maßnahmen wirtschaftliche Interessen und ökologische Anliegen in Einklang gebracht werden.
3. Ein DIN-A4-Heft wiegt etwa 65 g. Eine 13 m hohe und 20 cm dicke Fichte liefert rund 130 kg Papier. Errechne, wie viele Schulhefte aus dieser Fichte hergestellt werden können.

Binnenmarkt Europa

Öl aus der Nordsee

Aus einem Zeitungsbericht über die Arbeit auf einer Erdöl-Bohrinsel in der Nordsee:

„Ein Hubschrauber bringt uns zurück zu unserer schwimmenden Welt 160 km vor der Küste. Jeder von uns, ob Geologe, Ingenieur oder Arbeiter träumt noch mal von den drei Wochen Landausflug. Eine neue Vierzehntageschicht beginnt. 12 Stunden am Tag werden wir wieder auf offener See mit modernster Technik den Kampf gegen Wind, Wellen, Ebbe und Flut aufnehmen, um das flüssige Gold aus bis zu 300 m Wassertiefe hoch zu pumpen."

Wird das Erdöl und Erdgas aus der Tiefe des Meeres gewonnen, so bezeichnet man diese Art der Förderung „Offshore". Dazu sind moderne und teure Bohr- und Fördereinrichtungen notwendig. Ein dichtes Netz von Rohrleitungen (Pipelines) durchzieht die Nordsee. Wegen der geringen Entfernungen lohnt sich der Transport durch Tanker nicht.

31.1 Bohrinsel in der Nordsee

Über die Pipelines wird das Erdöl an die Küste gepumpt. Dort wird es in riesigen Tanks zwischengelagert. Anschließend wird es zu Raffinerien geleitet, in denen das Öl gereinigt, aufbereitet und in seine Bestandteile zerlegt wird. Es müssen strenge Sicherheitsvorschriften eingehalten werden, da Umwelt und Natur in Gefahr sind, wenn Öl oder Arbeitsabwässer auslaufen.

Norwegen	147	Zum Vergleich:	
Großbritannien	92	Saudi-Arabien	488
Dänemark	19	Russland	457
Deutschland	4	Iran	198
Niederlande	3	Irak	103

31.2 Erdölförderung in Mio. t (2004)

AUFGABEN >>

1. Welche Anrainerstaaten der Nordsee haben Anteil an der Erdöl- und Erdgasförderung (Abb. 31.3)?
2. Erstelle ein Säulendiagramm zur Förderung von Erdöl (Abb. 31.2, 20 Mio. t = 0,5 cm).
3. Beschreibe den Weg von der Förderung über die Verarbeitung bis zur Herstellung der Endprodukte aus Erdöl.

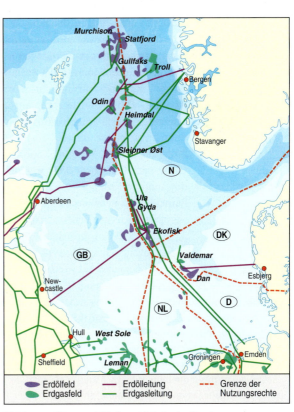

31.3 Lagerstätten und Fördergebiete in der Nordsee

Tourismus im Süden Europas: Urlaubsziel Costa Blanca

32.1 Benidorm

Jedes Jahr zieht die Stadt Benidorm etwa 10 Millionen Touristen an ihre endlos langen Sandstrände. 130 Hotels, 10 Pensionen, 7000 Appartements, 11 Campingplätze, 300 Restaurants mit 19 000 Plätzen, 280 Cafes und 70 Reiseagenturen versuchen, den Ansturm zu bewältigen.
Aus ganz Europa landen die Ferienflieger auf dem Flughafen von Alicante, der in den letzten Jahren ausgebaut werden musste. Busunternehmen bringen die Urlauber zu ihren Hotels und Ferienwohnungen, direkt nach Benidorm oder an einen der anderen Ferienorte an der Costa Blanca.

Was lockt die nationalen und internationalen Feriengäste an die Mittelmeerküste?

Benidorm besitzt ein besonders mildes Klima: Ein langgestreckter Bergrücken im Hinterland hält kalte Winde und dicke Regenwolken aus dem Landesinneren zurück. Zwischen Februar und November werden Tageshöchsttemperaturen von durchschnittlich 25° C erreicht. Auch die Wassertemperaturen liegen von Juni bis Oktober deutlich über 20 Grad.
Neben dem Klima zählt das Unterhaltungsangebot in Benidorm zu den Hauptattraktionen (Text 32.2).

Für Feriengäste, die immer wieder kommen wollen, werden Wohnungen oder Häuser zum Kauf angeboten. Da in Benidorm Platz knapp ist, werden heute 4- oder 5-stöckige Häuser einfach abgerissen und 20- und mehrstöckige an ihrer Stelle wieder aufgebaut. Auch die einst romantischen Berghänge an der Küste sind inzwischen an vielen Stellen mit eintönigen Reihenhaussiedlungen bebaut. Verschwunden sind auch die Oliven- und Mandelbaumhaine des Hinterlandes. Hier stehen heute riesige Einkaufszentren Campingplätze, Gärtnereien, Werkhallen von Handwerksbetrieben, Großbetriebe der Nahrungs- und Genussmittelindustrie, Zementwerke, Baustoffhandlungen, Wäschereien.
Diese Bautätigkeit führte dazu, dass sich das Aussehen der Stadt und der Küstenregion im Laufe der letzten Jahrzehnte grundlegend verändert hat. Aus dem einfachen Fischerdörfchen von einst ist heute eine Stadt mit einer beeindruckenden Skyline (Abb. 32.1) entstanden.

Ein besonderes Wassersportvergnügen bieten die Wasserlandschaften „Aqualandia und Mundomar" am Ortsrand von Benidorm. 10 Riesenwasserrutschen und eine Vielzahl kleiner und großer Schwimmbecken werden täglich von Hunderten von Wassersportbegeisterten aufgesucht.
Wer sich genug am Strand gesonnt hat, kann einen der 34 Sportclubs, den Freizeitpark „Terra Mitica" oder den Naturpark „Terra Natura" am Südrand der Stadt gelegen, besuchen. Spektakel, Nervenkitzel und Entspannung versprechen diese Einrichtungen mit ihren Fahrgeschäften, Zirkusdarbietungen, Tiergehegen und ihren botanischen Gärten.

32.2 Aus einem Reiseprospekt

33.1 Finestrat hat seine Ursprünglichkeit bewahrt

Der Massentourismus schafft Probleme

Mit dem Touristenstrom stieg auch der Strom- und Wasserverbrauch sowie der Müll in den Ferienorten an der Küste an. So wurden in Benidorm 2004 fast 13 Mio. m^3 Trinkwasser verbraucht (z. Vgl.: der Rottachstausee bei Kempten fasst 28 Mio. m^3).

Nicht nur die Küstenlandschaft veränderte ihr Aussehen. Auch das Leben der Küstenbewohner hat sich grundlegend gewandelt. Nur wenige Menschen leben heute noch von der Landwirtschaft oder der Fischerei. Die junge Generation arbeitet überwiegend in Berufszweigen, die mit der Tourismus- oder Baubranche zusammenhängen. Typische Berufe sind z. B. Koch, Kellner, Zimmermädchen, Verkäufer sowie Fliesenleger, Installateur, Maurer, Schreiner oder Maler.

Das Angebot an Arbeitsplätzen zieht Menschen aus vielen Regionen Spaniens an. Seit 1993 existiert in Benidorm ein Bildungszentrum, das Beschäftigten im Tourismusbereich – vom Fremdenführer bis zum Hotelier – verschiedene Kurse kostenlos anbietet. Finanziert wird es von der Europäischen Union und der Stadt Benidorm.

So sehr die Tourismusbranche auch Arbeit und damit Wohlstand bringt, es werden immer deutlicher die Schattenseiten dieser Entwicklung sichtbar. Nicht nur, dass die Küstengebiete verbaut werden, viele Dörfer im Landesinneren wirken heute wie ausgestorben, weil die jungen Menschen Arbeit an der Küste finden und nur die Großeltern zurückbleiben. So geht der Zusammenhalt der Großfamilie verloren.

„Sanfter Tourismus" in Finestrat

Finestrat, ein kleiner Ort westlich von Benidorm (Abb. 33.1), hat zwar ebenfalls vom Touristenboom profitiert, doch anders als Benidorm werden im Ort die alten Häuser nur renoviert. So blieb das typische Aussehen des Ortes erhalten. Die Menschen haben hier noch Zeit füreinander. Lärm, Stress und Vergnügungsrummel halten sich in Grenzen. Das Angebot für Erholungssuchende erstreckt sich über archäologische Führungen zu Funden aus der antiken Geschichte der Gegend oder Kurse, die über traditionelle landestypische Handwerkstechniken informieren. Sportlich Aktive können zwischen Bergwandern, Schwimmen oder Paragliding wählen. Die Bewohner von Finestrat gehen auf ihre Fremden zu, haben Zeit für sie und sind stolz darauf, diesen Einblick geben zu können, von echter spanischer Lebensart und Kultur, ohne künstliche Show oder hektischen Rummel.

AUFGABEN >>

1. Suche das Urlaubsland Spanien und die Costa Blanca im Atlas.
2. Was zieht Millionen von Touristen an die Costa Blanca?
3. Welche Vorteile und welche Nachteile bringt der Touristenstrom für Natur und Menschen mit sich?
4. Vergleiche das touristische Angebot von Benidorm und Finestrat. Stelle dein Ergebnis in einer Tabelle gegenüber.

Wirtschaftliche Entwicklung in Osteuropa: das Beispiel Tschechien

Die Situation vor 1991

Im Westen der ehemaligen Tschechoslowakei (CSSR) gab es bereits vor 1945 eine hoch entwickelte Industrie, vor allem im Bereich der Leichtindustrie. Die CSSR konnte somit als ein traditioneller Industriestandort bezeichnet werden.

Nach dem Zweiten Weltkrieg kam die Tschechoslowakei unter den Einfluss der Sowjetunion und wurde in die osteuropäische Wirtschaftsgemeinschaft RGW eingebunden. Dort wurde die Wirtschaft zentral von der Regierung gelenkt und geplant. Über die Hälfte des tschechoslowakischen Exports ging in Staaten des RGW. Fehlende Rohstoffe wurden von der Sowjetunion geliefert.

Weder in der Industrie noch in der Landwirtschaft oder im Dienstleistungsbereich gab es private Betriebe oder Unternehmen. Landwirtschaftliche Betriebe waren in großen Genossenschaften zusammengefasst. Der Staat bestimmte die Art und Menge der Produktion sowie die Höhe der Preise. Wie ganz Osteuropa stand auch die CSSR nach der Auflösung der Sowjetunion (1991) vor großen Problemen.

Wirtschaftlicher Umbau nach 1991

Die Planwirtschaft war auf dem Weltmarkt nicht mehr konkurrenzfähig. Deshalb wurde der Weg für die Einführung der privaten Marktwirtschaft freigegeben. Ziel des wirtschaftlichen Umbaus war es, wettbewerbsfähige Betriebe und neue Arbeitsplätze zu schaffen. So sollte für die Bevölkerung ein wachsender Wohlstand erreicht werden. Staatliche Unternehmen gingen in Privatbesitz über, veraltete Industrieanlagen wurden modernisiert. Angebot und Nachfrage bestimmten nun die Preise für Waren. Da die Handelsbeziehungen zu den einstigen RGW-Staaten stark zurückgingen, mussten neue Absatzmärkte und Rohstofflieferanten im westlichen und östlichen Europa erschlossen werden.

1993 trennte sich die CSSR schließlich in die beiden Staaten Tschechien und Slowakei.

Während des wirtschaftlichen Umbaus bildeten sich deutliche Unterschiede in den einzelnen Regionen heraus. Probleme gab es vor allem in den Schwerindustriezentren (Bergbau und Metallverarbeitung) in Mähren-Schlesien und Nordböhmen. In den unrentablen Betrieben wurden viele Beschäftigte entlassen (Abb. 35.2). Nicht alle fanden im aufstrebenden Dienstleistungssektor einen neuen Arbeitsplatz.

AUFGABEN >>

1. Schildere die Situation in der CSSR vor 1991.
2. Nenne Ursachen, Maßnahmen und Ziele des wirtschaftlichen Wandels.

34.1 Materialkarte 1: Industrie und Industriegebiete in Tschechien

Binnenmarkt Europa

Tschechiens Wirtschaft heute

Hat die Privatisierung den erhofften Wohlstand gebracht? Informationen, die euch eine Antwort auf diese Frage geben, könnt ihr mithilfe der Materialkarten alleine, in Partner- oder Gruppenarbeit erschließen. Tragt eure Einzelergebnisse in der Klasse vor und beantwortet dann in einer Gesamtwertung diese Frage.

35.1 Materialkarte 2: Wirtschaftskraft (Durchschnitt in EU = 100)

Materialkarte 3: Die Exportindustrie in Tschechien

Zwei Drittel der industriellen Güter werden in tschechischen Betrieben hergestellt, die ausländischen Unternehmen gehören. Allen voran sind es deutsche und niederländische Firmen, die in Tschechien ihr Geld anlegen. Sie reizt die gute Infrastruktur, das niedrige Lohnniveau und die gut ausgebildeten Facharbeiter. Tschechische Güter lassen sich gut im In- und Ausland verkaufen, weil Lieferfristen pünktlich eingehalten werden und die Qualität der Waren überzeugt.

Materialkarte 5: Das Beispiel Skoda

1991 kaufte ein deutscher Automobilkonzern das seit 1905 existierende Skoda-Werk. Heute finden allein in Mlada Boleslav (Jungbunzlau) über 20 000 Menschen Arbeit und das bei steigenden Löhnen. 1996 wurde das Werk mit einer hochmodernen Werkshalle ausgestattet. Ein völlig neues Modell ging in Produktion. Es wird auf der technischen Plattform deutscher Modelle produziert: Alle technischen Einzelteile, z. B. der Motor oder das Getriebe, sind nach deutschem Muster gebaut. Die Karosserie oder die Innenausstattung z. B., werden von der tschechischen Tochterfirma hergestellt.

Die moderne Ausstattung des Werkes garantiert eine termingerechte Produktion und Ausstattung der Autos nach den Wünschen der Käufer. So wurde das neueste Modell ein Verkaufsschlager im In- und Ausland. Skoda ist der wichtigste Exportbetrieb Tschechiens. Etwa ein Viertel des Exports geht nach Deutschland.

35.2 Materialkarte 4: Arbeitslosigkeit (in %)

35.3 Skoda-Werk in Jungbunzlau

AUFGABEN >>

1. Vergleicht die einzelnen Regionen Tschechiens auf den Materialkarten 1 und 2. Welche Zusammenhänge zwischen Einkommenshöhe und Industriezweigen stellt ihr fest? Welche Regionen sind als wirtschaftlich und sozial problematisch (Materialkarte 4) einzustufen? Der Vergleich gelingt euch leichter, wenn ihr die Karten abpaust und aufeinander legt. Zieht dazu auch die Informationen des Textes S. 34 heran.
2. Vergleicht Tschechiens Wirtschaftsleistung mit anderen EU-Staaten (Materialkarte 2 und Abb. 36.3). Gehört Tschechien zu den ärmeren oder reicheren Ländern?
3. Erkläre, warum das Skoda-Werk im internationalen Wettbewerb bestehen kann.

Ungleichheiten in Europa

36.1 und 2 Reiches und armes Europa: London – Griechenland

Im Zuge der so genannten Osterweiterung sind im Jahre 2004 zehn neue Staaten in die Europäische Union aufgenommen worden. Damit umfasst die Europäische Union 25 Staaten. Die letzte Erweiterung der EU ist bei manchen EU-Bürgern umstritten. Denn die neuen Mitglieder weisen eine deutlich geringere Wirtschaftsleistung als die alten Mitglieder auf. Diese befürchten nun, dass Arbeitsplätze in die Beitrittsländer verlegt werden, weil dort die Löhne niedriger sind. Außerdem müssen viele Regionen, die bislang von Fördergeldern profitiert haben, damit rechnen, dass weniger Geld fließen wird.

Es gehört nämlich zu den wesentlichen Aufgaben der Europäischen Union, Gegensätze im Entwicklungsstand der einzelnen Gebiete zu verringern. Darum müssen auch die Neumitglieder gefördert werden.
So soll langfristig der soziale Friede in Europa gesichert werden. Der gemeinsame Markt in Europa kann nur funktionieren, wenn die einzelnen Staaten unter ähnlichen Bedingungen am Wettbewerb teilnehmen. Finanzstarke Länder zahlen deshalb Beiträge, um wirtschaftlich rückständige Regionen zu unterstützen (Text 37.1). In die so genannten Strukturfonds fließt über ein Drittel der Gesamtausgaben der EU. Gefördert werden Gebiete mit Entwicklungsrückstand, z. B. Süditalien oder Ostdeutschland. Solche Gebiete heißen Randräume. Aber auch Gebiete mit besonderen Strukturproblemen, z. B. die Stahlindustrie in Lothringen, erhalten Hilfen.
Wie wirksam die Hilfe aus Brüssel im Zusammenspiel mit eigenen Anstrengungen der Regionen sein kann, zeigt Irland. Noch 1988 lag das durchschnittliche Pro-Kopf-Einkommen Irlands bei 64 % der Wirtschaftskraft aller Mitgliedstaaten. Bis 2003 stieg dieser Wert auf 122 %.

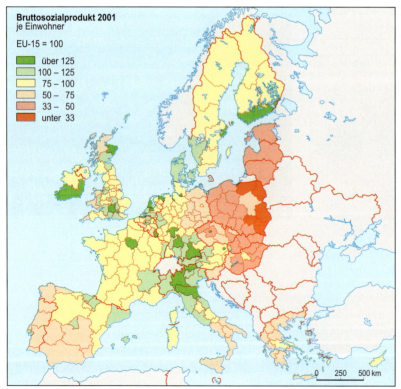

36.3 Wirtschaftskraft in der EU

Binnenmarkt Europa

Ziel 1:
Förderung von Regionen, in denen das Durchschnittseinkommen unter 75 % des Durchschnitts aller EU-Länder liegt. Das sind rund 50 der etwa 215 Regionen der EU, in denen 20 % der Bevölkerung leben. Dazu zählen auch die neuen Bundesländer.

Ziel 2:
Förderung von Gebieten, die besondere Strukturprobleme haben (z. B. hohe Arbeitslosigkeit durch Abwanderung der Industrie) sowie für Krisengebiete in Städten.

Ziel 3:
Unterstützung von Maßnahmen der Mitgliedstaaten, die dazu dienen, die Bildungs-, Ausbildungs- und Beschäftigungspolitik zu modernisieren.

37.1 Ziele der Regionalpolitik in der EU

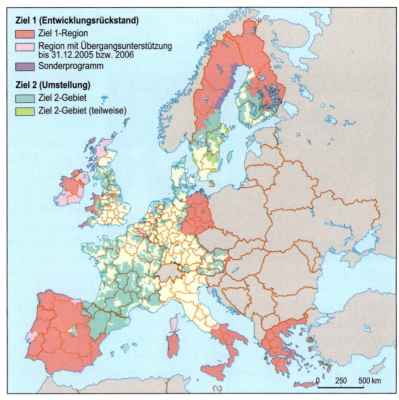

37.2 Fördergebiete im Rahmen der europäischen Strukturfonds

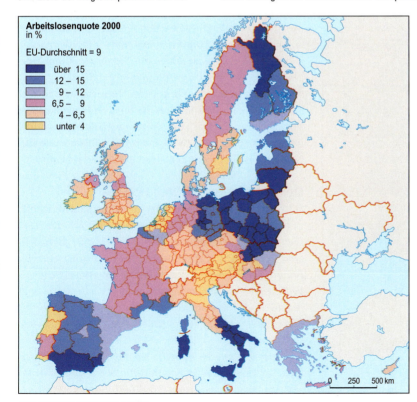

37.3 Arbeitslosigkeit in der EU

AUFGABEN >>

1. Wofür werden aus den Europäischen Strukturfonds Unterstützungsgelder bereitgestellt?
2. Regionen, in denen die Menschen im Durchschnitt unter 75 Prozent des Gemeinschaftsdurchschnitts verdienen, haben Anspruch auf die Förderung aus EU-Mitteln (Text 37.1).
   a) Stelle mithilfe der Karte 37.2 fest, welche Regionen zu dieser Gruppe gehören.
   b) Beschreibe die Lage der armen und der reichen Regionen.
3. Ermittle aus der Karte 37.3, in welchen Gebieten eine hohe Arbeitslosigkeit herrscht. Vergleiche mit den Gebieten geringer Wirtschaftskraft (Abb. 36.3).

Die gemeinsame Währung, eine verbraucherfreundliche Maßnahme

38.1 Am 1. Januar 2002: Der Euro stellt sich vor

Statt Franc, DM, Peseten oder Lira: – Euros!

Am 1. Januar 2002 wurde der Euro als gemeinsames Zahlungsmittel in 12 europäischen Staaten eingeführt. Dies bedeutete den endgültigen Abschied z. B. von der DM, der spanischen Pesete oder der italienischen Lira. Eine Zeit der Umgewöhnung an die neuen Euro-Beträge begann für die Menschen in der Euro-Zone.
Warum kam es zu dieser Umstellung?

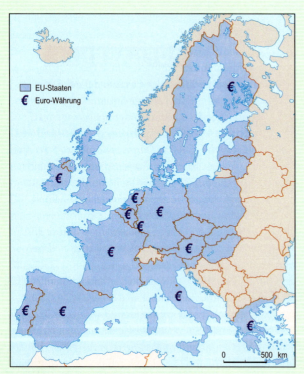

38.2 Verbreitung des Euro

Auf vielen Euroscheinen findest du Brücken, Tore und Fenster abgebildet (Abb. 39.1). Das hat seinen Grund: Denn die offenen Tore und Fenster symbolisieren den Blick in eine friedliche gemeinsame Zukunft. Für Staaten mit der gemeinsamen Währung ist das Zahlungsmittel Euro wie eine Brücke, welche die Wirtschaftsmärkte der einzelnen europäischen Länder miteinander verbindet.

Mit dem Euro im Urlaub quer durch Europa

Frau Weinert, eine Urlauberin, berichtet:
„Als ich im Sommer 2001 mit dem Auto nach Spanien fuhr, hatte ich drei verschiedene Geldbörsen bei mir: Eine mit DM, eine mit französischen Franc und wenn ich über die spanische Grenze fuhr, zog ich die dritte Börse mit den Peseten hervor. Wäre ich nach Portugal unterwegs gewesen, hätte ich mit den portugiesischen Escudos sogar vier verschiedene gebraucht. Das war wirklich sehr umständlich! Seit 2002 kann ich in den genannten Ländern mit einer einzigen Währung, dem Euro, zahlen. Und es gibt noch einen anderen Vorteil der gemeinsamen Währung: Ich kann jetzt Preise für Waren innerhalb des Euro-Gebietes besser vergleichen. Sei es, wenn ich mich im Ausland aufhalte oder wenn ich was im Internet bestelle – das lästige Umrechnen ist vorbei. Preiswerte Angebote kann ich sofort erkennen. Für mich ist der Euro praktisch, weil er eben verbraucherfreundlich ist."
So wie Frau Weinert geht es vielen Touristen. Doch auch bei Einkäufen im Inland kann der Euro den Verbrauchern Vorteile bringen. Durch den Wettbewerbsdruck innerhalb der Euro-Länder werden Waren zum Teil billiger angeboten und das Sortiment in einigen Bereichen größer.

Der Euro ist gut für den Handel

Herr Mendel, Stoffgroßhändler aus München, berichtet:
„Die kostbarsten Seidenstoffe beziehe ich seit langem aus Lyon. Aber auch Textilien aus Venedig oder Barcelona sind bei meinen Kunden sehr gefragt. Früher konnten bei großen Aufträgen eine Auf- oder Abwertung der Währungen erhebliche Gewinne oder Verluste für mich bedeuten. Ich musste deshalb die Wechselkurse an der Börse immer genau verfolgen. Warum? Na ja, das war so:
Nehmen wir an, ich bestellte bei einer Fabrik in Barcelona Textilien im Wert von 36 000 DM. Ich hatte in Peseten zu zahlen, was rund 3 000 000 Peseten entsprach. Wurde die Pesete vor der Zahlung des Preises abgewertet,

Binnenmarkt Europa

so verlor sie an Wert. Das bedeutete, dass ich für 3 Millionen Peseten nicht mehr 36 000 DM tauschen musste, sondern bei einer Abwertung von 5 % nur 34 200 DM. Ich kaufte also durch die Wechselkursschwankung günstiger ein und konnte für meine Kunden entsprechend niedrigere Preise errechnen.

Aus der Sicht des spanischen Textilunternehmers war die Abwertung der Pesete allerdings fatal. Kaufte er zum Beispiel in Deutschland einen elektrischen Webstuhl für seine Stoffproduktion, so musste er jetzt mehr Peseten zahlen, obwohl sich der Preis des Webstuhls in DM nicht verändert hatte.

Wurde hingegen die Pesete aufgewertet, dann entsprachen 36 000 DM nicht mehr 3 000 000 Peseten, sondern bei einer Aufwertung von 5 % 2 850 000 Peseten. Das bedeutete, dass ich zwar immer noch 3 000 000 Peseten zu bezahlen hatte, aber 37 800 DM eintauschen musste. Für mich hatte sich damit die Ware verteuert. Natürlich konnte ich mich gegen Wechselkursschwankungen versichern, doch diese Versicherungen bedeuteten zusätzliche Kosten und verteuerten meine Waren. Durch die vielen Währungen war der Zahlungsverkehr zeitaufwändig und es fielen erhebliche Bankgebühren für die Abwicklung des Geldtransfers an.

Viele europäische Länder stärkten ihre heimische Wirtschaft durch eine Veränderung des Wechselkurses. Dies war ein Mittel für sie, missliebige Importe zu verteuern und Exporte anzukurbeln.

Durch die gemeinsame Währung sind heute preistreibende Kosten nahezu verschwunden. Ein wichtiger Vorteil für die Unternehmer der Mitgliedsstaaten des Euro-Gebietes, die über 80 % des Handels untereinander abwickeln. Nicht nur die exportabhängige deutsche Wirtschaft profitiert vom Euro, sondern auch der EU-Verbraucher, weil er jetzt billiger einkaufen kann.

Trotz aller Vorteile, die der Euro bringt, meinen doch viele, dass der Lebensunterhalt nach der Umstellung teurer geworden sei. Denn viele Geschäftsleute haben im Zuge der Währungsumstellung ihre Preise für Waren erhöht, während die Gehälter nicht entsprechend gestiegen sind. Manche bezeichnen deshalb den Euro als „Teuro".

39.1 Vorder- und Rückseite eines Euro-Scheines

AUFGABEN >>

1. In welchen Ländern gilt der Euro als Zahlungsmittel (Abb. 38.2)?
2. Begründe die Aussage: Die Einführung des Euro stellt eine verbraucherfreundliche Maßnahme dar.
3. Vor der Währungsumstellung: Familie Bauer tauscht 600 DM für ihren Urlaub in Spanien (120 DM = 10 000 Pts). Wie viel Peseten erhält sie? Errechne die neuen Summen bei einer Abwertung von 4%, bei einer Aufwertung von 5 %.
4. Begründe die Aussage: „Der europäische Binnenmarkt braucht eine gemeinsame Währung, um seine Wirtschaftskraft zu steigern."
5. Stelle Vor- und Nachteile der gemeinsamen Währung gegenüber. Denke dabei nicht nur an wirtschaftliche Auswirkungen, sondern auch an Auswirkungen auf das Zusammenleben der Menschen.

Waren und Verkehrsströme quer durch Europa

40.1 Eine alltägliche Verkehrssituation in der ostbayerischen Grenzregion

Das Verkehrsaufkommen wächst ständig

Ein Europa ohne Binnengrenzen hat erhebliche Vorteile gebracht: So reisen wir heute quer durch Europa, genießen täglich die vielfältigsten Produkte aus der gesamten Union und zahlen für viele Waren und Güter niedrigere Preise.

Nach dem Wegfall der Binnengrenzen nahm der freie Warenverkehr sprunghaft zu: Alle möglichen Rohstoffe und Halbfertigwaren, vielfältige Gebrauchsgüter, jede Art von Fertigprodukten, Luxusartikel, Tiere und Pflanzen werden heute quer durch Europa transportiert.

Seitdem schaut es auf Bayerns Fernstraßen so aus: Rund um die Uhr rollt eine ununterbrochene LKW-Kolonne von Nordeuropa Richtung Süden und von Südeuropa Richtung Norden. Stoßstange an Stoßstange fahren Laster aus Osteuropa Richtung Westen und von Westeuropa Richtung Osten.

Auch die Zahl der Pkw auf unseren Straßen erhöhte sich. An den Kennzeichen der Autos lässt sich ablesen, dass aus geschäftlichen wie privaten Gründen immer mehr EU-Bürger immer öfter europaweit unterwegs sind.

Der Alpenraum „erstickt" am Verkehr

Bei einer Fahrt von Nord- nach Südeuropa sind die Alpen ein natürliches Hindernis. Sie können nur auf wenigen Wegen überquert werden. Straßen und Bahnlinien führen dabei über Pässe oder durch Tunnel.

Für den Straßenverkehr ist die Autobahn über den Brennerpass die wichtigste Transitstrecke. Pro Tag überqueren ihn bis zu 30 000 Pkw. Strenge Straßenvorschriften in der Schweiz (z. B. Gewichtsbeschränkung von 28 Tonnen pro Lkw) führten dazu, dass sich der Schwerverkehr verlagerte. Jährlich donnern jetzt 1,5 Millionen Lkw über die österreichischen Alpen. Häufig herrschen auf den Straßen im Alpenraum chaotische Verhältnisse: Der Verkehr staut sich kilometerlang, schier endlose Autoschlangen kriechen im Schneckentempo voran. Die Bewohner der Alpentäler haben darunter massiv zu leiden. Sie wehren sich gegen den unerträglichen Verkehrslärm, gegen die Umweltschäden und Gesundheitsgefährdung durch die Abgase. Maßnahmen wie Nachtfahrverbote für Lkw oder Anhebung der Mautgebühren mussten nach Protesten der EU-Staaten und Klagen der Unternehmer wieder aufgehoben werden.

Ein Unternehmer bezieht Kartoffeln, die in Deutschland geerntet werden. Zur Weiterverarbeitung müssen sie sauber sein und geschält werden. Ein Vergleich ergibt: Das preisgünstigste Angebot dafür (inklusive Transportkosten) kommt aus Italien. Also werden die Kartoffeln 750 km weit nach Italien transportiert, dort gewaschen und geschält und wieder zurück nach Deutschland gefahren.

Familie Huber fährt monatlich einmal ins über 100 Kilometer entfernte EU-Nachbarland, weil sie dort einige Waren kostengünstiger einkaufen kann.

Herr Schmid ist begeisterter Skifahrer. Deshalb fährt er im Winter viermal in 600 Kilometer entfernte Skigebiete, um dort seinem Hobby nachgehen zu können.

35 % der Transportfahrten in Europa sind so genannte Leerfahrten. Das heißt, ein Lkw fährt Waren 100 Kilometer weit zu einem Bestimmungsort, lädt sie dort ab und fährt dann 35 Kilometer weit leer, bevor er wieder mit einem Frachtauftrag beladen wird.

„Lieber machen wir im Jahr einige Male ein paar Tage Kurzurlaub in verschiedenen Gegenden Europas als auf einmal drei Wochen lang an einem Ort zu bleiben", erzählen Herr und Frau Schmidt.

Bei uns im Geschäft kannst du Milch kaufen, die in Italien gefertigt und zu uns transportiert wird. Umgekehrt kannst du in Italien Milch kaufen, die bei uns gefertigt und nach Italien transportiert wird.

40.2 Aus einem Zeitungsbericht zum Thema „freier Warenverkehr" in Europa

Binnenmarkt Europa

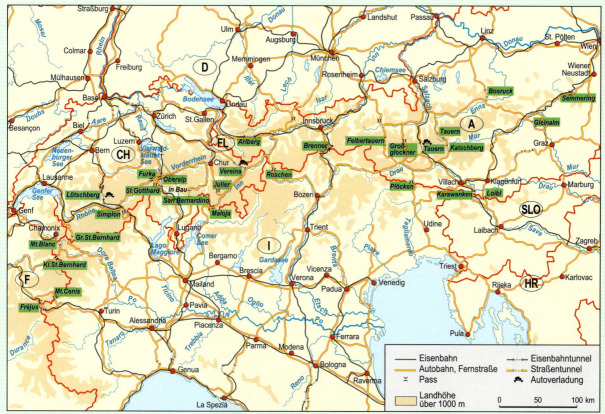

41.1 Wichtige Alpenübergänge

Bauprojekte sollen die Transitprobleme lösen

Die Bahnstrecke über den Brenner ist technisch veraltet und überlastet. Ein Tunnel unterm Brennerpass soll den Güterverkehr zwischen München und Verona beschleunigen und die Schiene für die Konkurrenz zur Straße fit machen.
Die Schweiz strebt schon lange eine Verlagerung des Güterverkehrs auf die Schiene an. Deshalb wurde 1992 die NEAT („Neue Eisenbahn Alpen Transversale") in Angriff genommen. Zu diesem Mammutprojekt gehörten Basistunnel am Gotthard (57 km lang) und am Lötschberg (34 km). Durch die NEAT soll die Attraktivität für den Güterbahnverkehr erhöht werden. Kritiker bezweifeln allerdings den erhofften Entlastungseffekt. Sie halten den Bau von Bahntunnels für Steuerverschwendung, solange der Güterverkehr auf der Straße nicht verteuert wird.

AUFGABEN >>

1. Stelle mithilfe der Abb. 41.1 die Hauptverkehrsrouten über die Alpen zusammen.
2. Schildere die Verkehrssituation in den Alpen. Verfolge in den Nachrichten Verkehrsmeldungen, insbesondere zu Zeiten des Urlaubsverkehrs.
3. Erkläre, wie sich das zunehmende Verkehrsaufkommen auf Mensch und Umwelt auswirkt.
4. „Müll vermeiden" kommt vor „Müll entsorgen". Lässt sich diese Tatsache auch auf den Verkehr übertragen?
5. Entwerft anhand der Abb. 40.2 Möglichkeiten, wie der einzelne Bürger dazu beitragen kann, den Personenverkehr und den Gütertransport zu vermindern.

	Schiene			Straße		
	Total in Mio. t	Transit in %	Zunahme gegenüber 1989 in %	Total in Mio. t	Transit in %	Zunahme gegenüber 1989 in %
Schweiz	20,6	83,0	17,0	8,9	52,8	122,5
Österreich	8,7	90,8	77,6	26,6	90,6	63,2
Frankreich	9,4	33,0	20,5	25,8	31,8	29,0
Total	38,7	72,6	27,3	61,3	60,4	52,1

41.2 Alpenquerender Güterverkehr (2002)

TRIO-Arbeitsweise: Schüler begegnen in ihrem Alltag Europa – ein Projekt

2004 traten 10 neue Länder aus Osteuropa der EU bei. Dies war der Anlass für die Schüler einer Hauptschule, sich mit dem Thema „Europa – bei uns zu Hause" eine Woche lang zu beschäftigen. Ihr Ziel war es herauszufinden, wie und wo sie in ihrem Alltag Europa begegnen.
Nur wenige Schüler arbeiteten alleine. Gemeinsame Aktivitäten hatten Vorrang. Die Ergebnisse ihrer Beobachtungen hielten die Schüler auf Schautafeln fest. Wäre eine „Europawoche" auch für euch reizvoll?

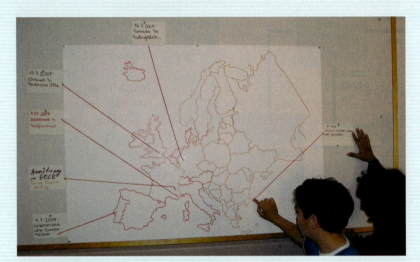

1. Schüler erstellen eine Ereigniskarte: Dazu sammelten sie aktuelle Nachrichten aus europäischen Ländern und berichteten darüber in der Klasse. Auf einer Stichwortkarte kurz zusammengefasst wurden dann die Nachrichten neben der Europakarte aufgeklebt und mit Pfeilen verortet.

2. Gerichte aus der EU-Küche: Eine Klasse wollte herausfinden, wie man in anderen europäischen Ländern kocht und wie diese Speisen schmecken. Sie servierten ihren Schülern griechischen Schafskäse in Blätterteig oder französische Zwiebelkuchen. Wer selbst nachkochen wollte, was ihm gut schmeckte, der konnte das Heftchen „Gerichte aus der EU-Küche" käuflich erwerben.

3. *Schulpartnerschaft mit Wales:* Eine Klasse gestaltet einen Erlebnisbericht ihrer Fahrt nach Wales. Das Bild zeigt die Schüler bei der Überfahrt.

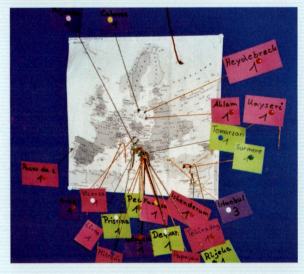

4. *Europäische Fußballvereine:* Eine Gruppe stellte ein Plakat mit europäischen Spitzenvereinen aus der Champions League zusammen.

5. *Diese Europakarte* zeigt, aus welchen Staaten die ausländischen Schüler kommen. Am Rand der Europakarte festgesteckte Namensschildchen wurden durch einen Wollfaden mit dem Heimatland des Schülers verbunden.

6. *Europa deckt unseren Tisch:* Schüler ermittelten, welche Waren in den Regalen unserer Supermärkte aus europäischen Ländern kommen. Sie verorteten die Produkte mithilfe kleiner Wortkarten auf einer Karte.

1 Europa

TRIO-Arbeitsweise: Wir werten Informationen zu Großbritannien aus

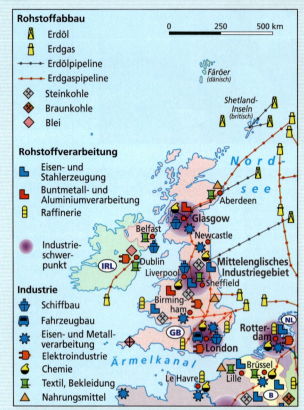

44.1 Industriekarte von Großbritannien

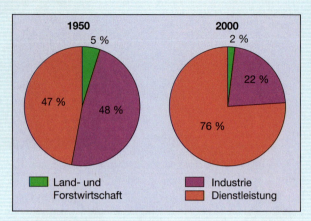

44.3 Anteile der Beschäftigten in Großbritannien

44.4 Abriss eines ehemaligen Stahlwerkes

Länderkundliches Schema:

1. Topografische Daten des Raumes
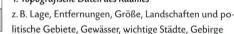
z. B. Lage, Entfernungen, Größe, Landschaften und politische Gebiete, Gewässer, wichtige Städte, Gebirge

2. Bevölkerung/Einwohner
z. B. Einwohnerzahl, -dichte, -verteilung

3. Klima und Vegetation

z. B. Temperaturen und Niederschläge; Klimazonen, Vegetationszonen (Pflanzenwuchs)

4. Wirtschaft und Verkehr
z. B. Landwirtschaft, Rohstoffe, Industrie, Dienstleistungen (z. B. Tourismus), Verkehrsnetz

5. Kultur
z. B. Volksgruppen, Sprachen, Religionen, Bildungsstand/Analphabetentum

6. Geschichtliche/politische Entwicklung
z. B. wichtige gesellschaftliche, kulturelle, technische, politische Entwicklungen

44.2 Länderkundliches Schema

Im Folgenden sollst du ein europäisches Land genauer untersuchen. In den letzten Jahrgangsstufen hast du das länderkundliche Schema (Abb. 44.2) kennen gelernt. Es gibt dir unterschiedliche Bereiche vor, nach denen du Informationen zu einem Land ordnen kannst.
Am Beispiel Großbritanniens soll hauptsächlich die wirtschaftliche und soziale Lage betrachtet und ausgewertet werden. Um diese zu verstehen, muss man einen Blick auf die wirtschaftliche Entwicklung Großbritanniens werfen.

Großbritannien, die führende Industriemacht, gerät in die Krise

Im 19. Jahrhundert war Großbritannien die führende Industriemacht der Welt (> S. 54). Getragen wurde diese Vormachtstellung vor allem von der Stahl- und der Textilindustrie im Mittelenglischen Industriegebiet. Doch im Verlauf des 20. Jahrhunderts geriet das Land in eine wirtschaftliche Krise. Die Gründe hierfür waren vielfältig. Die Textilindustrie litt vor allem durch den Verlust der britischen Kolonien (> S. 130), die früher billig Rohstoffe lie-

TRIO-Kompakt

Als Hightech-Industrie bezeichnet man vor allem Betriebe in den Bereichen der
- Computerindustrie,
- Luft- und Raumfahrtindustrie,
- Informationstechnologie (IT),
- Biotechnologie,
- Forschung und Entwicklung.

45.1 Hightech-Industrie

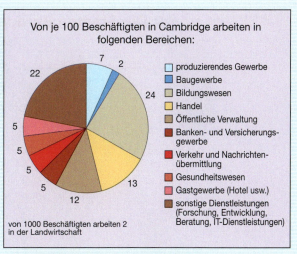

45.2 Beschäftigte in Cambridge (2000)

ferten und die teuren Fertigprodukte abnahmen. Nun fertigten die selbstständig gewordenen ehemaligen Kolonien selbst Textilien.

Ende der 1950er-Jahre setzte in den alten Industriestandorten Europas die Kohlekrise ein. Die Gründe hierfür sind dir bereits von der Entwicklung im Ruhrgebiet (7. Jahrgangsstufe) her bekannt: Die Kohle wurde von billigerem Erdöl und Erdgas aus der Nordsee abgelöst. Die britische Eisenbahn wurde elektrifiziert oder stellte von Dampf- auf Dieselloks um.

In vielen Industriezweigen wurden die Produktionsanlagen nicht rechtzeitig modernisiert. Weil zu teuer produziert wurde, konnte Großbritannien nicht mehr mit anderen Industriestaaten Schritt halten.

Wirtschaftlicher Wandel

Einst bedeutende Textilfabriken, Kohlezechen und Eisenhütten wurden geschlossen, alte Stahlwerke abgerissen (Abb. 44.4). In Industrieregionen wie dem Mittelenglischen Industriegebiet stieg die Zahl der Arbeitslosen. Viele Menschen wanderten deshalb aus Mittelengland ab. In den 1980er Jahren förderte die britische Regierung den beginnenden Strukturwandel. Alte Industrien wurden vom Staat nicht länger unterstützt. Dafür wurden moderne Industrien wie die Elektro-, Auto- und die chemische Industrie gefördert. Immer mehr Menschen fanden ihren Arbeitsplatz im Dienstleistungssektor (Abb. 44.3).

Besondere Hoffnung setzt man heute in Großbritannien auf die zukunftsorientierte Hightech-Branche. Besonders in Südwestengland hatten sich seit 1970 die Hightech-Industrien entwickelt. Entscheidend für diese Branche sind nicht mehr die traditionellen Standortfaktoren Rohstoffe, Energie und Transportkosten, sondern Verkehrsanbindung, Freizeitangebote und, ganz wesentlich, die Nähe zu Forschungseinrichtungen und Universitäten.

Von den Standorten in Südwestengland ist – neben London – Cambridge zurzeit der bedeutendste. 5200 Hightech-Unternehmen haben sich hier meist in Industrieparks angesiedelt.

AUFGABEN >>

1. Betrachte die Industriekarte (Abb. 44.1): Welche Bereiche bilden die Schwerpunkte der britischen Industrie?
2. Beschreibe den wirtschaftlichen Wandel Großbritanniens von einer Industriemacht hin zum Dienstleistungsstandort. Beachte hierbei den in Abb. 44.3 dargestellten Wandel.
3. Vergleiche diese Entwicklung mit dem Strukturwandel im Ruhrgebiet, den du bereits in der 7. Jahrgangsstufe als Thema hattest.
4. Erschließe selbst ein europäisches Land nach seinen wirtschaftlichen und sozialen Voraussetzungen. Reichhaltige und gut aufbereitete Länderinformationen findest du z. B. auf den Internetseiten des Auswärtigen Amtes: http://www.auswaertiges-amt.de

TRIO-Kompakt: Die Staaten Europas und ihre Lage

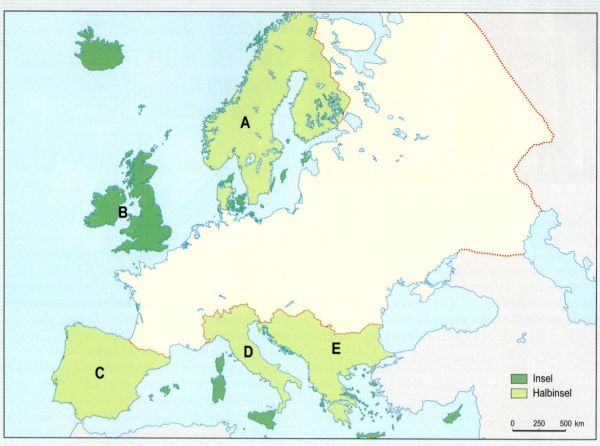

46.1

Wie kann ich mir das Kartenbild von Europa einprägen?

Du hast gelernt, dass Europa mit seinen insgesamt 45 Staaten einem Puzzle mit vielen kleinen Teilen gleicht. Nachdem unser Europa durch die Europäische Union immer stärker zusammenwächst, solltest du dich im gemeinsamen Europa zurechtfinden und die Lage der Staaten kennen. Damit du die einzelnen Staaten nicht nur stur auswendig lernst, soll dir nun in drei Schritten gezeigt werden, wie du dir sie systematisch einprägen kannst. Soweit du die Staaten nicht schon aus dem Gedächtnis zuordnen kannst, hilft dir die Staatenkarte Europas in deinem Atlas.

1. Schritt: Faustskizze anfertigen

Es ist nicht leicht, Europa in einer vereinfachten Faustskizze abzubilden. Es eignet sich dazu die Einteilung Europas, die du bereits in Abb. 10.2 kennen gelernt hast. In Form eines Keils zeichnest du auf einem Blatt Papier das Festland nach und hängst die Halbinseln dran. Schließlich kannst du auch noch die Inseln einzeichnen. Wichtig ist dabei, dass du tatsächlich nur die groben Umrisse nachziehst. Du musst zum Beispiel an der griechischen oder norwegischen Küste auf die vielen kleinen Inseln und Buchten verzichten.

Nun bezeichnest du die Halbinseln und Inseln mit Großbuchstaben und ordnest ihnen in einer Tabelle die jeweiligen Staaten zu. Beachte dabei, dass sich die meisten Teile aus mehreren Staaten zusammensetzen.

Beispiel:
C Iberische Halbinsel   Spanien
                                         Portugal

TRIO-Kompakt

47

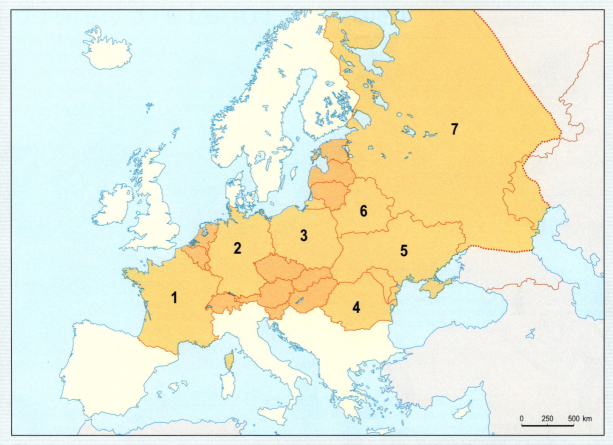

47.1

Nachdem du dir im ersten Schritt die Staaten am Rande Europas eingeprägt hast, wendest du dich nun dem Festland zu. Dies wird schwieriger, weil sich dieser Teil Europas in viele kleine Staaten aufteilt.

2. Schritt: Die großen Staaten einprägen
Betrachte zunächst nur die großen Staaten in Abb. 47.1 Sie sind in der Karte mit den Ziffern 1–7 gekennzeichnet. Trage diese Staaten grob in deine Faustskizze ein und benenne sie. Gehe dabei systematisch von Osten nach Westen vor.

3. Schritt: Die kleineren Staaten lernen
Viele der kleineren Staaten in Europa hast du bereits im ersten Schritt den Inseln und Halbinseln Europas zugeordnet, zum Beispiel die Kleinstaaten auf dem Balkan. Bei einem Blick auf das Festland Europas fallen drei weitere Gruppen von kleineren Staaten auf:
– eine Staatengruppe in Mitteleuropa südlich von Deutschland und Polen,
– die als „Benelux-Staaten" bezeichnete Staatengruppe nordwestlich von Deutschland,
– die baltischen Staaten nördlich von Polen und Weißrussland.
Zeichne diese Staatengruppen nun mit unterschiedlichen Farben in deine Faustskizze ein und benenne sie.
Überprüfe zum Schluss anhand einer Übersicht der Staaten Europas (Atlas, Lexikon), ob du kein Land vergessen hast!

2 Industrielle Revolution und nationale Einheit

Der „Plärrer" in Nürnberg um 1860 und um 1900

Während der Revolution 1848 in Berlin

Deutschland um 1800: Leben in einer Agrargesellschaft

50.1 Bauersfrauen sammeln liegen gebliebene Halme vom Stoppelfeld. Auf dem Pferd der Verwalter.

Die Landwirtschaft prägt Leben und Arbeit

Gegen Ende des 18. Jahrhunderts war Deutschland ein Agrarstaat mit 23 Millionen Einwohnern. Rund drei Viertel der Bevölkerung lebten in Dörfern oder Weilern. Fast alle Dorfbewohner waren in der Landwirtschaft tätig.

„Die Bauern bestellten mit ihren Knechten und Mägden die Felder, schlugen Holz in ihren Wäldern und brachten Heu von ihren Wiesen heim als Winterfutter für das Vieh. Der Bauernhof lieferte Fleisch und Eier, die Kartoffeln wuchsen auf den Feldern und das Gemüse im Hausgarten. Das Korn ließen die Bauern in der nahen Mühle mahlen, und aus dem Mehl backten sie selbst das Brot. Die Frauen verstanden auch, die Schafwolle zu spinnen und den Flachs zu brechen. Daraus stellten sie die Wollstoffe oder Leinen her. Die Pflüge und Wagen wurden von Rindern oder Pferden gezogen. Kaufleute und Handwerker gab es nur wenige im Dorf; einen Schmied, einen Sattler, einen Wagner, meist auch einen Schuster. Der Schneider kam nur gelegentlich auf einige Zeit ins Dorf."

(Aus: Franz, Quellen zur Geschichte des deutschen Bauernstandes in der Neuzeit. Darmstadt 1963, Nr.1)

Nur ein kleiner Teil der Bevölkerung lebte in Städten. In der Regel wohnten hier nicht mehr als 3000 Menschen, überwiegend Händler, Handwerker und Beamte. Die Handwerker stellten Schuhe, Kleider und sonstige Waren her, die für den täglichen Bedarf gebraucht wurden (Abb. 51.3) . Ihre Werkstatt hatten sie meist im Wohnhaus eingerichtet. Bei der Arbeit halfen Familienangehörige mit. Die meisten Stadtbewohner besaßen vor den Toren der Stadt Gärten und Ackerland. Als so genannte „Ackerbürger" bestellten sie nebenberuflich dieses Land, um sich zu einem großen Teil selber zu versorgen. Nicht selten hielten sie sich deshalb auch Vieh innerhalb der Stadtmauern. Wie die Landwirtschaft das Stadtbild bestimmte, zeigt folgender Bericht:

„Die Straßen und Gassen längs der Mauern und abseits der Hauptstraße dienten jedem kleinen Hausbesitzer zum Misthof. Die Bürger ließen den Schweinemist und Unrat auf die Gassen fließen, wodurch die Luft verunreinigt und manchem an seiner Gesundheit große Ungelegenheit, wohl auch der Tod verursacht werden kann."

(Aus: W. Abel, Die Stadt als Lebensform, Berlin 1970, S. 153)

Merkmale der industriellen Revolution

Die Gesellschaft ist in Stände gegliedert

Mit der Revolution von 1789 setzten sich in Frankreich Ideen von Freiheit und Gleichheit durch. In Deutschland hingegen blieb alles beim Alten: Die ständische Gliederung der Gesellschaft bestand weiterhin.
Lediglich Adel, Geistlichkeit und freie Bürger waren in der Ständeordnung vertreten. Bauern, Dienstleute, ländliche Handwerker und Tagelöhner bildeten das Landvolk. Sie zählten zum „Vierten Stand", hatten keinerlei Rechte und lebten in Abhängigkeit vom Grundherrn (Abb. 51.1).

Die Natur liefert die Energie

Häufigste Energiequelle war die menschliche Muskelkraft und die Stärke der Tiere. Männer, Frauen und Kinder schleppten nicht bloß Lasten oder zogen Karren. Mit der Handkurbel oder dem Tretrad trieben sie sogar einfache Maschinen an. Auch Ochsen, Esel und Pferde wurden eingespannt, um Hammerwerke, Mühlen oder Schöpfräder zu bewegen. Wo es möglich war, nutzten die Menschen fließendes Wasser und den Wind als Kraftquelle.

Viele Menschen sterben frühzeitig

Um 1800 erreichte gerade die Hälfte der Menschen das 20. Lebensjahr. Die mittelalterliche „Dreifelderwirtschaft" und die einfachen Arbeitsgeräte ermöglichten nur bescheidene Erträge. Die Getreideernten brachten lediglich das 2–3fache der Saatmenge ein. In der Regel reichte der Ernteertrag nur für den Eigenbedarf der Dorfbevölkerung. Die meisten Bauern hatten nur das Notwendigste zum Leben. Tagelöhner und Handlanger ernährten sich häufig bloß von Brot, Milch und Kartoffeln. Missernten führten zwangsläufig zu schrecklichen Hungersnöten. Krankheiten, wie Typhus und Pocken breiteten sich immer wieder zu Seuchen aus und forderten viele Menschenleben. Trotz der hohen Geburtenziffern wuchs in dieser Zeit die Bevölkerung nur langsam.

51.1 Aufbau der Gesellschaft (am Beispiel Bayerns)

51.2 Mühle mit Tretantrieb

51.3 In einer Schreinerwerkstatt

AUFGABEN >>

1. Erkläre die Begriffe „Agrarstaat" und „Agrargesellschaft".
2. Vergleiche die Lage der Bauern am Ende des deutschen Bauernkrieges (um 1525) mit den bäuerlichen Verhältnissen um 1800.
3. Erkundigt euch, wo es in eurer Nähe ein Bauern-Museum gibt. Besucht es, um mehr über bäuerliche Lebensverhältnisse der damaligen Zeit zu erfahren.

Der Beginn des Maschinenzeitalters

52.1 Dampfmaschine von James Watt

52.2 Erstes Dampfboot von Fulton

52.3 „Dampfmaschine" auf Rädern

James Watt erfindet die Dampfmaschine

Im Jahre 1769 gelang es dem Mechaniker James Watt aus Glasgow, eine funktionstüchtige Dampfmaschine zu konstruieren. Zunächst löste diese Maschine die Pferde in den Pumpanlagen der Bergwerke ab. Die Leistungskraft der neuen Kraftquelle ermöglichte es, Bergwerksstollen besser und leichter vom Grundwasser frei zu halten.

„Schätzt man die Kraft eines Pferdes im Vergleich zu der eines Menschen wie $5\frac{1}{2}$ zu 1 und rechnet man, dass eine Dampfmaschine täglich 24 Stunden arbeitet, unterdessen Pferde nur 8 Stunden und Menschen 10 Stunden am Tag arbeiten können, so leuchtet ein, dass diese Dampfmaschine mit 600 PS (Pferdestärken) täglich die Arbeit von 1800 Pferden und von 9000 Menschen verrichtet."

(Aus: Treue u.a.: Quellen zur Geschichte der industriellen Revolution, Göttingen 1966, S.55)

Bald trieben die Dampfmaschinen auch Spinnräder, Webstühle, Getreidemühlen und Eisenhämmer an.
Im Jahre 1807 startete das erste Dampfboot zu seiner Jungfernfahrt. Eine 20 PS leistende Dampfmaschine von James Watt bewegte die mächtigen Schaufelräder.
George Stephenson führte 1814 eine Maschine mit vier Rädern vor, die sich selbstständig fortbewegte: die Lokomotive (lateinisch: locus = Ort/motio = Bewegung).

AUFGABEN >>

1. *Erkläre die Vorteile der Dampfmaschine im Vergleich zu den bisherigen Kraftquellen.*
2. *Wie funktioniert eine Dampfmaschine? Lasst es euch von euerem Physiklehrer erklären.*
3. *Klärt die Funktionsweise der Dampfmaschine selbstständig und erläutert sie in einem Kurzreferat euren Mitschülern.*

Merkmale der industriellen Revolution

Die technische Entwicklung wird vorangetrieben

Nie zuvor wurden so bahnbrechende Erfindungen und Neuerungen gemacht wie im 19. Jahrhundert:
Michael Faraday gelang 1831 der Nachweis, dass mithilfe von Magnetismus Elektrizität erzeugt werden kann. „Induktion" nannte er diesen Effekt, ohne den es keinen Elektromotor und keinen Generator geben würde.
Werner von Siemens entwickelte 1867 eine Dynamomaschine, die Strom erzeugte. Bald danach baute er den Elektromotor.
Mit der Erfindung der Glühbirne im Jahre 1879 leitete Thomas Alva Edison eine völlig neue Entwicklung in der Beleuchtungstechnik ein. Oskar von Miller errichtete 1882 das erste Kraftwerk, das in Bayern Strom erzeugte. Damit war für Elektromotoren und Glühbirnen genügend Energie vorhanden.
Nikolaus Otto schaffte es 1876, die Explosionskraft von Benzin in seinem Verbrennungsmotor technisch zu nutzen. Aufgrund ihrer vielseitigen Verwendbarkeit traten diese Motoren einen raschen Siegeszug an. Die Überlegenheit des Viertaktmotors gegenüber der Dampfmaschine beruhte auf seiner Betriebssicherheit und seinem höheren Leistungsvermögen. Der Otto-Motor machte die Motorisierung der ganzen Welt möglich. Am 29. Januar 1886 erhielt Carl Benz das Patent zu einem „Wagen mit Viertakt-Motor", dem ersten brauchbaren Automobil.
Die Gebrüder Wright bauten einen 8-PS-Benzinmotor in einen selbstkonstruierten Flugapparat ein. Damit hielten sie sich eine Minute in der Luft.
Auf der Weltausstellung in Philadelphia im Jahre 1876 führte der amerikanische Taubstummenlehrer Alexander Bell sein „Telephon" vor. Schon 1861 hatte der deutsche Lehrer Philipp Reis einen Fernsprecher vorgestellt. Sein Apparat erhielt von Naturforschern großes Lob. Doch niemand fand sich bereit, den Erfinder finanziell zu unterstützen. Die Zeitgenossen waren für diesen Fortschritt blind. So starb Reis recht einsam, während Bells Telefon die Nachrichtentechnik revolutionierte.

53.1 Erster „Motorwagen"

53.2 Flugzeug der Gebrüder Wright

53.3 Bell bei der Vorführung seines „Telephons"

AUFGABEN >>

1. Zähle auf, welche wichtigen technischen Erfindungen im 19. Jahrhundert gemacht wurden.
2. Beschreibe anhand einzelner Beispiele, wie sich diese Erfindungen auf das Leben der Menschen auswirkten.
3. Im 19. Jahrhundert gelangen Wissenschaftlern auch bedeutende Forschungsergebnisse auf anderen Gebieten. Recherchiert im Internet und/oder informiert euch anhand von Sachbüchern.
4. Erkundigt euch, wo es in eurer Nähe ein Technik- oder Industriemuseum gibt. Plant und organisiert einen Besuch.
5. Das Auto ist aus unserer heutigen Welt nicht mehr wegzudenken. Sammelt Bilder und macht eine Ausstellung zur „Geschichte des Autos".

54.1 Mechanische Webstühle

54.2 Fabriklandschaft in Sheffield

Revolution durch Maschinen

In England beginnt die Industrialisierung

Durch den Einsatz von Maschinen stieg die Produktivität (Leistung eines Arbeiters pro Stunde) enorm an. Dank der „industriellen Produktion" konnten jetzt in gleicher Zeit durch weniger Menschen mehr Waren gefertigt werden. Zudem waren diese Waren noch wesentlich preiswerter.

Schon Ende des 18. Jahrhunderts entwickelte sich England zu einem Industriestaat. Dort gab es günstige Voraussetzungen:
- England war von den Verwüstungen durch die Kriege Napoleons verschont geblieben.
- Durch den Staat wurden frühzeitig die Fesseln des Zunftwesens gesetzlich aufgelöst.
- Wegen der vielen Kolonien besaß es reiche Rohstoffvorkommen und Absatzmärkte.
- Die sprunghaft angewachsene Bevölkerung verlangte nach Arbeit und Waren.
- Es gab reiche Leute, die es wagten, ihr Geld in den Bau von Industriebetrieben zu investieren.

Vor allem in den Hafenstädten entstanden zahlreiche Fabriken. Aus den amerikanischen Südstaaten konnten englische Fabrikanten Baumwolle billig beziehen. In Nordamerika und Indien besaß das Mutterland Märkte für den Verkauf seiner Waren (> S. 134). Zudem erleichterte das feuchte Klima um die Stadt Manchester die Verarbeitung von Baumwolle. So erlebte die Textilindustrie einen einzigartigen Aufstieg. In ihrem Sog nahmen andere Industriezweige ebenfalls einen enormen Aufschwung.

Mit dem Bau von Lokomotiven (> S. 52) begann der Ausbau von Eisenbahn und Schienennetzen. Dieses leistungsfähige Transportmittel beschleunigte und verbilligte die Beförderung von Gütern und Personen. Die Nachfrage nach Produkten der eisenerzeugenden Industrie (Schwerindustrie) stieg ins Unermessliche. Kohle und Eisen wurden zu den wichtigsten Grundstoffen des Industriezeitalters.

AUFGABEN >>

1. Was heißt „industrielle Produktion"? Beschreibt diese Art der Herstellung am Beispiel eines Betriebes, den ihr in AWT erkundet habt.
2. Wodurch unterscheiden sich Handwerksbetrieb, Manufaktur und Fabrik? Erkläre.
3. In England erlebte die Textilindustrie einen einzigartigen Aufschwung. Nenne Gründe dafür.
4. Erläutere, warum gerade England zum Geburtsland der Industrialisierung wurde.

Merkmale der industriellen Revolution

Die Industrialisierung greift auf Deutschland über

Deutschland war in eine Vielzahl von Einzelstaaten (> S. 62) aufgeteilt. Diese Zersplitterung hemmte den wirtschaftlichen Aufschwung. Die zahllosen Zollgrenzen behinderten den Handelsverkehr. Nach langen Verhandlungen wurden 1834 die Zollschranken zwischen 18 deutschen Staaten aufgehoben. Die Forderungen der Unternehmer und Händler nach einem „großen, gemeinsamen Markt" waren jetzt erfüllt.

Sogleich wurden erste Eisenbahnlinien gebaut. Sie erwiesen sich bald als wirtschaftlich lohnend. Über große Entfernungen hinweg konnten nun Nahrungsmittel billig herangeschafft, die Fabriken mit Rohstoffen beliefert und die Märkte mit maschinengefertigten Waren versorgt werden. Riesige Mengen von Eisenbahnschienen, Lokomotiven und Waggons wurden benötigt.

Der gewaltig ansteigende Eisenbedarf beflügelte die Hüttenindustrie. Die Qualität des Eisens wurde immer besser. Dies führte zu kräftigen Entwicklungsschüben in der Werkzeug- und Arbeitsmaschinenindustrie. Der Austausch an Waren verstärkte das wirtschaftliche Wachstum. Die Eisenbahn wurde gleichsam zur Triebfeder, die Lokomotiven zu Motoren des Fortschritts.

Gebiete mit einer hohen Bevölkerungsdichte und Gegenden mit reichen Kohle- und Erzvorkommen waren die Ausgangspunkte. Durch die Nachfrage nach Arbeitskräften stieg in diesen Industriezentren die Bevölkerung an. Unternehmerische Kenntnisse, geschulte Arbeitskräfte und Bodenschätze brachten diesen Regionen Kostenvorteile und sicherten ihnen einen Entwicklungsvorsprung.

55.1 Grenzverlegenheit: „Sie sehen, Herr Grenzwächter, dass ich nix zu verzollen hab, denn was hinte auf'm Wagen is hat die lippische Grenz noch nit überschritte, in der Mitt' is nix, und was vorn druf is, is schon wieder über die lippische Grenz drüben." Karikatur von 1834

55.2 Produktion von Lokomotivrädern bei Borsig in Berlin

AUFGABEN >>

1. Beschreibe, wie sich in Deutschland die Industrialisierung vollzog. Beziehe die Abb. 55.3 mit ein.
2. Nenne mithilfe des Atlas Gebiete im deutschen und bayerischen Raum, von denen die Industrialisierung ausging. Begründe, warum es gerade diese Gebiete waren.
3. „Der Zollverein und das Eisenbahnsystem sind siamesische Zwillinge." Erläutere diesen Ausspruch von Friedrich List, der sich für den Fall der Zollschranken einsetzte.
4. Werte die Karikatur 55.1 aus.

55.3 Entwicklung des Eisenbahnnetzes

Wandel der Arbeits- und Lebenswelt

56.1 Die Firma Cramer-Klett in Nürnberg

Mit der Ernennung zum Reichsrat erwarb sich Theodor Freiherr von Cramer-Klett 1866 die Courfähigkeit. Der Industrieherr besaß damit die Erlaubnis, am königlichen Hofe zu verkehren.

56.2

Landschaft und Natur werden verändert

Rauch aus den Schornsteinen wurde im 19. Jahrhundert zum Markenzeichen für „Gewerbefleiß" und „Fortschritt". In Gegenden, wo Eisenerz und Kohle gefunden wurden, schossen Schlöte wie Pilze aus dem Boden. Neue Fabriken wurden gegründet, Großbetriebe aufgebaut. Weiträumig entstanden Fabriklandschaften. Insbesondere das Ruhrgebiet entwickelte sich zum industriellen Ballungszentrum. Auf dem Ackerland um die alten Städte herum wuchsen jetzt Fabrikgebäude mit Lagerhallen. Selbst Klöster, Schloss- und Burganlagen wurden zu Werkhallen umgebaut.

Die technologische Entwicklung beeinflusste auch das Denken der Menschen. Ein fast grenzenloser Fortschrittsglaube veränderte das Verhältnis zur Natur grundlegend: Alles, was nützlich ist, raubte sich jetzt der Mensch aus einem schier unerschöpflichen Vorratsspeicher. Fabrikschlote und Hochöfen bliesen riesige Mengen an Rauch, Qualm und Ruß in die Luft. Das Wasser entnahmen Fabriken und Betriebe dem nächstgelegenen Fluss oder Bach, gebrauchten es und leiteten es verschmutzt wieder in die Wasserläufe zurück.

Dass damit die Umwelt belastet und geschädigt werden könnte, wurde den Menschen kaum bewusst. Sie vertrauten auf die Selbstreinigungskraft der Luft und der Flüsse. Nur vereinzelt warnten Naturschützer vor den Folgen der Umweltverschmutzung.

Die Gliederung der Gesellschaft verändert sich

Theoder Cramer hatte 1847 in Nürnberg die Tochter des Eisengießers Johann Friedrich Klett geheiratet und ihren Namen übernommen. Cramer-Klett erkannte die zukünftige Bedeutung das Eisenbahnwesens. Bald wurden in seiner Anlage Eisenbahnwaggons in Massenproduktion gefertigt. Der 1854 in 100 Tagen errichtete „Königliche Glaspalast" in München bestätigte den guten Ruf seiner Unternehmen. Auch der Bau einer Rheinbrücke mit einer damals gigantischen Länge von 1 000 Metern lieferte ein eindrucksvolles Beispiel industriellen Fortschritts. Für diese Leistungen bekam er den Kronenorden verliehen, mit dem der persönliche Adel verbunden war.

Die Unternehmer kamen meist aus bürgerlichen Familien. Sie zeichneten sich durch Können, Fleiß und Sparsamkeit aus, „investierten" ihre Gewinne wieder in den Betrieb, vermehrten mit ausgeprägtem Gewinnstreben ihr Kapital und sammelten so große Vermögen an.

Das Besitzbürgertum, die „Bourgeoisie", gewann immer mehr Einfluss im öffentlichen Leben. Allmählich übernahm es die Führung in der Gesellschaft. Standesgemäß lebten diese Leute in prunkvollen Villen. Gärtner und Dienstmädchen verrichteten im Park und Haus die Arbeit für ihre „Herrschaften".

Die Einführung der „Gewerbefreiheit" erlaubte jetzt jedem, seine Arbeit frei zu wählen, einen Betrieb zu gründen oder ein Geschäft zu eröffnen. Manche Kaufleute und

Merkmale der industriellen Revolution

57.1 Villa des Unternehmers Krupp

57.3 Bürgerliches Wohnzimmer

57.2 Meister und Vorarbeiter einer Metallwarenfabrik

57.4 Wohnküche einer Arbeiterwohnung

Handwerker schafften es, Großhändler oder Fabrikant zu werden und so in die „Bourgeoisie" aufzusteigen. Nach dem Motto „freie Bahn dem Tüchtigen" bekämpften sie die alten Schranken zwischen den Ständen.

Ärzte, Apotheker, Gelehrte und Pfarrer gewannen an Ansehen und nahmen eine geachtete Stellung ein. Zusammen mit den höheren Beamten bildeten die „Honoratioren" eine zweite Oberschicht des Bürgertums. Sie hatten ähnliche Interessen wie das Besitzbürgertum. Die meisten Abgeordneten in den Landtagen und Stadtparlamenten kamen aus diesen beiden Oberschichten. Aufgrund ihres Ranges beim Militär zählten auch Offiziere und Reserveleutnants zur „besseren" Gesellschaft.

Durch neue Herstellungsverfahren stieg die Nachfrage nach speziell und gut ausgebildeten Beschäftigten, z. B. nach Werkmeistern, kaufmännischen Angestellten, Technikern und Ingenieuren. Sie ergänzten den alten Mittelstand der Handwerker, Krämer, Makler und Gastwirte. Damit bildete sich mit der Industrialisierung ein neuer Mittelstand aus.

Arbeiter, Tagelöhner und Dienstboten waren „einfache" Leute. Sie bildeten die unterste Klasse der Gesellschaft: das „Proletariat". Diese Leute besaßen nichts weiter als eine Vielzahl von Kindern (lat: proles = der Nachkomme). Die Gliederung der Gesellschaft in Klassen spiegelte sich in vielen Einrichtungen. So hatte bei der Eisenbahn die vierte Wagenklasse kein Dach und nur hölzerne Bänke. Auch im Theater und der Oper gab es vier Ränge. Dabei sah der vierte Rang lediglich Stehplätze vor.

AUFGABEN >>

1. Stelle dar, wie durch die Industrialisierung das Landschaftsbild verändert wurde.
2. Erläutere das Verhältnis der Menschen zur Natur zur Zeit der Industrialisierung und vergleiche mit der Einstellung heute.
3. Beschreibe, wie die Industrialisierung die Grundlagen der gesellschaftlichen Gliederung veränderte.
4. „Freie Bahn dem Tüchtigen". Erläutere und bewerte das Denken und die Interessen des Besitzbürgertums.
5. Im Krankenhaus, im Flugzeug und bei der Bahn gibt es heute auch noch unterschiedliche Klassen. Wie denkt ihr darüber? Diskutiert.

Die Lage der Arbeiter im 19. Jahrhundert

58.1 „Mietskasernen" in Berlin

Arbeiter leiden unter der Wohnungsnot

Mit Beginn der Industrialisierung verließen viele Menschen massenweise ihre Dörfer. Sie hofften, es würde ihnen in den Städten besser gehen. Doch dort fanden sie kaum eine Unterkunft. In Großstädten gab es riesige „Mietskasernen". Jedes Zimmer in den winzigen Wohnungen war mit fünf und mehr Personen belegt.
In Bayreuth z. B. standen beim Bahnhof Marktbuden, die mit Brettern verschlagen waren. Dort hausten sechs Familien mit Kind und Kegel. Die Lokalzeitung prangerte 1866 diese Elendsquartiere als menschenunwürdig an:
„Diese Wohnungen sind so eng, dass man sich kaum herumdrehen kann. Und so erbärmlich, dass ein starker Wind das Licht im Zimmer nicht brennen lässt, dass ein nächtlicher Regen das Verweilen im Bett nicht gestattet. Bei Tauwetter stehen die Kinder buchstäblich im Wasser."

58.2 Unfall in einer Maschinenfabrik

Arbeiter leiden unter den Arbeitsbedingungen

Täglich vergrößerte sich das Heer der Arbeitssuchenden. Ihre Angst vor Hunger und Not machte diese Menschen gefügig. Ihre Leistungsfähigkeit wurde bis an die Grenze ausgenutzt. Maschinen bestimmten den Gang der Arbeit, die Arbeiter mussten sich anpassen. Wer mit dem Maschinentakt nicht mitkam, wurde entlassen. Vor dem Werkstor warteten bereits andere, die auf Arbeit hofften. Ein Arbeitstag dauerte 16–17 Stunden. Um keine Arbeitszeit zu verlieren, aßen die Arbeiter meist am Arbeitsplatz. Dieser bot oft keinen Schutz gegen Unfälle. Es kam zu Verletzungen und die Arbeiter wurden arbeitsunfähig.
Da die Menschen auf einen Verdienst angewiesen waren, arbeiteten sie meist für einen „Hungerlohn". Dieser reichte nicht, um eine Familie zu ernähren. Also mussten Frau und Kinder mitarbeiten. Einige Unternehmer bevorzugten Frauen und Kinder als billigere Arbeitskräfte.
Krankheit, Unfall oder Altersschwäche trieben Tausende von Lohnarbeitern in die Verelendung. Verbitterung und Unmut unter den Arbeitern machte sich breit, Unruhe kam auf. Die Lösung der sozialen Frage wurde zum drängenden Problem (> S. 60, 76).

AUFGABEN >>

1. Beschreibe, unter welchen Bedingungen die Menschen im 19. Jahrhundert arbeiteten.
2. Vergleicht diese Arbeitsbedingungen mit denen in Deutschland heute. Informiert euch darüber bei Betriebserkundungen im Fach AWT. Lest dazu im Jugendarbeitsschutzgesetz nach.
3. Schildere, wie die Arbeiter zur Zeit der Industrialisierung wohnten.
4. Die soziale Frage. Erkläre, was damit gemeint ist. Gibt es sie auch heute noch?

Merkmale der industriellen Revolution

TRIO-Arbeitsweise: Wir setzen Quellenmaterial in Spielszenen um

Das Elend der schlesischen Weber

In Schlesien wurden seit Generationen in Heimarbeit Textilwaren hergestellt. Seit der Industrialisierung gerieten allerdings die Weber in einen aussichtslosen Konkurrenzkampf mit maschinell produzierten Textilien. Not zog ein in die schlesischen Weberfamilien, Massenelend herrschte in den schlesischen Weberdörfern.

Ein Protestmarsch mit der Forderung nach „gerechten" Löhnen im Jahre 1844 verwandelte sich zu einer Revolte. Die Weber zerrissen Schuldbücher, zerschlugen Maschinen und verwüsteten die Inneneinrichtung von Unternehmervillen. Eine Zeitung schrieb über die Taten der Weber:

„Von einem tiefen Entsetzen muss man ergriffen werden, wenn man die Überreste der herrlichen Maschinen erblickt, welche in dem Etablissement des Herrn Dierig zerstört worden sind."

(Allgemeine Zeitung, Augsburg, Nr. 176 vom 24. 6. 1844)

Ist dieses gemeinsame Handeln der Weber nachvollziehbar und verstehbar? Wohl nur für jemanden, der sich mit dem Leid der Weber intensiv auseinandersetzt. Eine Möglichkeit dazu ist es, Lebensschicksale szenisch zu gestalten. Dabei geht ihr am besten so vor:

1. Sich-Hineinversetzen in die Lage der Personen
Stell dir vor, du bist die Frau auf dem Bild. Schreibe deine Gedanken auf:
Wie siehst du aus? Was hast du für ein Gesicht? Was hast du für Hände? Wie schauen deine Haare aus? Wie sieht dein Körper aus? Was hast du für eine Körperhaltung? Wie fühlst du deinen Körper? Welche Gedanken gehen dir durch den Kopf?
Geht bei den anderen Personen in ähnlicher Weise vor.

2. Erproben sprachlicher Ausdrucksmöglichkeiten
Du willst deine Gedanken nach außen kundtun: Welche Worte treffen für deine Empfindungen zu?
Was möchtest du (z. B. zu den Kindern) sagen? Wie möchtest du das sagen (Lautstärke, Tempo, Klarheit der Stimme)? Wie kannst du die Wirkung deiner Worte verstärken? Was kannst du ohne Worte ausdrücken (Bewegungen, Blicke, Gesichtsausdruck)?

3. Gestalten der Kulisse und der Requisiten
Wie soll das Erscheinungsbild der Frau aussehen (Kleidung, Schuhe, Alter)? Wie kann die Atmosphäre des Raumes dargestellt werden (Raumgröße, Einrichtung, Lichtverhältnisse)?

Spielt nun diese Situation (Szene) und besprecht, wie die Darstellung auf euch wirkt.

59.1 Weberelend

Ansätze zur Lösung der sozialen Frage

60.1 Sozialsiedlung in Bayreuth

60.2 Arbeitsraum für Knaben im Rauhen Haus

60.3 Wandbild aus der Arbeiterbewegung

Unternehmer kümmern sich um ihre Arbeiter

Theodor Schmidt z. B. war einer der Gründungsväter der „Mechanischen Spinnerei" in Bayreuth. Dort erhielten die Arbeiter im Krankheitsfall kostenlos ärztliche Hilfe. Außerdem wurde eine Pensionskasse ohne Lohnabzug geschaffen. Werkseigene Einrichtungen wie eine Kleinkinderschule, eine Werkbücherei und ein Speisehaus folgten. Um 1860 ließ der Betrieb sechs Reihenhäuser für seine Arbeiter bauen. Die erste bayrische Sozialsiedlung entstand. Schließlich bildeten 73 werkseigene Häuser mit 284 Wohnungen eine regelrechte Wohnkolonie.
Auch andere Unternehmer kümmerten sich um ihre Arbeiter. Alle Leistungen waren jedoch freiwillig und konnten jederzeit rückgängig gemacht werden. Nicht alle Arbeiter kamen in den Genuss solcher sozialer Leistungen.

Geistliche erweisen sich als Helfer

In Mainz z. B. warf der Bischof von Ketteler den Unternehmern Gewinnsucht und Ausbeutung von Menschen vor. Er forderte die Verkürzung von Arbeitszeiten, gesicherte Löhne, ein Verbot der Sonntagsarbeit und gesetzlichen Schutz von Kindern und Frauen.
Der evangelische Pfarrer Johann Heinrich Wichern beließ es nicht beim Predigen. In Hamburg gründete er das „Rauhe Haus". Dort nahm er verwaiste Kinder und Jugendliche auf und versorgte sie mit dem Nötigsten.
Der Priester Adolf Kolping, in jungen Jahren ein Schuhmacher-Geselle, organisierte für heimatlose Arbeiter und wandernde Handwerker Räume, wo sie sich unterhalten oder Probleme besprechen konnten. Zu diesem Zweck gründete er den ersten katholischen Gesellenverein.
Erst im Jahr 1891 wies Papst Leo XIII. in einem Rundbrief an alle katholischen Geistlichen darauf hin, dass eine breite Masse von Besitzlosen fast wie Sklaven von einer kleinen Schicht vermögender Leute abhängig sei.

Die Arbeiter greifen zur Selbsthilfe

Proteste von Arbeitern gegen die Fabrikherren blieben ohne Erfolg: Der einzelne Arbeiter war seinem Arbeitgeber ausgeliefert und konnte jederzeit entlassen werden.
Nach dem Motto „Einigkeit macht stark" schlossen sich 1861 Arbeiter mit dem gleichen Beruf in Gewerkschaften zusammen. Als Ziel formulierten sie Folgendes:
„Wir verwerfen den Aufruhr und protestieren gegen jede Unordnung. Wir verschwören uns nicht gegen die Regierung, wir wollen nur, dass man uns einen Platz einräumt in dem gemeinsamen Vaterland. Die Grundlage der Verbrüderung ist Gegenseitigkeit, Solidarität. Einer für alle und alle für einen, muss unser Wahlspruch sein."
(Aus: Balser, Sozial-Demokratie 1848–1863, Stuttgart 1962, Bd. I, S. 55 ff)

Merkmale der industriellen Revolution

61.1 Plakat zur Sozialversicherung

„Wissen ist Macht". Diese Erkenntnis fand auch in Arbeiterkreisen immer mehr Zustimmung. Deshalb wurden Bildungsvereine für Arbeiter gegründet. Dort bestand die Möglichkeit, Rechnen, Schreiben und Lesen zu üben und sich grundlegendes Wissen und Können anzueignen.

Entscheidend ließ sich die Situation der Arbeiter jedoch nur durch eine Beeinflussung der Gesetzgebung verbessern. Ferdinand Lassalle gründete deshalb 1863 in Leipzig den „Deutschen Arbeiterverein". Ziel war es, das allgemeine Wahlrecht zu erkämpfen und demokratische Verhältnisse im Staat herbeizuführen. Wenige Jahre später gründeten August Bebel und Wilhelm Liebknecht eine weitere Arbeiterpartei. 1875 schlossen sich die beiden Arbeiterbewegungen zur „Sozialistischen Arbeiterpartei Deutschlands" zusammen.

Ihre Mitglieder wurden als Feinde des neu geschaffenen Deutschen Reiches betrachtet. Der Reichstag verabschiedete deshalb ein „Gesetz gegen die gemeingefährlichen Bestrebungen der Sozialdemokratie" (Sozialistengesetz von 1878). Viele Mitglieder wurden verhaftet oder zur Auswanderung gezwungen. Die Verfolgung der Sozialdemokraten führte dazu, dass jetzt viele Mitglieder eine radikale Änderung der Gesellschaftsordnung anstrebten.

Der Staat greift die soziale Frage auf

Der damalige Reichskanzler Bismarck erkannte sehr wohl die Probleme der Arbeiterschaft. Ihm wurde bewusst, dass der Staat etwas für die Arbeiter tun müsse. Er wollte erreichen, dass sich die wachsende Zahl der Arbeiter mit der Gesellschaftsordnung des Deutschen Reiches einverstanden zeigt. Auf seine Initiative hin beschloss der Reichstag ab 1883 Gesetze zur sozialen Sicherheit der Arbeiter (Abb. 61.1). Diese Errungenschaften wurden zur Grundlage einer sozial verantwortlich orientierten Politik in Deutschland.

AUFGABEN >>

1. Stelle in einer Übersicht Versuche zur Lösung der sozialen Probleme zusammen. Notiere, was getan wurde (Tätigkeiten/Leistungen), von wem die Handlung ausging (aktiv Handelnder) und was die Gründe (Motive) waren.

2. Erkläre, was die Gewerkschaften wollten und welche Ziele die Arbeiterparteien anstrebten.

3. Werte Abb. 61.1 aus. Wann wurde welche Versicherung eingeführt? Wie viele Menschen erhielten Leistungen? Was bewirkten diese Maßnahmen?

4. In den Grundzügen gilt die Sozialgesetzgebung Bismarcks bis heute. Was ist gleich, was anders?

5. Die Lösung der sozialen Frage sahen Karl Marx und Friedrich Engels im Aufbau einer kommunistischen Gesellschaft. Informiert euch über deren Gedanken und die Umsetzung ihrer Lehre.

62.1 Bürgerliches Leben in der Biedermeierzeit (Holzschnitt von L. Richter)

62.2 Der „Deutsche Michel", Sinnbild für den uninteressierten, schlafmützigen Bürger

Liberale und nationale Ideen

Das Volk träumt von Einheit und Freiheit

Bei vielen Menschen war zu Beginn des 19. Jahrhunderts das Bewusstsein entstanden, durch Abstammung, Sprache und Kultur miteinander verbunden zu sein. Dieses Nationalgefühl veranlasste vor allem junge Menschen, gegen die Truppen Napoleons in den Krieg zu ziehen. Als Freiwillige kämpften sie dafür, das „Vaterland" von der Herrschaft Napoleons zu befreien (> TRIO 7; S.164). Die Einstellung der Freiwilligen wird am Beispiel des deutschen Dichters Theodor Körner erkennbar:

„Ja, liebster Vater, ich will Soldat werden, will das hier gewonnene, glückliche und sorgenfreie Leben mit Freuden hinwerfen, um, sei's auch mit meinem Blute, mir mein Vaterland zu erkämpfen.

Nenn's nicht Übermut, Leichtsinn, Wildheit: Vor 2 Jahren hätte ich es so nennen lassen. Jetzt ist es die mächtige Überzeugung, dass kein Opfer zu groß ist für das höchste menschliche Gut, für seines Volkes Freiheit. Vater, meine Meinung ist die: Zum Opfertod für die Freiheit und für die Ehre der Nation ist keiner zu gut, wohl aber sind viele zu schlecht dazu!"

(Aus: Weldler-Steinberg (Hrsg.), Körners Werke, o. J., S. 497 f)

Mit dem Sieg im Befreiungskrieg wuchsen im Volk die Erwartungen auf ein einiges deutsches Reich und auf mehr Freiheit der Menschen.

Die alte Ordnung bleibt weiterhin bestehen

Nach dem Sieg über Napoleon trafen sich im Jahre 1815 die europäischen Fürsten in Wien zu einem Kongress. Mit ihren Beschlüssen stellten sie im Wesentlichen die alten Machtverhältnisse wieder her:

– Weiterhin gab es keinen einheitlichen deutschen Nationalstaat. Stattdessen schlossen sich die Staaten zu einem lockeren Staatenbund zusammen.
– Weiterhin hatten die Fürsten in diesem Deutschen Bund die gesamte Staatsgewalt inne.
– Weiterhin blieb das Volk von der politischen Mitbestimmung ausgeschlossen.

Die Erwartungen und Hoffnungen der Bevölkerung erfüllten sich nicht. Bitter enttäuscht zogen sich die meisten Menschen in das eigene Heim zurück. Kanapee und Kommode, Korkenzieherlöckchen und Blümchenmuster, Zylinder und Zipfelmütze prägten das Bild des Biedermeier zwischen 1815 und 1848 (Abb. 62.1 und 2).

Doch die Idee von einem einheitlichen deutschen Nationalstaat, in dem Freiheit und Gerechtigkeit verfassungsmäßig verankert sind, hatte sich in den Köpfen der Menschen festgesetzt. Um dieses Ziel zu verwirklichen, gründeten deshalb Professoren und Studenten in der Universitätsstadt Jena 1815 die „Deutsche Burschenschaft". Die meisten Universitätsstädte folgten diesem Beispiel. Die schwarz-rot-goldene Fahne war Symbol für ihre Ziele.

Die nationale Einheit

63.1 Wartburgfest 1817: Studenten verbrennen Schriften und Symbole der Unterdrückung

63.2 Hambacher Fest 1832: Menschen aller Bevölkerungsschichten ziehen auf das Hambacher Schloss

Bürger kämpfen um einen einheitlichen Staat und mehr Freiheit

Im Oktober 1817 trafen sich etwa 500 Burschenschaftler auf der Wartburg bei Eisenach. Dort bekräftigten sie, in ihrem Bemühen um Einheit und Freiheit nicht nachzulassen. Zum Zeichen für ihre Entschlossenheit verbrannten sie Symbole der Fürstenmacht: eine Uniform, einen Korporalstock, einen Zopf und fürstentreue Bücher.

Im Jahre 1832 zogen um die 30 000 Menschen aus allen Bevölkerungsschichten mit schwarz-rot-goldenen Fahnen auf das Hambacher Schloss bei Neustadt in der Pfalz. Weder polizeiliche Verbote noch die Androhung von Strafen konnten sie abhalten, öffentlich für Freiheit und Einheit einzutreten. Der Schriftsteller und badische Politiker Siebenpfeifer betonte in seiner Rede:

„Es wird kommen der Tag, wo der Deutsche vom Alpengebirge und der Nordsee, vom Rhein, der Donau und der Elbe den Bruder im Bruder umarmt, wo die Zollstücke und Schlagbäume, wo alle Hoheitszeichen der Trennung und Bedrückung verschwinden."

(Aus: Klein, Der Vorkampf deutscher Einheit und Freiheit. Erinnerungen, Urkunden, Berichte, Briefe. Ebenhausen 1914, S. 43ff)

Die Fürsten gehen gewaltsam gegen Demonstranten vor

Bereits nach dem Treffen auf der Wartburg hatten die Vertreter der deutschen Länder versucht, mit Überwachungen und Verboten die revolutionäre Bewegung einzudämmen.

Zum Hambacher Fest verschärften sie diese Maßnahmen. So wurden rund 2000 Teilnehmer verhaftet und zu Kerkerstrafen verurteilt. So erhielt der Dichter Ernst Moritz Arndt wegen Volksaufwiegelung 20 Jahre Berufsverbot als Professor. Zeitungen und Zeitschriften wurden zensiert oder beschlagnahmt. Die Mächtigen handelten nach dem Grundsatz: „Dem Untertanen ziemt es nicht, an die Handlungen des Staatsoberhauptes den Maßstab seiner beschränkten Einsicht anzulegen."

Zahlreiche Bürger flüchteten aus Angst vor Verfolgung ins Ausland, viele der fortschrittlich eingestellten Leute wanderten nach Amerika aus. Ein großer Teil der Bevölkerung freilich sah keine Möglichkeit, eine Änderung der politischen Verhältnisse herbeiführen zu können. Sie waren darauf bedacht bei der Obrigkeit nicht Missfallen zu erregen.

AUFGABEN >>

1. Welche Vorstellungen und Ideen gab es in der Bevölkerung zu Beginn des 19. Jahrhunderts und welche Erwartungen und Hoffnungen hatten die Menschen?
2. Warum waren weite Kreise der Bevölkerung von den Ergebnissen des Wiener Kongresses so enttäuscht? Begründe.
3. Beschreibe, wie die Menschen darauf reagiert haben und beurteile die unterschiedlichen Verhaltensweisen.
4. Zeige die Unterschiede zwischen dem Wartburgfest und dem Hambacher Fest auf (Teilnehmer, Absicht, Verlauf). Versuche die Unterschiede zu erklären (Abb. 63.1 und 2).
5. Im Jahre 1841 entstand das Lied der Deutschen. Die dritte Strophe ist heute unsere Nationalhymne. Welche nationalen und liberalen Ziele kommen darin vor?

Die deutsche Revolution von 1848/49

64.1 Kämpfe in Berlin während der Revolution von 1848

Als ob sich die Erde öffnet, braust es durch die Stadt; das Straßenpflaster wird aufgerissen, die Waffenläden geplündert, die Häuser sind erstürmt; Beile, Äxte herbeigeholt ...
Alles ist bewaffnet, mit Mistgabeln, mit Schwertern, mit Lanzen, mit Pistolen, mit Planken ... Da kommt die Nachricht, die ganze Stadt sei verbarrikadiert; sie habe sich wie ein Mann erhoben ... zwischen 4 und 5 Uhr prasselt die erste Kartätsche ... sie vermag die Barrikade nicht zu zerstören. Kanonendonner folgt; die Barrikade erschüttert; zerrissene Leichen liegen an den Straßenecken. Ein furchtbares Gemetzel beginnt ...
(Aus: Schmidt, Vom deutschen Bund zur Paulskirche, Berlin 1931, S. 23)

64.2

Die Lebensbedingungen verschlechtern sich

„Alle Menschen sind von Natur aus frei". Auch in Deutschland verbreitete sich dieser Gedanke. Im Jahre 1807 wurde die Leibeigenschaft für alle Dorfbewohner aufgehoben. Den meisten Menschen ging es dadurch allerdings nicht besser. Die langen Kriege und die schlechte Wirtschaftslage verschärften noch die Lebensbedingungen. Missernten im Jahre 1847 bedeuteten für die ärmeren Schichten Hunger und Not. Vereinzelt kam es sogar zu Hungeraufständen.

Lautstark verlangten die Menschen eine Besserung ihrer Lage durch ein Leben in Freiheit in einem vereinten Deutschland. Immer mehr Menschen schlossen sich diesen Forderungen an. Im Februar 1848 entzündete sich der Unmut der Bevölkerung. Das französische Volk hatte König Louis Philippe abgesetzt und die Republik ausgerufen. Mit dieser Aktion sprang der Funke der Revolution auf andere europäische Gebiete, z. B. auf Italien, Spanien und Ungarn, über.

In Berlin bricht ein Bürgerkrieg aus

Auch in Preußen legten die Untertanen die Ehrfurcht vor der Obrigkeit ab. Sie forderten mehr Rechte, mehr Freiheit und als Lösung der nationalen Frage ein geeintes Deutschland. Im Frühjahr 1848 kam es in der Hauptstadt Berlin deswegen immer wieder zu verbotenen Volksversammlungen. Die Soldaten griffen hart durch und trieben die schimpfende Menge gewaltsam auseinander. Aus Furcht vor weiteren und größeren Revolten machte König Friedrich Wilhelm Zugeständnisse. Den 2000 auf dem Schlossplatz versammelten Menschen versprach er am 18. März 1848 Pressefreiheit, die Einberufung des Landtages und die Ausarbeitung einer Verfassung. Begeistert jubelten ihm die Berliner zu.

Unterdessen mischten sich Wachoffiziere unters Volk, Militär trat auf, mehr und mehr. Die Soldaten versuchten den Platz zu räumen, zogen aber keine Waffen. Plötzlich fielen zwei Schüsse. Für das Volk war klar: „Die Soldaten greifen ein, der König hat uns getäuscht." Jetzt wurde der Platz zum Hexenkessel. Männer aus allen Schichten brüllten: „Zu den Waffen, wir sind verraten!" Straßenschlachten begannen.

Der König glaubte seine Truppen verloren, zog sie zurück und lenkte ein. Er versprach erneut, eine liberale Verfassung zu schaffen und erklärte: „Ich stelle mich an die Spitze der deutschen Bewegung. Fortan geht Preußen in Deutschland auf." Und tatsächlich fanden im Mai Wahlen zu einer preußischen Nationalversammlung statt. Seine Stellung als Staatsoberhaupt hatte der König behalten, und auch die Revolution schien gesiegt zu haben.

Die nationale Einheit

Deutschland bekommt eine Verfassung

Im Mai 1848 fanden zum ersten Mal in Deutschland allgemeine und gleiche Wahlen statt. Unter dem Jubel der Bevölkerung zogen 585 gewählte Volksvertreter zu ihrer ersten Sitzung in die Paulskirche in Frankfurt ein. Ihre Aufgabe war es, eine Verfassung für den künftigen deutschen Staat zu entwerfen. Zu den einzelnen Sachverhalten hatten die Abgeordneten oft unterschiedliche Meinungen. Besonders hitzig wurde über die Frage einer großdeutschen oder kleindeutschen Lösung debattiert, das heißt mit oder ohne Österreich (Abb. 65.3).

Im März 1849 wurde vom Parlament die erste Verfassung Deutschlands verabschiedet. Sie enthielt die „Grundrechte des deutschen Volkes" und war für alle Kleinstaaten verbindlich. In der Frage des Staatsgebietes setzte sich die „kleindeutsche Lösung" ohne Österreich mit einem Erbkaiser als Staatsoberhaupt durch. Männer ab 25 Jahren hatten das allgemeine, gleiche und geheime Wahlrecht (> S. 230), Frauen blieben von der Wahl ausgeschlossen.

Die Revolution scheitert

Eine Gesandtschaft aus der Paulskirche trug dem preußischen König Friedrich Wilhelm IV. die Kaiserkrone an. Für diesen war die Krone jedoch „verunehrt durch den Ludergeruch (Verwesungsgeruch) der Revolution von 1848, der albernsten, dümmsten, schlechtesten dieses Jahrhunderts. Einen solchen Reif, aus Dreck und Letten (Lehm) gebacken, soll ein König von Gottes Gnaden sich geben lassen?" Und er lehnte die Kaiserkrone ab.

Diese Ablehnung bedeutete nicht nur das Ende der Nationalversammlung. Auch in den einzelnen Ländern scheiterte die Revolution: Die Macht der Fürsten wurde wiederhergestellt, die „Grundrechte des Deutschen Volkes" endgültig aufgehoben, Revolutionäre verfolgt und hart bestraft. Die Revolution war gescheitert.

AUFGABEN >>

1. Warum kam es in Deutschland zu einer Revolution? Stelle Ursachen fest und nenne den Anlass.
2. Beschreibe, was in den Jahren 1848/49 passierte. Verwende dazu auch Abb. 64.1 und 2.
3. Setze dich mit Text 65.2 auseinander. Kläre, welche Rechte dem deutschen Volke gewährt wurden.
4. Warum lehnte der preußische König Friedrich Wilhelm IV. die Kaiserkrone ab? Erläutere. Vergleiche sein Verhalten mit seinem Ausspruch: „Gegen Demokraten helfen nur Soldaten".
5. Forscht nach, ob es im März 1848 auch in eurer Heimat zu Zwischenfällen kam.

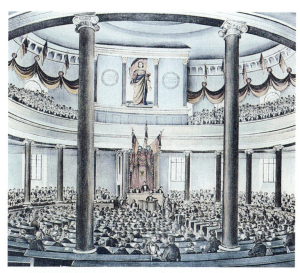

65.1 Debatte der Nationalversammlug in der Paulskirche

> Dem deutschen Volke sollen die nachstehenden Grundrechte gewährleistet sein. Sie sollen den Verfassungen der deutschen Einzelstaaten zur Norm dienen und keine Verfassung oder Gesetzgebung eines deutschen Einzelstaates soll dieselben je aufheben oder beschränken können ...
>
> § 7. Vor dem Gesetz gilt kein Unterschied der Stände. Der Adel als Stand ist aufgehoben ...
>
> § 8. Die Freiheit der Person ist unverletzlich ...
>
> § 10. Die Wohnung ist unverletzlich ...
>
> § 13. Jeder Deutsche hat das Recht, durch Wort, Schrift, Druck und bildliche Darstellung seine Meinung frei zu äußern ...

65.2 Aus den „Grundrechten des deutschen Volkes"

65.3 Großdeutsche oder kleindeutsche Lösung?

2 Industrielle Revolution und nationale Einheit

66.1 Das Deutsche Reich von 1871

Gründung des Deutschen Reiches 1871

Deutschland besteht aus einzelnen Staaten

Der Versuch, durch einen Aufstand der Bürger „Einigkeit und Recht und Freiheit" zu erlangen, war gescheitert. Zwei Jahre nach Beginn der bürgerlichen Revolution wurde der Deutsche Bund wieder belebt. Er bestand aus 35 Fürstentümern und vier freien Städten mit rund 30 Millionen Einwohnern.

- Weiterhin bildete dieser lose Zusammenschluss die staatliche Organisation Deutschlands.
- Weiterhin gab es keine Deutschen, sondern nur Bayern, Preußen, Sachsen, Hessen, Württemberger, Hannoveraner, Österreicher und viele andere.
- Weiterhin regierte der Kaiser von Österreich über viele Völker, wie z. B. über Deutsche, Ungarn, Tschechen, Slowaken, Polen und Kroaten.

Bismarck einigt Deutschland mit „Blut und Eisen"

Im Jahre 1862 wurde Otto von Bismarck von König Wilhelm I. zum preußischen Ministerpräsidenten ernannt. Mit ihm sollte sich der Traum vom einigen Deutschen Reich erfüllen.

Bismarck war der Sohn einer adeligen Gutsherrenfamilie. Seine politischen Ansichten erläuterte er dem Landtag so: „Nicht auf Preußens freiheitlichen Geist sieht Deutschland, sondern auf seine Macht. Bayern und Baden mögen dem freiheitlichen Geist huldigen, das ist für Preußens Aufgaben bedeutungslos. Nicht durch Reden und Mehrheitsbeschlüsse werden die großen Fragen der Zeit entschieden – das ist der Fehler von 1848/49 gewesen –, sondern durch Eisen und Blut."

(Aus: Kohl, Die politischen Reden des Fürsten Bismarck, Aalen 1970, S. 87)

Seine Hauptaufgabe sah Bismarck darin, ein einiges Deutschland unter preußischer Führung zu schaffen. Um dieses Ziel zu erreichen, führte er drei „Einigungskriege" (Tab. 67.1).

Am 18. Januar 1871 wurde in Versailles das Deutsche Reich mit Wilhelm I. als Kaiser ausgerufen (Abb. 67.2). Die nationale Einheit war damit Wirklichkeit geworden.

Die nationale Einheit

Jahr/ Ereignis	Ursachen/ Anlass	Entscheidung/ Ergebnis	Folgen/ Auswirkungen
1864 Der Dänische Krieg	Der Dänenkönig wollte Schleswig seinem Reich einverleiben, obwohl die Herzogtümer Schleswig und Holstein „up ewig ungedeelt" (auf ewig ungeteilt) bleiben und nie dem dänischen Reich eingegliedert werden sollten.	Gemeinsam zogen preußische und österreichische Truppen in den Krieg und besiegten den Dänenkönig.	Schleswig und Holstein werden gemeinsam von Preußen und Österreich verwaltet.
1866 Der Deutsche Krieg	Österreich und Preußen kämpften um die Führung im Deutschen Bund. Wegen Streitigkeiten um die Verwaltung Holsteins kam es zu dem von Bismarck erwünschten Bruderkrieg.	Österreich und seine Verbündeten (mittel- und süddeutsche Staaten) wurden bei Königgrätz besiegt. Die mitteldeutschen Staaten wurden Preußen einverleibt.	Im „Norddeutschen Bund" einigte Bismarck alle deutschen Staaten nördlich der „Mainlinie".
1870/71 Der Deutsch-Französische Krieg	Frankreich reagierte misstrauisch gegen Preußens Machtzunahme. Streitigkeiten um die spanische Thronfolge führten zum Krieg gegen Frankreich.	Die Truppen Preußens, des Norddeutschen Bundes und der süddeutschen Staaten marschierten in Frankreich ein. Schlacht bei Sedan, Kapitulation von Paris. Frankreich trat Elsass-Lothringen ab.	Bismarck verhandelte mit den süddeutschen Staaten (noch während der Kämpfe vor Paris). Er brachte sie dazu, einem Deutschen Reich mit dem Preußenkönig als Kaiser beizutreten.

67.1

AUFGABEN >>

1. Wie gelang es Bismarck, ein einiges Reich zu schaffen? Vollziehe die Schritte nach (Tab. 67.1).
2. Vergleiche die Grenzen des Reiches von 1871 mit denen der Bundesrepublik Deutschland heute.
3. Ermittelt, wie viele Staatsgebiete mindestens beim Warentransport von München nach Hamburg passiert werden mussten (Abb. 66.1). Folgert daraus, welche Schwächen der Deutsche Bund hatte.
4. Erkläre, warum die Reichsgründung von 1871 als „Reichsgründung von oben" bezeichnet wird. Vergleiche hierzu noch einmal die Geschehnisse nach der Revolution von 1848 (> S. 65).
5. Otto von Bismarck gilt als großer Staatsmann. Informiere dich durch eine Internetrecherche ausführlicher über ihn und sein Wirken.

67.2 Kaiserkrönung am 18. Januar 1871 im Spiegelsaal von Versailles:
(① Kaiser Wilhelm ② Bismarck ③ Kronprinz Friedrich)

TRIO-Kompakt: Industrielle Revolution und nationale Einheit

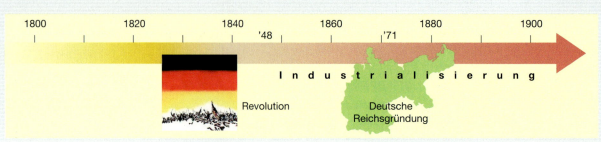

68.1

Im 19. Jahrhundert begann in Deutschland eine Entwicklung, die zu gravierenden Veränderungen führte und einen Umbruch der Gesellschaft und des Staates zur Folge hatte.

68.2 Hambacher Fest

68.3 Revolution 1848

68.6 Kaiserkrönung 1871

68.4 Nationalversammlung

68.5 Deutsch-französischer Krieg

AUFGABEN >>

1. Sammelt in Gruppenarbeit gemeinsam, was ihr zum Thema „Gründung des Deutschen Reiches" noch wisst. Notiert dazu Stichworte. Anschließend erläutert jedes Gruppenmitglied mithilfe der Stichworte der gesamten Gruppe dieses wichtige Ereignis in der deutschen Geschichte.
2. Die Jahre 1848 und 1871 spielen in der deutschen Geschichte eine wichtige Rolle. Erkläre.
3. Arbeitet in Kleingruppen ein Kurzreferat zum Thema „Nationale Einheit" aus. Unterteilt dabei das Thema und eure Gruppe in die beiden Blöcke „Bestrebungen des Volkes" und „Einigungsmaßnahmen durch Bismarck". Erstellt euch zunächst mithilfe der Kapitelüberschriften eine Gliederung. Notiert dann anhand der Bilder stichpunktartig, was ihr wisst. Abschließend erläutert ihr euch gegenseitig den Weg zur nationalen Einigung.

69.1 Dampfmaschine | 69.2 Industrielle Produktion | 69.3 Veränderung der Landschaft

Soziale Frage

69.4 Arbeiterwohnung

69.5 Hungerelend

AUFGABEN >>

1. Erklärt mithilfe der Schemadarstellung, warum und wie sich im 19. Jahrhundert die Arbeits- und Lebensverhältnisse grundlegend veränderten.
2. „Wie sieht die neue Arbeitswelt aus?" Sucht dazu auf den Seiten 48 – 69 nach geeigneten Bildern. Beschreibt und erklärt mithilfe dieser Bilder.
3. Technisierung und Industrialisierung mit den zentralen Merkmalen „Wachstum" und „Fortschritt" stellen uns und weltweit die ganze Menschheit vor immer neue Probleme. Diskutiert darüber.

69.6 Wie lässt sich die Gefährdung der Umwelt aufhalten?

69.7 Wie lässt sich der Raubbau von Rohstoffen aufhalten?

69.8 Wie lässt sich die hohe Arbeitslosigkeit verhindern?

4. Die industrielle Produktion bietet vielen Menschen Arbeit und Verdienst, nimmt aber auch vielen die Existenzgrundlage. Nehmt Stellung zu dieser Behauptung und erläutert euere Aussagen.
5. Gibt es heute eine „Soziale Frage"?

3 Deutschland – ein Sozialstaat

3 Deutschland – ein Sozialstaat

Ausgleich sozialer Gegensätze

So leben Menschen in Deutschland

72.1 Leben in Hülle und Fülle

> Nun, ich verdiene 15 000 € im Monat, fahre ein teures Auto und wohne in einer Villa mit 350 m². Mit 40 Jahren hat mich mein Chef zum Abteilungsleiter befördert. Dies ist ein absoluter Full-Time-Job. Wenn ich im Ausland arbeite, sieht mich meine Frau manchmal tagelang nicht. Dafür hat sie einen schicken Zweitwagen und kann sich alles leisten. Feierabend kenne ich fast nicht, aber ich wollte es so. Den Skiurlaub im Winter in Kitzbühel sowie zwei Wochen Karibik im Sommer brauche ich einfach.

72.2 Ein Leben in Bescheidenheit

> Nun, ich habe im Monat 936 € zur Verfügung. Durch meine Krankheit wurde ich vor zwei Jahren arbeitslos. Wie unser Leben aussieht? Urlaub – utopisch; ins Kino gehen – Luxus. Modische Kleidung kenne ich nur vom Schaufenster, Markenklamotten sind absolut unerschwinglich. Josef z. B. würde so gerne mal probieren, wie „Sushi" schmecken. Doch wie soll das gehen? Einkaufen heißt für uns: Nur nehmen, was wir unbedingt brauchen und dabei das billigste Warenangebot auswählen. Fleisch gibt es meist nur einmal in der Woche. Nach einer Wurzelbehandlung am Backenzahn muss ich 59 Euro dazuzahlen. Wie soll ich das finanzieren? Vielleicht klappt es ja doch mit einem 1-Euro-Job. Das wäre gut für mein Selbstwertgefühl. Josef – er geht in die 11. Klasse der Fachoberschule – hofft durch eine Ferienarbeit sein Taschengeld von 10 Euro im Monat etwas aufbessern zu können.

Meinungen dazu

> Der reiche Schnösel könnte ruhig ein bisschen abgeben. Es ist ungerecht, dass manche alles haben.

> Ich finde das gerecht. Der hat bestimmt hart gearbeitet, um so weit zu kommen. Soll er jetzt nicht den Lohn dafür erhalten?

> Ist das eine Ungerechtigkeit! Der eine weiß nicht mehr wohin mit dem Geld und die arme Familie hat kaum genug zum Leben.

> Das sind solche Typen, die arme Leute auch noch ausbeuten – und so was nennt man Sozialstaat.

> Die drücken sich bestimmt vor der Arbeit und kassieren dann noch Sozialhilfe dafür. Eine Ungerechtigkeit ist das.

72.3 Gerecht oder ungerecht?

Streben nach sozialer Gerechtigkeit

Gerechtigkeit will jeder

Bei der Beurteilung der Personen in der Abb. 72.3 kommen immer wieder die Begriffe Gerechtigkeit und Ungerechtigkeit vor. Sicherlich hast du dich in deinem Leben schon öfters gerecht oder ungerecht behandelt gefühlt. Wenn man sich ungerecht beurteilt oder behandelt glaubt, ist dies ein schlimmes Erlebnis, denn das Streben nach Gerechtigkeit ist eines der wichtigsten „Lebensmotive", sagt der berühmte Psychologe Steven Reiss.

In unserem Fall geht es um die gerechte Verteilung von Reichtum und Besitz, die ein sicheres und menschenwürdiges Leben ermöglichen. Man nennt dies die soziale Gerechtigkeit. So schwer, wie sich eine Waage im Gleichgewicht halten lässt, so schwer lassen sich die Bedürfnisse der Menschen in Einklang bringen. Man nennt es das Bemühen um soziale Gerechtigkeit.

Der Staat muss versuchen, diese soziale Gerechtigkeit herzustellen. Schon im Grundgesetz sind die wesentlichen Inhalte niedergeschrieben.

Artikel 1 des Grundgesetzes:
(1) Die Würde des Menschen ist unantastbar. Sie zu achten und zu schützen ist Verpflichtung aller staatlichen Gewalt.

Artikel 3 des Grundgesetzes:
(1) Alle Menschen sind vor dem Gesetz gleich.
(2) Männer und Frauen sind gleichberechtigt. Der Staat fördert die tatsächliche Durchsetzung der Gleichberechtigung von Frauen und Männern und wirkt auf die Beseitigung bestehender Nachteile hin.
(3) Niemand darf wegen seines Geschlechtes, seiner Abstammung, seiner Rasse, seiner Sprache, seiner Heimat und Herkunft, seines Glaubens, seiner religiösen oder politischen Anschauungen benachteiligt oder bevorzugt werden. Niemand darf wegen seiner Behinderung benachteiligt werden.

Artikel 20 des Grundgesetzes:
(1) Die Bundesrepublik Deutschland ist ein demokratischer und sozialer Bundesstaat.
(2) Alle Staatsgewalt geht vom Volke aus. Sie wird vom Volke in Wahlen und Abstimmungen und durch besondere Organe der Gesetzgebung, der vollziehenden Gewalt und der Rechtsprechung ausgeübt.

Was bedeutet der Begriff „sozial"?

„Ein Fußballspiel für soziale Zwecke" oder ein Star singt ohne Gage „für einen mildtätigen Zweck". Sicher hast du ähnliche Veranstaltungshinweise schon gelesen. Das Geld wird hier Bedürftigen zur Verfügung gestellt. „Sozial" meint also, dass man anderen Menschen hilft. Ein sozial eingestellter Mensch denkt demnach nicht nur an sich, sondern auch an diejenigen, die der Hilfe oder Zuwendung bedürfen.

In einer Gesellschaft, die vergleichsweise gut dem Gemeinwohl dient, herrscht soziale Gerechtigkeit.

73.1 Sozial denkende junge Frau

Soziale Gerechtigkeit im Sozialstaat

Soziale Gerechtigkeit ist das Hauptziel des Sozialstaatgedankens. Es ist das Bestreben der Sozialpolitik, dem Bürger eine Existenz sichernde Teilhabe an den materiellen und geistigen Gütern der sozialen Gemeinschaft zu garantieren.

Sind viele Menschen der Ansicht, dass sie im Vergleich zu anderen sozial ungerecht behandelt werden, dann steigen die Spannungen in der Bevölkerung. Aus der 7. Klasse kennst du zum Beispiel bereits Abb. 73.2.

73.2 Sturm auf die Bastille

AUFGABEN >>

1. Die Meinungen zu den Personen in Abb. 72.1 und 2 sind unterschiedlich. Nimm dazu Stellung.
2. Erzähle in der Klasse, wann du ungerecht behandelt wurdest. Beschreibe deine Gefühle dabei.
3. Sammle Zeitungsausschnitte über Veranstaltungen, die sozialen Zwecken dienen.
4. Nenne Beispiele für Reichtum und Besitz. Warum haben dabei viele Menschen das Gefühl, ungerecht behandelt zu werden?
5. Wiederhole Gründe der Französischen Revolution (Abb. 73.2).
6. Erkläre in eigenen Worten, was soziale Gerechtigkeit bedeutet.

Soziale Sicherheit: Sicherung des Daseins

74.1 Frau S. schildert ihre Situation

Als allein erziehende Mutter von drei Kindern habe ich gekämpft, drehe jeden Cent um und das seit Jahren. Das Leben ist teuer geworden, obwohl ich eisern spare und meine Kleidung teilweise auf dem Flohmarkt kaufe. Im Kochen bin ich ziemlich einfallsreich, sodass man es nicht merkt, wenn ich Sonderangebote in Billigmärkten nutze. Noch nie bin ich auf der faulen Haut gelegen, habe mit 25 die Mittlere Reife nachgemacht und umgeschult. Mein Mann verließ mich 1993 nach der Geburt von Zwillingen. Eine harte Zeit begann. Vor kurzem war ich mit meinem Ältesten beim Kieferorthopäden. Die Zahnspange zahlt die Kasse nicht, die Zähne stünden nicht schief genug. Ich habe nicht so viel Geld, um sie selbst zu bezahlen. Unterhalt bekomme ich auch nicht mehr, da mein Ex-Mann vor zwei Jahren gestorben ist. Trotzdem versuche ich meinen Kindern ein Vorbild zu sein und ihnen ein geregeltes Leben, sowie ein Gefühl der Sicherheit und Geborgenheit zu bieten. Aber jetzt bin ich auch noch arbeitslos, obwohl ich mir zusätzliche EDV-Kenntnisse angeeignet habe. Wie soll jetzt unser Dasein weiter gehen? Nachts kann ich nicht mehr schlafen aus Angst vor der Zukunft, vor allem um die meiner Kinder.

(Leserbrief aus: Der neue Tag – Weiden, 27. 09. 04)

Angst vor der Zukunft

Das Streben nach sozialer Sicherheit haben fast alle Menschen. Dennoch hat jeder eine andere Vorstellung davon. Vor allem beim Besitz, beim Verdienst, beim Wohlbefinden sowie bei der Sorge um die Familie denken die meisten Personen unterschiedlich. Jeder will bestimmte Grundbedürfnisse erfüllt haben. Ist dies nicht der Fall, wird man unzufrieden und hat Angst vor der Zukunft. In unserem Beispiel stellst du fest, dass diese Angst vor der Zukunft daher kommt, dass Grundbedürfnisse nicht erfüllt sind. Diese Frau zweifelt an einer positiven Zukunft. Die Sorge um ihre Existenz und um die ihrer Kinder quälen sie. Doch was sind eigentlich diese Grundbedürfnisse, die der Staat gerecht jedem garantieren soll?

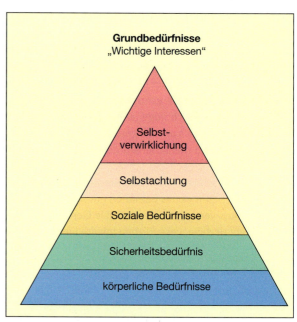

74.2 Bedürfnispyramide (nach Maslow)

74.3 Karikatur „Zukunftswünsche"

AUFGABEN >>

1. Welche Art von Grundbedürfnissen hat die Frau, die den Leserbrief verfasst hat?
2. Die Angst ist in diesem Leserbrief deutlich sichtbar. Wovor hat diese Frau Angst?
3. Suche weitere Beispiele für Grundbedürfnisse mithilfe der Bedürfnispyramide (Abb. 74.2).
4. Auch in der Karikatur ist Zukunftsangst erkennbar. Erkläre die Abb. 74.3.

Streben nach sozialer Gerechtigkeit

Soziale Sicherheit – das sieht jeder anders

Obdachlos – ein Jesuitenpater berichtet: „Im Park vor dem Vogelgehege treffen wir einen Obdachlosen. Ich kenne den Mann, der sich auf der Streu wärmt. Er kommt jeden Herbst hierher und fällt immer wegen der vielen Plastiktüten auf, die er mit sich herumträgt. Ich frage, was da drin sei. ‚Alles, was ich zum Leben brauche', antwortet er freundlich. ‚Das Geld vom Staat gebe ich für Lebensmittel aus. Miete zahle ich keine und duschen kann ich in der Diakonie. Dort hole ich mir auch meine Kleidung.'"
Dieses Beispiel zeigt, dass der Obdachlose ganz andere Bedürfnisse hat als die Frau im Leserbrief (> S. 74). Seine Lebenseinstellung lässt ihn keine Angst vor der Zukunft haben. Seine Grundbedürfnisse sind in unserer Pyramide an anderer Stelle.

75.1 Obdachloser

Behindert – Frau Hofmeister erzählt: „Seit diesem Autounfall vor sieben Jahren bin ich auf den Rollstuhl angewiesen. Doch wegen meiner EDV-Kenntnisse konnte ich meinen Arbeitsplatz behalten. Der PC-Tisch ist jetzt für einen meiner Kollegen und für mich rollstuhlgerecht. Auch die Toilette ist umgebaut, sodass ich sie bequem nutzen kann. Angst vor der Zukunft habe ich jetzt nicht mehr. Mein größter Wunsch ist, dass auch alle Ämter, Banken und Geschäfte behindertengerechte Eingänge haben. Dann kann ich mein ganzes Leben wieder selbst bestimmen."

75.2 Behindertengerechter Arbeitsplatz

Gepfändet: Herr Hartl war Inhaber einer mittelständischen Spedition. 20 Mitarbeiter und acht Lkws waren sein ganzer Stolz. Mangelnde Aufträge und falsche Geldanlagen zwangen ihn Insolvenz (Zahlungsunfähigkeit) anzumelden.
Erst musste er alle Arbeitnehmer auszahlen, dann die Lkws verkaufen. Da er vielen noch Geld schuldete, pfändete der Gerichtsvollzieher fast sein gesamtes Eigentum. Auch wertvolle Erbstücke an Möbeln waren darunter. Sein TV-Gerät, sein PC und sein Telefon sind vermutlich nicht pfändbar, damit er noch am sozialen Leben teilnehmen kann.
(Aufgabe des Gerichtsvollziehers ist es, richterliche Urteile gegebenenfalls zwangsweise zu vollstrecken. Er kann bewegliche Vermögensgegenstände, z. B. Möbel, Kraftfahrzeuge, Schmuck, beschlagnahmen oder eine Wohnung zwangsweise räumen. Allerdings kann er auch mit dem Schuldner einen Ratenplan aufstellen und die Ratenzahlungen überwachen.)

75.3 Pfandsiegel

Allen drei Beispielen liegen verschiedene Bedürfnisse nach sozialer Sicherheit zu Grunde. Diese lassen sich aber nicht genau festlegen, denn jeder nennt andere wichtig.

AUFGABEN >>

1. Vergleiche die Grundbedürfnisse dieser drei Personen. Ordne auch sie unserer Pyramide zu.
2. Können Fernsehgerät, PC und Telefon gepfändet werden? Frage nach.
3. Stelle eine „Grundversorgungsliste" zusammen. Befrage auch andere Klassen.
4. Erkundige dich nach Grundbedürfnissen von Kindern, Jugendlichen, Senioren, Leistungssportlern, kranken Menschen, Müttern usw.

Geschichte des Sozialstaates

76.1 Invalidität durch die Arbeitsbedingungen

Kaiserreich: Anfänge des Sozialstaates

Der Staat übernahm zunehmend die Rolle der Großfamilie als soziale Sicherung der Bürger. Reichskanzler Otto von Bismarck, setzte zuerst die Krankenversicherung (1883) und die Unfallversicherung (1884), später dann die Invaliden- und Altersversicherung (1889) durch (> S. 61). Jedem Arbeiter wurde dabei eine Rente ab dem 70. Lebensjahr zugesichert.

76.2 Arbeitslose 1932

Weimarer Republik: Ausbau und Niedergang

Ab 1918 wurde der Sozialstaat weiter ausgebaut. Nach zähem Ringen erreichten die Gewerkschaften die „Acht-Stunden-Tag-Verordnung". Die 48-Stundenwoche war damit geboren. Das Rentenalter wurde auf 65 Jahre herabgesetzt, Berufskrankheiten und Wegeunfälle wurden in die Unfallversicherung mit einbezogen. 1927 wurde dann eine nationale Arbeitslosenversicherung eingerichtet (> S. 165). Ein schwerer Schlag für die Entwicklung zum Sozialstaat war die Zeit der Weltwirtschaftskrise. 1932, am Höhepunkt, hatten die Unternehmerverbände die Zerschlagung der Arbeitslosenversicherung weitgehend erreicht. Statt 52 bekamen Arbeitslose nur noch sechs Wochen lang Unterstützung bei gleichzeitiger Halbierung der Höhe. Die weitgehende Zerstörung des Sozialstaates führte zur Demoralisierung der Arbeiter und zum Aufstieg der Nazis (> S. 166).

76.3 Behinderte in der Nazi-Zeit

Nationalsozialismus: Sozialleistungen nicht für alle

Obwohl der Name „Nationalsozialismus" den Wortteil „sozial" enthält, war das Leben für viele keinesfalls menschenwürdig. Vor allem geistig oder körperlich behinderte Menschen bekamen die Unmenschlichkeit dieses Systems zu spüren. Am 14. Juli 1933 wurde das „Gesetz zur Verhütung erbkranken Nachwuchses" verabschiedet. Später wurden sogar Geisteskranke und „Missgebildete" getötet. Auch in den Schulbüchern wurde den Schülern verkündet, wie gut es dem Volk ginge, wenn man nicht auch noch die „Geisteskranken mit durchfüttern" müsste.

Zu den schweren erblichen körperlichen Missbildungen rechnete man z. B. Nachtblindheit, Kleinwuchs, spastische Lähmungen, das Fehlen von Fingern und Zehen, ausgeprägte Klumpfüße und angeborene Hüftleiden.

Andere Sozialleistungen blieben jedoch erhalten und wurden sogar verbessert, so z. B. das Kindergeld, Recht auf Urlaub, Mieterschutz oder Steuererleichterungen für Leute mit geringem Verdienst.

Streben nach sozialer Gerechtigkeit

Nachkriegszeit: kein Sozialstaat

Ein amerikanisches Programm, die Schulspeisung, ermöglichte ab 1946, dass viele Kinder wenigstens eine warme Mahlzeit am Tag erhielten. Art und Zusammensetzung waren genau vorgeschrieben: „An die Kinder gelangt an 250 Tagen im Jahr eine Kost in Höhe von 350 Kalorien täglich als Nahrungsergänzung ... Die Mahlzeit wird an sechs Tagen in der Woche wie folgt verabreicht: Zweimal ein Gericht auf Nährmittel-Milch-Basis, süß, zweimal auf Hülsenfrüchte-Basis mit Kartoffeln und Fett, einmal auf Nährmittel-Obst-Basis, süß, und einmal auf Nährmittel-Gemüse-Basis." Bereits sechs Wochen nach Einführung der Schulspeisung war eine Gewichtszunahme bei Kindern festzustellen. Ansonsten lagen im Chaos der Nachkriegszeit die meisten Sozialleistungen brach.

77.1 Schulspeisung 1946

BRD: Neuaufbau und Ausbau des Sozialstaates (1950–1975)

Deutschland erholte sich jedoch auch sozial schnell von den Folgen des Zweiten Weltkriegs: 1952 wurde das Mutterschutzgesetz, 1954 das Kindergeldgesetz verabschiedet. 1957 wurde die „dynamische Rente" eingeführt, das heißt die jährliche Anpassung der Rentenhöhe an die Bruttolöhne der Beitragszahler. Diese dynamische Rente ermöglichte ein Altern ohne Armut und Elend.
In den 60er Jahren wurde das soziale Netz weiter ausgebaut. Es wurden das Sozialhilfegesetz, das ein Existenzminimum garantiert, und das erste Vermögensbildungsgesetz verabschiedet.
Anfang der 70er Jahre wurden Arbeiter und Angestellte bei der Lohnfortzahlung im Krankheitsfall gleichgestellt und die Senkung des Rentenalters auf 63 (Männer) und 60 Jahre (Frauen) beschlossen. Schließlich öffnete die Einführung der Ausbildungsförderung (Bafög) für Schüler und Studenten auch jenen den Zugang zu Hochschulen, die nicht aus wohlhabenden Familien kamen.

77.2 Plakat zur Rentenreform 1957

Heute: der Sozialstaat in der Krise

1975 stieg die Zahl der Arbeitslosen erstmals nach jahrelangem Arbeitskräftemangel wieder über eine Million. Es wurde zwar das Kindergeldgesetz (1975) eingeführt, ansonsten aber gab es bis in die 80er Jahre keine einschneidenden Verbesserungen, da die Sozialausgaben aus verschiedenen Gründen immer weiter stiegen. Man spricht vom „Beginn des Abbaus des Sozialstaates".
In den 90er Jahren wird dieser „Abbau" noch deutlicher. Nur das Pflegeversicherungsgesetz dient der sozialen Sicherung. Kürzungen im Krankengeld (1996), Rentenreformgesetz und die „Riesterrente", die besagt, dass jeder auch privat für seine Altersvorsorge aufkommen muss, sowie die Zusammenfassung von Sozialhilfe und Arbeitslosenhilfe zu Arbeitslosenhilfe 1 und 2, zeigen, dass der Sozialstaat heute zahlreichen Belastungen ausgesetzt ist.

77.3 Durch die hohe Arbeitslosigkeit wird der Sozialstaat belastet

AUFGABEN >>

1. Nenne die Schritte der Geschichte des Sozialstaates.
2. Während des Nationalsozialismus wurde der Sozialstaat überschattet. Begründe mithilfe des Textes.
3. Die Sozialabgaben wurden in den 70er Jahren immer höher. Suche Gründe dafür.
4. Welche dieser Etappen in der Geschichte des Sozialstaates findest du wichtig? Begründe.

Soziale Sicherung durch Versicherungen

78.1 Skater Michael

Das Solidaritätsprinzip

Eine große Zahl von Menschen möchte sich gegen bestimmte Schadenfolgen absichern. Jedes Mitglied dieser Gefahrengemeinschaft bezahlt Beiträge in die gemeinsame, von einer Versicherungsgesellschaft verwaltete Kasse. Daraus werden denjenigen, die einen Schaden erleiden, finanzielle Mittel zur Deckung der Verluste zur Verfügung gestellt.

78.3

Michael (Elektriker, 18 Jahre) erzählt: „Letzte Woche war ich beim Skaterwettbewerb. Was da alle an Techniken draufhatten, war Spitze. Schlecht verkauft habe ich mich auch nicht. Doch ausgerechnet beim letzten Sprung ist es passiert – Abflug – genau auf den Teer. Doch ich hatte „Glück im Unglück": Nur ein angeknackster Knöchel, Schürfwunden an den Beinen. Nach zwei Tagen Krankenhausaufenthalt wurde ich wieder entlassen. Das Gipsbein ist zu verschmerzen. Aber wer bezahlt das alles?"

Lohnabrechnung			
Name: Meyer	Vorname: Raphael		
Bereich/Abteilung: Elektro			
Lohn/Gehalt	40 Stunden à	16,50	660,00
Überstunden	6 Stunden à	18,10	108,60
Brutto-Verdienst			768,60
Bemessungsgrundlage			768,60
		Krankenkasse	55,34

78.2 Lohnzettel

Solidarität bei der Krankenversicherung

Jeder Beschäftigte ist vom ersten Tag an krankenversichert. Die gesetzliche Krankenversicherung ist eine Pflichtversicherung. Man kann sich jedoch die Krankenkasse selbst aussuchen. Die gesetzliche Krankenversicherung wird vom Solidaritätsgedanken getragen (Solidarität = Gefühl der Zusammengehörigkeit). Ihre Sachleistungen bekommen alle im gleichen, jeweils erforderlichen Umfang – ohne Rücksicht darauf, wie hoch die Beitragsleistung des Einzelnen ist. Beschäftigte mit hohem Gehalt zahlen höhere Beiträge als die mit geringem Einkommen. Der Beitrag wird direkt vom Lohn abgezogen (Abb. 78.2).

> In zwei Monaten werde ich Mutter. Die Vorsorgeuntersuchungen kosten viel Geld. Auch die Entbindung und der Krankenhausaufenthalt sind teuer. Was ist, wenn mein Baby oder ich krank werden? Wer bezahlt das?

78.4 Alexandra, werdende Mutter, und ihr Mann

Wenn sie kein eigenes Einkommen haben, sind auch Ehegatten und Kinder bei dem anderen Ehegatten bzw. einem Elternteil mitversichert (familienversichert).
Die Krankenkassen bieten Vorsorge und Früherkennung (z. B. Krebsfrüherkennung oder Mutterschaftshilfe), um die Kosten für Krankheitsfälle möglichst gering zu halten. Während einer Krankheit erhält ein Arbeitnehmer sechs Wochen lang sein volles Gehalt vom Arbeitgeber (Lohnfortzahlung). Danach zahlt die Krankenkasse Krankengeld in der Höhe von 70 %.

AUFGABEN >>

1. Raphael macht sich Sorgen. Erkläre und zeige mithilfe des Textes auf, dass er abgesichert ist.
2. Auch Alexandra und Peter können positiv in die Zukunft blicken. Begründe mithilfe des Textes
3. Überlege: Was wäre, wenn es keine gesetzliche Krankenversicherung gäbe?

Streben nach sozialer Gerechtigkeit

Die Säulen der Sozialversicherung

Am Beispiel von Raphael hast du bereits eine gesetzliche Versicherung kennen gelernt. Die Abb. 79.2–6 zeigen dir alle Pflichtversicherungen auf einen Blick.

Das Grundgesetz legt in Artikel 20 fest, dass die Bundesrepublik Deutschland ein demokratischer und sozialer Bundesstaat ist. Der Staat soll für den Ausgleich zwischen sozial Schwachen und Starken sorgen. Deshalb sind diese Versicherungen vom Staat angeordnet.

Die Pflicht zur Beitragszahlung zu den verschiedenen Systemen der sozialen Sicherung wird von vielen als Bevormundung empfunden. Genau das Gegenteil ist aber der Fall. Gerade der solidarische Zusammenschluss schafft durch die Absicherung von Notfällen und großen Lebensrisiken wie Arbeitslosigkeit, Krankheit oder Alter die Voraussetzung für die freie Entfaltung des Einzelnen.

Alle diese gesetzlichen Versicherungen sind die Säulen unseres sozialen Systems (Abb. 79.7). Sie sind zu einem sozialen Netz verflochten, um fast alle Bürger darin sicher festzuhalten (> Entstehung des Sozialstaats S. 76).

79.2 Unfallversicherung

79.3 Arbeitslosenversicherung

79.4 Rentenversicherung

- Frau M. ist auf den Rollstuhl angewiesen. Sie muss gepflegt werden.
- Die Porzellanfabrik, in der Herr K. als Keramikmaler arbeitete, hat Konkurs angemeldet.
- Herr H. arbeitete 45 Jahre lang im gleichen Betrieb als Glasbläser. Er und seine Frau genießen in ihrer Mietwohnung den Lebensabend.
- Frau Z. lässt sich regelmäßig die Zähne untersuchen.
- Wegen eines Rückenleidens kann Herr T. den Beruf des Dachdeckers nicht mehr ausüben. Er schult um auf Bauzeichner.
- Frau E. ist gehbehindert und kann nicht mehr selbst einkaufen. Sie bekommt „Essen auf Rädern".

79.1 Verschiedene Versicherungsfälle

79.5 Krankenversicherung

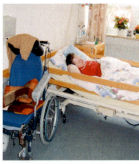

79.6 Pflegeversicherung

AUFGABEN >>

1. *Welche Versicherungen sind in den Beispielen aus Text 79.1 betroffen? Suche weitere Beispiele.*
2. *Nenne alle Pflichtversicherungen und erkläre die Aufgaben.*
3. *Was meint ihr? Sollte die Versicherung zahlen? Absturz beim Gleitschirmfliegen, zwei Wochen Krankenhaus, – Sturz mit Rad nach Party, Gehirnerschütterung.*
4. *Erkläre den Begriff „Solidargemeinschaft".*
5. *Erkläre, warum der Staat diese Versicherung zu Pflichtversicherungen gemacht hat.*

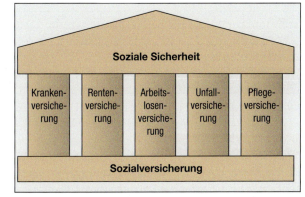

79.7 Die Säulen der sozialen Sicherheit

Soziale Sicherung durch Versorgung

80.1 Familie Schröpf

Familie Schröpf hat drei Kinder

„Zu einer „richtigen" Familie gehören Kinder. Darin waren wir uns beide einig, als wir uns für ein gemeinsames Leben entschieden." Bewusst weisen Herr und Frau Schröpf auf diese Tatsache hin, bevor sie über ihren Familienalltag erzählen. „Zum Glück ging dieser Wunsch auch in Erfüllung. Bastian, Benedikt und Kathrin sind für uns der zentrale Inhalt in unserem Leben, auch wenn uns der Beruf und die Alltagsarbeiten stark beanspruchen. Wir tun alles dafür, dass unsere Kinder lebenstüchtige Personen und glückliche Menschen werden. Deshalb verbringen wir möglichst viel Zeit mit ihnen und unternehmen häufig etwas gemeinsam.

Die Schule, das Lernen und die Erledigung der Aufgaben halten wir für sehr wichtig. Großen Wert legen wir auch darauf, dass unsere Kinder eigene Interessen entwickeln und viel Spaß dabei haben. Kathrin z. B. spielt gerne Klavier, Bastian ist im Schwimmverein und Benedikt beim Handball sportlich aktiv.

Unsere Kinder bereiten uns so viel Freude, dass wir die damit verbundenen persönlichen Einschränkungen und finanziellen Belastungen gern in Kauf nehmen." Die drei Kinder haben die Ausgaben mal zusammengestellt.

Ausgabe	Bastian	Benedikt	Kathrin
Kleidung	70 €	40 €	30 €
Hobbys	25 €	6 €	3 €
Schule	35 €	35 €	20 €
Essen	90 €	90 €	90 €
Taschengeld	20 €	15 €	8 €
Wohnraum	100 €	70 €	50 €
zusammen	340 €	256 €	201 €
Gesamtausgaben pro Monat:			797 €

80.2 Kostentabelle

Kinder kosten Geld

Statistiker haben genau berechnet, was Kinder tatsächlich kosten. Dabei sind sie zu folgenden Ergebnissen gekommen.

0–6 Jahre: Ein Kind kostet bis zum Alter von sechs Jahren im Durchschnitt etwa 426 Euro pro Monat. Für ein zweites und drittes Kind müssen die Eltern jeweils 388 Euro monatlich veranschlagen. Erschwerend kommt allerdings hinzu: In den ersten Lebensjahren des Kindes bleibt ein Elternteil häufig zu Hause, der Verdienstausfall muss also mit einkalkuliert werden.

6–12 Jahre: Zwischen dem sechsten und dem zwölften Geburtstag zahlen Eltern rund 500 Euro im Monat pro Kind.

12–18 Jahre: Zwischen dem 12. und 18. Lebensjahr kostet ein Kind im Schnitt 625 Euro pro Monat.

Insgesamt haben deutsche Eltern bis zum 18. Geburtstag für jedes ihrer Kinder also im Schnitt rund 107 000 Euro ausgegeben!

AUFGABEN >>

1. Beschreibe, wie ihre drei Kinder das Leben von Herr und Frau Schröpf beeinflussen.
2. Erstelle für dich selbst eine Übersicht, wie viel Geld du jeden Monat deinen Eltern kostest.
3. „Zu einer „richtigen" Familie gehören Kinder". Was meinst du zu dieser Einstellung von Herrn und Frau Schröpf?

Prinzipien der sozialen Sicherung

Der Staat zahlt Kindergeld

Kinder sind für ein Volk das Kapital und die Sicherheit für die Zukunft. Darum ist es wichtig, dass genügend Kinder geboren werden. Der Staat fördert deshalb die Familien und die Geburt von Kindern. Im Grundgesetz ist festgeschrieben:

> **Artikel 6 (Ehe und Familie)**
> (1) Ehe und Familie stehen unter dem besonderen Schutze der staatlichen Ordnung.
> (2) Pflege und Erziehung der Kinder sind das natürliche Recht der Eltern und die zuvörderst ihnen obliegende Pflicht.
> (3) Jede Mutter hat Anspruch auf den Schutz und die Fürsorge der Gemeinschaft.

Damit Eltern ihre Aufgaben für eine gute Entwicklung und gedeihliche Erziehung der Kinder wahrnehmen können, beteiligt sich der Staat an der Versorgung der Kinder. In Form von Kindergeld trägt er dazu bei, dass Kinder für eine Familie nicht zum sozialen Risiko werden.

Auch deine Eltern erhalten für dich vom Staat Kindergeld. Kindergeld gibt es bis zum 18. Geburtstag. Wenn du anschließend eine Ausbildung machst, kann es bis zum 27. Lebensjahr ausbezahlt werden. Für ein zweites und drittes Kind bekommen Eltern je 154 € im Monat, ab dem vierten Kind werden 179 € bezahlt. In den letzten Jahren wurde der Kindergeldbetrag deutlich erhöht (Abb. 81.1).

Der Staat zahlt Erziehungsgeld

Damit Kinder von Eltern mit geringem Einkommen ausreichend Zuwendung und Zeit für die Erziehung erhalten, bezahlt der Staat Erziehungsgeld. Dies ist ein Zuschuss zum Einkommen und muss nicht zurückgezahlt werden. Nicht alle Familien bekommen gleich viel und gleich lange Erziehungsgeld gezahlt. Dies ist unter anderem abhängig vom Einkommen und von der Auszahlungsweise, für die man sich entscheidet.

Kindergeld und Erziehungsgeld gehören zur zweiten Säule des Sozialstaates, dem Versorgungsprinzip. Das besagt, dass die Personengruppen finanziell unterstützt werden, die Leistungen für die Gemeinschaft erbracht haben. Wenn bestimmte allgemeingültige und gesetzlich verankerte Voraussetzungen erfüllt sind, besteht ein Anspruch auf Leistungen. Dabei spielt es keine Rolle, ob Beiträge (wie bei einer Versicherung) bezahlt wurden. Finanziert werden diese Leistungen von den öffentlichen Haushalten.

Deutschland hat zu wenig Kinder

In Deutschland werden derzeit immer weniger Kinder geboren. Um die Bevölkerung stabil zu halten, müsste jede Frau im Schnitt 2,1 Kinder zur Welt bringen. Tatsächlich sind es derzeit aber nur 1,35 Kinder (Abb. 81.2). Damit rangiert Deutschland – was die Geburtenrate betrifft – auf Platz 180 von 191 erfassten Ländern.

Daher fordern Kirchen, Verbände und Institutionen bessere Rahmenbedingungen für ein Leben mit Kindern.

81.1 Höhe des Kindergeldes

81.2 Zahl der Kinder pro Frau (1950 bis 2001)

AUFGABEN >>

1. Obwohl die Familie durch das Grundgesetz einen besonderen Schutz erfährt, werden immer weniger Kinder geboren. Überlege Gründe dafür.
2. Das Kindergeld wurde in den letzten Jahren immer wieder erhöht. Erkläre.
3. Die Regelung für den Bezug von Erziehungsgeld ist seit 2005 neu. Warum schuf der Staat diese zusätzliche Unterstützung? Erkundige dich auch über die Neuregelungen.
4. Erkläre das Prinzip der „Versorgung" mit eigenen Worten.

Soziale Sicherung durch Fürsorge

82.1 Vera mit ihrem Baby

Allein Stehende(r) oder Alleinerziehende(r) (100 %)	Kinder bis zum 14. Lebensjahr (60 % RL)	Kinder ab dem 15. Lebensjahr bis zur Vollendung des 18. Lebensjahres (80 % RL)	Partner ab dem 19. Lebensjahr (90 % RL)
West 345,– € Ost 331,– €	207,– € 199,– €	276,– € 265,– €	311,– € 298,– €

82.2 Regelleistungen der Sozialhilfe (RL = Regelleistung)

Vera (18 Jahre) ist auf Hilfe angewiesen

Aus einem Gespräch mit Vera:
Frage: Wann hast du dein Baby bekommen?
Vera: Ich war 15, als ich mein Kind bekam. Deswegen konnte ich auch nicht wie geplant meinen Schulabschluss machen.
Was ist mit dem Vater des Kindes?
Mein damaliger Freund hat sich nicht verantwortlich gefühlt. Er ist immer noch arbeitslos und hatte keine finanziellen Mittel. So konnte ich auch kein Geld erwarten.
... und deine Eltern?
Das war ein Drama. Mein Vater tobte wie verrückt und wollte, dass ich das Kind abtreiben lasse. Meine Mutter war mit den Nerven am Ende: „Wegen der Schande ..." meinte sie. Beide wollten mich nicht mehr zu Hause wohnen lassen. Ich sollte mich selbst aus dem Dreck ziehen. Aber was kann denn mein Baby dafür? Irgendwie hatte ich ja Verständnis für meine Eltern. So viel Geld hatten sie ja nicht. Mein Vater ist arbeitslos und Platz ist in unserer 60-m²-Wohnung auch nicht genügend.
Was hast du dann gemacht?
Von Bekannten erbettelte ich Babysachen. Meine Freundin riet mir, zum Sozialamt zu gehen. Meine Mutter konnte ich überreden, mich zu begleiten. So gingen wir dann zu dritt los, meine Mutter, mein Baby und ich.

Vera ist auf Hilfe angewiesen

Auf dem Sozialamt wurde Vera über die verschiedenen finanziellen Hilfen beraten (Abb. 82.2).
Beamtin: Also junge Frau, durch ihre besondere Lebenslage erhalten Sie natürlich entsprechende Unterstützung. Dies sind die Leistungen der Fürsorge. Es ist kein Almosen für Sie, sondern Sie haben ein Recht darauf. Sie bekommen, da Sie allein erziehend sind als Regelleistung 345 € und für Ihr Kind zusätzlich davon 60 %. Auch Unterkunfts- und Heizungskosten werden von uns übernommen. Dazu kommen Möbel und die benötigten Haushaltsgeräte. Da Sie einen Zwei-Personen-Haushalt bilden, haben Sie Anspruch auf etwa 60 Quadratmeter Wohnfläche oder zwei Wohnräume.
Ich verspreche Ihnen eine baldige Verbesserung Ihrer Lebenssituation.

Und wie geht es dir zurzeit, Vera?
*Durch diese Hilfen kann ich mein Leben neu gestalten. Meine Mutter passt jetzt, wenn ich sie brauche, auf mein Kind auf. Ich bin gerade dabei für den Quali zu lernen. Auf meine eigenen vier Wände bin ich stolz.
Noch vor einem Jahr hätte ich nie geglaubt, dass ich das alles so hin bekomme. Ein Leben in Luxus ist es zwar nicht, aber ich kann es wenigstens wieder selbst in die Hand nehmen.*

AUFGABEN >>

1. Beschreibe Veras Situation mit eigenen Worten.
2. Das Sozialamt half mit Geld. Wieviel bekommt Vera jetzt? Kann sie zufrieden sein?
Diskutiert darüber: Was sagst du zum Verhalten von Veras Eltern?
3. Hier ist von Fürsorge die Rede. Erkläre „warum?" und „wie?".
4. Zeige Unterschiede zwischen Fürsorge und Vorsorge auf.

Prinzipien der sozialen Sicherung

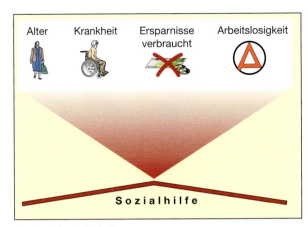

83.1 Sozialhilfe als Auffangnetz

83.2 Sozialhilfeempfänger nach Personengruppen

Das Sozialamt unterstützt in besonderen Lebenslagen

Jeder Mensch kann in Not oder in eine Situation geraten, in der er öffentlicher Hilfe bedarf: Durch einen Unfall, durch Krankheit, durch eine Behinderung, durch Pflegebedürftigkeit, durch den Tod des Partners, durch Arbeitslosigkeit oder durch zu geringes Erwerbseinkommen, durch ein Unglück, das jeden von uns treffen kann.

Gegen die Folgen der meisten Fälle sind wir versichert, z. B. durch die Pflegeversicherung, die Unfallversicherung oder die Arbeitslosenversicherung. Was aber, wenn wir in eine Situation geraten, in der dies alles nicht in Frage kommt? Dann gibt es noch die Sozialhilfe. Sie ist eine staatliche Leistung, auf die jeder Bürger unter bestimmten Voraussetzungen Anspruch hat. Darum muss auch niemand um Sozialhilfe betteln, sondern kann sie in Anspruch nehmen als sein gutes Recht, das ihm gesetzlich garantiert ist. Das gilt allerdings nur, wenn und soweit er sich nicht selbst helfen kann und ihm auch kein anderer hilft.

Sozialhilfe ist somit das unterste Netz im System der sozialen Sicherung für Menschen, deren angemessene (menschenwürdige) Lebensführung nicht durch andere Einrichtungen des „sozialen Netzes" abgesichert ist. Die Leistungen der Sozialhilfe werden über das Sozialamt erteilt. Wie du schon erfahren hast, sind es vor allem allein erziehende Mütter, die dieser Unterstützung bedürfen. Aber plötzlich in Not kann jeder kommen und diese staatliche Fürsorge brauchen.

Sozialhilfe und ihre Zukunft

Die Sozialhilfe ist wie die Arbeitslosenhilfe eine aus Steuermitteln finanzierte Fürsorgeleistung und wird von der Gemeinde (Stadt) gewährleistet. Das Nebeneinander der Sozialleistungssysteme (Sozialhilfe und Arbeitslosenhilfe) führt zu einem höheren Verwaltungsaufwand und ist zudem nicht bürgerfreundlich. Deshalb wurden beide Fürsorgeleistungen zu einer einheitlichen Leistung zusammengeführt.

Die Ausgaben für die Sozialhilfe sind in den letzten Jahren gestiegen. Ein Grund dafür ist die hohe Zahl der Scheidungen. Jede dritte Ehe wird heute geschieden. Über 50 % der geschiedenen Eltern haben Kinder unter 18 Jahren. Viele davon sind auf Sozialhilfe angewiesen (Abb. 83.2). Ein weiterer Grund ist die steigende Arbeitslosigkeit.

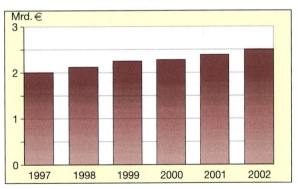

83.3 Ausgaben für Sozialhilfe

AUFGABEN >>

1. Erkläre mithilfe des Textes und Abb. 83.1 das Ziel der Sozialhilfe.
2. In Abb. 83.2 findest du auch den Fall von Vera wieder. Erkläre.
3. Erkläre Abb. 83.3 und suche Gründe dafür. Auch der Text kann dir helfen.
4. Sammle Zeitungsberichte zur Umgestaltung der Sozialhilfe. Begriffe wie „Arbeitslosengeld 2" oder „Hilfe in besonderen Lebenslagen" können dich leiten.

3 Deutschland – ein Sozialstaat

TRIO-Arbeitsweise: Wir werten Grafiken und Statistiken zum Sozialstaat aus

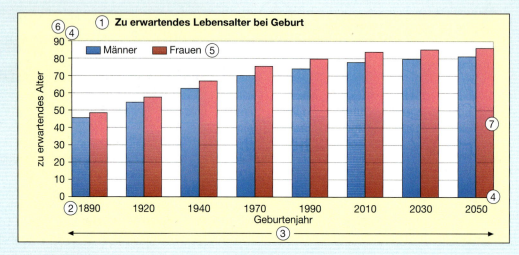

84.1 Lebenserwartung in Deutschland

Auswerten von Statistiken

Eine Statistik ist mehr als nur eine verwirrende Sammlung von vielen Zahlen. Eine Statistik kann zum Beispiel auch:
... stutzig machen und Fragen aufwerfen,
... ein Problem aufzeigen und darstellen, wie wichtig dieses Problem ist,
... Entwicklungen und Veränderungen verdeutlichen.
Man muss eine Statistik aber lesen können. Mithilfe dieser beiden Seiten kannst du es bestimmt.
Die Statistik von Abb. 84.1 soll unser Analysebeispiel sein. Vielleicht möchtest du zunächst selbst möglichst viel entdecken? Dann frisch darauf los! Möchtest du aber Hilfen zur Entschlüsselung, dann gehe in diesen Schritten vor.

1. Schritt: Die Überschrift

Jede Statistik hat eine Überschrift, die dir sagt, worum es geht. Die Beispielstatistik sagt dir genau, worum es geht:
① Diese Überschrift gibt das Thema an: Demnach sagt die Statistik, welches Alter die Menschen im Durchschnitt erreichten, zur Zeit erreichen und vermutlich in Zukunft erreichen werden.
② Diese Jahreszahlen zeigen: Die Statistik stellt Daten für die Jahre zwischen 1890 und 2050 dar.
③ Diese Angabe bedeutet: Die Statistik gibt die Zahlen nach diesen Geburtsjahrgängen an.
④ Daraus folgt, dass in diesem Fall die Achse nach rechts die Geburtsjahrgänge, die Achse nach oben das erreichte Alter nennt.
Zusammengefasst weißt du jetzt: Die Statistik vergleicht die durchschnittliche Lebenserwartung von Personen, die zwischen 1890 und 2050 geboren sind.

2. Schritt: Zusätzliche Angaben in der Legende

Als Nächstes musst du wissen, was die Farben und die Zahlen bedeuten:
⑤ Die Farbe des Balkens bedeutet das Geschlecht der Personen, z. B. kannst du jetzt vergleichen, ob Männer (blau) oder Frauen (rot) im Durchschnitt älter werden.
⑥ Zahlen werden in Statistiken oft abgekürzt. In unserem Beispiel sind die richtigen Werte angegeben. Oft aber steht dabei in Tausend usw. Dann bedeutet die Zahl 100 „100 000".

3. Schritt: Die Zahlenangaben

Zahlen werden in Statistiken auf verschiedene Weise dargestellt. Möglichkeiten sind Balkendiagramme wie in unserem Beispiel. Die Balken können dabei waagrecht oder wie hier senkrecht verlaufen. Andere Möglichkeiten sind Kreisdiagramme (Torte), Kurven oder Kartogramme.
⑦ Die Länge der Balken veranschaulicht das Lebensalter. So konnten im Jahr 1970 geborene Männer erwarten, dass sie etwa 70 Jahre, Frauen etwa 75 Jahre alt werden. Die Statistik zeigt aber auch, dass nach der Prognose das zu erwartende Lebensalter im Jahre 2050 deutlich höher liegen wird als 1890.

4. Schritt: Die Suche nach genauen Antworten

An eine Statistik kannst du mit genauen Fragen herangehen. Beispiele dafür sind:
– In welchem Jahr ist der Balken für das Lebensalter des Mannes genauso lang wie vorher der Balken der Frau?
– Wann wurde jeweils ein Jahrzehnt beim Lebensalter überschritten?

Prinzipien der sozialen Sicherung

5. Schritt: Suche nach den Ursachen

Eine Statistik kann in der Regel keine Ursachen aufzeigen. Aus dieser Statistik erfährst du beispielsweise folgende Tatsache:
In allen Jahren wurden die Frauen im Durchschnitt älter als die Männer.
Warum dies so ist, darauf gibt dir die Statistik keine Antwort. Deshalb stellen sich bei der Analyse einer Statistik viele Fragen. Die Antworten musst du anderswo suchen. Hierzu brauchst du z. B. Informationen von Experten, Gespräche mit Zeitzeugen, Texte aus Zeitungen usw.

6. Schritt: Folgerungen für den Sozialstaat

Die Menschen werden älter – Menschen beziehen lange Renten – mehr ältere Menschen brauchen mehr Ärzte – mehr ältere Menschen kosten dem Staat mehr Geld

Weitere Beispiele für Grafiken und Statistiken

Untersuche nun Abb. 85.1–4 nach den sechs Schritten. Sie alle betreffen in irgendeiner Art das Kapitel „Sozialstaat".
– Zu welchen Themen machen sie Aussagen?
– Welche Antworten erhältst du?
– Welche Fragen und Folgerungen ergeben sich daraus?

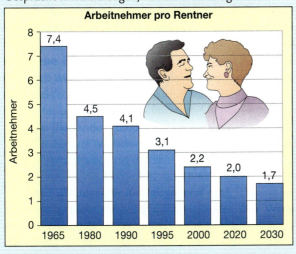

85.1 Arbeitnehmer pro Rentner

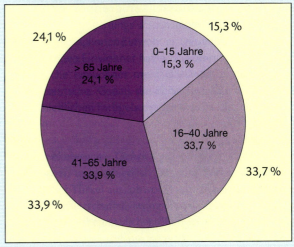

85.3 Altersverteilung in Deutschland

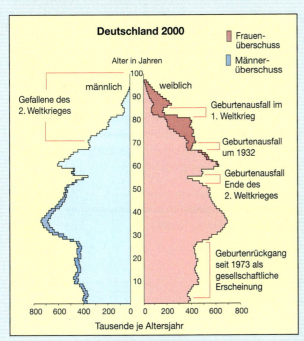

85.2 Alterspyramide für 2000

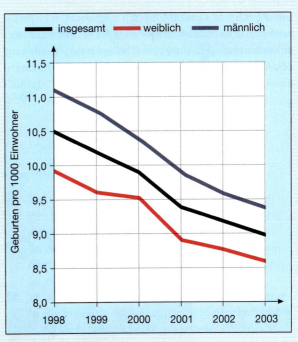

85.4 Geburten in Bayern

Lebenssituationen von Senioren

86.1 Auf Wohnungssuche

86.3 Frau Artmann im Altersheim

Herr und Frau Siebert: seniorengerechtes und betreutes Wohnen

Aus ihrer großen 4-Zimmer-Wohnung wollten beide schon lange ausziehen. Die Putzerei ist Anna Siebert (68) zu viel, außerdem sind die Böden so glatt und die Türschwellen eine Stolperfalle. Das Treppensteigen bis in den 5. Stock ohne Aufzug ist für Karl Siebert (73) seit seinem Herzinfarkt auch sehr beschwerlich. Er erzählt:

„Die angekündigten Sanierungsmaßnahmen werden uns nicht helfen. Auf alte Menschen wird da keine Rücksicht genommen. Und jetzt hat auch der kleine Supermarkt an der Ecke geschlossen. So bleibt nur noch das Einkaufszentrum – aber ohne Auto? Wir haben uns entschlossen umzuziehen. Es ist aber nicht einfach, eine seniorengerechte Wohnung zu finden. Morgen werden wir uns eine günstig gelegene ansehen. Gegenüber sind viele Läden, gleich hinter den Häusern der Park. Und mit dem Bus ist man in 20 Minuten in der Innenstadt. Das Konzertabonnement meiner Frau ist also nicht gefährdet."

Herr und Frau Siebert haben keine finanziellen Sorgen. Beide beziehen eine ausreichend hohe Rente und können sich eine Wohnung leisten, die seniorengerecht ausgestattet ist. Beide haben vor, „betreutes Wohnen" in Anspruch zu nehmen, wenn sie sich nicht mehr selbst versorgen können. Dabei hat man ein eigenes Appartement, wird aber bei Bedarf rund um die Uhr versorgt und betreut. Doch nicht alle Senioren können sich diesen Komfort leisten.

Frau Artmann: ein Leben im Altersheim

Frau Anna Artmann lebte schon immer in der Kleinstadt Neustadt. Während ihrer berufstätigen Zeit arbeitete sie im Kreiskrankenhaus als Krankenschwester. Trotz des anstrengenden Berufes hielt sie es nie zu Hause aus, sondern war stets mit ihrem Kleinwagen unterwegs, um Bekannte und Verwandte aufzusuchen.

Mit ihrer Rente konnte sie sich eine kleine Mietwohnung leisten. Auch wenn sie allein stehend war, wurde es ihr nie langweilig, denn sie hatte ja ihr Auto, mit dem sie noch im Alter von 80 Ausflugsfahrten bis nach Österreich unternahm. Für den möglichen Altenheimaufenthalt hatte sie durch ein Sparbuch vorgesorgt. Sie fühlte sich gerüstet. Doch dann schlug im Dezember 2004 das Schicksal zu:

– Beinbruch bei einem Sturz auf Eis am 02. 12. 2004
– Krankenhausaufenthalt bis 22. 12. 2004
– Wohnungsaufgabe zum 01. 01. 2005 und Übersiedlung ins Altenheim wegen schleppender Heilung (Diabetes)
– Einrichtung ihres Zimmers auf eigenen Wunsch wie in ihrem ehemaligen Wohnzimmer
– Beinamputation Ende Januar 2005, damit Pflegestufe 3 (1 448,52 € Eigenleistung, Rest Pflegeversicherung).

Frau Artmann und ihre Verwandten haben Vertrauen in die gute Betreuung durch das Fachpersonal des Altersheimes. Ihre zwei Schwestern besuchen sie regelmäßig und führen mit ihr Gespräche. Allerdings: Ende 2006 sind Frau Artmanns Ersparnisse aufgebraucht.

86.2 Treppenlift, ein Beispiel für seniorengerechtes Wohnen

Monatliche Heimkosten eines Altenheimes in Neustadt (Einzelzimmer 2004)	
Wohnbereich für Rüstige	1 252 €
Stufe 0	1 622 €
Pflegestufe 1	2 225 €
Pflegestufe 2	2 597 €
Pflegestufe 3	2 881 €

86.4 Heimkosten

Maria Günther, ein Leben in Einsamkeit

Verlegen lächeln zwei Menschen in die Kamera. Er: kerzengerade im dunkelblauen Anzug, den Scheitel exakt gezogen. Sie: im geblümten Kleid, eine Blume in der linken Hand, die Füße brav gekreuzt. Das Foto ist sechs Jahre alt und verstaubt auf dem Schrank. Erkennen kann es Maria nicht mehr. Seit fünf Jahren ist sie fast blind. Beschreiben kann sie das Bild dennoch detailgetreu, und auch, wie aufregend es beim Fotografen damals war, als sie zusammen am Tag der Goldenen Hochzeit zum Fotoatelier fuhren. Seit dem Tod ihres Mannes Gustav – „des Gustls", wie sie sagt – lebt Maria Günther in einer kleinen Mietwohnung. Eigentlich wollte sie zu ihren Kindern ziehen, doch ihre Tochter lebt im Ausland und mit ihrem Sohn hat sie sich überworfen. Jetzt wohnt sie also allein auf 52 m². Jeden Tag kommt ein Zivildienstleistender vorbei, sieht nach dem Rechten, bringt ihr das Essen, füttert sie auch bei Schwächeanfällen und hilft ihr bei der Körperpflege. Mit diesem kann sie zwar ein paar Worte austauschen, ansonsten bringt nur das Radiogerät etwas Abwechslung.

Dass es soweit mit ihr kommen musste, erfüllt sie mit hilfloser Wut. Maria Günther ist eine zornige alte Frau. Die Kraft, die der sehbehinderten und gebrechlichen Frau geblieben ist, verbraucht sie mit ihrem Zorn, Zorn, der ihr zugleich Lebensmut gibt.

87.1 Zivi bringt Essen auf Rädern

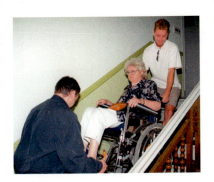

87.2 Zivi hilft Frau Günther

87.3 Frau Wismeth im Kreis ihrer Familie

Frau Wismeth: Leben im Kreise einer Großfamilie

Frau Wismeth ist 90 Jahre alt. Sie wohnt ganz allein in einem Reihenhaus am Stadtrand von Amberg. Ihr Mann starb 1983, kurz nach seiner Pensionierung. Wie es ihr heute im Alter geht, schildert Frau Wismeth so:

„Ich wohne zwar allein, bin aber nicht einsam. Gott sei Dank bin ich noch so rüstig, dass ich meinen Alltag selber bewältigen kann: mich anziehen, waschen, aufräumen ... Auch finanziell bin ich gut gestellt. So kann ich mir eine Zugehfrau leisten, die die Wohnung in Schuss hält.

Nur zwei Häuser weiter wohnt meine Tochter mit ihrem Mann. Sie sind der Mittelpunkt unserer Großfamilie. Fast jeden Tag gehe ich am Spätnachmittag zu ihnen, um ein wenig zu plaudern und um mir mein Essen zu holen. Meine Tochter bereitet es mir so vor, dass ich es daheim nur noch warm machen muss. Gleich um die Ecke wohnt meine Enkeltochter mit ihrer Familie. Oft heißt es: „Uroma, kannst du heute zu uns kommen und dich mit Lisa-Marie abgeben?" Als Uroma muss ich dann Puppenbabys wickeln, Buch anschauen, oder der kleine Jakob von nebenan sein. Keine leichten Aufgaben, aber mir tut es gut, zu spüren, dass ich gebraucht werde. Besonders genieße ich es, wenn wir sonntags alle gemeinsam zu Mittag essen und vier Generationen als eine große Familie um den Tisch sitzen."

AUFGABEN >>

1. Die Lebenssituationen dieser vier Senioren sind unterschiedlich. Vergleiche sie, indem du eine Tabelle anlegst: Person, Form des Wohnens, Gefühlszustand, Begründung dafür.
2. Erweitere die Tabelle durch eigene Erfahrungen mit Lebensformen von Senioren.
3. Deutschland, ein Sozialstaat: Gilt dies für alle vier Personen? Diskutiert in der Klasse darüber.
4. Du kannst mit deiner Klasse die Einsamkeit von Senioren mildern. Überlegt euch Maßnahmen.

Ich halte den Generationenvertrag bei der Rente für eine unserer großen Errungenschaften. An ihm darf nicht gerüttelt werden. Die Großfamilie von früher, in der es Pflicht der Jungen war, für die Alten zu sorgen, gibt es nicht mehr. Ihre Stelle nimmt jetzt über den Generationenvertrag die Solidargemeinschaft aller Bürger ein.
Vielleicht gibt es heute junge Menschen, die den Sinn des Generationenvertrages nicht mehr einsehen. Für mich ist er selbstverständlich. Wenn die jungen Leute mal selbst Rentner sind, werden sie nicht anders denken als wir heute.

88.1 Anna Riedel, 86 Jahre

Viele Freunde in meinem Alter halten den Generationenvertrag für überholt. Für uns Junge bedeutet das, dass wir immer höhere Beiträge zahlen müssen, damit die Rentner ihr Geld bekommen. Und was wird mit uns? Wer garantiert uns, dass wir später überhaupt eine Rente bekommen?
Persönlich bin ich ja für den Generationenvertrag. Mein Großvater hat für seine Eltern Beiträge gezahlt, meine Eltern für ihn, ich zahle für meine Eltern. Leute, die keine Kinder haben, sollten ohnehin mehr bezahlen. Denn bei den Beiträgen ist inzwischen eine Schmerzgrenze erreicht.

88.2 Ralf Müller, 21 Jahre

Der Generationenvertrag

Heute geben, morgen nehmen

Zwischen der jungen und der alten Generation gilt bis heute folgendes Prinzip: Die arbeitenden Jungen finanzieren durch ihre Beiträge, die sie an die Rentenversicherung zahlen, die Renten von heute. Die junge, Beitrag zahlende Generation erwartet hingegen, dass wiederum die nachfolgenden Generationen bereit sind, das Gleiche zu tun. Dieses Prinzip wird Generationenvertrag genannt. Es ist nicht schriftlich festgelegt, sondern ein unausgesprochener Vertrag zwischen den Generationen – also ein gesellschaftliches Abkommen. Das Prinzip des Generationenvertrages zeigt Abb. 88.3.

Mit den Beiträgen, die ein Arbeitnehmer in die gesetzliche Rentenversicherung zahlt, erwirbt er Ansprüche auf eine spätere Rente. Die Höhe hängt davon ab, wie lange er berufstätig war, wie viel er verdient hat und in welchem Alter er in Rente geht. Diese und weitere Faktoren werden in der Rentenformel zur Berechnung der Rentenhöhe zusammengefasst. Die Ausgaben zur Rentenversicherung sind in den letzten Jahren ständig gestiegen.

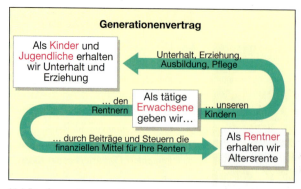

88.3 Der Generationenvertrag

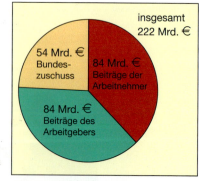

88.4 Wer bezahlt die Rentenversicherung?

Alterssicherung als sozialpolitische Herausforderung

89.1 Die Last des Generationenvertrags

Der Generationenvertrag in der Krise

Die Hälfte der deutschen Bevölkerung ist heute älter als 48 Jahre, ein Drittel über 60 Jahre. Die Einwohnerzahl Deutschlands wird bis 2050 vermutlich von heute 82,5 Mio. auf 75 Mio. Einwohner sinken. Im Durchschnitt wird jede Frau weiterhin nicht mehr als 1,4 Kinder zur Welt bringen, die Lebenserwartungen werden bei Männern auf 81,1 Jahre und bei Frauen auf 86,6 Jahre steigen.

Warum kommt es zu diesem Bevölkerungsrückgang? Wie schon seit 30 Jahren werden auch in den nächsten Jahrzehnten mehr Menschen sterben als Kinder zur Welt kommen. Es wird angenommen, dass die heutige jährliche Geburtenzahl von 730 000 auf 560 000 im Jahr 2050 sinkt. Das heißt, die Zahl der Neugeborenen wird nur halb so hoch sein wie die Zahl der jährlich Gestorbenen.

Tatsache ist: Die Deutschen werden immer älter und die Zahl der Rentner steigt. Gleichzeitig sinkt durch die niedrige Geburtenrate die Zahl der Personen im erwerbsfähigen Alter und damit der Beitragszahler. In 30 Jahren werden auf einen Rentner nur noch zwei Beitragszahler kommen. Dies verdeutlichen die Abb. 89.2 und 3.

AUFGABEN >>

1. Fasse mit eigenen Worten die Meinung von Anna Riedel und Ralf Müller zusammen.
2. Erläutere, wie der Generationenvertrag funktioniert. Abb. 88.3 kann dir helfen.
3. Zeige mithilfe des Textes sowie der Abb. 89.2 und 3 auf, dass der Generationenvertrag in der Krise ist und begründe diese Entwicklung.
4. Auch die Karikatur 89.1 verdeutlicht die Krise. Erkläre und schreibe ein Gespräch zu Abb. 89.2.

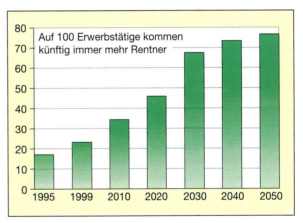

89.2 Wie viele Erwerbstätige kommen auf einen Rentner?

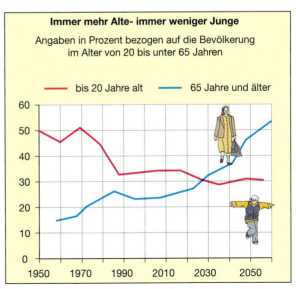

89.3 Immer mehr Alte – immer weniger Junge

Eigenverantwortung des Bürgers

90.1 Andrea: „Auf ins Leben!"

Edgar H. (65) ist Vater von drei Kindern, die inzwischen ebenfalls erwachsen sind. 45 Jahre hat er in einer Baufirma gearbeitet. Demnächst wird er in Rente gehen. Bei ihm ergibt sich dann folgende Gegenüberstellung:

Angenommenes letztes Bruttogehalt	1.600,00 €
Staatliche Alterspension (brutto)	1.040,00 €
„Versorgungslücke"	560,00 €

90.3 Beispiel für Versorgungslücke

Jetzt schon ans Alter denken

„Mit dem Einstieg in Ausbildung und Beruf beginnt für mich eine neue Zeitrechnung. Nun ist es an der Zeit, sich über die Zukunft Gedanken zu machen. Wie wird es mir in zehn, zwanzig, fünfzig Jahren gehen? Was passiert, wenn ich einen Unfall habe und plötzlich nicht mehr in meinem Beruf arbeiten kann? Was werde ich mir leisten können, wenn ich mal in Rente gehe?

Die Sozialversicherung schützt mich zwar gegen Risiken wie Krankheit, Alter, Unfall, Pflegebedürftigkeit oder Arbeitslosigkeit. Doch alle sagen, dass das System aus den Fugen geraten sei: Die Kosten steigen, die Leistungen müssen gekürzt werden. Die gesetzliche Rentenversicherung genügt nicht mehr für eine ausreichende Altersvorsorge.

Nun muss ich mich mit dem Thema Versicherungen auseinander setzen. Eine sichere Zukunft hängt davon ab, Risiken wie Berufsunfähigkeit und Alter zusätzlich privat abzusichern. Ich muss mich deshalb nach weiteren Möglichkeiten erkundigen. Auch in der Kranken- und Pflegeversicherung wird ein Eigenanteil notwendig sein"

Zusätzliche Altersvorsorge

Die „Riester-Rente" ist eine private Altersvorsorge auf freiwilliger Basis. (Sie wurde nach dem ehemaligen Arbeitsminister Walter Riester benannt.) Mit der Riester-Rente lässt sich eine persönliche „Versorgungslücke" (Abb. 90.3) teilweise schließen.

Man zahlt während des aktiven Arbeitslebens Beiträge in eine private Rentenversicherung, einen Banksparplan oder einen Fonds und man erhält als Extra staatliche Zulagen und Steuerfreibeträge.

Riesterprodukte sind behördlich abgesichert: Der Versicherer garantiert Rückzahlungen mindestens in Höhe der eingezahlten Beiträge sowie eine Mindestverzinsung von zur Zeit 2,75 Prozent. Dank der Förderung liegt die Rendite (= der Ertrag) der Riesterrente meist über dem Zins für vergleichbare Anlagen.

Doch auch die Riesterrente kann oft nicht die ganze Lücke schließen. Viele sichern sich noch zusätzlich für das Alter ab.

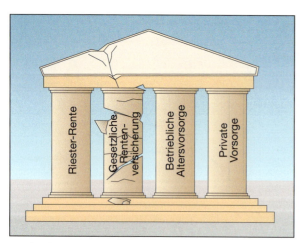

90.3 Die Säulen der Altersvorsorge

AUFGABEN >>

1. Fasse die Gedanken der Jugendlichen zum Einstieg ins Berufsleben mit eigenen Worten zusammen. Welchen Problemen muss sie sich stellen?
2. Erläutere den Lösungsversuch für eine zusätzliche Altersvorsorge, die „Riester-Rente".
3. Warum entstehen Versorgungslücken? Welche Möglichkeiten gibt es, diese möglichst gering zu halten?

Alterssicherung als sozialpolitische Herausforderung

Altersvorsorge in anderen Ländern

Die Vereinigten Staaten von Amerika

Auch in den USA werden die Menschen immer älter: Wie in Deutschland müssen auch in Amerika immer weniger Berufstätige immer mehr Rentner ernähren. Zudem erreichen bald die geburtenstarken Jahrgänge der „Baby Boomer" nach dem Zweiten Weltkrieg das Rentenalter.
In den USA dient die staatliche Altervorsorge „Social Security" nur zur Existenzsicherung. Zum Großteil stammen die Alterseinkommen aus privaten „Pensionsplänen". Etwa 80 Mio. Amerikaner – vorwiegend mit höherem Einkommen und in großen Unternehmen – haben so eine Absicherung. Diese Gelder sind meistens in Aktien angelegt und enthalten keine festen Leistungszusagen. Je nach Lage der Börse können somit große Gewinne oder Verluste entstehen.
Viele Amerikaner haben jedoch überhaupt keine eigene Altersversorgung. Jeder dritte Rentner in den USA ist gezwungen, noch nebenher zu arbeiten.
Im Gegensatz zu Europa steigt allerdings die Bevölkerungszahl in den USA – vor allem aufgrund der hohen Zuwanderung. Dennoch steigt auch die Zahl der Senioren, was die staatliche Altersvorsorge immer stärker belastet. Vor allem sozial schwache Personen werden vom sozialen Netz nicht aufgefangen.

Afrika

In Afrika leben zurzeit etwa 840 Millionen Menschen. Afrika hat somit einen Anteil von 15 Prozent an der gesamten Weltbevölkerung.
Die Geburtenziffer liegt in Afrika bei 46 Geburten je 1000 Einwohner jährlich (in Europa kommen auf 1000 Personen nur 14 Geburten). Die hohe Geburtenrate entsteht dadurch, dass in Afrika Kinderreichtum immer noch als Garantie für eine Altersvorsorge gilt.
Da sich die medizinische Versorgung verbesserte, ging die Sterbeziffer in Afrika stark zurück (im Durchschnitt 17 Sterbefälle auf 1000 Personen). Durch das Ansteigen der Geburten und die niedrige Sterbeziffer wächst die Bevölkerung jährlich um rund 2,9 Prozent.

Daten und Fakten zu Afrika

Anteil der Bevölkerung unter 15 Jahren: 43 Prozent
Anteil der Bevölkerung über 65 Jahren: 3 Prozent
Lebenserwartung von Frauen: 54 Jahre
Lebenserwartung von Männern: 52 Jahre
Säuglingssterblichkeit pro 1000 Geburten: 86
Müttersterblichkeit pro 100 000 Geburten: 1000
Geburten pro 1000 Frauen im Alter von 15–19 Jahren: 108
Anteil der HIV-infizierten Erwachsenen: 6,6 %

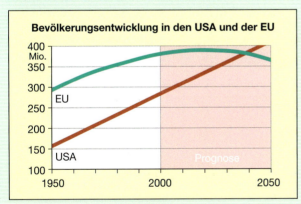

91.1 Bevölkerungsentwicklung USA

91.2 Bevölkerungsentwicklung in Afrika

AUFGABEN >>

1. Vergleiche die Altersvorsorge in den USA und in Deutschland.
2. Vergleiche die Bevölkerungsentwicklung in den USA und in der Europäischen Union (Abb. 91.1). Welche Folgen sind daraus für die Altersvorsorge ableitbar?
3. Erkläre die Aussage „Kinderreichtum ist eine Garantie für die Altersversorgung".
4. Diskutiert anhand der Daten und Fakten die Problematik in Afrika. Stelle „wenn ..., dann ..."-Beziehungen her.
5. Erkundigt euch über die Altersvorsoge in unseren Nachbarländern.

TRIO-Kompakt: Prinzipien und Grenzen des Sozialstaates

So funktioniert der Sozialstaat

Wir alle sind soziale Wesen. Als Einzelpersonen wollen wir ein möglichst selbstbestimmtes Leben führen, trotzdem sind wir gleichzeitig immer auf andere angewiesen. Wir können uns nicht nur um uns, sondern müssen uns auch um andere kümmern. Aber mal ehrlich: Am liebsten setzten wir doch immer erst unsere eigenen Interessen durch, oder?

Eine Gesellschaft ohne Sozialpolitik wäre eine, in der alle zuerst an sich selbst denken. Schlecht für alle, die alt, krank, arm oder in Not sind. Die wichtigste Grundlage unseres Sozialstaates ist die Solidarität (= Gefühl der Zusammengehörigkeit) zwischen den Bevölkerungsgruppen und den Generationen.
Dafür wurde im Lauf der Geschichte ein soziales Netz geschaffen. Es besteht aus drei Säulen:

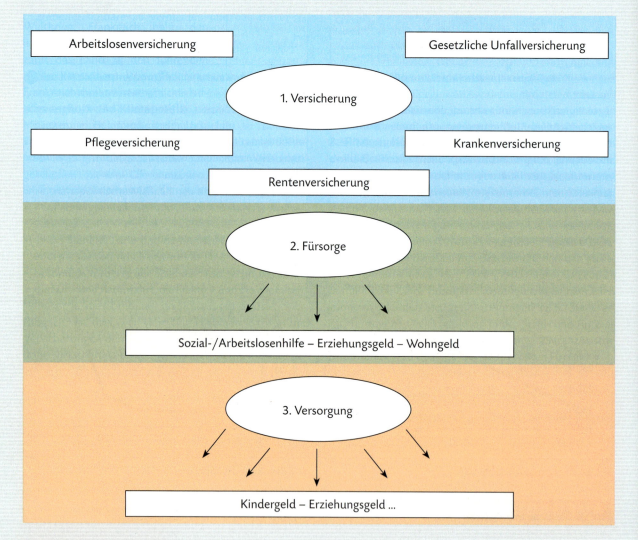

AUFGABEN >>

1. In den vorausgegangenen Kapiteln habt ihr die drei Säulen des Sozialstaats kennen gelernt. Bildet drei Gruppen. Jede Gruppe zeichnet eine Säule auf Plakatkarton. Anstatt der Begriffe könnt ihr Beispiele zu den einzelnen Säulen zeichnen.
2. Das soziale Netz ist nur stabil, wenn keine der Maßnahmen fehlt. Stellt Wenn-dann-Beziehungen her.

TRIO-Kompakt: Grenzen des Sozialstaates

93.1 und 2 Karikaturen: Preis und Ende des Sozialstaates

Kommt unser Sozialstaat immer mehr in Schwierigkeiten? Manche sprechen sogar von der Unbezahlbarkeit des Sozialstaats. Wie kommt es, dass ein Staat, der vor 40 Jahren noch ärmer war, sich damals die Einrichtung der sozialen Sicherungen erlauben konnte, diese heute aber, trotz größeren Reichtums, nicht mehr finanzieren kann?
In diesem Kapitel hast du schon einige Gründe kennen gelernt. Liegt es auch daran, dass manche den Solidaritätsgedanken ausnutzen?

Rolf J. wurde in Deutschland als „Florida-Rolf" bekannt, der in Florida sein Leben mit deutscher Sozialhilfe bestritt. Da er nach einer Gesetzesänderung ab dem 1. April keine Zahlungen mehr erhielt, ist er nach Deutschland zurückgekehrt. In Deutschland will Rolf nicht mehr vom Sozialamt abhängig sein. Auf Staatszahlungen muss er allerdings nicht verzichten: Da er inzwischen 65 Jahre alt ist, wird er Rente beantragen. Dabei kommt dem ehemaligen Freiberufler, der nach eigenen Angaben „kaum in die Rentenkasse eingezahlt hat", ein neues Gesetz zugute. Denn seit vorigem Jahr gibt es für Menschen wie ihn die Grundsicherungsrente.
So ärgerlich solche Fälle auch sind, sie sind nicht die Ursache für die Krise des Sozialstaates. Insgesamt lebten 2004 nicht mal 1000 Sozialhilfeempfänger im Ausland. Sie mussten nun nach der jüngsten Gesetzesänderung nach Deutschland zurückkehren. Für den Steuerzahler wurde das sogar teurer: Er musste den Rücktransport, meist aber auch einen erhöhten Sozialhilfesatz zahlen. Denn viele der Sozialhilfeempfänger wohnten in Ländern wie Polen, in denen das Leben billiger als in Deutschland war. Da die Höhe der Sozialhilfe sich nach den Lebenshaltungskosten richtet, beziehen sie nun in der Regel in der Heimat mehr „Stütze" als in der Fremde.

93.3 Aus Zeitungsmeldungen

Die soziale Schere zwischen Arm und Reich klafft in Deutschland immer weiter auseinander. Die Zahl der Empfänger von Sozial- und Arbeitslosenhilfe wächst (Abb. 93.4).

Jahr	2001	2002	2003
Empfänger/-innen von laufender Hilfe zum Lebensunterhalt am Jahresende	2715	2776	2828

93.4 Sozialhilfeempfänger in Deutschland (in 1000)

Gibt es Lösungsansätze, um den Sozialstaat zu retten?

93.5 Alt hilft jung   93.6 Arbeitsteilung

AUFGABEN >>

1. Erkläre die Karikaturen 93.1 und 2 mithilfe deines Wissens über den Sozialstaat.
2. Diskutiert in der Klasse über die Zeitungsberichte zu „Florida-Rolf".
3. Kannst du die Gründe, warum der Sozialstaat an die Grenzen stößt, auch in deiner Umgebung feststellen? Erkundige dich in deiner Gemeinde.

4 Boden und Ernährung

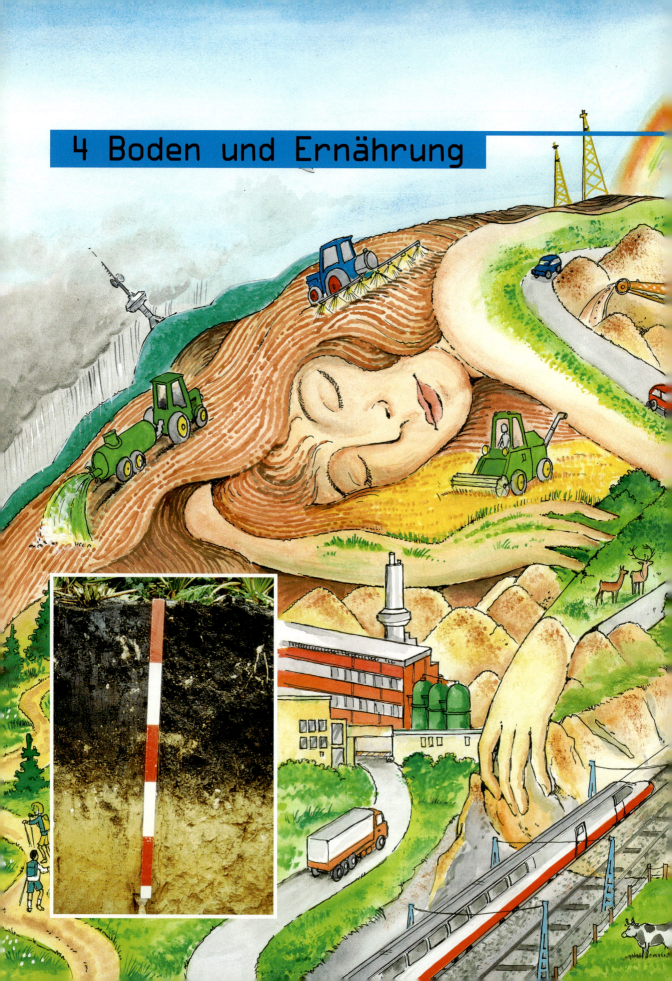

Der Mensch nutzt, gefährdet und schützt den Boden

96.1–6 Mensch und Boden gehören zusammen

AUFGABEN >>

1. Seit Beginn der Menschheitsgeschichte nutzt der Mensch den Boden vielfältig. Zeige dies anhand der Bilder auf Seite 96.
2. Beschreibe anhand der Bilder, wie der Mensch den Boden gefährdet. Ergänze weitere Beispiele.
3. Beschreibe anhand der Bilder, wie der Mensch den Boden zu schützen sucht. Auch hier gibt es noch viele weitere Möglichkeiten.

Boden als Nutzfläche

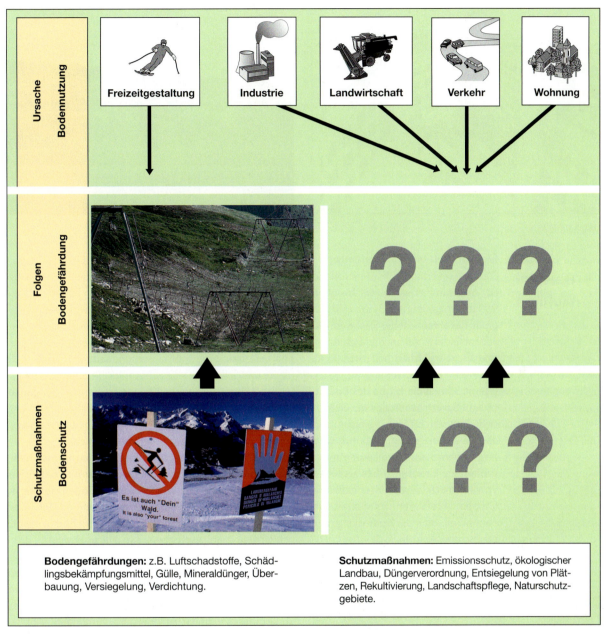

97.1 Denkschema

AUFGABEN >>

1. Erkläre am Beispiel des Skifahrers (Abb. 97.1) die Zusammenhänge zwischen:
Der Mensch nutzt den Boden (Ursachen/Gründe) – Der Mensch gefährdet den Boden (Folgen) – Der Mensch schützt den Boden (Schutzmaßnahmen).
2. Stelle zu den Nutzungsarten Industrie, Landwirtschaft, Verkehr, Wohnen ähnliche Zusammenhänge her. Verwende die unten stehenden Begriffe der Abb. 97.1.
3. Sammelt weitere Bilder und Berichte zu den anderen Nutzungsarten. Sie können euch auch als Grundlage zur Gestaltung der Hefteinträge oder eines Klassenzimmeraushanges dienen. Dieses Denkschema hilft euch auch bei der Bearbeitung der folgenden Seiten dieses Kapitels.

4 Boden und Ernährung

98.1 Karikatur

98.3 Zersiedelte Landschaft

Das Beispiel Wohnen

Der Boden wird zubetoniert

Der Bodenverbrauch in Deutschland ist „bodenlos": Täglich verschwinden 90 Hektar Land unter Beton und Asphalt, das entspricht der Fläche von 90 Fußballfeldern. Allein die Siedlungs- und Verkehrsflächen bedecken 11 % der Fläche Deutschlands (Abb. 98.2). Das ist 37-mal die Fläche des Bodensees. In Bayern haben sich die Gebäudeflächen seit 1975 verdreifacht. Und es wird weiter gebaut. Natürlich wird bei zunehmender Bevölkerung mehr Wohnraum benötigt. Aber auch der Wunsch nach einem Eigenheim im Grünen verschlingt viel Boden. So kommt es oft zur Zersiedlung der Landschaft (Abb. 98.3).

Immer mehr Boden wird durch Beton und Asphalt versiegelt. In Innenstädten sind es bis zu 90 % der Fläche! Selbst in Wohngebieten und in Fußgängerzonen fehlen oft freie Flächen mit Büschen und Bäumen. Dabei verbessern gerade diese das Stadtklima für den Menschen. Auch Gehwege in den Parkanlagen und Waldwege werden häufig asphaltiert, damit die Sonntagsschuhe sauber bleiben. Viele Plätze und Schulhöfe sind zubetoniert (> S. 104). In einem „ordentlichen" Garten sind Garagenausfahrten, Eingänge, Terrassen und Gartenwege ebenfalls gepflastert. Der kleine Rest an „Grün" ist ein gepflegter Einheitsrasen, möglichst ohne Wildkräuter und Wiesenblumen.

Durch die Überbauung wird unser Boden immer mehr versiegelt und verdichtet. Viele Milliarden Bakterien, Pilze und anderen Kleinstlebewesen im Boden sterben ab und können ihre Aufgabe beim Verwesen und Zersetzen nicht mehr erfüllen. Dadurch finden die im Boden wichtigen Um- und Abbauprozesse, das „Naturrecycling", nicht mehr statt.

Außerdem bildet sich im versiegelten Boden weniger Grundwasser neu. Das Regenwasser versickert nicht mehr, sondern wird schnell durch die Kanalisation abgeleitet. So kommt es häufiger zu Überschwemmungen, weil der Boden bei starkem Regenfall das Wasser nicht mehr aufsaugen kann.

Der Boden wird vergiftet

Viele Menschen gehen mit chemischen Stoffen, z. B. mit Öl von Autos, sorglos um. Auch Kleingärtner verwenden oft zu häufig und zu viel Kunstdünger sowie chemische Schädlingsbekämpfungsmittel. All diese chemischen Stoffe vergiften unseren Boden, unser Grund- und Trinkwasser. Sie vergiften auch die Pflanzen und letztlich unsere Nahrung.

98.2 Bodennutzung in Deutschland

Boden als Nutzfläche

99.1 Naturnaher Garten

99.2 Entsiegelte Einfahrt

Mehr Natur dort, wo wir wohnen!

Wie können die Pflasterungen in Stadt und Land beseitigt werden? Zum Beispiel dadurch, dass durchlässige Bodenbeläge (z. B. Rasengittersteine, Schotterrasen oder Splittfugenpflaster) angelegt werden, wodurch der Boden wieder „atmen" und das Regenwasser aufnehmen kann (Abb. 99.2). Straßen und Wege sollten wieder mit breiten Grünstreifen gestaltet werden.

Auch beim Siedlungsbau und beim Hausbau ist ein Umdenken nötig (Abb. 99.3). Jeder Gartenbesitzer sollte sich als Naturschützer sehen, der seinen Garten möglichst naturnah gestaltet und so Pflanzen und Tieren Lebensraum bietet (Abb. 99.1). Dabei sollte er zudem auf umweltschonende Düngung und Pflanzenschutz achten.

AUFGABEN >>

1. *Beschreibe, wie der Boden in Wohngebieten genutzt (Ursachen) und dadurch häufig gefährdet (Folgen) wird.*
2. *Unterscheide bei den Folgen zwischen dem Bodenverbrauch v. a. durch die Überbauung und damit Versiegelung des Bodens und den Bodenbelastungen durch Giftstoffe.*
3. *Erkläre einige Maßnahmen, wodurch mit dem Boden sparsamer (vgl. Bodenverbrauch) und schonender (vgl. Bodenbelastung) umgegangen werden kann.*
4. *Erkläre an Beispielen den Zusammenhang zwischen Ursachen, Folgen und möglichen Schutzmaßnahmen für den Boden.*

99.3 Ökologisches Bauen

100.1 Großstadtverkehr

Das Beispiel Verkehr

Manfreds Vater war vor 30 Jahren froh, sich für die Fahrt zur Arbeit ein Moped leisten zu können. Jährlich legte er Entfernungen von 2500 km zurück. Manfred dagegen legt mehr als 15 000 km zurück: 11 250 km mit dem Auto, 2250 km mit Straßenbahn, Bus und Zug und 450 km zu Fuß und mit dem Fahrrad. Dazu kommen noch 1050 km für Flugreisen in den Urlaub. Damit bewältigt Manfred die sechsfache Strecke wie sein Vater. Wenn die Vorhersagen stimmen, wird Manfreds Tochter in Zukunft noch mehr Kilometer zurücklegen, vor allem mit ihrem Auto. Wir entwickeln uns also immer mehr zu einer mobilen bzw. Auto-Gesellschaft.

100.2 Landschaftszerstörung durch Straßenbau

Ein Jogurt geht auf Reisen

Auch der Frachtverkehr auf der Straße nimmt ständig zu. Ein Becher Jogurt hat bereits durchschnittlich 7800 Kilometer hinter sich, bevor es bei dir auf den Tisch kommt! Wie errechnen sich diese riesigen Entfernungen? Die Milch und der Zucker kommen meist noch aus der unmittelbaren Umgebung. Die Jogurtkulturen werden schon von weit her transportiert. Das Aluminium für den Deckel legt bereits bis zu 300 km zurück. Für den Kunststoff, für die Pappe und für das Papier kommen noch viele weitere Kilometer hinzu. Die Früchte stammen häufig sogar aus dem Ausland.

Ist der Jogurt fertig, werden Supermärkte in ganz Deutschland beliefert.

„Wer Straßen sät …, erntet Verkehr!"

Der Straßenbau verbraucht immer mehr Flächen. So hat sich die Länge der Autobahnen zwischen 1970 und 2003 von 4100 auf 12 000 km erhöht. Dazu kommen noch 41 000 km Bundesstraßen, 178 000 km Landes- und Kreisstraßen sowie 410 000 km Gemeindestraßen.

Die Städte werden durch Siedlungs- und Verkehrsflächen zunehmend versiegelt (> S. 98). Doch auch in ländlichen Gebieten zerschneiden breite Asphaltbänder von Autobahnen und Bundesstraßen idyllische Täler. Viele innerörtliche Straßen haben bereits eine Breite von 18 m.

Häufig hat der großzügige Ausbau der Fernstraßen den Verkehr jedoch nicht entlastet, sondern erneut ansteigen lassen. Unter anderem deshalb, weil durch die Verkehrsanbindung des Umlandes an die Ballungsgebiete viele Menschen ins „grüne Umland" zogen (> Abb. 98.3). Damit bewahrheitet sich am Ende die Aussage eines Verkehrsplaners: „Wer Straßen sät …, erntet Verkehr".

Durch den zunehmenden Verkehr geht wertvoller Lebensraum für die Pflanzen und die Tiere verloren. (Darüber hast du bereits etwas in der 5. Klasse erfahren.)

Außerdem verschlingt der Verkehr in Deutschland bereits mehr Energie als die Industrie. Mit etwa 40 % des Schadstoffausstoßes ist er zudem Hauptverursacher der Luftverschmutzung. Über den Regen dringen die Schadstoffe in den Boden ein. Dabei verringerte sich seit Einführung des KAT (= Katalysator) die Emission (= Schadstoffausstoß) des Kohlenmonoxids deutlich.

Auch die Bodenbelastung mit Schwermetallen verminderte sich seit Einführung des bleifreien Benzins. Trotzdem gelang es bisher nicht, den Schadstoffausstoß im Verkehr zu senken. Dies liegt daran, dass bei uns die Zahl der Fahrzeuge ständig weiter steigt, wir immer mehr Kilometer mit unseren Autos zurücklegen und viele Menschen noch kein umweltbewusstes Verkehrsverhalten zeigen.

Boden als Nutzfläche

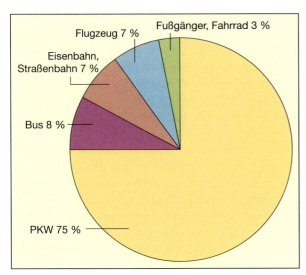

101.1 Anteile der Verkehrsmittel (zurückgelegte Strecken)

101.2 Wie verteilt sich der Verkehr?

Weniger ist mehr!

Inzwischen gibt es viele technische Lösungen, um Belastungen durch den Verkehr zu verringern. Müssen wir aber nicht auch lernen, sinnlose Mobilität zu vermeiden? Sollten wir nicht unser Freizeitverhalten überdenken, um unnötige Fahrkilometer mit dem Auto zu vermeiden? Sollten wir nicht mehr auf öffentliche Verkehrsmittel umsteigen?

Der größte Teil unserer Wege beträgt unter 8 Kilometer. Diese Strecken lassen sich meist zu Fuß oder mit dem Fahrrad zurücklegen. Auch durch umweltbewusstes Fahren lässt sich der Schadstoffeintrag über die Luft in unseren Boden verringern. Ein Umdenken im Verkehrsverhalten könnte also dazu führen, dass die verbleibenden Naturflächen vom Straßenbau verschont bleiben. Dies würde für viele Pflanzen und Tiere Lebensraum schaffen und dem Menschen naturnahe Gebiete zur Erholung bieten.

101.3 Pkw-Bestand und Flächenverbrauch

101.4 Öffentliche Verkehrsmittel sind umweltfreundlich

AUFGABEN >>

1. Beschreibe am Beispiel von Manfreds Familie, wie sich unsere Gesellschaft zu einer mobilen bzw. „Auto-Gesellschaft" verwandelte.
2. Erläutere an Beispielen, wie der Mensch den Boden durch den Verkehr nutzt und gefährdet (Abb. 101.3).
3. Durch welche Maßnahmen des Einzelnen und des Staates kann der Boden vor den nachteiligen Folgen des Verkehrs geschützt werden?
4. Erkläre am Beispiel „Verkehr" den Zusammenhang zwischen Ursachen, Folgen und möglichen Schutzmaßnahmen des Bodenverbrauchs und der Bodenbelastung (Pfeilmodell).

4 Boden und Ernährung

102.1 Schön, aber giftig?

Das Beispiel Industrie

Nicht alles was grünt, ist gesund!

Kaum zu glauben – das Gemüse sieht zwar gesund und appetitlich aus (Abb. 102.1), wuchs aber auf vergiftetem Boden. Das Gemüse saugte das Gift aus dem Boden und lagerte es in seinen Blättern und Früchten ab. In unserem Körper reichert es sich dann über Jahrzehnte an. Schließlich greifen diese Gifte die Nieren an und weichen die Knochen auf. Unter entsetzlichen Schmerzen kann sich als Spätfolge das Skelett bis zu 30 Zentimeter verkürzen.

Wie kamen diese Gifte in den Boden? Metalle wie Kadmium, Blei, Quecksilber, Nickel und Chrom entstehen bei der Industrieproduktion. Sie gelangen über die Luft oder den Klärschlamm in den Boden. Kadmium wird zum Beispiel zur Herstellung von Kunststoff und als Rostschutzmittel auf Autos, Flugzeugen und Haushaltsgeräten verwendet. Auch in den wieder aufladbaren Batterien befindet sich Kadmium.

Zusätzlich entweichen Millionen Tonnen an Schwefeldioxiden und Stickstoffoxiden aus den Schornsteinen der Industrieanlagen, der Kraftwerke und der Müllverbrennungsanlagen. Als saure Niederschläge gehen diese Schadstoffe weit von den Ballungszentren entfernt auf das Land nieder. Sie schädigen die Blätter und Nadeln der Bäume und versauern den Boden. Fachleute sind sich einig, dass dies eine der Ursachen für das Waldsterben ist (Abb. 102.2).

Im Gelände einer ehemaligen chemischen Fabrik in Marktredwitz (Oberfranken) entdeckte man belastete Flächen. Viele Jahre liefen hier Öl und andere Giftstoffe aus defekten Tanks ins Erdreich. Bei Neuendettelsau in Mittelfranken wurde jahrelang hochgiftiger Industrieklärschlamm auf Äcker verteilt.

Schutzmaßnahmen gegen die Vergiftung des Bodens

Heute wird eine Reihe von Schutzmaßnahmen für den Boden ergriffen. Die Auflagen für Filteranlagen in den Schornsteinen (Rauchgasentschwefelung, Elektrofilter) und die Maßnahmen zur Abwasserreinigung in Industrieanlagen wurden verschärft. Batterien und mit Schwermetallen belastete Waren müssen als Sondermüll umweltgerecht entsorgt werden.

Vom Staat wurden Belastungshöchstgrenzen für die verschiedenen Giftstoffe im Boden festgelegt. Auch der Klärschlamm wird immer wieder auf seine Belastung hin gemessen. Er darf nur bis zu bestimmten Grenzwerten als Dünger verwendet werden. Ansonsten ist er als Sondermüll zu entsorgen. Durch das 1996 beschlossene Bodenschutzgesetz soll der Boden zunehmend geschützt werden. Bereits belastete Böden werden mit hohem Kostenaufwand saniert.

Aber auch jeder Einzelne ist zur Wachsamkeit aufgerufen. Nicht selten führt Unwissenheit zur Vergiftung des Bodens im Garten. Am besten für die Gartendüngung ist Kompost. Aber nicht alle Abfälle eignen sich dafür. So wurden viele Schalen von Südfrüchten mit Giftstoffen gespritzt.

Das Gießwasser aus verzinkten Regenrinnen ist häufig stark kadmiumdurchsetzt.

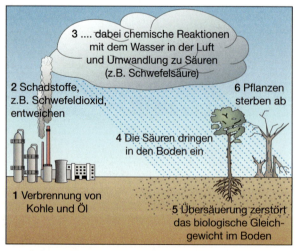

102.2 Luftschadstoffe belasten Luft und Boden

Boden als Nutzfläche

103.1 Braunkohleabbau

103.2 Aufgelassener Tagebau

Abbau von Bodenschätzen, ein Problem!

Unsere Wirtschaft braucht Bodenschätze!
Dies ist meine Heimat, deshalb gehe ich nicht weg!
Zwei völlig entgegengesetzte Interessen stoßen bei diesen Aussagen aufeinander. Auf der einen Seite wird daran erinnert, dass wir auf jeden Bodenschatz, z. B. Braunkohle, angewiesen sind. Die Bevölkerung des Gebietes, in dem der Tagebau betrieben werden soll, wehrt sich jedoch. Sie müssten ihre seit Generationen bewohnten Dörfer für immer verlassen.
Häufig „fressen" riesige Schaufelbagger wertvolle Landschaften mit einer reichhaltigen Pflanzen- und Tierwelt Stück für Stück weg (Abb. 103.1). Zu solchen Konflikten kommt es immer wieder, wenn Lagerstätten wie Kohle oder Gesteine wie Granit, Kies und Sand abgebaut werden sollen.

Schutzmaßnahmen gegen die Übernutzung des Bodens

Landschaftsverändernde Maßnahmen dürfen nicht einfach begonnen werden. Vorab sind Abbaugenehmigungen nötig. Dabei werden die Argumente aller Seiten abgewogen. Es wird überprüft, inwieweit diese Eingriffe in das Leben der betroffenen Bürger und in die Natur zu rechtfertigen sind. Kommt es zu einer Entscheidung für den Rohstoffabbau, müssen laut Bayerischem Naturschutzgesetz schon vorher Planungen zur Wiedereinbindung der verbrauchten Flächen (Rekultivierung) vorgelegt werden. Dies soll sicherstellen, dass nach dem Abbau diese zerstörte Landschaft wieder verfüllt und aufgeforstet wird. Häufig entsteht dadurch ein „neues" Erholungsgebiet für die Menschen (Abb. 103.3).

AUFGABEN >>

1. Die Industrie nutzt und gefährdet den Boden. Zeige dies an Beispielen auf.
2. Beschreibe Maßnahmen, durch die die Gefährdung des Bodens vermindert werden können. Unterscheide zwischen Maßnahmen des Staates und der Industrie.
3. *Informiert euch über aktuelle Beispiele der Bodennutzung und Bodengefährdung durch die Industrie. Sammelt Informationen und Argumente für und wider des Baus neuer Industriegebiete z. B. in eurer Heimatregion.*

103.3 Rekultivierter Tagebau

Naturnahe Gestaltung eines Schulhofs – Ein Beispiel

104.1 Das Kasernengelände um 1940

Unser „Natur-Erlebnis-Schulhof" – ein Projekt – So fing alles an

1992 gaben die Amerikaner die O'Brien-Kaserne in Schwabach auf. Auf diesem Gelände fand das Schulhaus des SFZ (Sonderpädagogischen Förderzentrum) seinen Platz. Eine Schule in einer ehemaligen Kaserne? Ein Pausenhof, der vorher Panzern als „Parkplatz" diente? Dies war anfangs keine sehr begeisternde Vorstellung. Heute jedoch erinnert eigentlich nur noch ein Foto an die ehemalige militärische Nutzung (Abb. 104.1).
Zwei Kasernenblöcke wurden umgebaut. Es entstand ein freundliches, farbenfrohes und modern ausgestattetes Schulgebäude. Als Nächstes stand die Gestaltung des Schulhofes an. Ursprünglich sollte diesen ein Architekt gestalten. Doch dann erhielten die Schüler des SFZ die Gelegenheit zur Mitwirkung. Ihnen war schnell klar, dass sich kein zweites Mal so eine Chance bieten würde. Wer könnte schließlich besser als sie Bescheid wissen, wie der Pausenhof künftig benutzt werden sollte?

Wie aus vielen Ideen ein Modell unseres neuen Schulhofes entsteht (Planungsphase)

Wir, die Schüler, Eltern und Lehrer begannen zu planen. Auch Fachleute als Experten, zum Beispiel Vertreter des Stadtbauamtes und des „Landesbundes für Vogelschutz" sowie des „Vereins Naturgarten e.V.", unterstützten uns bereits bei der Planung. Im März 1995 fiel der Startschuss zu einem Klassenwettbewerb. Insgesamt 17 Klassen bauten fantasievolle Modelle ihres künftigen Schulhofes aus Ton, Laub, aber auch aus Stoff und Seidenpapier (Abb. 104.2)
Im Mittelpunkt stand bei vielen ein Spielgelände, z. B. mit einem Basketballfeld, mit Tischtennisplatten und für Hüpfspiele. Immer wieder tauchten Obst- und Gemüsebeete auf, aber auch Windräder und Solaranlagen. Aus den vielen Entwürfen erstellte das Schulgeländeforum einen Gesamtplan. Dieser verband die einzelnen Elemente harmonisch miteinander und gliederte das Schulgelände in sinnvolle Nutzungsräume.

104.2 Modell des Schulhofes

104.3 Die Hügellandschaft

105.1 Das Kasernengelände heute

Wie aus einer ebenen Betonfläche eine Erlebnislandschaft wird (Bauphase)

Im September 1996 und April 1997 hieß es für Schüler, Lehrer und Eltern „ran an Schaufel und Spaten". Zuvor hatten Bauarbeiter die 50 cm dicke Betonfläche entsiegelt, eine Zisternenanlage für das künftige Wasser-Spiel-Gelände eingebaut und die Grobmodellierung der einzelnen Schulhofbereiche vorgenommen. An vielen Stellen des Schulgeländes begann nun ein emsiges Werkeln und Schaffen (Abb. 104.3).

Gemeinsam mit zahlreichen freiwilligen Helfern bauten wir einen vier Meter hohen Burgberg und eine Baumburg, deren Mauern aus Natursteinen bestehen. Keine leichte Arbeit, wenn man bedenkt, dass weder Mörtel noch Beton verwendet werden durften. So bieten die Zwischenräume der Steinblöcke Platz für Tiere und Pflanzen. Nach und nach entstand das Wasserspielgelände sowie die Hügellandschaft mit den vielen Ratsch-Nischen und der Schulgarten.

Mit der Natur auf Du und Du (Nutzungsphase)

Auf dem Schulgelände wurden 64 verschiedene heimische Gehölzarten und 113 unterschiedliche heimische Staudenarten gepflanzt. Insgesamt waren das rund 3450 Pflanzen und unzählige Blumenzwiebeln. Die Pflanzen sollten im Sommer verschiedene Vögel, Insekten und Kleinsäugetiere anlocken. So gab es für die Schulkinder immer etwas zum Entdecken, Beobachten und Erkunden (Abb. 105.2).

Die Arbeitsgemeinschaft Schulgarten legte Gemüse- und Küchenkräuterbeete sowie Blumenwiesen an, außerdem ein Obstspalier entlang des Schulhauses.

Für die Schulgemeinschaft am SFZ ist es selbstverständlich, auch die Verantwortung für die Pflege ihres „Natur-Erlebnis-Schulhofes" zu übernehmen. Jede Klasse wählte einen Bereich aus, für den sie in Zukunft die Patenschaft übernimmt.

Heute, nach der Fertigstellung, zeigt sich: Die große Mühe hat sich für alle Beteiligten gelohnt.

entsteht

105.2 Das fertige Gelände

106.1 Der Hof Herz (1950)

106.3 Alter Hofteil mit Stall und Scheune

Wandel in der Landwirtschaft

Der Hof um 1950: traditionelle Landwirtschaft

Fritz Herz ist heute der Eigentümer eines Bauernhofes in Cadolzburg. Der Hof ist seit 1645 in Familienbesitz und hat eine lange Geschichte hinter sich. Aus Erzählungen seiner Großeltern und Eltern kann uns Fritz Herz berichten:

„Anfang der 50er Jahre war noch vieles anders auf unserem Hof. Neben meinen Großeltern und Eltern arbeiteten hier ständig fünf Lehrlinge, eine Frau, die für Schweinezucht zuständig war, und ein Melker. Sie alle wohnten bei uns. Deshalb gab es auch noch ein Gesindehaus. Bereits ab sechs Uhr morgens mussten die 20 Milchkühe im Stall versorgt werden. Daneben gab es noch Hühner, Gänse, zwei Ziegen und vier Pferde als Zugtiere. Es war ein großer Fortschritt, als meine Großeltern einen kleinen Schlepper mit 40 PS kauften. Mit diesem konnte zum Beispiel der Mähbinder gezogen werden (Abb. 106.2). Die anderen Geräte wie Pflug und Egge wurden auch noch von Pferden gezogen. Insgesamt waren damals noch wenige Maschinen im Einsatz. Deshalb waren viele Menschen als Arbeitskräfte nötig. Der lange und anstrengende Arbeitstag dauerte von 6 Uhr morgens bis 19 Uhr abends.

Den Abschluss des Arbeitstages bildete das gemeinsame Abendessen mit allen Familienmitgliedern und dem Gesinde. Am großen Tisch saßen dann 11 bis 15 Personen. Gegessen wurde überwiegend das, was auf dem Hof erzeugt wurde. Eier und Milch lieferten die eigenen Hühner beziehungsweise Kühe. Das Brot wurde aus dem eigenen Mehl selbst gebacken. Etwa alle vier Wochen wurde ein Schwein geschlachtet. Kartoffeln und Gemüse aus dem Bauerngarten waren reichhaltig vorhanden.

Was die Nahrungsmittel betraf, waren meine Großeltern nahezu Selbstversorger. Die Milch unserer Kühe war damals unsere Haupteinnahmequelle. Für das Vieh wurde auf unseren Äckern Futtergerste, Hafer, Kartoffeln und Klee angebaut. Daneben bauten wir noch Weizen, Roggen und auf kleinen Flächen bereits Zuckerrüben an. Das Bild unserer Äcker und Wiesen war also sehr vielfältig. Von einer Spezialisierung war noch keine Rede. Unsere Wiesen und Äcker wurden mit Gülle oder Jauche und dem Mist aus dem Kuhstall gedüngt. Kunstdünger spielte noch kaum eine Rolle."

106.2 40-PS-Schlepper mit Mähbinder (1950)

Boden als Ernährungsgrundlage in Deutschland

107.1 90-PS-Schlepper

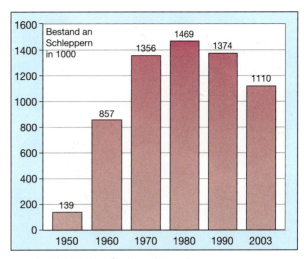

107.3 Entwicklung des Schlepperbestandes

Der Hof um 1970: Auf dem Weg zur industriellen Landwirtschaft

An diese Zeit kann sich der Landwirt Fritz Herz schon selbst erinnern:

„Die ersten Schritte zur Umstellung unseres Hofes auf die industrielle Landwirtschaft machte bereits mein Vater. Da der Kuhstall zu alt und zu klein geworden war, wäre ein teurer Neubau notwendig gewesen. Da entschied sich mein Vater, die Milchkühe abzuschaffen. Er spezialisierte sich dafür nun auf die Zuckerrüben. So eine Beschränkung auf ein oder wenige Erzeugnisse bezeichnet man als Spezialisierung.

Wiesen, Weiden, Futtergerste, Hafer und auch der Kartoffelanbau waren jetzt nicht mehr nötig. Die guten Wiesen wurden umgepflügt und zu Zuckerrübenfeldern. Als Fruchtwechsel baute mein Vater noch Winterweizen, Roggen und Gerste an. So war aus unserem „gemischten" Betrieb ein reiner Ackerbaubetrieb geworden.

Inzwischen gab es immer mehr und größere technisch gut entwickelte Maschinen (Abb. 107.1). Wir kauften einen großen Schlepper mit 90 PS, einen kleinen Pflegeschlepper, einen mehrscharigen Drehpflug, eine Saatbeetkombination, einen Düngerstreuer und eine Pflanzenschutzspritze. Auch einen selbstfahrenden Mähdrescher erwarben wir. Um diese teuren Maschinen unterstellen zu können, ließ mein Vater eine große Maschinenhalle bauen. Insgesamt musste also viel Geld investiert werden.

Die zeitaufwendigen Stallarbeiten fielen weg und die Äcker konnten durch die neuen Maschinen leichter und schneller bestellt werden. Daher arbeiteten auf unserem Hof nur noch vier Familienmitglieder (Abb. 107.2). Diesen Ersatz von Handarbeit durch Maschinen bezeichnet man als Mechanisierung.

Nachdem wir keine Pferde und Kühe mehr hatten, fehlte der Mist zum Düngen. Also wurde zunehmend Kunstdünger eingesetzt, wodurch auch die Ernteerträge weiter gesteigert werden konnten. Solche Maßnahmen bezeichnet man als Intensivierung. Durch sie wurden auf unserem Hof die ersten Schritte zur industriell-intensiven Landwirtschaft gemacht" (Abb. 107.2–4).

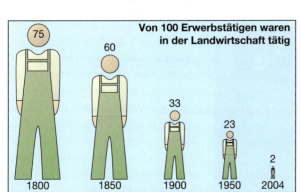

107.2 Immer weniger Menschen arbeiten in der Landwirtschaft

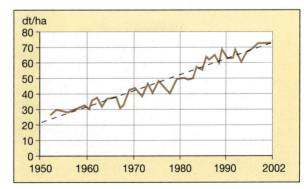

107.4 Erntemengen für Weizen

108.1 Der Hof Herz heute

108.2 130 PS-Schlepper

108.3 Moderner Rübenernter

Der Hof um 1985: Die zweite „industrielle Revolution" in der Landwirtschaft

Inzwischen hatte Fritz Herz den Hof von seinem Vater übernommen. Er berichtet uns:

„Die Spezialisierung auf den Zuckerrübenanbau behielt ich bei. Doch durch die steigenden Ernteerträge in der Landwirtschaft kam es in Europa zur Überproduktion und in der Folge zu spürbaren Preisrückgängen bei vielen Produkten (Abb. 109.1). Dies machte uns Landwirten schwer zu schaffen. Viele landwirtschaftliche Betriebe mussten deshalb aufgeben. Besonders Kleinbetriebe waren davon betroffen, weil sie häufig als Nebenerwerbsbetriebe geführt wurden.

Ich pachtete zum Teil deren Land dazu und vergrößerte so meine Anbaufläche auf 60 Hektar (Abb. 109.2). Damit unser Betrieb überleben konnte, mussten wir noch kostengünstiger und noch intensiver arbeiten. Dies war nur mit weiteren und besseren Maschinen möglich. Die Maschinen, die mein Vater angeschafft hatte, waren inzwischen veraltet. Ich musste also neue und teure Maschinen kaufen (Abb. 108.2).

Diese teuren Maschinen konnte ich mir nicht alle alleine leisten. Deshalb gründete ich zusammen mit einigen Nachbarn eine Maschinengemeinschaft. Wir kauften vor allem die teuren Maschinen zusammen. Dazu gehören der Köpfrodebunker (Preis 250 000 Euro) zum vollautomatischen Ernten der Zuckerrüben (Abb. 108.3) und der selbst fahrende Mähdrescher. Zusammen mit meinem Nachbarn kaufte ich mir außerdem einen 130 PS starken Schlepper, einen Grubber, eine Kreiselegge mit Sämaschine und eine modernere Pflanzenschutzspritze. Dies hat nochmals viel gekostet.

Aber diese hohen Kosten haben sich für mich wirtschaftlich gelohnt. Die Maschinen arbeiten nämlich schneller und letztlich billiger als die menschliche Arbeitskraft (Abb. 109.3 und 110.2). Diese Maßnahmen veränderten ebenfalls die Bewirtschaftung unseres Hofes. Ich wurde immer mehr zum Unternehmer eines agroindustriellen Betriebes, der viel Geld investieren muss, um ausreichende Erträge zu erzielen.

Diesen allgemeinen Wandel zur „industriellen" Landwirtschaft bezeichnet man als Strukturwandel der Landwirtschaft (Abb. 107.2 und 3 sowie 109.2).

Boden als Ernährungsgrundlage in Deutschland

Der Hof seit 1990: Erste Schritte zu einer nachhaltigen Landwirtschaft

Fritz Herz berichtet weiter:

„Die neuen Maschinen bringen uns allerdings nicht nur wirtschaftliche Vorteile. Sie werden zunehmend so konstruiert, dass der Boden weniger gefährdet wird. So hat unser neuester Schlepper breite Reifen mit sehr niedrigem Luftdruck (Abb. 109.4). Durch die breite Auflage der Reifen wird so das Gewicht auf dem Boden besser verteilt. Beim Köpfrodebunker können die Vorder- und Hinterreifen versetzt werden, damit sie nicht mehr in der gleichen Spur laufen. So wird die gleiche Spur nicht mehrmals belastet und der Boden weniger verdichtet.

Zudem können durch Kombination mehrerer Geräte, zum Beispiel von Kreiselegge und Sämaschine, Arbeitsgänge zusammengefasst werden. Auch dadurch wird der Boden weniger verdichtet. Da ich eine mechanische Unkrautbekämpfungsmaschine einsetze, muss ich weniger Unkrautvernichtungsmittel spritzen. Die Menge an Kunstdünger konnte ich ebenfalls verringern. Der Grubber lockert im Gegensatz zum früheren vierscharigen Pflug den Boden nur leicht auf. Er mischt die Getreidestoppeln als natürlichen Dünger in den Ackerboden. Durch die sofortige Aussaat von Zwischenfrüchten nach der Ernte im Herbst ist der Boden nicht mehr schutzlos Wasser und Wind ausgeliefert. Außerdem werden diese Zwischenfrüchte nach dem Winter als weiterer natürlicher Dünger mit dem Grubber dem Boden untergemischt. Wir bezeichnen das als Mulchen.

Durch diese Maßnahmen des „nachhaltigen" (integrierten) Landbaus werden von uns Landwirten wichtige Schritte zum Schutz des Bodens getan."

AUFGABEN >>

1. Beschreibe, wie der Hof der Familie Herz um 1950 traditionell (konventionell) bewirtschaftet wurde.
2. Beschreibe, wie sich der Hof zwischen 1970 und 1990 zur „industriellen", intensiven Landwirtschaft verändert (Verwende dazu die Begriffe Mechanisierung, Spezialisierung, Intensivierung).
3. Die beschriebenen Veränderungen führten auf vielen Höfen zu einem Strukturwandel. Erkläre dies mithilfe der Abbildungen 107.2, 107.3 sowie 109.2.
4. Erkläre an Beispielen, welche wirtschaftlichen Vorteile und welche ökologischen Nachteile diese Maßnahmen der industriellen Landwirtschaft haben.
5. Welche ersten Maßnahmen eines nachhaltigen Landbaus wurden seit den 90er Jahren ergriffen? Wie wirkten sich diese aus?

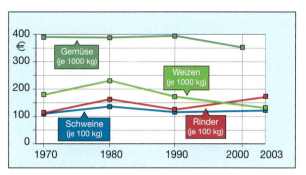

109.1 Immer weniger Geld für viele Produkte

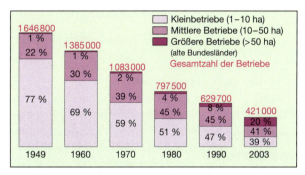

109.2 Immer weniger Bauernhöfe

109.3 Maschinen ersetzen menschliche Arbeitskraft

109.4 Moderner Ackerschlepper

Moderner Landbau verbraucht den Boden!	Abkehr vom bäuerlichen Familienbetrieb!
Wir gehen vor die Hunde, ruft der Bauernführer	Öko-Landbau statt Agrarfabriken
Mit der Natur, nicht gegen sie!	Ein guter Bauer zerstört nicht die Umwelt!
Vergiften die Bauern unseren Boden?	Landwirtschaft heute – mit der Natur im Einklang!
Nichts als Überschüsse!	Keine Zuschüsse mehr für die Landwirte?
Agrarfabriken rücken vor!	Müll ist erheblich teurer als Getreide

110.1 Schlagzeilen zur Landwirtschaft

110.3 Mechanisierte Landwirtschaft

Folgen der „industriellen" Landwirtschaft für den Boden

Die Schlagzeilen zeigen, wie unterschiedlich unsere Landwirtschaft gesehen wird. Viele Bürger schimpfen, obwohl sie wenig über die Arbeit unserer Landwirtschaft wissen. Sie übersehen, dass durch die industrielle Landwirtschaft die Ernten stark steigen konnten. Dadurch gibt es bei uns keine Hungersnöte mehr. Zudem fielen die Preise für Nahrungsmittel zum Vorteil der Verbraucher. Dagegen erhält der Landwirt für seine Waren immer weniger Geld (Abb. 109.1).

Heute ernährt ein Landwirt mehr Menschen als früher (Abb. 110.2). Warum das möglich wurde, zeigte das Beispiel des Hofes Herz (> S. 106). Allerdings hat dieser intensive Landbau auch Nachteile.

Die industrielle Landwirtschaft übernutzt den Boden

Der allgemeine technische Fortschritt und der Mangel an Arbeitskräften für die Landwirtschaft führten dazu, dass immer mehr Maschinen eingesetzt wurden (Mechanisierung). Sie erleichterten auch die schwere Arbeit in der Landwirtschaft. Zudem konnten dadurch höhere und billigere Ernteerträge erzielt werden. Letztlich konnte so insgesamt kostengünstiger produziert werden.

Um die großen Maschinen jedoch richtig und kostengünstig einsetzen zu können, brauchte man große Anbauflächen. Dies führte zu einer Neuordnung der Flur. Dabei wurden kleine Äcker und Wiesen zu größeren einheitlichen Flächen zusammengelegt. Anfangs wurden häufig auch hinderliche Hecken und Wälder beseitigt, sowie windungsreiche Bäche begradigt.

Das Ergebnis waren dann eintönige Landschaften, die nur noch wenigen Wildpflanzen und Tieren Lebensraum boten.

Ferner wurde durch das Gewicht der immer größer werdenden Maschinen der Ackerboden verdichtet und so die Luft- und Wasserdurchlässigkeit stark vermindert. Vielen Bodenlebewesen schadete dies, sie bildeten deshalb nicht mehr ausreichend Humus. Zudem wurde häufig bei starken Regengüssen der Humus auf den verdichteten Böden weggeschwemmt (Abb. 111.2).

Viele Landwirte spezialisierten sich. Sie bauten überwiegend bestimmte Ackerfrüchte, wie Weizen oder Zuckerrüben an. Die Böden und die Landschaft litten aber unter dieser einseitigen Beanspruchung, weil immer die gleichen Nährstoffe dem Boden entzogen wurden. Die Böden wurden dadurch ausgelaugt.

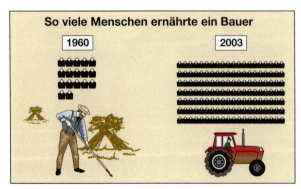

110.2 So viele Menschen ernährte ein Bauer

Boden als Ernährungsgrundlage in Deutschland

111.1 Großflächige Landwirtschaft

Die intensive Bodennutzung der industriellen Landwirtschaft belastet den Boden

Die Bodennutzung wurde weiter intensiviert, um immer mehr und billigere Agrarprodukte herstellen zu können. So wurden immer mehr Kunstdünger ausgebracht und Pestizide zur Vernichtung von Schädlingen gespritzt (chemischer Pflanzenschutz). Diese Giftstoffe gerieten in den Boden, damit in das Grundwasser und deshalb auch in unsere Nahrung sowie in unser Trinkwasser.

Durch die Massentierhaltung bei der Rinder-, Schweine- und Hühnerzucht fiel immer mehr Gülle an. Häufig wusste man nicht mehr, wohin mit diesem Wirtschaftsdünger. Daher wurde die Gülle auch dann auf Wiesen und Äcker gebracht, wenn die Pflanzen die Nährstoffe nicht aufnehmen konnten. Die Nitrate aus der Gülle sickerten in das Grundwasser und belasteten ebenfalls unser Trinkwasser. Insgesamt litt die Natur unter dem Bodenverbrauch sowie unter den Bodenbelastungen der industriellen Landwirtschaft. All dies sind ökologische Folgen der Agroindustrie, das heißt der industriellen Landwirtschaft.

Die Landwirte aus Deutschland und den anderen europäischen Staaten steigerten somit ständig die Ernten. Dies führte schließlich zur Überproduktion. Es ist heute von Milchseen, Fleischbergen und Weizenüberschüssen die Rede. Nur kurzfristig hatten die Landwirte Vorteile von der Steigerung der Ernteerträge. Dann stellten sie fest, dass ihre Einkünfte zurückgingen (Abb. 109.1). Außerdem werden in letzter Zeit die Zuschüsse für die europäischen Landwirte verringert oder gestrichen, z. B. die Milch- und Zuckerrübensubventionen. Dies bedroht die Existenz vieler Landwirte. Die industrielle Landwirtschaft hatte für die Landwirte also auch ökonomische Folgen.

AUFGABEN >>

1. Beschreibe Maßnahmen der Agroindustrie bzw. des intensiven Landbaus. Nutze dazu die Fachbegriffe Mechanisierung – Spezialisierung – Intensivierung – Strukturwandel.
2. Welche Folgen hatten diese Maßnahmen? Unterscheide dabei zwischen Vorteilen und Nachteilen und zwischen ökologischen und ökonomischen Folgen sowie zwischen Folgen für die Natur und die Wirtschaft.
3. Rechtfertigen die Vorteile der Agroindustrie deren Nachteile? Diskutiert diese Frage und begründet eure Antworten.
4. Welche wirtschaftlichen Probleme drohen zunehmend den europäischen Landwirten? Verdeutliche dies an Beispielen wie der Änderung der Zuckermarktordnung. Nutze dazu Informationen aus Zeitungen und dem Internet.

111.2 Abschwemmung von Humus

112.1 Gemüseanbau

112.3 Bio-Gärtnerei

Chancen der nachhaltigen Landwirtschaft für den Boden

Auf einem Bio-Hof

Der Hof der Familie Ostertag liegt in Meiersberg bei Fürth. Lange führten die Eltern zusammen mit ihren Kindern den Hof. Vor kurzem übernahm die Tochter Roswitha Seitz den einen Teil des Biohofes. Sie hält 15 Rinder zur Fleischverwertung. Daneben baut sie Gemüse, vor allem Bohnen, nach den strengen Vorschriften des ökologischen Landbaus an.

Sohn Manfred machte sich mit einer Bio-Gärtnerei selbstständig. Er arbeitet ebenfalls nach ökologischen Gesichtspunkten. Er züchtet Jungpflanzen für den Gemüseanbau und Basilikum. Zusätzlich zieht er pro Jahr etwa 1000 freilaufende Hähnchen und 100 Puten für die Fleischverwertung auf. Zudem hat er 30 Legehennen. Alle Tiere werden im Sinne des ökologischen Landbaus gehalten.

Ostertags arbeiten ökologisch-nachhaltig

Die „Ostertags" betreiben keine industrielle Landwirtschaft und damit keinen intensiven Landbau. Sie arbeiten nach den strengen Auflagen des ökologischen Landbaus. So achten sie darauf, nur organischen Naturdünger zu verwenden. Der anfallende Mist wird für die Gemüsefelder genutzt. Er aktiviert die Bodenlebewesen und schont den Boden sowie das Grundwasser. Der Anbau von Fruchtfolgen verhindert, dass der Boden einseitig ausgelaugt wird. Er kann sich erholen, und es kommt zur Anreicherung mit neuen Nährstoffen. Manfred Ostertag stellt sogar einen großen Teil seiner Humuserde für die Gärtnerei selbst her. Dabei verwendet er nur organische Abfälle beziehungsweise Kompost und Torf. Auch für die zusätzliche Düngung wird kein chemischer Dünger, sondern nur organischer Dünger eingesetzt, z. B. nutzt Herr Ostertag Hornspäne.

Der Einsatz von Maschinen ist auf dem Bio-Hof und Bio-Gärtnerei nur begrenzt möglich. So wird das Unkraut oder Beikraut, wie es der Ökobauer nennt, meist per Hand mit einer Hackbürste beseitigt. Aber dieser geringere Einsatz von Maschinen schont den Boden, weil der dann nicht so stark verdichtet wird.

Auch beim Pflanzenschutz wird auf chemische Schädlingsbekämpfungsmittel verzichtet. Stattdessen werden Nützlinge, die natürlichen Feinde von Schädlingen, eingesetzt. So sind Florfliegen und Marienkäfer gegen Blattläuse ein beliebtes Mittel. Über die Gemüsefelder werden auch Schutznetze und Folien gespannt, um Schädlinge abzuhalten (Abb. 112.1).

112.2 Hühner auf dem Freilandgelände

Boden als Ernährungsgrundlage in Deutschland

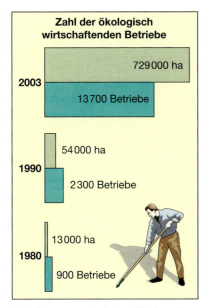

113.1 Bauern wechseln ins „Bio-Lager"

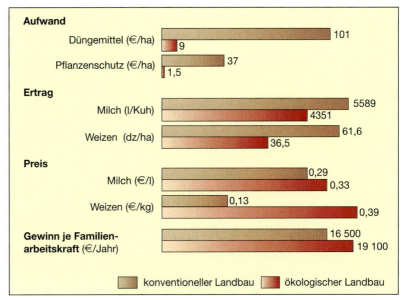

113.2 Betriebsergebnisse im Vergleich

Bei der Tierhaltung beachten die Ostertags ebenfalls strenge ökologische Vorschriften. So werden für die Tiere bestimmte Flächen pro Tier bereitgestellt. Zudem können die Tiere im Stall und im Freiland herumlaufen (Abb. 112.2). Außerdem verwenden die Ostertags Bio-Futter, das ohne „Chemie" erzeugt wurde. Zum Teil baut Herr Ostertag für seine Legehennen, Hähnchen und Puten Mais, Erbsen und Weizen selbst an.

Diese ökologischen Auflagen werden im Jahr mindestens einmal kontrolliert. Sie dienen dazu, den Boden zu schonen, unser Grund- und Trinkwasser weniger zu belasten und letztlich für gesündere Nahrungsmittel zu sorgen.

Ostertags müssen auch ökonomisch handeln

Ostertags haben das ganze Jahr über anstrengende und zeitaufwändige Arbeiten zu erledigen. Bereits im Frühjahr beginnt Manfred Ostertag mit der Anzucht der Jungpflanzen (z. B. Salatpflanzen) in seinen Gewächshäusern. Später werden diese auf die eigenen Felder gepflanzt oder verkauft. Die Hauptarbeitszeit liegt im Sommer und im Herbst, wenn das Gemüse gepflegt und geerntet wird. Ostertags verkaufen ihre Waren z. T. in ihrem Hofladen. Die Kunden aus der Umgebung können so auf kurzem Weg frische und gesunde Waren kaufen. Der größere Teil der Waren wird auf dem Wochenmarkt in Langenzenn verkauft und an Großmärkte geliefert. Die Ostertags verkaufen nicht nur selbst erzeugte Waren wie Gemüse, Eier und das Fleisch der Hähnchen sowie Puten. Sie bieten im Hofladen auch zugekaufte Naturkostprodukte an, z. B. Honig, Brot, Obst und Milchprodukte.

Die Herstellung und der Verkauf ihrer Waren sind sehr arbeits- und zeitaufwändig. Für Ostertags entstehen also höhere Kosten. Deshalb sind ihre Waren im Vergleich zur industriellen Landwirtschaft teurer (Abb. 113.2). Ihr Kundenkreis ist zurzeit noch begrenzt und schwankt. Sie hoffen jedoch, dass immer mehr Menschen bereit sind, für eine gesunde Ernährung höhere Preise zu zahlen.

Auch wenn die Zahl der Ökohöfe ständig ansteigt (Abb. 113.1), liegt deren Anteil an der gesamten landwirtschaftlichen Fläche Deutschlands nur bei 4,3 %.

AUFGABEN >>

1. Auf dem Bio-Hof von Ostertags wird viel getan, um den Boden zu schonen. Begründe.
2. Vergleiche die industrielle Landwirtschaft mit der Arbeitsweise auf dem Öko-Hof der Ostertags.
3. Erläutere, weshalb dieser ökologisch-nachhaltige Landbau für Tiere und Menschen gesünder ist.
4. Beschreibe den Verkauf der Erzeugnisse der Ostertags. Welche Vorteile hat der Verkauf in dem Hofladen und auf dem Wochenmarkt für die Verbraucher?
5. Bioerzeugnisse sind teurer. Erkläre diesen Preisunterschied. Diskutiert, ob diese Preise gerechtfertigt sind.
6. Vergleiche einige ökologische und ökonomische Unterschiede zwischen dem industriellen und ökologischen Landbau mithilfe der Abb. 113.2.

TRIO-Arbeitsweise: Erkundung eines landwirtschaftlichen Betriebes

Auf den vorangegangenen Seiten habt ihr viele über die Entwicklung und die unterschiedliche Leistungsfähigkeit der Landwirtschaft erfahren. Bei der Erkundung eines Hofes in der Nähe eurer Schule könnt ihr selbst überprüfen:
– wie dieser Hof bewirtschaftet wird (industrieller oder ökologischer/nachhaltiger Landbau?);
– welche Veränderungen dort stattfanden bzw. in Zukunft noch geplant sind;
– wie sich die Art der Bewirtschaftung und die Veränderungen ökonomisch und ökologisch auswirken.

Diese Erkundung lässt sich auch fächerübergreifend mit den Fächern A/W/T und P/C/B planen. (Thema: „Wandel in der Landwirtschaft")
Eine Erkundung sollte schrittweise ablaufen:

1. Vorbereitung der Erkundung (Schule)
Zunächst müsst ihr einen geeigneten Betrieb auswählen. Um sinnvolle Erkundungsaufgaben zu erarbeiten, solltet ihr in einem Vorgespräch mit dem Landwirt herausfinden, ob der Betrieb eher konventionell-industriell oder ökologisch-nachhaltig bewirtschaftet wird. Erfragt auch, ob eine Spezialisierung, z. B. auf Viehzucht bzw. Ackerbau oder eine gemischte Bewirtschaftung betrieben wird. Besorgt euch Karten (topografische Karte und Flurkarte) und lokalisiert den Hof. Stellt fest, wie ihr am besten dorthin kommt und vereinbart mit dem Landwirt einen Termin. Klärt vorher, wann die Erkundung günstig ist.
Bei den Aufgaben könnt ihr arbeitsteilig in Gruppen arbeiten. Legt dies bereits in der Schule fest.
Jede Gruppe sollte bereits in der Schule klären, welche Arbeitsmittel (z.B. Karten, Fotoapparat, Kassettenrekorder, Schreibzeug) benötigt werden. Sprecht anschließend eure geplante Vorgehensweise (Arbeitsplan) mit dem Landwirt ab.

2. Durchführung der Erkundung (Bauernhof)
Haltet euch beim Besuch des Bauernhofes an den Arbeitsplan.
Achtet darauf, wichtige Informationen mit Fotos, Skizzen, auf Kassette und in Stichpunkten festzuhalten. Unklarheiten, die während der Erkundung in den Gruppen auftauchen, sollten in einer gemeinsamen Schlussbesprechung mit dem Landwirt noch geklärt werden.

3. Auswerten der Erkundung (Schule)
Wertet in den Gruppen die Erkundungsergebnisse aus. Stellt euch diese dann gegenseitig vor und nehmt notwendige Korrekturen vor. Fasst alle Ergebnisse in einer Ausstellung zusammen.

114.1–3 Erkundung eines Bauernhofes

Boden als Ernährungsgrundlage in Deutschland

Mögliche Erkundungsaufgaben der Gruppen:

Gruppe 1: Zur Geschichte und Anlage des Hofes
- Geschichtliche Entwicklung des Betriebes
- Veränderungen auf dem Hof, z. B. in der Hofanlage
- Skizze der Hofanlage (Kennzeichnung der neuen und älteren Gebäude sowie der Funktionen zur jeweiligen Zeit)
- Auffälligkeiten der heutigen Hofanlage im Vergleich zu früher (Gründe?)
- zukünftige bauliche Maßnahmen am Hof

115.1

115.2

Gruppe 2: Arbeitskräfte und Arbeiten auf dem Hof
- Wie viele Arbeitskräfte gibt es? (Vergleich mit früher)
- Arbeiten im jahreszeitlichen Ablauf (Tabelle)
- Welche Maschinen werden eingesetzt (Fotos aus verschiedenen Zeiten; Kosten der Maschinen)?
- Vorteile des Maschineneinsatzes. Lohnt sich der Einsatz auch wirtschaftlich?
- Nachteile des Maschineneinsatzes, z. B. aus ökologischer Sicht (z. B. Bodenverdichtung)
- zukünftige Planungen beim Einsatz von Maschinen

Gruppe 3: Anbauprodukte und Anbaumethoden
- Gesamtfläche, Verteilung der Anbauprodukte auf die Flur (Flurkarte)
- Anbauprodukte früher und heute (Kreisdiagramm), Welche Unterschiede? Gab es eine Spezialisierung?
- Anbaumethoden des konventionellen/intensiven oder des ökologischen/nachhaltigen Landbaus?
- Wurde die Bewirtschaftung umgestellt? Gründe? Vorteile und Nachteile dieser Veränderungen?
- Sind weitere Veränderungen bei der Bewirtschaftung geplant? Gründe?

115.3

115.4

Gruppe 4: Wirtschaftliche Leistungsfähigkeit des Hofes und nachhaltige Nutzung des Bodens
- Welche wirtschaftlichen Probleme gibt es, z. B. auf Grund der Veränderungen in der Landwirtschaft sowie des europäischen und globalen Wettbewerbs?
- Welche Maßnahmen werden getroffen, um diese wirtschaftlichen Probleme bewältigen zu können?
- Welche Maßnahmen werden schon ergriffen oder sind in Zukunft geplant, um den Boden zu schonen (z. B. Bodenverdichtung) und ihn mit weniger Schadstoffen zu belasten (Bodenbelastungen)?

Menschen leben im Überfluss – Menschen leiden Hunger

116.1 Welt der Satten …

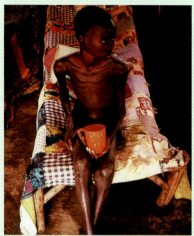

116.2 … Welt der Hungernden?

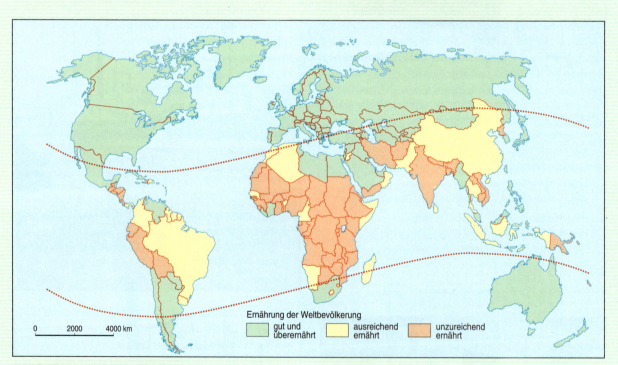

Ernährung der Weltbevölkerung
- gut und überernährt
- ausreichend ernährt
- unzureichend ernährt

116.3 Ernährungssituation auf der Erde

AUFGABEN >>

1. Beschreibe den Verlauf des Hungergürtels. Notiere einige Länder aus dem „Hungergürtel" (Abb. 116.3).
2. Informiere dich über die aktuelle Ernährungssituation in einigen Entwicklungsländern (Zeitungen, Internet).
3. Überlege, welche Ursachen des Hungers es gibt.

Auf den folgenden Seiten bekommst du nun genauere Informationen über verschiedene Ursachen des Hungers auf der Welt (S. 117–119) und über mögliche Wege (S. 120–125) aus der Ernährungskrise.

Boden als Ernährungsgrundlage der Welt

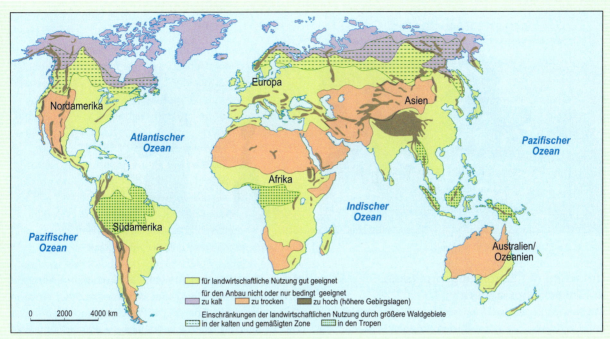

117.1 Ackerbaulich nutzbare Gebiete auf der Erde

Grundsätzliche Ursachen der Ernährungsprobleme

Als entscheidender Grund für die Ernährungsprobleme wird meist die Überbevölkerung genannt. Wissenschaftler sagen voraus, dass bis 2025 die Weltbevölkerung von 6 auf über 8 Milliarden Menschen steigen wird. Dies verstärkt die Sorge, dass viele Menschen nicht mehr ernährt werden können.

Bis in die Mitte des 20. Jahrhunderts ließen sich die Ernteerträge steigern, indem die Ackerflächen erweitert wurden. Doch dadurch gingen viele Naturlandschaften, z. B. Wälder und Moore verloren. Dann stellte man fest, dass es fast keine neuen geeigneten Ackerflächen mehr gab (Abb. 117.1). Um die Ernteerträge zu steigern, wurden nun die vorhandenen Ackerflächen intensiver genutzt (> Wandel in der Landwirtschaft, S. 106 f.).

Außerdem geht in vielen Gebieten der Erde durch falsche Nutzung des Bodens wertvolles Ackerland verloren. Es kann zur Erosion und Abschwemmung (Abb. 111.2), zur Ausbreitung von Wüsten (Abb. 118.2), zur Auslaugung und zur Versalzung des Bodens (> S. 121) kommen. Damit steht immer mehr Menschen immer weniger Ackerland zur Verfügung (Abb. 117.2).

Zwar war in den letzten 30 Jahren der weltweite Anstieg der Nahrungsmittelproduktion höher als der Zuwachs der Weltbevölkerung. Dies gilt allerdings nicht für die ärmsten Entwicklungsländer, vor allem für die Staaten im südlichen Afrika (Abb. 117.3).

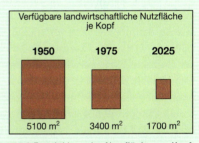

117.2 Entwicklung der Nutzfläche pro Kopf

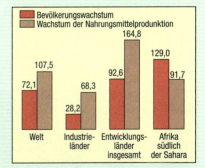

117.3 Wachstum der Nahrungsmittel und Bevölkerung (1970–2000)

AUFGABEN >>

1. Es gibt auf der Erde große Flächen, auf denen sich kaum nutzbare Böden bilden können. Nenne Gebiete, die für die ackerbauliche Nutzung zu trocken, zu kalt, zu gebirgig, zu dicht bewaldet sind (Abb. 117.1). Vergleiche diese Gebiete mit den Hungergebieten der Erde. (Abb. 116.3)
2. Vergleiche die für die Landwirtschaft gut geeigneten Flächen mit einer Bevölkerungsdichtekarte im Atlas. Was fällt dir auf?

118.1 Frauen beim Dreschen in Marokko

118.2 Landwirtschaft am Rande der Wüste (Sahel)

Ursachen der Ernährungsprobleme in Entwicklungsländern

Die Staaten der Entwicklungsländer sind sehr arm. Da sie ihre Landwirtschaft kaum fördern können, sind die Anbaumethoden meist rückständig. Es fehlen Maschinen (Abb. 118.1), Kunstdünger und Schädlingsbekämpfungsmittel. Auch das Wissen, wie man ertragreichere Ernten erzielen kann, ist oft nicht vorhanden. Ein Landwirt in den USA oder Deutschland erntet pro Jahr etwa 10 000 Zentner Getreide. Ein Bauer in den südamerikanischen Anden dagegen nur 20 Zentner.

Aber auch die schlechten Naturbedingungen in den armen Ländern ermöglichen häufig nur niedrige Erträge. Ursache sind die kargen Böden, anhaltende Dürren und zu wenig Wasser (Abb. 118.2). Verheerende Naturkatastrophen wie Erdbeben, Stürme, Dürren (z. B. in der Sahelzone) oder Überschwemmungen (z. B. in Bangladesch) vernichten immer wieder die gesamte Ernte.

Schon in der Kolonialzeit (> S. 130 f.) wurde von den damals herrschenden Europäern der einseitige Anbau von Kaffee, Tee, Kakao, Baumwolle, Kautschuk in Plantagen eingeführt (Abb. 118.3). Bei dieser einseitigen Anbauweise blieben die ehemaligen Kolonien auch nach ihrer Unabhängigkeit. Heute verkaufen die Entwicklungsländer diese Exportkulturen meist an die Industrieländer. Da deren Preise sinken, werden die Einnahmen der Entwicklungsländer immer geringer. Die Erlöse für ihre Ausfuhrprodukte reichen häufig nicht, um die eingeführten Waren bezahlen zu können. Als Folge verschulden sich diese Länder immer mehr. Sogar Nahrungsmittel müssen diese Länder teuer einkaufen. Durch den einseitigen Anbau der Exportkulturen haben sie zu wenig Ackerland für Grundnahrungsmittel übrig. Viele können sich daher nicht selbst ernähren.

Außerdem kommt es in vielen Entwicklungsländern immer wieder zu Kriegen zwischen den verschiedenen Stämmen. Dabei werden Tausende von Menschen getötet, die Ernten vernichtet und die landwirtschaftlichen Flächen verwüstet. Deshalb müssen auch viele der Überlebenden verhungern (Abb. 118.4).

118.3 Kautschukplantage

118.4 Bürgerkriegsflüchtlinge in Ruanda

Boden als Ernährungsgrundlage der Welt

Die Industrieländer tragen zu den Ernährungsproblemen bei

Bis heute sind viele der ehemaligen Kolonien von den damaligen Kolonialherren wirtschaftlich abhängig. Die Industrieländer nehmen weiterhin auf die „unabhängigen" Entwicklungsländer Einfluss und nutzen dies zu ihrem Vorteil. Sie bestimmen z. B. im internationalen Handel die Preise. So sind in den letzten Jahren die Preise für den Kaffee, der in den Entwicklungsländern produziert wurde, gesunken. Die Preise für Traktoren, die aus den Industrieländern in die Entwicklungsländer exportiert wurden, sind hingegen gestiegen. Die Austauschverhältnisse verschlechterten sich somit (Abb. 119.1).

Auch die Entwicklungshilfe der Industrieländer war lange Zeit ungeeignet. Viele Hilfen wirkten nur kurzzeitig und führten zunehmend zur Abhängigkeit. Das traf auch für die Lieferung viel zu komplizierter Maschinen zu, denn die Menschen dort konnten häufig nicht damit umgehen. Außerdem ersetzten diese Maschinen viele Arbeitskräfte. Aber gerade die Landwirtschaft ist für diese Menschen die einzige Möglichkeit Arbeit und „Brot" zu finden. Zudem verschwand das Geld oft in „dunklen Kanälen", wurde also nicht für den Aufbau der Wirtschaft genutzt.

Die hoch entwickelte Landwirtschaft in den Industrieländern kann mehr und günstiger Nahrungsmittel herstellen als die Bauern der Entwicklungsländer. Dies liegt auch daran, weil viele Landwirte in den Industrieländern vom Staat gefördert werden. Die Überschüsse werden häufig billig in die Entwicklungsländer verkauft. Einheimische Bauern können mit diesen Preisen nicht mithalten.

Obwohl in den Entwicklungsländern viele Menschen hungern, leisten wir in den Industrieländern uns den Luxus, viel Fleisch zu essen. Gegenwärtig werden 40% des Getreides an Tiere verfüttert! Den hungernden Menschen in den Entwicklungsländern fehlt dann dieses Getreide (Abb. 119.2). Zunehmend steigt auch in Asien, v. a. in China, der Fleischkonsum. Berechnungen sagen, dass China im Jahr 2020 bis zu 100 Millionen Tonnen Getreide einführen wird, um seinen Fleischbedarf zu decken. Das wäre die Hälfte des gesamten Weltgetreidehandels. Was bleibt dann für die Entwicklungsländer übrig? Da stellt sich die Frage: Brot für alle oder Fleisch für wenige?

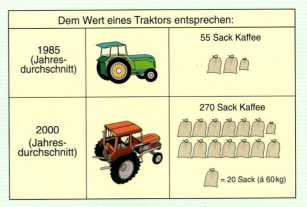

119.1 Austauschverhältnisse (Terms of Trade)

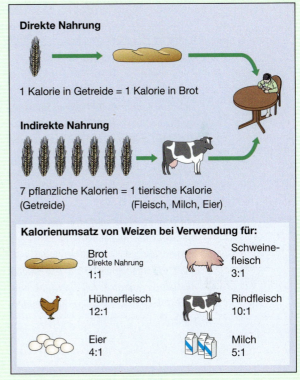

119.2 Kalorienumsatz der Nahrung

AUFGABEN >>

1. Notiere wichtige „hausgemachte" Ursachen für die Ernährungsprobleme in den Entwicklungsländern.
2. Die Industrieländer sind für die Ernährungsprobleme in den Entwicklungsländern mitverantwortlich. Nimm Stellung zu dieser Behauptung.
3. Erläutere mithilfe der Texte und Abbildungen einige Ursachen der Ernährungsprobleme genauer. Begründe, welche Ursachen dir besonders wichtig erscheinen.

Wege aus der Ernährungskrise: das Beispiel Indien

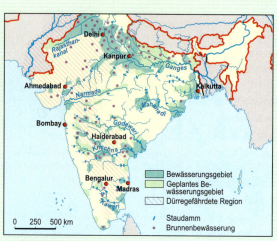

120.1 Bewässerungsgebiete in Indien

120.4 Bewässerungsgebiet am Ganges

Jasmin aus Indien erzählt:
„Ich bin 17 Jahre alt und lebe im Südosten meines Landes in der Nähe der Stadt Madras. Hier müssen sich die Menschen sehr anstrengen, um zu überleben. Anders als im fruchtbaren Norden gehen bei uns die Ernten häufig durch Dürren oder heftige Regenfälle im Herbst, wenn der Monsun kommt, verloren. Dann werden wir oft obdachlos und müssen hungern. Im letzten Jahr habe ich meinen einjährigen Sohn verloren. Er starb an den Folgen der Unterernährung. Sein geschwächter Körper konnte der Cholera nicht widerstehen."

Früher hungerten in Indien die meisten Menschen wie Jasmin und ihr kleines Kind. Dies lag in erster Linie daran, dass für die ständig wachsende Bevölkerung (Abb. 120.3) nicht genügend Nahrungsmittel vorhanden waren. Die Landwirtschaft in Indien konnte die Menschen nicht ausreichend ernähren. Dies ist um so verwunderlicher, weil der Nordwesten und Südwesten Indiens zu den fruchtbarsten Gebieten der Erde zählen. Zudem arbeitete schon immer mehr als die Hälfte der indischen Bevölkerung in der Landwirtschaft. Aber erst eine Reform der Landwirtschaft, die „Grüne Revolution", verbesserte ab Mitte der 60er Jahre die Ernährungssituation in Indien.

Ein Weg der Hoffnung: die „Grüne Revolution" in Indien

Das Ziel der „Grünen Revolution" war es, die Ernteerträge deutlich zu steigern. Dies sollte vor allem durch eine intensivere Landwirtschaft erreicht werden. Dazu wurden schnellwachsende Hochertragssorten von Reis und Getreide verwendet. Diese Sorten benötigten allerdings viel Kunstdünger und Wasser. Daher wurden die Gebiete mit künstlicher Bewässerung stark ausgebaut (Abb. 120.1). Zudem mussten diese sehr empfindlichen Pflanzensorten mit Pflanzenschutzmitteln gegen Schädlinge geschützt werden. Schließlich wurden auch viel mehr moderne landwirtschaftliche Maschinen eingesetzt.
Der Erfolg zeigte sich in deutlichen Ertragssteigerungen (Abb. 120.2). Durch all die Maßnahmen konnten die durchschnittlichen Hektarerträge von 400 auf 2150 kg gesteigert werden. Die „Grüne Revolution" schien also ein Erfolg zu sein, denn Hungersnöte konnten verringert werden.

	1960	1970	1980	1990	2002
Reis	51	60	64	112	132
Weizen	11	19	35	50	69

120.2 Entwicklung der Reis- und Weizenproduktion in Indien (in Mio. t)

1961	1971	1981	1991	2003
436	548	684	865	1070

120.3 Bevölkerungsentwicklung in Indien (in Mio.)

Boden als Ernährungsgrundlage der Welt

Die „Grüne Revolution" bringt vielen Menschen auf dem Land Nachteile

Nach einigen Jahren zeigten sich allerdings immer mehr die Nachteile der „Grünen Revolution":

- Vor allem die fruchtbaren und besser entwickelten Gebiete in Indien profitierten von der „Grünen Revolution". Die reichen Großgrundbesitzer verstanden es, staatliche Vergünstigungen zu nutzen. Sie hatten das Geld für den Kauf der teuren Pflanzensorten, den Kunstdünger, die Pflanzenschutzmittel und die Maschinen. Die Pächter und armen Kleinbauern konnten sich dies hingegen nicht leisten. So konnten in erster Linie die Großgrundbesitzer ihre Ernteerträge steigern.
- Der zunehmende Einsatz von Maschinen machte viele Landarbeiter arbeitslos. Ihre Armut wuchs, so dass sie sich häufig keine Nahrung kaufen konnten, also weiterhin hungerten. Viele Menschen zogen in der Hoffnung auf ein besseres Leben in die Großstädte. Sie leben dort aber oft auch nur im Elend (Abb. 121.2).
- Durch die starke Bewässerung sank der Grundwasserspiegel. Die Böden laugten aus, versalzten und wurden mit der Zeit unbrauchbar für die Landwirtschaft (Abb. 121.3).
- Es wurden so viele Pflanzenschutzmittel eingesetzt, dass diese das Grundwasser belasteten.

Obwohl es zur deutlichen Steigerung der Ernteerträge in Indien kam, wird heute die „Grüne Revolution" nicht mehr so positiv bewertet. Denn nach wie vor leiden landlose und arbeitslose Landarbeiter an Unterernährung und leben in ärmlichen Verhältnissen (Abb. 121.1). Gerade auf dem Land steigt die Bevölkerung weiterhin stark an. Immer noch werden in Indien jährlich 27 Millionen Kinder geboren. Indien ist nach China mit 1,1 Milliarden Menschen das bevölkerungsreichste Land der Erde.

Insgesamt wurden die bestehenden sozialen Unterschiede zwischen den wohlhabenden Großgrundbesitzern und den armen Kleinbauern und Landarbeitern vertieft. Auch die nachteiligen ökologischen Folgen der intensiven Landwirtschaft sind nicht zu übersehen.

Der seit Anfang der neunziger Jahre eingeschlagene Weg in der Landwirtschaft Indiens ist ebenfalls fragwürdig. Nun werden einerseits die Einfuhrzölle auf ausländische Agrarprodukte gesenkt. Andererseits setzt der Staat zum Schutz der heimischen Landwirte Mindestpreise für deren Waren fest und zahlt seinen Landwirten zusätzlich hohe Subventionen (= Fördergelder). Nun kann das indische Getreide billig in andere Entwicklungsländer verkauft werden. Dies schadet jedoch den Landwirten in diesen Ländern, weil sie ihre selbst erzeugten Agrarwaren nicht mehr im eigenen Land verkaufen können.

121.1 Hütten armer Landarbeiter

121.2 Wohngebiete von Zuwanderern am Rande einer Großstadt

121.3 Versalzener Boden

AUFGABEN >>

1 Beschreibe die Lösungsversuche der Grünen Revolution in Indien.
2 Bewerte die Ergebnisse der Grünen Revolution. Stelle in einer Tabelle Erfolge und Probleme gegenüber.

Wege aus der Ernährungskrise: das Beispiel Ruanda

122.1 Lage Ruandas

122.2 Hügellandschaft in Ruanda

Habimana betreibt eine standortgerechte Landwirtschaft

Ein landwirtschaftlicher Berater berichtet:
„Im offenen Geländewagen fuhren wir auf etwa 2000 m Höhe durch die wunderschöne tropische Landschaft der „Tausend Hügel" in Ruanda (Abb. 122.2). Immer wieder passierten wir einen Rugo, einen der vielen tausend Einzelgehöfte.
Nun nähern wir uns dem Gehöft des Bauern Habimana. Üppige grüne Sträucher und Bäume in geordneter Anpflanzung teilen die Nutzfläche in ein fast grafisches Muster auf. Unter locker verstreuten Silbereichen und Bananenstauden wachsen Bohnen, Mais, Hirse und Süßkartoffeln in einer bunten Mischung. Am Rande des Hofes stehen etwa 100 Kaffeesträucher.
Wie ist diese Üppigkeit rund um den Hof von Habimana im Vergleich zu der kargen Landwirtschaft vieler seiner Nachbarn zu erklären?

122.3 Kleinbauern in Ruanda

Habimana hat sich von Entwicklungshelfern beraten lassen und die überlieferte Mischkultur der ruandischen Landwirtschaft mit Kaffeeanbau und modernen Anbaumethoden verbunden. Er benützt nur, was auf seinem Hof an Kompost, Mist und Laub anfällt. Um seine Äcker vor Erosion zu schützen, hackt er die steilen Hänge nicht mehr von unten nach oben, sondern parallel zum Berg.
Zwischen den Feldstücken am Hang hat Habimana Streifen mit Gras, Hecken und Bäumen zum Schutz gegen Erosion gepflanzt. Im Laufe der Zeit haben sich so fast ebene Terrassenflächen gebildet. Die Bepflanzung der Böschungen bringt dem Bauern noch zusätzlichen Nutzen. Neben Obst- und Forstbäumen stehen dort Büsche und andere Bäume, deren Blätter Futter für seine Kuh liefern. Seine Kuh weidet nicht mehr im Freien, sondern steht in einem offenen Holzstall. Den Kuhmist nutzt er als Dünger für seine Äcker. Das überschüssige Laub wird als organischer Dünger unter die Kaffeesträucher gelegt. Mit dem Holz deckt seine sechsköpfige Familie den Energiebedarf zum Kochen und Heizen. Da Ruanda fast keine Wälder mehr hat, ist Feuerholz sehr wertvoll.
Bauer Habimana ist nicht reich, er verdient im Jahr etwa 250 Euro. Zwei Drittel davon nimmt er durch den Verkauf von rund 300 kg Kaffeebohnen ein. Den Rest verdient er durch den Verkauf von Gemüse auf dem Markt. Aber Habimana und seine Familie müssen nicht mehr hungern. Was sie zum Leben brauchen, wird auf dem Hof geerntet: Hülsenfrüchte (z. B. Erbsen, Bohnen), Gemüse (Zwiebeln, Weißkraut), Süßkartoffeln, Maniok, Hirse, Bananen zum Kochen. Auch das Holz zum Bau für die Wohnung und den Stall stammt aus eigener Herstellung. Habimana hat es geschafft, sich unabhängig zu machen. Und das auf einer Nutzfläche von knapp einem Hektar.

Boden als Ernährungsgrundlage der Welt

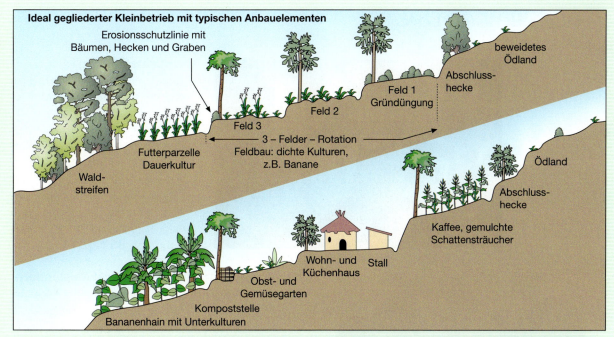

123.1 Anbauweise eines standortgerechten Bauernhofes in Ruanda

Hilfe zur Selbsthilfe – die „grüne Hoffnung"?

Das Beispiel von Habimana ist allerdings nicht die Regel in Ruanda. Viele der anderen Kleinbauern klagen über schlechte Ernten. Bis heute arbeiten 90 % der Menschen in der Landwirtschaft. Die Erträge auf den immer kargeren Böden sind jedoch durch die jahrelange Übernutzung sehr schlecht. Fruchtbarer Boden wird auch deshalb immer knapper, weil die Bevölkerung zunimmt und Ruanda sehr dicht besiedelt ist (2004: 355 Einwohner je km^2). Ruanda nimmt nur durch den Export von Kaffee etwas Geld ein. Die Kaffeepreise sinken jedoch auf dem Weltmarkt immer mehr (> Abb. 119.1). Daher fehlt das Geld für den Kauf von teurem Saatgut, Maschinen., Kunstdünger und chemischen Pflanzenschutzmitteln für eine Intensivierung der Landwirtschaft.

Das Projekt „Hilfe zur Selbsthilfe" nach dem Beispiel von Habimana ist ein Versuch aus dieser Krise herauszukommen. Allerdings muss dabei jeder Bauer wie Habimana einige Jahre mehr arbeiten und dem Rat der Entwicklungshelfer vertrauen. Er muss bereit sein, neues Wissen anzunehmen und dies mit den vertrauten landwirtschaftlichen Methoden des Heimatlandes zu verbinden.

Bei dem Programm „Grüne Hoffnung" wird bewusst auf den Kauf von teurem Kunstdünger, chemischen Schädlingsbekämpfungsmitteln, komplizierten Maschinen und neuen Pflanzensorten verzichtet. Denn dies können sich die Kleinbauern in Ruanda gar nicht leisten (> Indien, S. 121). Stattdessen werden mit einfachen Mitteln und den Möglichkeiten vor Ort die Erträge erhöht. Vor allem die Mischung von Land- und Forstwirtschaft (Agroforstwirtschaft) hat sich sehr bewährt. So können die Kleinbauern vor allem mit dem, was auf dem eigenen Hof wächst, ihre Ernten behutsam steigern. Auf diese Weise wird außerdem verhindert, dass sie ihre Böden allmählich zerstören. Diese Art der Landnutzung bezeichnet man auch als nachhaltige oder standortgerechte Landwirtschaft.

Kann dieser Weg der „Hilfe zur Selbsthilfe" im Sinne der standortgerechten Landwirtschaft aus der Krise helfen? Können dadurch z. B. die Fehler und Nachteile der „Grünen Revolution" in Indien vermieden werden?

Die ersten Ergebnisse sind vielversprechend. Allerdings haben in den letzten Jahren immer wieder furchtbare Kriege zwischen den Stämmen (Hutu, Tutsi, Pygmäen) den Erfolg solcher Projekte in Ruanda gefährdet.

AUFGABEN >>

1. Beschreibe die Lösungsversuche der standortgerechten Landwirtschaft in Ruanda.
2. Stelle die Besonderheiten der Lösung „Hilfe zur Selbsthilfe" und „standortgerechte bzw. nachhaltige Landwirtschaft" am Beispiel von „Ruanda" heraus. Begründe, weshalb diese Wege für die Entwicklungsländer meist sinnvoller sind.
3. Vergleiche und bewerte die Lösungsversuche in Indien und in Ruanda.

Lässt sich Hunger besiegen?

124.1 Aufklärung senkt die Geburtenrate (Indien)

Grundsätzliche …
- Je weniger Menschen zu ernähren sind, um so leichter lassen sich auch die Ernährungsprobleme auf der Erde bewältigen.
Der Großteil des Bevölkerungszuwachses entfällt auf die Entwicklungsländer. Daher sollte dort darauf hingearbeitet werden, die Geburtenzahlen zu senken, zum Beispiel durch Aufklärung und eine verbesserte Bildung.

124.2 Entwicklungspolitik: Durch Partnerschaft Probleme lösen

Lösungsansätze in den Entwicklungsländern
- Der Landwirtschaft sollte behutsam aus der Rückständigkeit geholfen werden (> S. 122, nachhaltige Landwirtschaft). Ertragreiches Saatgut (Biotechnik), Kunstdünger, Pflanzenschutzmittel, künstliche Bewässerung und Anbaumethoden der intensiven Landwirtschaft helfen nur in geeigneten Gebieten. Es sollten die Fehler der intensiven Landwirtschaft, die bei uns oder in Indien gemacht wurden, vermieden werden.
- Der Einsatz von komplizierter Technik überfordert die Menschen ohne entsprechende Schulung und macht viele auf dem Land arbeitslos. Ob das durch die Gentechnik (Erbgutveränderung) verbesserte Saatgut verwendet werden sollte, ist derzeit noch sehr umstritten.
- Um die Ernteerträge auf der vorhandenen Fläche zu steigern, ist der Boden zwar intensiver, aber auch nachhaltig zu nutzen. Neue Ackerflächen durch das Abholzen der Wälder zu gewinnen, ist der falsche Weg.
- Die Landwirtschaft in den Entwicklungsländern sollte sich nicht allein auf Exportkulturen ausrichten. Es sollten mehr Ackerflächen zum Anbau von Grundnahrungsmitteln genutzt werden, um die Menschen im eigenen Land ernähren zu können. Dann müssen keine Nahrungsmittel teuer aus dem Ausland eingeführt werden.

124.3 Bewässerung erhöht die Ernteerträge (Äthiopien)

124.4 Karikatur

Boden als Ernährungsgrundlage der Welt

... Lösungsansätze

- Weltweit sollte der Boden schonender behandelt werden. Nur so kann der zunehmenden Bodenzerstörung, zum Beispiel durch Versteppung, durch Auslaugung und Versalzung des Bodens, begegnet werden.

  Außerdem ist es notwendig, mit dem Klima umweltbewusster umzugehen. (Der Klimaschutz ist Thema der 7. Jahrgangsstufe).

125.1 Durch die Anlage von Steinwällen werden im Niger die Felder vor Erosion geschützt.

Lösungsansätze in den Industrieländern

- Alle Maßnahmen der Industrieländer sollten darauf abzielen, die Entwicklungsländer selbstständiger werden zu lassen und sie aus der Abhängigkeit von den reichen Ländern Schritt für Schritt zu lösen. Dazu wären ein Schuldenerlass und Veränderungen in der internationalen Handelspolitik nötig, die Industrie- und Entwicklungsländer zu gleichberechtigten Partner machen.
- Ein Umdenken in der Entwicklungshilfe könnte dazu beitragen. Projekte, die „Hilfe zur Selbsthilfe" bieten, führen dazu, den Menschen auf dem Land Arbeit zu geben und die Versorgung mit Grundnahrungsmitteln zu erleichtern. Dazu dienen Schulungen und eine Technik, die weder zu teuer noch technisch zu aufwändig ist.
- Es ist nicht sinnvoll, dass die Industrieländer ihre überschüssigen Nahrungsmittel teuer an die Entwicklungsländer verkaufen, ihnen aber vergleichsweise wenig für ihre Exportgüter bezahlen (Abb. 119.1).
- Durch Umdenken im Konsumverhalten (fairer Handel) und im Ernährungsverhalten der Menschen in den Industrieländern ließen sich die Ernährungsprobleme verringern. Bei Einschränkung des Überkonsums und des hohen Fleischverbrauchs würden große Mengen an Getreide für die Entwicklungsländer frei (> S. 119.2).

125.2 Fairer Handel hilft den Entwicklungsländern

AUFGABEN >>

1. Beschreibe die Lösungsansätze auf den Seiten 124–125 mit eigenen Worten. Stelle mithilfe der Abbildungen mögliche Schwerpunkte der verschiedenen Lösungsansätze heraus.
2. Die Ernährungsprobleme der Erde können weniger durch Einzellösungen, sondern am ehesten durch eine durchdachte Verbindung dieser verschiedenen Lösungen erreicht werden. Nimm zu diesem Satz Stellung.
3. Begründe, welche besondere Verantwortung den Industrieländern bei der Lösung der Ernährungsprobleme zukommt. Nutze dazu die Informationen aus dem Thema „Imperialismus und Erster Weltkrieg" (> S. 130 f.).
4. Erläutere, wie jeder Einzelne von uns in den Industrieländern auch zur Lösung der Ernährungsprobleme in den Entwicklungsländern beitragen kann.

4 Boden und Ernährung

TRIO-Kompakt: Bodenschutz als Aufgabe

Ursache „Verursacher"

Freizeitgestaltung

Industrie

Landwirtschaft

Verkehr

Wohnen

Folgen

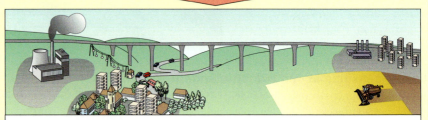

Bodenbelastungen
z.B. Luftschadstoffe
Schädlingsbekämpfungsmittel
Mineraldünger, Gülle

Bodenverbrauch
z.B. Überbauung
Versiegelung
Verdichtung

Schutzmaßnahmen

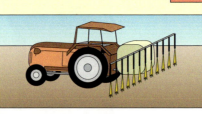

z.B. Emissionsschutz
Ökologischer Landbau
Düngeverordnung

z.B. Entsiegelung von Plätzen
Rekultivierung
Landschaftspflege
Naturschutzgebiete

126.1

AUFGABEN >>

1. Beschreibe, wodurch und wie der Boden genutzt wird (Ursachen).
2. Erläutere an Beispielen, wie dadurch der Boden gefährdet wird (Folgen).
3. Erläutere an Beispielen, wie sich der Boden durch den einzelnen Bürger bzw. staatliche Maßnahmen schützen lässt.
4. Stelle an Beispielen aus deinem Wohnumfeld zu den Bereichen Landwirtschaft, Wohnen, Industrie, Verkehr dar, wie in diesen Bereichen der Boden genutzt (Ursachen) und gefährdet (Folgen), aber auch geschützt wird (Schutzmaßnahmen). Veranschauliche die Zusammenhänge in einem Pfeilschema wie auf Abb. 97.1. bzw. 126.1.

TRIO-Kompakt: Boden als Ernährungsgrundlage der Welt

127.1 Karikatur

127.2 Hungergürtel
- Hungersnot
- Gefahr von Hungersnot
- Hungergürtel

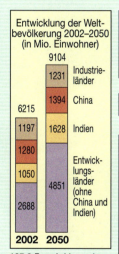

127.3 Entwicklung der Weltbevölkerung

Entwicklung der Weltbevölkerung 2002–2050 (in Mio. Einwohner)

2002: 6215 gesamt (1197 Industrieländer, 1280 China, 1050 Indien, 2688 Entwicklungsländer ohne China und Indien)
2050: 9104 gesamt (1231 Industrieländer, 1394 China, 1628 Indien, 4851 Entwicklungsländer ohne China und Indien)

Ursachen des Hungers

Allgemeine Ursachen, z. B.
- Bevölkerungszuwachs auf der Erde (Überbevölkerung in den Entwicklungsländern)
- begrenzte Bodenfläche auf der Erde
- Bodenverluste z. B. Ausbreitung der Wüsten, Erosion, Bodenauslaugung

Ursachen in den Entwicklungsländern
- unterentwickelte Landwirtschaft
- ungünstige Naturbedingungen (Klima, Boden, Naturkatastrophen)
- einseitiger Anbau von Exportkulturen (z. B. Kaffee, Kakao) in Plantagen
- Abhängigkeit von den globalen Preisen
- Konflikte und Kriege

Ursachen in den Industrieländern
- Einflussnahme auf die Wirtschaft der Entwicklungsländer (Terms of Trade)
- ungeeignete Entwicklungshilfe
- Produktion von billigen Agrarprodukten (Subventionen)
- billiger Verkauf der Überschüsse in die Entwicklungsländer
- hoher Fleischverbrauch

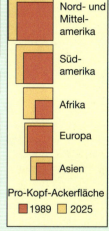

Pro-Kopf-Ackerfläche: 1989 / 2025
- Nord- und Mittelamerika
- Südamerika
- Afrika
- Europa
- Asien

127.4 Entwicklung der landwirtsch. Nutzfläche

Weltgetreideproduktion

niemand würde hungern ← 960 g Getreide pro Tag pro Person

bei gleicher Verteilung auf alle Menschen: 350 kg Getreide/Erdbewohner

Brot 1:1 – Kalorienumsatz von Weizen

Veredlung:
- Rindfleisch 10:1
- Schweinefleisch 3:1 – Kalorienumsatz von Weizen

Deutschland: 90 kg Fleischverbrauch pro Person/Jahr
Indien: 2 kg Fleischverbrauch pro Person/Jahr

→ 880 Mio. hungernde Menschen

(Bedarf pro Tag: 750 g)

127.5 Brot für alle oder Fleisch für wenige

AUFGABEN

1. Beschreibe mithilfe der Abb. 127.1 und 127.2 die Ernährungssituation auf der Erde. Erläutere die Ernährungsprobleme in den Entwicklungsländern.
2. Erläutere einige Ursachen des Hungers (Abb. 127.3 und 4).
3. Erkläre mithilfe der Abb. 127.5, wie die Industrieländer zur Lösung der Ernährungsprobleme beitragen können.

5 Imperialismus und Erster Weltkrieg

Der letzte Mann; Gemälde von Hans Bohrdt

130.1 Armut in England

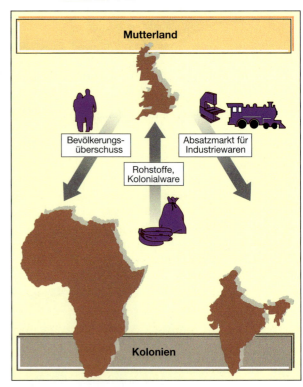

130.2 Kolonialbesitz als Weg aus der Armut?

Großbritannien: Die Idee einer britischen Vorherrschaft

Politiker vertreten die Ausdehnung des Herrschaftsgebietes

England galt im 19. Jahrhundert als reichstes Land der Erde. Trotzdem lebte ein Drittel seiner Bevölkerung in chronischer Armut. Dieses konnte nicht einmal die einfachsten Bedürfnisse des Lebens befriedigen.
Für den Politiker und Geschäftsmann Cecil Rhodes (1853–1902) stand fest, dass nur der Besitz von Kolonien aus der Armut führte. In einem Brief äußerte er:
„Ich war gestern im Eastend von London und besuchte eine Arbeiterversammlung. Als ich nach den dort gehörten wilden Reden, die nur ein Schrei nach Brot waren, nach Hause ging, war ich von der Wichtigkeit des Imperialismus mehr denn je überzeugt. Meine große Idee ist die Lösung des sozialen Problems. Das heißt, um die 40 Millionen Einwohner des Vereinigten Königreichs vor einem mörderischen Bruderkrieg zu schützen, müssen wir Kolonialpolitiker neue Länder erschließen, um den Überschuss der Bevölkerung aufzunehmen, und neue Absatzgebiete schaffen für die Waren, die sie in ihren Fabriken und Minen erzeugen. Das Empire, das habe ich stets gesagt, ist eine Magenfrage. Wenn Sie den Bürgerkrieg nicht wollen, müssen Sie Imperialist werden."

(Aus: Cecil Rhodes, Speeches und Letters, London 1914, S. 8)

Neben sozialen und wirtschaftlichen Motiven nährten machtpolitische Überlegungen das imperiale Denken der Engländer. In einer Rede vor britischen Politikern erläuterte der spätere Premierminister Benjamin Disraeli (1804–1881):
„Es geht darum, ob Sie damit zufrieden sein wollen, ein bequemes England zu sein oder ob Sie ein großes Land sein wollen – ein imperiales Land – ein Land, in dem Ihre Söhne, wenn sie aufsteigen, zu höchsten Stellungen aufsteigen und nicht nur die Wertschätzung ihrer Landsleute, sondern die Achtung der ganzen Welt erringen."

(Aus: Viebrock, Disraeli, Rede im Kristallpalast am 24. Juni 1872, Wiesbaden 1968, S. 17)

Dieser „Herrschergeist" mit der Aufforderung zu großen Taten, die Ausdehnung des Landes und das Streben nach nationaler Ehre wurde von England politisch umgesetzt.

Rivalitäten unter den europäischen Nationalstaaten

Die englische Regierung betreibt imperialistische Politik

Um die wichtige Wasserstraße nach Asien zu kontrollieren, erwarb die britische Regierung unter Disraeli 1875 die Aktien am Suezkanal. Ein Jahr später wurde die englische Königin Victoria zur „Kaiserin von Indien" ausgerufen. Damit gehörte diese reiche Kronkolonie dem englischen Staat.

Im Jahre 1882 ließ die Regierung in London Ägypten besetzen. 1885 wurde Burma (heute Myanmar) erobert und an Indien angegliedert. Kurze Zeit später kamen Gebiete in Afrika hinzu: Rhodesien (heute Sambia und Simbabwe), Nigeria, die Goldküste (das heutige Ghana).
Die Buren in Südafrika (Nachkommen holländischer Einwanderer) wollten unabhängig bleiben. Sie wurden in einem erbitterten Kolonialkrieg besiegt.

Im Jahre 1897 feierte Königin Viktoria ihr sechzigjähriges Thronjubiläum. Neben Abordnungen der schottischen, walisischen, irischen und englischen Regimenter marschierten und tanzten auch „eingeborene" Soldaten aus den exotischen Garnisonen des Reiches. „Die Welt ist britisch geworden", titulierten die Zeitungen angesichts der Pracht, der unendlichen Größe und der Macht des britischen Empire.
Mit seiner imperialistischen Politik baute England in wenigen Jahrzehnten seinen Kolonialbesitz zu einem weltumspannenden Reich aus. 1913 lebten dort 423 Millionen Menschen (Abb. 134.3), ein Viertel der damaligen Menschheit.

131.1 Der russische Außenminister zu Großbritanniens Premier Disraeli: „Ich bin neugierig, wie viel du noch aufbauen wirst, ehe es zusammenfällt." Disraeli: „Das dauert noch, wenn keiner an den Tisch stößt." (Karikatur, 1879)

AUFGABEN >>

1. Formuliere mit eigenen Worten, welche Lösungen sich Cecil Rhodes vom Erwerb der Kolonien versprach. Werte dazu das Schaubild 130.2 aus.
2. Welche Gründe und Motive waren es, die zur Errichtung des British Empire führten?
3. Was meint der Begriff „Imperialismus"? Erkläre mit eigenen Worten.
4. Erläutert anhand der Karikaturen (Abb. 131.1 und 131.2), wie die imperialistische Politik Englands von den anderen europäischen Großmächten gesehen wurde. Überlegt, welche Gefühle und Reaktionen dieses Vorgehen auslöste.
5. Indien wurde 1876 britische Kolonie. Wie die Kolonialherrschaft aussah und wie sie sich auswirkte, eignet sich als Projektthema. Besprecht den Vorschlag in eurer Klasse.

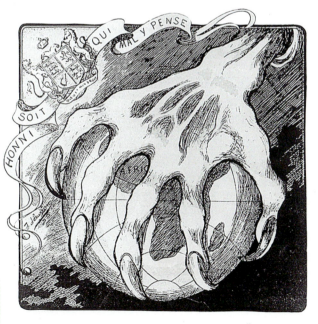

131.2 Die Welt in Englands Hand (frz. Karikatur, 1899, Übersetzung: „Ein Schelm, wer Schlechtes dabei denkt")

Die imperialistische Politik Deutschlands

132.1 Propagandapostkarte zur Kolonialpolitik

Der Kolonialrausch erfasst auch Deutschland

„Den Engländern gehört das Wasser, den Russen das Land und den Deutschen die Luft." So wurden von den europäischen Großmächten in der ersten Hälfte des 19. Jahrhunderts die Deutschen gesehen, weil es ihnen vorwiegend um Werte wie „Einheit und Freiheit" ging.

Auch Reichskanzler Otto von Bismarck wollte ursprünglich keine Kolonien erwerben. Sein Anliegen war es, das junge Reich innenpolitisch zu festigen. Er war der Meinung, dass Kolonialpolitik unweigerlich zum Konflikt mit anderen Mächten führen müsse.

Doch das Beispiel Englands wirkte sich auch auf Deutschland aus. Deutsche Kaufleute gründeten 1882 den „Deutschen Kolonialverein", der in der Bevölkerung das Interesse an Kolonien wecken sollte. Ein Verfechter der Kolonialpolitik war Carl Peters. Er betonte:

„Ich erkannte in England, was Deutschland verliert dadurch, dass es seinen Kaffee, seinen Tee, seinen Reis, seinen Tabak, seine Gewürze, kurz, alle seine Kolonialartikel von fremden Völkern sich kaufen muss."

(Aus: Peters, Wie Deutsch-Ostafrika entstand, Leipzig 1946, S. 8)

Der Bremer Kaufmann Adolf Lüderitz handelte 1883 den Eingeborenen in Südwestafrika eine Bucht ab. Er „bezahlte" dafür 260 Gewehre und 600 Pfund Sterling. Zur gleichen Zeit erwarb Carl Peters Gebiete an der Ostküste Afrikas.

Um aus der Wirtschaftskrise herauszukommen und von den sozialen Spannungen abzulenken, zeigte sich ab 1884 auch Bismarck bereit, „dem Handel die Flagge folgen zu lassen." Die Regierung stellte die Gebiete unter ihre Schutzherrschaft. Damit wurde auch das Deutsche Reich Kolonialmacht.

Nach der Entlassung Bismarcks als Reichskanzler schlug ein wahrer „Kolonialrausch" die Führungseliten in seinen Bann. Sie setzten sich dafür ein, Kolonien zu erwerben.

AUFGABEN >>

1. Beschreibt, welche Rolle dem neu gegründeten Deutschen Reich in Europa zukam.
2. Welche Einstellung hatte Bismarck zunächst zur Kolonialpolitik? Warum schwenkte er auf die Kolonialpolitik um?
3. Erstellt mithilfe der Abb. 134.1 und des Atlas eine Übersicht über die von Deutschland erworbenen Kolonien.
4. Erörtert, inwiefern die Politik Englands das Denken vieler Menschen im Deutschen Reich beeinflusste.

Rivalitäten unter den europäischen Nationalstaaten

Deutschland strebt nach Weltgeltung

Im Jahre 1888 starb Kaiser Wilhelm I. Anders als sein Großvater wollte Kaiser Wilhelm II. ein „persönliches Regiment" ausüben. Deshalb legte er dem Reichskanzler den Rücktritt nahe. Am 20. März 1890 schied Bismarck aus seinem Amt aus.

Noch am gleichen Tag erklärte Kaiser Wilhelm II. „Das Amt des wachhabenden Offiziers auf dem Staatsschiff ist mir zugefallen. Der Kurs bleibt der alte, und nun Volldampf voraus!" In Wahrheit aber leitete Wilhelm II. einen „neuen Kurs" ein.

Wilhelm II. hatte das Ziel, dem Deutschen Reich in der Welt eine führende Rolle zu verschaffen. Mit dem Griff nach Kolonien hatte er bereits angekündigt, dass Deutschland sich nicht mehr mit dem Erreichten zufrieden geben wolle. Sein Großmachtstreben offenbarte der Kaiser auch ganz deutlich: „Der Ozean ist unentbehrlich für Deutschlands Größe."

Insbesondere Großbritannien als die führende See- und Weltmacht fühlte sich dadurch herausgefordert. Militärisches Denken bestimmte ab jetzt das politische Handeln. Durch seinen Geltungsdrang und seine Politik des „Säbelrasselns" verspielte die deutsche Regierung das Vertrauen bei den führenden europäischen Großmächten.

133.1 Englische Karikatur zum Sturz Bismarcks: „Der Lotse geht von Bord."

133.2 Porträt von Kaiser Wilhelm II. (1859–1941)

AUFGABEN >>

1. Beschreibt, welches Ziel Kaiser Wilhelm II. hatte.
2. Erklärt, mit welcher Politik er dieses zu erreichen suchte.
3. Ein französischer General sagte beim Anblick der Abb. 133.2 von Kaiser Wilhelm II.: „Dies ist kein Porträt, sondern eine Kriegserklärung." Was mag ihn zu dieser Äußerung veranlasst haben?
4. „Die deutsche Regierung verspielte das Vertrauen bei den führenden europäischen Großmächten." Erläutert diese Aussage.
5. Die Politik Wilhelm II. war im Deutschen Reich nicht unumstritten. Wertet dazu die Abb. 132.1 aus.

5 Imperialismus und Erster Weltkrieg

Aufteilung der Welt in Kolonialreiche

Kolonien sollen die sozialen und wirtschaftlichen Probleme lösen

Ausgehend von England hatte die Industrialisierung ganz Europa erfasst: zuerst Frankreich und Belgien, dann Deutschland, später auch Italien, Russland und die skandinavischen Länder, zuletzt den Balkan und Spanien. Viele Bürger in den Industriestaaten erfreuten sich an dem sichtbaren Fortschritt. Die Nationen waren stolz auf das Geleistete und auf die eigene Macht. Doch die ständig wachsende Industrie brachte auch Probleme mit sich:

– Um die steigende Nachfrage nach Waren erfüllen zu können, wurden vielfältige Rohstoffe gebraucht. Neue Rohstoffquellen mussten gefunden werden.
– Viele Waren wurden in so großen Mengen produziert, dass sie nicht verkauft werden konnten. Neue Absatzmärkte mussten erschlossen werden.
– Mit der steigenden Bevölkerung wuchs die Zahl der Arbeitssuchenden. Neue Arbeitsplätze mussten geschaffen werden.

In dieser Situation blickten die europäischen Industriemächte begehrlich auf die übrige Welt: Man bräuchte doch bloß Gebiete der Erde in Besitz zu nehmen, um diese Probleme zu bewältigen. Fortan setzten die Industriestaaten alles daran, Kolonien zu erwerben und ihre Macht auszudehnen. Die europäische Kolonialherrschaft erreichte ihren Höhepunkt (Abb. 134.2).

134.1 Kolonialreiche der europäischen Mächte (1914)

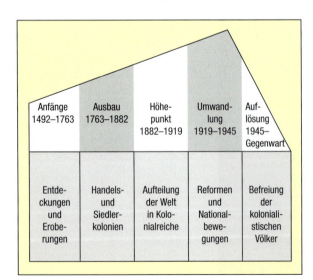

134.2 Entwicklung der europäischen Kolonialherrschaft

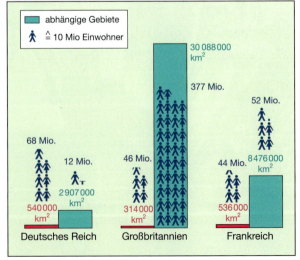

134.3 Größenvergleiche der Kolonialreiche

Rivalitäten unter den europäischen Nationalstaaten

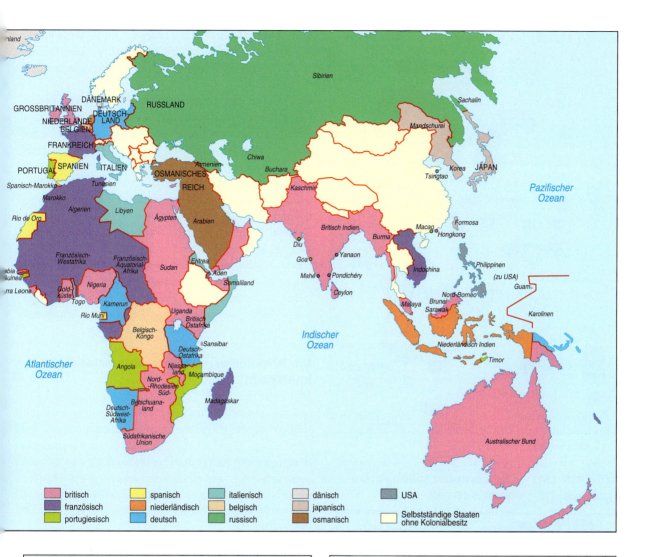

Imperialismus: (abgeleitet vom lateinischen Begriff imperium = Befehlsgewalt, Weltreich) der Drang nach Ausdehnung des Herrschaftsbereichs; das Streben nach Macht.

Kolonie: (abgeleitet vom lat. Colonus = Feldbauer) ein von fremden Staaten erworbenes oder erobertes, meist überseeisches Gebiet, das von der fremden Macht abhängig ist.

AUFGABEN >>

1. Beschreibt die Probleme, die mit der wachsenden Industrie aufkamen.
2. Wertet die Karte 134.1 und Schaubild 134.3 aus. Erstellt eine Tabelle, aus der ersichtlich wird,
   – welche europäischen Staaten Kolonialpolitik betrieben,
   – welche Kolonialmächte welche Gebiete in Besitz nahmen,
   – welche Nationen Großmächte waren,
   – welcher dieser Staaten von der Fläche/der Bevölkerung her der größte/kleinste war,
   – welcher Staat das größte bzw. zweitgrößte Kolonialgebiet besaß (Fläche/Bevölkerung),
   – an welcher Stelle das Deutsche Reich kam.
3. Erklärt mit eigenen Worten, was unter „Kolonie" und was unter „Mutterland" zu verstehen ist.
4. Warum wollten die Industrieländer ihren Gebietsbesitz ausdehnen? Erläutert.
5. Wiederholt, was ihr aus der Jahrgangsstufe 7 über die „Europäisierung der Welt" (Abb. 134.2) wisst.

5 Imperialismus und Erster Weltkrieg

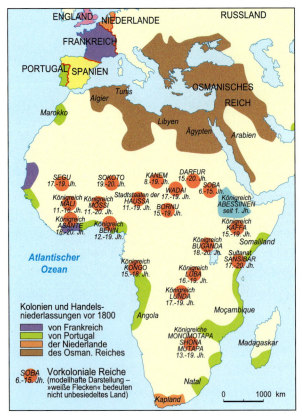

136.1 Afrika um 1830

Wettlauf um „herrenlose" Gebiete

Die Europäer teilen Afrika unter sich auf

Im 15. und 16. Jahrhundert unternahmen die Portugiesen erste Entdeckungsreisen zum afrikanischen Kontinent. Im 17. Jahrhundert folgten Holländer, Briten und Franzosen. Sie legten an den Küsten Stützpunkte an. Diese nutzten sie als Handelsposten für Beziehungen mit dem Landesinnern. Der Handel beschränkte sich meist auf die Ausfuhr von Sklaven. Dafür bekamen die Einheimischen Handelsprodukte der Europäer (> S. 134).

Nach 1800 machten sich europäische Forscher und Kaufleute daran, die unbekannten Gebiete gezielt zu erforschen und tief in das Landesinnere vorzudringen. Vereinzelt nahmen die Europäer Teile Afrikas in Besitz und die ersten Gebiete verloren ihre Unabhängigkeit.

Vom Jahre 1881 an ließ der belgische König Leopold das Kongobecken erforschen. Wem sollte dieses Gebiet gehören? Wegen dieser Frage kam es zum Streit zwischen den Großmächten.

Eine internationale Konferenz beschloss 1885 in Berlin: König Leopold soll Herrscher des neuen Kongostaates werden, ihm wurde dieses Gebiet als persönlicher Besitz bestätigt. Auf den Flüssen Kongo und Niger galt die Freiheit der Schifffahrt, in Zentralafrika das Recht der Handelsfreiheit. Um Streitigkeiten in Zukunft zu vermeiden, wurde Afrika in Interessensgebiete aufgeteilt und Folgendes vereinbart: Jeder Staat kann sich fortan „herrenlose Gebiete" aneignen. Er muss allerdings sein Interesse den anderen Mächten mitteilen.

Damit gab die Berliner Kongokonferenz den Start frei zu einem Wettlauf um „herrenlose Gebiete". Um 1870 besaßen die Europäer etwa ein Zehntel Afrikas, um 1900 kontrollierten sie bereits neun Zehntel des Schwarzen Kontinents.

Die Kolonialherren haben unterschiedliche Interessen

Motive für die kühnen Entdeckungszüge ins Landesinnere von Afrika waren die wissenschaftliche Neugier sowie die Ausbreitung des christlichen Glaubens. So unternahm der Missionsarzt David Livingstone seine letzte Forschungsreise, um einen natürlichen Handelsweg für den Warenaustausch von Ozean zu Ozean zu erkunden. Damit sollte die Armut und Unwissenheit in Innerafrika beseitigt und dem schmutzigen Geschäft des Sklavenhandels Einhalt geboten werden.

Manche Politiker strebten allerdings lediglich danach, Herrschaft über ein größeres Land und über mehr Leute zu haben.

In erster Linie hatten die Kolonialherren freilich wirtschaftliche Interessen. In Afrika gab es wertvolle Bodenschätze: Kupfer, Gold, Silber, Diamanten, Bauxit und Phosphate. Für ein paar Gewehre und ein Dampfboot kaufte zum Beispiel Cecil Rhodes (> S. 130) dem König der Matabele die Rechte zum Abbau der Erzvorkommen für ewige Zeiten ab. Damit schuf er ein zusammenhängendes englisches Machtgebiet vom Kap (in Südafrika) bis nach Kairo (in Ägypten). So konnten Eisenbahnlinien gebaut und die Erzvorkommen in Süd- und Ostafrika leicht und in großen Mengen ausgebeutet werden.

In Afrika wuchsen Kaffee, Kakao, Erdnüsse und Kautschuk. Vertreter von Handelsgesellschaften und Kaufleute waren darauf aus, Plantagen zu errichten und sich durch Verträge die Lieferung möglichst großer Mengen dieser „Kolonialwaren" zu sichern.

Rivalitäten unter den europäischen Nationalstaaten

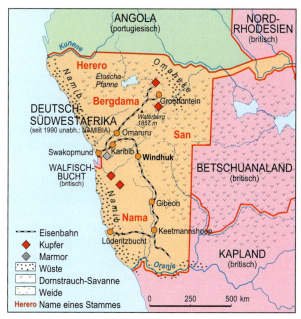

137.1 Südwestafrika

137.2 Hereros nach dem Aufstand 1907

Kolonialherren wenden grausame Methoden an

In der Kolonie Deutsch-Südwestafrika (> S. 132) wurden kein Gold oder Diamanten gefunden. Um den neuen Besitz wirtschaftlich zu nutzen, wurde eine Siedlungskolonie aufgebaut. Neubürger aus Deutschland „kauften" den dort lebenden Hereros und Namas mit Alkohol, Erpressung und Gewalt Land ab. Aufstände schlugen deutsche Schutztruppen blutig nieder. Im Jahre 1904 sollte mitten durch Weidegebiete der Herero eine Güterbahn gebaut werden. Die Herero setzten sich zur Wehr, überfielen eine Militärstation und töteten 100 deutsche Siedler. Daraufhin reisten deutsche Truppen (17 000 Mann) aus der Heimat an. Darüber berichtet ein deutscher Militärbericht:

„In der zweiten Phase … unternahm der Generalleutnant von Trotha den Versuch einer Kesselschlacht. Den Herero gelang zwar der Durchbruch, der Fluchtweg führte aber in die wasserlose Omaheke. Die deutsche Verfolgung wurde darauf angelegt, dass die Herero in dieser Wüstensteppe umkamen. Wenn auch die totale Vernichtung misslang …, so war das Ergebnis dieser Kriegsführung sowie der Kriegsgefangenenbehandlung, dass von den geschätzten 60–80 000 Herero 1906 nur noch 16 000 lebten

(Aus: Bley, H.: Kolonialherrschaft und Sozialstruktur in Deutsch-Südwestafrika 1894–1914, Hamburg 1968, S. 190 f)

Ein Herero nennt die Ursachen für den Überfall:
„Einmal waren es die Stuurmann (Kaufleute) mit ihrem schrecklichen Wucher und gewaltsamen Eintreiben. Für 1 sh (Shilling) Schuld wollten sie nach Jahresfrist 5 sh haben. Dann ist es der Branntwein gewesen, der die Leute schlecht und gewissenlos gemacht hat. Aber das schlimmste Übel ist … die Vergewaltigung unserer Frauen durch Weiße. Manche Männer sind totgeschossen worden wie Hunde, wenn sie sich weigerten, ihre Frauen und Töchter preiszugeben und drohten, sie mit der Waffe in der Hand zu verteidigen. Wenn solche Dinge nicht geschehen wären, wäre kein Überfall gekommen."

(Aus: Gründer, H.: Geschichte der deutschen Kolonien, Paderborn 5. Auflage 2005, S. 120)

AUFGABEN >>

1. Zeichne den Weg Afrikas in die koloniale Abhängigkeit nach.
2. Welche Interessen und Motive führten zur Kolonialherrschaft? Zähle auf, erkläre und bewerte.
3. In erster Linie hatten die Kolonialmächte wirtschaftliche Interessen. Belege dies anhand von Beispielen.
4. Deutsch-Südwestafrika, ein Beispiel für deutsche Kolonialpolitik. Beschreibe die Entstehung der Kolonie und schildere das Geschehen in diesem Gebiet.
5. Wie begründen die Herero ihren Überfall? Nimm Stellung zu ihrem Vorgehen.

5 Imperialismus und Erster Weltkrieg

Die Kolonialisierung aus unterschiedlichen Perspektiven

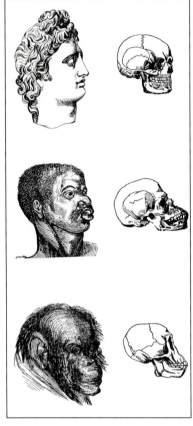

138.1 „Kulturelle Stufenleiter"

Die Europäer halten die Eingeborenen für Wilde

In Afrika lebten die Menschen in Klein- oder Großfamilien zusammen. Sie gehörten einem Stamm an und trugen ihren Fähigkeiten entsprechend als Handwerker oder Händler, als Jäger oder Hirte zum Lebensunterhalt des Stammes bei. Die Europäer wussten wenig über die Eingeborenen. Aufgrund ihrer Lebensweise hielten sie diese für unterentwickelt und ordneten sie in der Entwicklungsreihe gleich nach den Schimpansen ein.

Viele Menschen waren deshalb der Auffassung, man müsste diese „dummen und armen Primitiven" zivilisieren. Sie vertraten die Meinung, dass „von Natur aus" nichts träger sei, als so ein „faultierhafter Neger". Aus diesem Grund hielten sie es für notwendig, die Farbigen zu „brauchbaren Arbeitern" zu erziehen. Ordensleuten wurde ihre Aufgabe so erklärt: „Der Missionar erzieht den Neger zur Arbeit und hebt ihn auf die Stufe der Kultur."

Die Europäer glaubten allen Ernstes, dass es für die übrige Welt das Beste sei, von „der weißen Rasse" beherrscht zu werden (Rassismus).

Aus diesem Überlegenheitsgefühl heraus leiteten viele Völker ihr Sendungsbewusstsein ab: Engländer fühlten sich als „das auserwählte Volk der Menschheit", Franzosen als „Missionare der Zivilisation", Spanier als „Kämpfer für das Christentum" und der deutsche Kaiser Wilhelm II. verkündete: „Gott hat uns gerufen, um die Welt zu zivilisieren, wir sind die Missionare des menschlichen Fortschritts und das Salz der Erde."

138.2 „Zivilisation" (engl. Karikatur, 1890)

AUFGABEN >>

1. Wie werden die Eingeborenen von den Europäern gesehen? Wie sehen sich die „Weißen"? Stelle Begriffspaare zusammen, um die Unterschiede deutlich zu machen (z. B. hässlich – schön)
2. Wie rechtfertigen die europäischen Nationen ihre imperialistische Politik? Erläutere.
3. Welche „Errungenschaften der Zivilisation" brachten die Europäer tatsächlich? (Abb. 138.2)?
4. Mit den Erkenntnissen zur biologischen Entwicklung („Evolution") von Charles Darwin wurde oft der unterschiedliche Wert der menschlichen Rassen begründet. Informiert euch darüber genauer.

Rivalitäten unter den europäischen Nationalstaaten

TRIO-Arbeitsweise: Wir berichten über die Kolonialisierung aus Sicht der Einheimischen

Die Europäer hielten die Eingeborenen für primitiv, betrachteten sie als unterentwickelt. Wie aber sahen die Einheimischen die Weißen? Wie empfanden sie es, ihre kulturellen Eigenarten aufgeben, sich an fremdartige anpassen und die europäische Kultur übernehmen zu müssen? Mithilfe von Bildern und Texten sollt ihr darauf eine Antwort suchen.

139.1 Kolonialbeamter bei einer Besichtigung

Gehe dabei folgendermaßen vor:
1. Schau dir das Bild genau an und versetze dich in die betreffenden Personen (z. B. Der Eingeborene vorne links).
2. Notiere dir zu folgenden Fragen Stichpunkte:
– Wie siehst du aus? Was hast du an?
– Was machst du für ein Gesicht? Was nimmst du für eine Körperhaltung ein?
– Was denkst du? Was möchtest du dem Beamten sagen?
– Was möchtest du deinen „Mitarbeitern" mitteilen?
– Was würdest du gerne tun? Warum tust du es nicht?
3. Erstelle einen Text oder berichte mündlich über die Kolonisation aus Sicht des „Eingeborenen" in der „Ich-Form".

Ein Beitrag zur Frauenfrage in deutschen Kolonien
„Meine Mädchen durften nur Kartoffeln schälen und höchstens etwas Gemüse putzen, das mehrmalige Nachwaschen besorgte ich selbst. Mein Kaffernmädchen Elli bereitete mir des Morgens den Tee. Zuvor aber musste sie sich in meiner Gegenwart die Hände in warmen Wasser waschen. Andere Dienstreichungen in der Küche habe ich niemals erlaubt, nicht einmal beim Kuchenbacken durfte sie den Teig rühren. Ich habe auch niemals aus … einem Glas trinken können, das ich nicht, nachdem es der Eingeborene bereits gereinigt, noch einmal unter fließendem Wasser abgespült hätte."
(Aus: Bockmann, C.: Die Deutsche Frau in Südwestafrika, Berlin 1910, S. 22)

1. Lies dir den Text genau durch, kläre unbekannte Wörter und gib schließlich den Inhalt mit eigenen Worten wieder.
2. Kennzeichne, was die farbige Frau tun musste, was sie tun durfte und was sie nicht durfte.
3. Wähle Textstellen aus und notiere, was die farbige Frau in solchen Situationen wohl denkt, wie sie sich fühlt und was sie der weißen Frau am liebsten sagen möchte.
4. Die weiße Frau spricht von „meine Mädchen". Was drückt sie damit aus? Wie wirkt diese Redensart auf dich als farbige Frau?
5. Verfasse nun einen Text zur Kolonisation aus Sicht des Mädchens in der „Ich-Form".

Rivalität unter den Großmächten

140.1 Plakat des Flottenvereins

Die Großmächte rüsten zum Kampf

Die imperialistische Machterweiterung hatte die europäischen Staaten „aggressiv" gemacht. Jeder wollte der Stärkste sein. Jede Nation hielt sich für befähigt, über andere zu herrschen. Ein übertriebener Nationalstolz (Nationalismus) erfasste viele. Dies galt für Franzosen, Engländer, Russen und Amerikaner genauso wie für Deutsche.

Die Großmächte setzten deshalb auf militärische Stärke. Ein fieberhaftes Wettrüsten begann. Frankreich führte eine dreijährige Armeedienstzeit ein. Österreich-Ungarn und Russland erweiterten ihre Heere, das deutsche Militär besaß eine Friedensstärke von 750 000 Mann und konnte für den Ernstfall 4 Millionen Soldaten mobilisieren.

Der Leiter des deutschen Marineamtes, Admiral von Tirpitz, forderte: „Deutschland muss eine Flotte von solcher Stärke haben, dass selbst für die größte Flotte ein Krieg mit ihr ein Risiko wäre." Der „Deutsche Flottenverein" wurde gegründet, um durch lautstarke Propaganda diese Pläne in der Bevölkerung populär zu machen.

Auf die deutsche Seeaufrüstung antworteten die Engländer mit dem Bau von Großkampfschiffen, die hochmodern mit neuartiger Bewaffnung ausgerüstet wurden. In ganz Europa schnellten nach 1900 die Rüstungsausgaben in die Höhe. Stolz demonstrierten die Großmächte bei Manövern ihre militärische Macht. Ein Vertreter der amerikanischen Botschaft in Berlin schrieb dazu an den amerikanischen Präsidenten:

„Das ist ein Militarismus, der wahnsinnig geworden ist. Wenn nicht jemand erreichen kann, dass sich andere Einsichten durchsetzten, wird es eines Tages eine fürchterliche Weltkatastrophe geben. Niemand in Europa kann es schaffen. Dafür gibt es zu viel Hass, zu viel Misstrauen."

(Aus: Propyläen-Weltgeschichte, Band 9, Berlin 1960, S. 46)

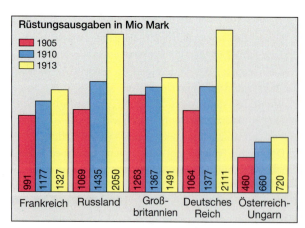

140.2 Rüstungsausgaben europäischer Mächte

140.3 „Wie sollen wir uns die Hand geben?"

Rivalitäten unter den europäischen Nationalstaaten

Die Großmächte schließen Militärbündnisse

Nach dem Krieg mit Frankreich (1870) wollte Bismarck den Frieden in Europa sichern. Er versuchte deshalb, die Spannungen zwischen den europäischen Großmächten auszugleichen. Es gelang ihm, ein freundschaftliches Verhältnis gegenüber England zu erhalten und mit Russland einen Vertrag zu schließen. Auch alle anderen europäischen Staaten waren in ein Bündnissystem mit Deutschland eingebunden (Abb. 141.1). So erreichte er sein Ziel, das mit Deutschland verfeindete Frankreich zu isolieren. Mit dem Rücktritt Bismarcks (> S. 133) wurde seine Bündnispolitik nicht weiter verfolgt. Durch ihre herausfordernden Flottenpläne verlor die deutsche Regierung das Vertrauen Englands. Mit Russland wurde der Rückversicherungsvertrag nicht mehr erneuert, weil Russland und Österreich-Ungarn miteinander im Streit lagen. Beide wollten den Balkan in ihre Abhängigkeit bringen. Die neue deutsche Politik wirkte sich so aus:

- Russland suchte die Annäherung an Frankreich. Sie beschlossen, im Ernstfall einander beizustehen.
- England legte seine Kolonialstreitigkeiten mit Frankreich ab. Ihr neues Verhältnis hieß „Entente cordiale" (herzliches Einvernehmen).
- Nur kurze Zeit später kam es auch zu einer Verständigung zwischen England und Russland.

Damit ergab sich eine veränderte Situation in Europa. Deutschland mit seinen schwachen Bundesgenossen Österreich-Ungarn und Italien (Dreibund) war auf einmal eingekreist von verbündeten Großmächten (Abb. 141.2). Was Bismarck immer verhindern wollte, war eingetreten: Die Wahrscheinlichkeit eines Zweifrontenkriegs im Falle eines militärischen Konflikts – gleichzeitig Kampf im Westen gegen Frankreich und im Osten gegen Russland.

AUFGABEN >>

1. *Beschreibe, wie sich das Streben nach Machtausdehnung auf die europäischen Völker auswirkte.*
2. *„Die Großmächte setzten auf militärische Stärke". Belege diese Tatsache anhand Abb. 140.1 und 140.2.*
3. *Was soll durch die Karikatur (Abb. 140.3) zum Ausdruck kommen? Vergleiche dazu die Aussagen des amerikanischen Botschafters.*
4. *Erläutere mit eigenen Worten, was mit „Nationalismus" und „Militarismus" gemeint ist.*
5. *Erkläre mithilfe der Abb. 141.1, welche außenpolitischen Ziele Bismarck anstrebte und was er erreichte.*
6. *Kennzeichne mithilfe von Abb. 141.2 die veränderte Lage Deutschlands.*
7. *Erläutere, wie es zur Isolierung Deutschlands kam.*

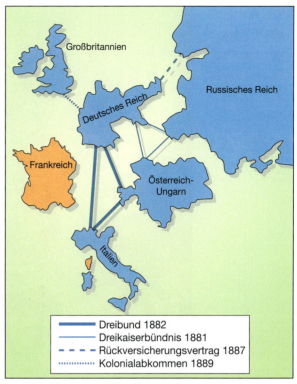

141.1 Bündnissystem zur Zeit Bismarcks

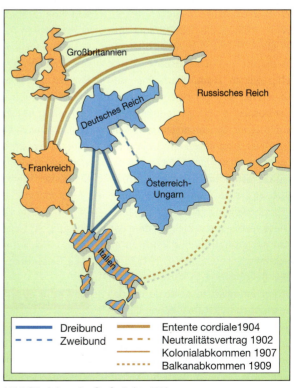

141.2 Bündnisse der Großmächte 1912

Der Weg in den Krieg

142.1 Das Attentat von Sarajevo

23.7.	Österreich stellt Serbien ein auf 48 Std. befristetes Ultimatum (Aufforderung) zur Untersuchung des Attentats.
28.7.	Österreich erklärt Serbien den Krieg
	Russland lässt seine Armee aufmarschieren
1.8.	Frankreich gibt Mobilmachung bekannt
	Deutschland erklärt Russland den Krieg
	Die britische Flotte macht mobil
3.8.	Deutsche Kriegserklärung an Frankreich
4.8.	Deutsche Truppen marschieren durch das neutrale Belgien nach Frankreich. Dies führt zur Kriegserklärung Englands.
6.8.	Österreich erklärt Russland den Krieg.

142.2 Der Weg in den Krieg

Ein Attentat löst den Ersten Weltkrieg aus

Wie ein Blitz schlug am 28. Juni 1914 in allen Hauptstädten Europas die Nachricht ein: Der österreichische Thronfolger Franz Ferdinand und seine Frau sind bei einem Besuch in der bosnischen Hauptstadt Sarajewo auf offener Straße erschossen worden. Der Attentäter, ein 18-jähriger Gymnasiast namens Gavrilo Princip, wurde festgenommen. Er gab an, im Auftrag einer serbischen Untergrundbewegung gehandelt zu haben. Diese verfolgte das Ziel, auf dem Balkan ein großserbisches Reich zu errichten.
Die Bevölkerung in Österreich war erregt. Energisch forderte sie, mit den Serben gründlich abzurechnen. Doch Serbien war mit Russland befreundet und ein österreichischer Angriff auf Serbien konnte nur dann erfolgen, wenn Deutschland dazu Rückendeckung gab.

Die deutsche Regierung nutzt die Gelegenheit

Auf eine diesbezügliche Anfrage antwortete der deutsche Reichskanzler am 6. 7. 1914: *„Kaiser Franz könne sich darauf verlassen, dass seine Majestät im Einklang mit seinen Bündnispflichten und seiner alten Freundschaft treu an der Seite Österreich-Ungarns stehen werde."*
Der deutsche Botschafter in Wien, Tschirschky, schrieb am 30. 7. 1914:
„Hier höre ich bei ernsten Leuten vielfach den Wunsch, es müsse einmal gründlich mit den Serben abgerechnet werden. Man müsse den Serben zunächst eine Reihe von Forderungen stellen und, falls sie diese nicht annehmen, energisch vorgehen. Ich benutze jeden solchen Anlass, um ruhig, aber sehr nachdrücklich und ernst vor übereilten Schritten zu warnen."
Der Kaiser fügte dem Schreiben diese Randnotizen und Bemerkungen bei:
„Jetzt oder nie – Wer hat ihn dazu ermächtigt? – Das ist sehr dumm! – Geht ihn gar nichts an, da es lediglich Österreichs Sache ist, was es hierauf zu tun gedenkt. – Tschirschky soll den Unsinn gefälligst lassen! Mit den Serben muss aufgeräumt werden, und zwar bald."
(Aus: Geiss (Hrsg.), Juli-Krise 1914, München 1965, S. 52)

AUFGABEN >>

1. Der Mord in Sarajewo löste den Krieg aus, war aber nicht die Ursache des Kriegs (> S. 140/141). Erklärt.
2. Vollzieht schrittweise den Weg in den Krieg nach. Verdeutlicht an einer Wandkarte, welche Staaten warum ins Kriegsgeschehen eingriffen.
3. Analysiert anhand der Quellentexte das Verhalten der deutschen Regierung und nehmt dazu Stellung.

Rivalitäten unter den europäischen Nationalstaaten

143.1 Deutsche Soldaten auf dem Weg zur Front

Viele Menschen fiebern dem Krieg entgegen

„Ich führe euch herrlichen Zeiten entgegen", verkündete Kaiser Wilhelm II. seinem Volk 1900 zur Jahrhundertwende. Warum auch nicht? Die Löhne stiegen, fast jeder fand Arbeit, die Geschäfte gingen gut. Viele Menschen empfanden die Jahre als „Goldenes Zeitalter der Sicherheit". Voller Stolz schaute ein Großteil der Bevölkerung auf die militärische Macht. Die Armee galt als Schule der Nation. Hier lernte der Soldat den Umgang mit der Waffe. Hier wurden ihm soldatische Tugenden beigebracht: Pflichterfüllung, Kameradschaft, Gehorsam, Ordnung, Disziplin und Härte. Auch in England und Frankreich herrschte als Zeitgeist eine übertriebene militärische Gesinnung vor (Militarismus).

Viele Menschen waren deshalb begeistert, als endlich der Krieg ausbrach. Sie drängten sich zu den Waffen. Massenweise meldeten sich junge Männer, um freiwillig in den Krieg zu ziehen. Sie wollten mithelfen, den Gegner in die Knie zu zwingen. Sie waren fest entschlossen, in vorderster Linie zu kämpfen, ja sie waren sogar bereit, fürs Vaterland den Heldentod zu sterben. Sie fühlten sich in eine große Aufgabe eingebunden und glaubten, ihrem Leben damit einen Sinn zu geben. Ein junger Schriftsteller schilderte die Stimmung:

„Als wir uns Freiburg näherten, sang der ganze Zug. Jeder kannte den anderen. Ich glaubte zu träumen. Als wir in Freiburg einfuhren, schäumte der Bahnsteig von Stimmen. Soldaten, in deren Gewehrläufe Rosensträuße steckten, wurden beschenkt, als hätten sie Geburtstag. Selbst die Kanonen auf den flachen Güterwagen waren mit Blumen und Laub bestecktt … Alle Menschen lachten, am meisten die Soldaten."

(Aus: Kotowski, Historisches Lesebuch 3, Frankfurt 1968, S. 43 f)

AUFGABEN >>

1. Beschreibe anhand der Textquelle sowie der Abb. 143.1 und 2 die Stimmung in weiten Kreisen der Bevölkerung in den kriegsbeteiligten Ländern, als der Krieg ausbrach.
2. Welche Vorstellungen hatten die Soldaten vom Krieg? Beachte Mimik und Gestik der Männer und die Aufschriften auf dem Waggon Abb. 143.1.
3. Woher kam diese Kriegsbegeisterung der Menschen? Klärt dazu, was „militärische Gesinnung" meint.
4. Zeigt an konkreten Beispielen „militärische Tugenden" auf. Erörtert gemeinsam in der Klasse den Sinn und Wert, aber auch die Gefahren solcher Tugenden.

143.2 Französische Soldaten bei Kriegsbeginn

144.1–3 Kriegsalltag: Schützengraben, Gaskrieg, Tanks

Verlauf und Ende des Krieges

Die Vorstellungen erfüllen sich nicht

Nach dem von General Schlieffen ausgearbeiteten deutschen Kriegsplan („Schlieffenplan") sollte zunächst Frankreich im Westen schnell besiegt werden. Danach sollte Russland „erledigt" werden. Der Angriff verlief zunächst planmäßig. Doch kurz vor Paris, am Fluss Marne, stoppten englische und französische Truppen den deutschen Vormarsch. Die Lage änderte sich.

Im Osten rückten die Russen schneller als erwartet vor und bedrohten Ostpreußen. Um die Gefahr abzuwehren, wurden im Westen zwei Armeen abgezogen. Im Sommer 1915 kam an den Alpen eine dritte Frontlinie dazu. Italien hatte Deutschland und Österreich den Krieg erklärt.

Weitere Truppen der Westfront wurden nun im Süden gebraucht. Von jetzt an gab es für alle Beteiligten nur noch geringe Geländegewinne. Der Schlieffenplan mit schnellen Truppenbewegungen war gescheitert. Es begann ein zermürbender Stellungskrieg.

Der Krieg zeigt sein wahres Gesicht

Mit Großoffensiven in noch nie gesehenen, gewaltigen Materialschlachten versuchten die Kriegsgegner, im Stellungskrieg zum Erfolg zu kommen. Es wurde auf modernste Technik zurückgegriffen: Maschinengewehre, Giftgas, Handgranaten, Tanks (Panzer) und großkalibrige Artilleriegeschosse. Erstmals kamen Bomben- und Jagdflugzeuge zum Einsatz, erstmals wurden Waffen zu Massenvernichtungsmitteln.

Beim Kampf um die Festung Verdun sollte der Feind „ausgeblutet" werden. In der „Hölle von Verdun" wurde jeder Quadratmeter Boden mehrfach umgepflügt. Die Festung konnte nicht erobert werden. Als endlich die Waffen schwiegen, waren dort 377 000 deutsche und 337 000 französische Soldaten gefallen.

144.4 Schlachtfeld in der Nähe von Verdun

Rivalitäten unter den europäischen Nationalstaaten

145.1 Nach der Versenkung der Lusitania durch deutsche U-Boote

145.2 Amerikanische Soldaten auf dem Weg zur Front

Der Krieg geht dem Ende entgegen

Um die Versorgung der feindlichen Bevölkerung mit Waren blockieren zu können, verkündete das Deutsche Reich den uneingeschränkten U-Boot-Krieg. Damit konnte jetzt ohne vorherige Warnung jedes Handelsschiff im Seegebiet um Großbritannien versenkt werden.

Energisch protestierte der amerikanische Präsident gegen dieses Vorgehen. Als erneut amerikanische Bürger bei einer Schiffsversenkung (Abb. 145.1) ums Leben kamen, erklärten die Vereinigten Staaten am 2. 4. 1917 den Mittelmächten den Krieg. In kurzer Zeit schickte Amerika 1,2 Millionen Soldaten nach Europa, unterstützte die Alliierten mit enormen Materiallieferungen und sorgte für die Kriegsentscheidung an der Westfront im Sommer 1918.

Ohne Rücksicht auf Verluste ließ die russische Militärführung ihre Soldaten gegen die Front der technisch überlegenen Mittelmächte anrennen. In Russland machte sich zunehmende Kriegsmüdigkeit breit. Im Februar 1917 brach die Versorgung der Bevölkerung total zusammen. Es kam zu einer Revolution. Der Zar musste abdanken. Die provisorische (vorläufige) Regierung wollte den Krieg fortsetzen, um einen ehrenvollen Frieden zu erreichen. Das Volk war dazu aber nicht mehr bereit. Es wählte aus den eigenen Reihen Arbeiter-, Bauern- und Soldatenräte, die sich Sowjets nannten. Sie übernahmen in vielen Städten die Macht.

Im März 1918 unterzeichnete die sowjetische Regierung den von Deutschland aufgezwungenen Friedensvertrag von Brest-Litowsk: Russland musste Polen und die baltischen Länder abtreten. Finnland und die Ukraine sollten unter deutscher Oberhoheit zu Rohstoff- und Getreidelieferanten werden.

Die Waffen ruhen – Deutschland gibt auf

Vergeblich versuchte die deutsche Führung nach dem „großen Sieg im Osten" an der Westfront das Blatt zu wenden. Doch ein letzter Großangriff musste mit grauenhaften Verlusten bezahlt werden. Verzweiflung machte sich breit. Täglich wuchs die Zahl derer, die jeden Preis zahlen wollten, „wenn nur endlich das Schießen aufhörte". Der oberste Heerführer Ludendorff teilte am 1. Oktober 1918 mit:

„Die Oberste Heeresleitung und das deutsche Heer sind am Ende. Der Krieg ist nicht mehr zu gewinnen, vielmehr steht die endgültige Niederlage unmittelbar bevor. Ich stehe nunmehr auf dem Standpunkt, dass schnellstens Schluss gemacht werden muss."

Die deutsche Reichsregierung musste die Bedingungen für einen Waffenstillstand annehmen. Am 11. November 1918 unterzeichnete sie in Compiègne bei Paris den Vertrag. Damit war der bis dahin mörderischste Krieg der Geschichte beendet. Was würden wohl die Friedensverhandlungen bringen?

AUFGABEN >>

1. Vergleiche die deutschen Kriegspläne mit dem wirklichen Kriegsverlauf.
2. Beschreibe das Kriegsgeschehen und zeichne mithilfe der Bilder auf Seite 144 das „Gesicht des Krieges".
3. Das Jahr 1917 wird als Epochenjahr bezeichnet. Begründe, warum. Beziehe Abb. 145.2 mit ein.
4. Die Revolution in Russland im Jahre 1917. Informiert euch über Ursachen, Verlauf und die weitere Entwicklung Russlands.

TRIO-Arbeitsweise: Wir rekonstruieren menschliche Schicksale im Krieg

„Krieg ist schrecklich, Krieg ist grausam" – so steht es in den Geschichtsbüchern. „Wie schrecklich Krieg wirklich ist und wie grausam Krieg wirklich ist" weiß nur jemand, der den Krieg mitgemacht, ihn selbst erlebt hat.

Wir können nur anhand von schriftlichen und bildlichen Zeugnissen nachvollziehen, wie es gewesen sein könnte und wie der Krieg für Menschen zum Lebensschicksal wurde.

Folgende Leitfragen können euch helfen, Schicksale von Menschen im Krieg zu rekonstruieren.
– Wie hat der Krieg in das Leben eines Menschen eingegriffen?
– Wie hat der Krieg die Menschen in ihrem Wesen beeinflusst?
– Inwieweit hat der Krieg die Persönlichkeit eines Menschen verändert?
– Inwiefern wurde das gesamte weitere Leben eines Menschen durch den Krieg bestimmt?
– Wie haben es einzelne Menschen geschafft, die Kriegserlebnisse zu verarbeiten?

Rekonstruieren ist nicht bloß ein Akt unseres Verstandes, sondern vielmehr ein kreatives Handeln, bei dem Vernunft, Gefühl und Fantasie zusammenspielen. Deshalb solltest du versuchen, dich in die betreffende Person hineinzuversetzen:
– Woran denkst du gerade? Was fühlst du?
– Welche Fragen beschäftigen dich?
– Welche Gedanken gehen dir nicht mehr aus den Kopf?
– Wie ist dir zumute? Was quält dich?
– Was könnte dich trösten?
– Wonach sehnst du dich? Was vermisst du?
– Was möchtest du sagen/schreien/anderen mitteilen?

146.1 Nach einem Giftgaseinsatz. Gemälde von J. S. Sargent, der den Krieg überlebte.

Soldaten erleben den Krieg an der Front

„In der Nacht erwachen wir. Die Erde dröhnt. Schweres Feuer liegt über uns. Wir drücken uns in die Ecken. Jeder fühlt es mit, wie die schweren Geschosse die Grabenbrüstung wegreißen, wie sie die Böschung durchwühlen und die obersten Betonklötze zerfetzen … Der Morgen ist da. Jetzt mischen sich explodierende Minen in das Artilleriefeuer. Es ist das Wahnsinnigste an Erschütterungen, was es gibt. Wo sie niederfegen, ist ein Massengrab."
(Aus: Remarque, Im Westen nichts Neues, Berlin 1956, S. 79)

„Die ganze Nacht … musste ich weite Strecken zurücklegen, auf denen ich die Toten und Verwundete beider Parteien antraf … Du kannst dir nicht vorstellen, geliebte Mutter, was der Mensch dem Menschen anzutun vermag. Endlich nach fünf Tagen des Entsetzens, die uns zwölfhundert Opfer gekostet haben, sind wir aus diesem Ort der Gräuel zurückgezogen worden."
(Aus: Briefe eines Soldaten, Zürich 1918)

146.2 Tod an der Front

1.9.1914: „Mit dem Krieg denke ich, dauert es nicht lange, denn die Deutschen erobern alles."

18.10.1914: „Wir haben fast Tag und Nacht Dienst. Wir hatten Artilleriefeuer, das war fürchterlich. Ich schlaf oft den ganzen Tag keine 2 Stunden vor Angst um mein Leben. Wenn ich nur nicht fallen muss."

3.11.1914: „Die Kugeln pfiffen, dass ich gar nicht wusste, was ich vor Angst anfangen sollte. Es war grässlich, wie ein Teil der Verwundeten aussah. Gab auch 20 Tote. Wenn es so fortgeht, verliere ich noch meinen Verstand vor Angst und Aufregung."

September 1914

30.12.1914: „Wenn Gott es so beschlossen hat, dass ich falle, muss ich einfach fallen."

11.1.1915: „Betet doch fleißig, vielleicht erhört uns dieser Herrgott doch."

17.4.1915: „Ich bin jetzt an das Kriegsleben gewöhnt. Das Schießen und Schießenhören ist einem was Altes."

17.6.1915: „Will nur sehen, wie lang uns Herrgott noch zusieht, wie die Mannschaft behandelt und hingeschlachtet wird. Die wo gleich gefallen sind, sind am besten dran."

(nach: Knoch, Menschen im Krieg, Ludwigsburg 1987, 52 ff.)

Februar 1915

147.1 Stefan Schimmer – ein Frontschicksal von vielen

Die Frau von Stefan Schimmer und ihre sechs Kinder

147.2 Ein Schicksal von vielen – Familie Schimmer

Am 1.7.1915 erhält Frau Schimmer folgende Benachrichtigung von der Front:

Ich muss Ihnen leider mitteilen, dass Ihr Mann gestern tot aufgefunden wurde. Er hatte einen Gewehrschuss in den Rücken erhalten.

Sie werden über diese Nachricht untröstlich sein, doch beruhigen Sie sich, Ihr Mann hat ja den Heldentod fürs Vaterland gefunden. Er ist gestorben für eine gerechte Sache. Gott wird ihn dafür belohnen. Trösten Sie sich daher und halten Sie es für eine Fügung Gottes.

(nach: Knoch, Menschen im Krieg, Ludwigsburg 1987, 52 ff.)

147.3 Gefangen genommen

147.4 Verletzte Soldaten: sportliche Betätigung von Einbeinigen

TRIO-Kompakt: Imperialismus und Erster Weltkrieg

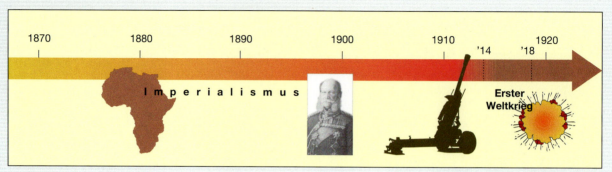

148.1 Zeitleiste

Der Weg in den Krieg

- Die Industrialisierung mit ihrer wachsenden Produktion brauchte mehr Rohstoffe und neue Absatzmärkte.
- Ab 1875 beginnt ein Wettlauf der europäischen Mächte um den Besitz von Kolonien. Vor allem Afrika wird unter den Kolonialmächten aufgeteilt.
- Das Streben nach Besitzerweiterung, Machtausdehnung und Vorherrschaft macht die europäischen Völker zu Rivalen und führt zu gefährlichen Spannungen.
- Die Großmächte setzen auf militärische Stärke und rüsten sich zum Kampf.
- Der Drang des deutschen Kaisers Wilhelm II. nach Weltgeltung rückt Deutschland in die Rolle des Störenfriedes und lässt die Großmächte England, Frankreich und Russland näher zusammenrücken.
- Deutschland mit seinen Bundesgenossen Österreich-Ungarn und Italien ist jetzt von miteinander verbündeten Großmächten eingekreist.
- Die Ermordung des österreichischen Thronfolgers in Sarajewo löst **1914** den Ersten Weltkrieg aus.

Der Verlauf des Krieges

- Der anfänglichen Kriegsbegeisterung folgt angesichts der brutalen Realität des modernen Vernichtungskrieges bald die Ernüchterung.
- Der Eintritt der USA im Jahre 1917 führt zum Zusammenbruch Deutschlands und seiner Verbündeten.
- Mit der Aufgabe Deutschlands endet **1918** der Erste Weltkrieg.

148.2 Merktext

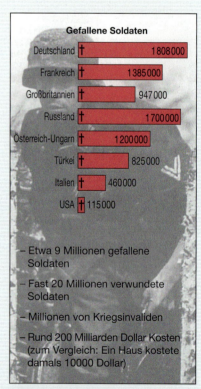

Gefallene Soldaten

Land	Gefallene
Deutschland †	1 808 000
Frankreich †	1 385 000
Großbritannien †	947 000
Russland †	1 700 000
Österreich-Ungarn †	1 200 000
Türkei †	825 000
Italien †	460 000
USA †	115 000

- Etwa 9 Millionen gefallene Soldaten
- Fast 20 Millionen verwundete Soldaten
- Millionen von Kriegsinvaliden
- Rund 200 Milliarden Dollar Kosten (zum Vergleich: Ein Haus kostete damals 10 000 Dollar)

148.3 Bilanz des Krieges

AUFGABEN >>

1. Lies den Merktext 148.2 einige Male aufmerksam durch. Notiere dann zu jedem Satz ein Stichwort. Wiederhole mithilfe deines Stichwortzettels das Thema „Imperialismus und Erster Weltkrieg".
2. Entwerft eine Schemadarstellung, die den Zusammenhang zwischen Imperialismus, Nationalismus, Militarismus und dem Ersten Weltkrieg aufzeigt.
3. Das Kriegerdenkmal in eurem Heimatort gibt Auskunft über gefallene und vermisste Soldaten des Ersten Weltkrieges. Plant einen Besuch.

TRIO-Kompakt: Die Diskussion um die Kriegsschuldfrage

Der Ausbruch des Ersten Weltkrieges gehört zu den großen Streitfragen des 20. Jahrhunderts. Insbesondere die Frage, welchen Anteil Deutschland an der Entstehung des Krieges hatte, wurde im Verlauf der Geschichte immer wieder aufgegriffen. Sie wird bis heute unterschiedlich gesehen:

Urteile von Historikern:

In einer gemeinsamen Erklärung deutscher und französischer Geschichtsforscher aus dem Jahre 1951 heißt es:
„Die Dokumente erlauben es nicht, im Jahr 1914 irgendeiner Regierung oder einem Volk den bewussten Willen zu einem europäischen Krieg zuzuschreiben."
(Aus: Geschichte in Wissenschaft und Unterricht, 1952, S. 294)

Der deutsche Historiker Fischer kam 1961 zu dem Ergebnis:
„Da Deutschland den österreichisch-serbischen Krieg gewollt, gewünscht und gedeckt hat und, im Vertrauen auf die deutsche militärische Überlegenheit, es im Jahre 1914 bewusst auf einen Konflikt mit Russland und Frankreich ankommen ließ, trägt die deutsche Regierung einen erheblichen Teil der historischen Verantwortung für den Ausbruch des allgemeinen Krieges."
(Aus: Fischer, Fritz: Griff nach der Weltmacht. Die Kriegszielpolitik des kaiserlichen Deutschland 1914/1918, Düsseldorf 1961, S. 97)

Im Jahre 1965 urteilte er noch deutlicher:
„... stelle ich heute fest, gestützt auf allgemein zugängliches wie auch auf unveröffentlichtes Material: Deutschland hat im Juli 1914 nicht nur das Risiko eines über dem österreichisch-serbischen Krieg ausbrechenden großen Krieges bejaht, sondern die deutsche Reichsleitung hat diesen Krieg gewollt, dementsprechend vorbereitet und herbeigeführt."
(Aus: Fischer, Fritz: Vom Zaun gebrochen – nicht hineingeschlittert, in: Die Zeit, 3. Sept. 1965, S. 30)

Der sowjetische Historiker Bestuschew vertrat 1966 folgende Auffassung:
„Die Untersuchung der Tatsachen zeigt, ... dass die Politik aller Großmächte, einschließlich Russlands, objektiv zum Weltkrieg führte. Die Verantwortung für den Krieg tragen die herrschenden Kreise aller Großmächte ... ungeachtet der Tatsache, dass die Regierungen Deutschlands und Österreichs, die den Krieg auslösten, eine größere Aktivität an den Tag legten."
(Aus: W. Schieder (Hrsg.): Erster Weltkrieg, Köln 1969, S. 489)

Zu welchem Ergebnis kommt ihr?

Bilde dir zuerst deine eigene Meinung und begründe sie. Die folgenden Aussagen sollen dir dabei helfen. Wenn du dir unklar bist, kannst du zu einzelnen Sachverhalten noch einmal im Buch nachschauen.

Die Engländer: Sie fingen mit der „imperialistischen Machtpolitik" an (> S. 130/131).
Die Franzosen: Auch sie wollten „so viele Frankreichs wie möglich schaffen".
Die Spanier, Italiener, Belgier, Russen: Sie beteiligten sich ebenfalls am Wettlauf um Kolonien (> Abb. 134.1/S. 138).
Die Deutschen: Ihr Geltungsdrang und Machtstreben bedeutete eine Gefahr für die anderen Nationen (> S. 133).
Alle Großmächte: Durch ihre Aufrüstung und Bündnispolitik signalisierten sie Bereitschaft, politische Probleme kriegerisch zu lösen (> S. 140/141).
Die Mehrheit der deutschen Bevölkerung: Sie stimmten der Politik des Kaisers zu, ihnen gefiel der militärische Zeitgeist und sie wollten den Krieg (> S. 143).
Die deutsche Regierung: Sie führte gezielt den Krieg herbei; der Mord in Sarajewo war dafür die Gelegenheit (> S. 142). Das Deutsche Reich wurde als Bündnispartner von *Österreich-Ungarn* in den Krieg hineingezogen (> S. 141).
Alle Menschen in den beteiligten Staaten: Sie hielten sich für etwas Besseres, entwickelten extremen Nationalismus und verhinderten nicht, dass sich ein wahnsinniger Militarismus breit machte (> S. 138/140).

AUFGABEN >>

Diskutiert die Kriegsschuldfrage in eurer Klasse.

149.1 Schüler zur Geburtstagsfeier des Kaisers (1915)

6 Demokratie...

Arbeitslose stehen vor dem Arbeitsamt Schlange (Hannover 1930)

Aufruf zur Wahl der Nationalversammlung 1919

Werbung für Waschmaschinen (1925)

...und NS-Diktatur

Ein Volk, ein Reich, ein Führer!

Auf einer Veranstaltung der NSDAP in München 1938 – Plakat mit Hitlerporträt

Vom Kaiserreich zur Republik

152.1 Leiden der Bevölkerung: Abfälle werden nach Brennbarem durchsucht

Die letzten Kriegstage

Nach vierjährigem Krieg stand im Sommer 1918 der militärische Zusammenbruch des deutschen Heeres unmittelbar bevor (> S. 145). Deutschland befand sich in einer verheerenden Situation:
Im Ersten Weltkrieg waren 1,8 Millionen deutsche Soldaten gefallen, 4,2 Millionen verwundet. Die ehemaligen Soldaten mussten nun in eine Wirtschaft eingegliedert werden, die jahrelang im Dienste der Rüstung gestanden hatte. Auch die Zivilbevölkerung war stark betroffen. Die Industrieproduktion und die Ernteerträge waren deutlich zurückgegangen. Viele Menschen, vor allem Alte und Kranke, starben an den Folgen mangelhafter Ernährung. Trotz der Kriegsmüdigkeit der Bevölkerung überraschte sie die Niederlage. Die deutsche Führung hatte sie bis zuletzt über den Ernst der Kriegslage durch ihre Kriegspropaganda getäuscht.

Schließlich wurde eine neue Regierung unter Max von Baden gebildet. Sie übermittelte ein Waffenstillstandsangebot an den amerikanischen Präsidenten. Denn die Alliierten hatten die Bedingung gestellt, die Waffenstillstandsverhandlungen nur mit einer vom Parlament gewählten Regierung zu führen.

Die Revolution bricht aus

Obwohl die Waffenstillstandsverhandlungen bereits begonnen hatten, erhielt die Kriegsmarine in Kiel am 30. 10. 1918 den Befehl zu einem Angriff auf die britische Flotte. Die Matrosen weigerten sich, den für sie sinnlosen Befehl auszuführen (Abb. 152.2). Es kam zur Meuterei.
Schon vorher war es innerhalb des Heeres zu Spannungen zwischen Offizieren und Soldaten gekommen. Die Zensur, das heißt die Kontrolle von Briefen, die ungleiche Versorgung und die strengen Kriegsgerichte hatten den Unwillen der Soldaten hervorgerufen.
Die Unruhen griffen auf viele andere Städte über. Arbeiter streikten in den Fabriken, Soldaten besetzten die Kasernen. Spontan bildeten sich Arbeiter- und Soldatenräte, die die Macht übernahmen.

152.2 Meuterei von Kieler Matrosen: Sie verweigern den Gehorsam

Die Weimarer Republik

Der Kaiser dankt ab

Die Aufstände erreichten Berlin. Die alte Ordnung brach zusammen. Daher übergab der letzte Kanzler der Monarchie, Max von Baden, die Regierung den Sozialdemokraten (SPD). Die Führung der SPD wollte die Abdankung des Kaisers, um Aufstände zu verhindern. Deshalb entschloss sich Max von Baden zu einem Alleingang: Er ließ in der Parteizeitung der SPD unter der Überschrift „Der Kaiser hat abgedankt" (Abb. 153.1) folgenden Text veröffentlichen:

153.1 Titelseite der sozialdemokratischen Parteizeitung „Vorwärts" vom 9. 11. 1918

„Seine Majestät der Kaiser und König haben sich entschlossen, dem Throne zu entsagen. Der Reichskanzler bleibt noch so lange im Amte, bis die mit der Abdankung Seiner Majestät ... verbundenen Fragen geregelt sind. Er beabsichtigt, dem Regenten die Ernennung des Abgeordneten Ebert zum Reichskanzler und die Vorlage eines Gesetzentwurfs wegen der Ausschreibung allgemeiner Wahlen für eine verfassungsgebende deutsche Nationalversammlung vorzuschlagen.
Es wird nicht geschossen. Seitens des Militärs wird von der Waffe kein Gebrauch gemacht."

Kaiser Wilhelm II. dankte erst am 28. November ab:
„Ich verzichte hierdurch für alle Zukunft auf die Rechte an der Krone Preußens und die damit verbundenen Rechte an der deutschen Kaiserkrone ... Zugleich entbinde ich alle Beamten ... sowie Offiziere, Unteroffiziere und Mannschaften ... des Treueeides, den sie Mir als ihren Kaiser, König und obersten Befehlshaber geleistet haben."

Am 9. 11. 1918 wurde der SPD-Vorsitzende Friedrich Ebert von Max von Baden zum neuen Reichskanzler ernannt. Am selben Tag rief der SPD-Politiker Philipp Scheidemann in einer Rede die Republik aus:
„Arbeiter und Soldaten! Der unglückselige Krieg ist zu Ende. Das Morden ist vorbei. Der Kaiser hat abgedankt ... Das Volk hat auf der ganzen Linie gesiegt. Prinz Max von Baden hat sein Reichskanzleramt Friedrich Ebert übergeben ... Die neue Regierung darf nicht gestört werden in ihrer Arbeit für den Frieden, in der Sorge um Brot und Arbeit. Nichts darf geschehen, was der Arbeiterbewegung zur Unehre gereicht. Seid einig und pflichtbewusst ...
Es lebe die Deutsche Republik."
(Aus: Michaelis/Schraepler (Hrsg.), Ursachen und Folgen, Bd. 2, Berlin 1958, S. 570ff.)

So endete am 9. November 1918 die Monarchie, die seit der Reichsgründung 1871 im Deutschen Reich geherrscht hatte. Gleichzeitig erklärte die neue Regierung die Niederlage im Krieg gegenüber den Alliierten.

153.2 Philipp Scheidemann ruft die Republik aus

AUFGABEN >>

1. Erläutere die Ursachen der Revolution.
2. Beschreibe den Anlass der Revolution von 1918.
3. Erläutere die Begriffe Monarchie und Republik mithilfe des Lexikons.
4. Beschreibe die wichtigsten Etappen auf dem Weg Deutschlands von der Monarchie zur Republik. Erstelle dazu eine Zeitleiste.

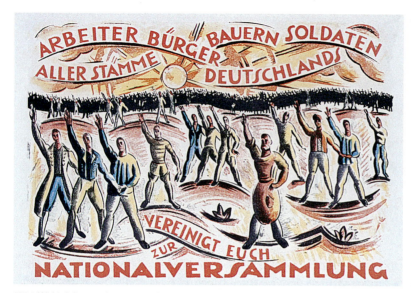
154.1 Wahlplakat zur Nationalversammlung

154.2 Aufruf für Frauen

Die Republik setzt ihr Fundament

Das Volk wählt eine Nationalversammlung

Die vorläufige Regierung unter Friedrich Ebert aus SPD und USPD (Abb. 155.1 und 2) beschloss, so schnell wie möglich Wahlen zu einer Nationalversammlung abzuhalten. Die Regierung war sich darüber einig, dass die Staatsgewalt vom Volk ausgehen sollte. Außerdem wollte man schnell eine funktionsfähige Regierung bilden können. Daher entschloss sich die Übergangsregierung, den Wahltermin für den 19. Januar 1919 festzusetzen. Diese Wahlen fanden unter neuen Bedingungen statt.

Wahlen hatte es bereits im Kaiserreich gegeben. Z. B. in Preußen unterlagen sie jedoch großen Einschränkungen: Es durften nur Männer über 21 Jahre wählen. Nicht jede Stimme zählte gleich viel. Der Wert einer Stimme wurde über die Steuerleistung bestimmt. In ländlichen Gebieten war oft das Wahlgeheimnis nicht gewährleistet. Die Stimmkreise hatten eine unterschiedliche Einwohnerzahl, so dass nicht jeder Sitz im Reichstag für die gleiche Stimmenzahl stand. So vertrat ein Abgeordneter aus Berlin 500 000 Menschen, während ein anderer nur 40 000 repräsentierte.

Das sollte sich nun ändern: Erstmals bestimmte das ganze Volk in allgemeiner, freier, gleicher und geheimer Wahl (Abb. 154.3) eine Nationalversammlung. Darin saßen Abgeordnete, die die Menschen durch ihre Stimme berechtigt hatten, sie im Parlament zu vertreten. Die Sitze wurden an die Parteien entsprechend ihrem Stimmenanteil verteilt (Abb. 154.4). Ihre Aufgabe war es, eine Verfassung auszuarbeiten. Eine Verfassung stellt die rechtliche Grundlage eines Staates dar, um das Zusammenleben der Menschen zu organisieren.

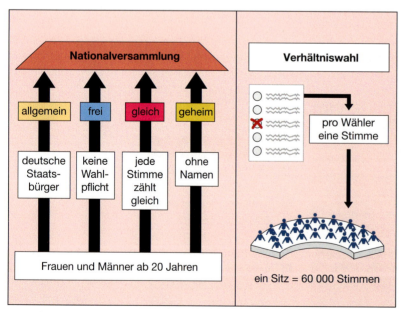

154.3 Wahlbestimmungen

154.4 Wahlmodus

Die Weimarer Republik

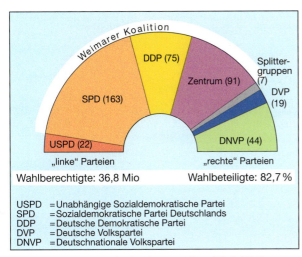

155.1 Wahlergebnis zur Nationalversammlung (19. 1. 1919)

Partei	Ihre politische Ausrichtung ist ...	Viele ihrer Wähler sind ...
USPD	sozialistisch zum Teil Ablehnung der parlamentarischen Demokratie; später Abspaltung der KPD*	revolutionäre Arbeiter
SPD	sozialistisch, demokratisch Befürwortung der parlamentarischen Demokratie; Mitglied der Weimarer Koalition	Arbeiter und Angestellte
DDP	Linksliberal, demokratisch Befürwortung der parlamentarischen Demokratie; Mitglied der Weimarer Koalition	freie Berufe, Lehrer, Professoren
ZENTRUM	katholisch, demokratisch Befürwortung der parlamentarischen Demokratie; Mitglied der Weimarer Koalition	Katholiken aller Bevölkerungsschichten
DVP	national-, rechtsliberal teilweise Ablehnung der Weimarer Verfassung, teilweise Befürwortung der parlamentarischen Demokratie	Mittel- und Oberschicht, Beamte, Unternehmer, Landwirte und Handwerker
DNVP	nationalistisch, konservativ-kaisertreu Ablehnung der parlamentarischen Demokratie, Ziel: Rückkehr zum Kaiserreich	Großgrundbesitzer, Offiziere, Ärzte, Professoren

155.2 Parteien zur Nationalversammlung und ihre Wähler (*KPD = Kommunistische Partei Deutschlands)

Die Nationalversammlung nimmt ihre Arbeit auf

Die Lage in Berlin war auch durch die neue Regierung nicht zur Ruhe gekommen. Um in Ruhe über die Verfassung zu beraten, traf sich die Versammlung am 6. Februar 1919 erstmals in Weimar. Aus diesem Grund erhielt die junge Republik später den Namen „Weimarer Republik". Die Zusammensetzung der Nationalversammlung zeigt Abb. 155.1. Dabei sind zwei Dinge von großer Bedeutung: Zum einen zeigt die hohe Wahlbeteiligung, dass sich die Wahlberechtigten an den Wahlen beteiligten und die junge Republik unterstützten. Zum anderen erhielten die Parteien SPD, DDP und Zentrum die meisten Stimmen. Da gerade diese Parteien die demokratische Republik trugen, konnte mit einer großen Mehrheit für eine moderne demokratische Verfassung gerechnet werden. Man bezeichnet diese drei Parteien auch als Weimarer Koalition. Sie sollten nun baldmöglichst eine Regierung bilden.
Von der Sitzordnung in der Nationalversammlung leitet sich auch die Bezeichnung politische Linke und Rechte ab. Da die konservativen und nationalen Parteien auf der rechten Seite, die sozialistischen und kommunistischen auf der linke Seite saßen, bürgerte sich diese Bezeichnung für die politische Orientierung einer Partei ein.

Die Nationalversammlung wählt den Reichskanzler und den Reichspräsidenten

Fünf Tage später wurde Friedrich Ebert zum Reichspräsidenten und Philipp Scheidemann zum ersten Reichskanzler gewählt. Der Präsident war der erste Mann im Staat. Er hatte ein großes Aufgabengebiet. Der Reichskanzler leitete die Regierung. Ihre Aufgaben wurden in der Verfassung streng festgelegt.

AUFGABEN >>

1. Der Kaiser hatte abgedankt. Wer sollte nun die neue Regierung bestellen?
2. Stelle in einer Tabelle die Unterschiede der Wahlbestimmungen des Kaiserreichs denen der Weimarer Republik gegenüber.
3. Erläutere die wichtigste Aufgabe der Nationalversammlung.
4. Ermittle anhand der Abb. 155.1 die Mehrheitsverhältnisse der ersten Nationalversammlung. Erläutere die wichtige Stellung der Weimarer Koalition.
5. Beschreibe, wieso die Republik Weimarer Republik genannt wurde.

6 Demokratie und NS-Diktatur

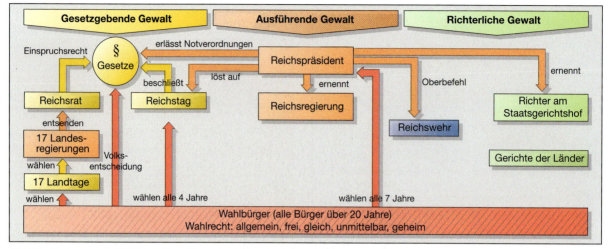

156.1 Die Verfassung der Weimarer Republik

Deutschlands erste demokratische Verfassung

Alle Gewalt geht vom Volke aus

Von Februar bis Juli arbeiteten die Abgeordneten die neue Verfassung aus. Am 31. 7. stimmten sie ihr zu. Nach Unterzeichnung durch Reichspräsident Ebert trat sie am 14. 8. 1919 in Kraft, d. h. sie wurde gültig.
Die Weimarer Verfassung unterschied sich in wichtigen Punkten von der des Kaiserreiches:
- Das Volk war der Souverän (Herrscher) des Staates. Das bedeutete, dass das Volk durch Wahlen seine Herrschaft selbst bestimmte, indem es Abgeordnete in das Parlament wählte.
- Nur das Parlament war zur Gesetzgebung berechtigt. Man bezeichnete dies als Volkssouveränität.
- Der Bürger konnte auch direkt an der Gesetzgebung mitwirken. Mit einer bestimmten Anzahl an Unterschriften konnte ein Gesetz vorgeschlagen werden. Daraufhin wurde darüber ein Volksentscheid durchgeführt.
- Erstmals durften Männer und Frauen ab 20 Jahren wählen. Die Wahlbestimmungen waren streng demokratisch. Durch das Verhältniswahlrecht hatte jede Stimme gleiches Gewicht in der Sitzverteilung des Reichstages.
- Auch der Reichspräsident wurde direkt vom Volke gewählt. (Der erste Präsident, Friedrich Ebert, wurde noch von der Nationalversammlung gewählt.)

Grundrechte werden garantiert

Auch auf dem Gebiet des Rechts unterschied sich die neue Verfassung grundlegend von der des Kaiserreichs:
- Die Grundrechte des Einzelnen wurden in einem eigenen Abschnitt am Ende der Verfassung garantiert. Dazu zählten die Garantie der Freiheit der Person, das Recht auf freie Meinungsäußerung, Unversehrtheit der Wohnung sowie Vereins- und Versammlungsfreiheit (Abb. 156.2).

156.2 Wichtige Grundrechte

Die Weimarer Republik

Stärken und Schwächen der Verfassung

Die Verfassung der Weimarer Republik galt zu ihrer Zeit als eine der modernsten und freiheitlichsten Verfassungen der Welt. Noch nie gab es eine derartige Beteiligungsmöglichkeit für das Volk an der Gesetzgebung. Wahlrecht, Verhältniswahl, Volksentscheid und Wahl des Präsidenten waren ganz auf diesen Grundsatz ausgerichtet.

Die verfassungsmäßige Garantie der Grundrechte sicherte die Freiheit und Sicherheit des Einzelnen.

In den nächsten Jahren sollte sich zeigen, dass die Verfassung zwei Schwachpunkte aufwies:

Der Präsident hatte eine starke Stellung (Text 157.2). Er hatte den Oberbefehl über das Heer, konnte Regierungen ernennen und das Parlament auflösen. Außerdem gewährte ihm Artikel 48 die Einschränkung der Grundrechte. Manche sprachen daher vom Präsidenten als Ersatzkaiser für das deutsche Volk.

Eine weitere Schwäche war, dass die Verfassung, auch die Grundrechte und die Volkssouveränität, veränderbar waren. Eine $2/3$-Mehrheit im Reichstag konnte die komplette Verfassung abändern. So war die Weimarer Republik auf Bürger angewiesen, die den Geist der Demokratie und der Freiheit achteten. Viele waren jedoch noch tief im autoritären System des Kaiserreichs verwurzelt und wussten die Errungenschaften der neuen Verfassung nicht zu schätzen.

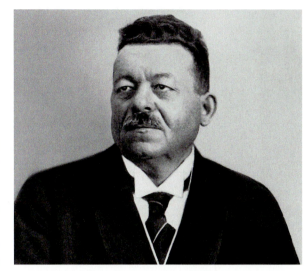

157.1 Friedrich Ebert, der erste Reichspräsident

Art. 1: Das Deutsche Reich ist eine Republik. Die Staatsgewalt geht vom Volke aus.

Art. 22: Die Abgeordneten werden in allgemeiner, gleicher, freier, unmittelbarer und geheimer Wahl von den über 20 Jahre alten Männern und Frauen nach den Grundsätzen der Verhältniswahl gewählt.

Art. 25: Der Reichspräsident hat den Oberbefehl über die gesamte Wehrmacht des Reiches.

Art. 48: Der Reichspräsident kann, wenn im Deutschen Reich die öffentliche Sicherheit und Ordnung erheblich gestört oder gefährdet wird, die zur Wiederherstellung der öffentlichen Sicherheit und Ordnung nötigen Maßnahmen treffen, erforderlichenfalls mithilfe der bewaffneten Macht einschreiten. Zu diesem Zweck darf er vorübergehend die Grundrechte außer Kraft setzen.

Art. 53: Der Reichskanzler und auf seinen Vorschlag die Reichsminister werden vom Reichspräsidenten ernannt und entlassen.

Art. 73: Ein Volksentscheid ist ferner herbeizuführen, wenn ein Zehntel der Stimmberechtigten das Begehren nach Vorlage eines Gesetzentwurfes stellt.

157.2 Grundsätze der Weimarer Verfassung

AUFGABEN >>

1. Wie unterscheidet sich die Weimarer Verfassung von der des Kaiserreiches?
2. Es gibt drei „Gewalten". Entnimm diese der Abb. 156.1 und nenne ihre Reichsorgane.
3. Nenne die Einflussmöglichkeiten des Reichspräsidenten auf die Politik (Abb. 157.2).
4. Der Artikel 48 wurde zu einem der Schwachpunkte der Weimarer Republik. Erläutere, warum der Artikel von republikfeindlichen Parteien gegen die Demokratie ausgenutzt werden konnte.
5. Im Grundgesetz der Bundesrepublik Deutschland heißt es in Artikel 79.3: „Eine Änderung des Grundgesetzes, durch welche ... die in den Artikeln 1 und 20 niedergelegten Grundsätze berührt werden, ist unzulässig." Lies diese Artikel nach, erkläre die Aussage, vergleiche mit der Weimarer Republik und bewerte ihre Bedeutung im Grundgesetz.

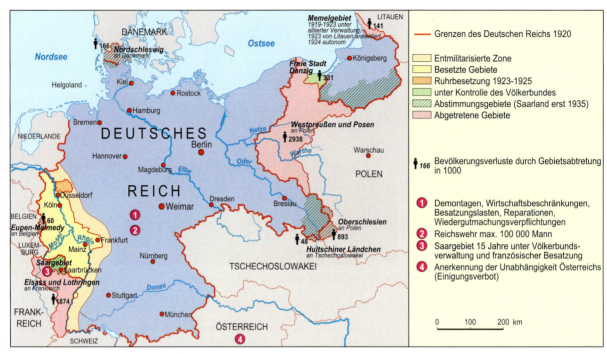

158.1 Karte zu den Bestimmungen des Versailler Vertrages

Die Belastungen der Republik: Der Vertrag von Versailles

Während die Politiker des Deutschen Reiches eine Verfassung auf den Weg brachten, trafen sich am 18. Januar 1919 bei Paris die Siegermächte. Sie verhandelten über den Friedensvertrag mit Deutschland und Österreich. Deutschland war von den Verhandlungen ausgeschlossen.

Im Versailler Vertrag kam vor allem das Sicherheitsbedürfnis Frankreichs gegenüber Deutschland zur Geltung. Die Vertragsbedingungen riefen im Deutschen Reich Empörung hervor. Trotzdem beschloss die Regierung den Vertrag am 28. Juni 1919 zu unterzeichnen, denn die Siegermächte drohten, andernfalls in Deutschland einzumarschieren. Zwei Bestimmungen trafen die Deutschen hart: die hohen Wiedergutmachungszahlungen (Reparationen) und die Anerkennung der alleinigen Kriegsschuld.

1. Deutschland muss große Gebiete an die Sieger abtreten (Abb. 158.1).
2. Deutschland verliert alle Kolonien.
3. Frankreich besetzt das Saargebiet und das Rheinland für 15 Jahre.
4. Deutschland darf in einem 50 km breiten Streifen rechts des Rheins keine Truppen stationieren.
5. Der Anschluss Österreichs an Deutschland ist verboten.
6. Die allgemeine Wehrpflicht ist abgeschafft. Deutschland darf nur ein Berufsheer von 100 000 Mann aufstellen.
7. Deutschland darf keine Panzer, U-Boote, Schlachtschiffe, Kriegsflugzeuge besitzen.
8. Deutschland liefert seine gesamte Handelsflotte und alle Flugzeuge aus.
9. Deutschland verliert alles Vermögen im Ausland, auch seine Patentrechte.
10. Deutschland muss Kriegsentschädigung zahlen, 20 Mrd. Goldmark sofort, dann mindestens 80 Mrd.
11. Deutschland erkennt an, dass es allein Schuld am Ausbruch des Krieges und seinen Folgen hat.

158.2 Wichtige Bestimmungen des Versailler Vertrags

AUFGABEN >>

Gib die Vertragsbedingungen mit eigenen Worten wieder. Unterscheide wirtschaftliche, militärische und gebietsmäßige Bestimmungen.

Die Weimarer Republik

Reaktionen von Politikern auf den Versailler Vertrag

Nicht nur die Bevölkerung, auch alle Parteien waren sich in der Ablehnung des Vertrages einig. So trat Reichskanzler Philipp Scheidemann aus Protest am 19. Juni 1919 zurück.

Der deutsche Außenminister Walther Rathenau meinte, man müsste der Bevölkerung die Opfer zumuten, weil es die letzten Opfer wären, die dieser ungeheuerliche Krieg fordere.

Der Vertrag wurde wegen seiner harten Bedingungen auch im Ausland kritisch beurteilt. So stellte der amerikanische Außenminister Lansing fest: „Die Friedensbedingungen erscheinen unsagbar hart und demütigend, während mir viele von ihnen unerfüllbar erscheinen; Hass und Erbitterung, wenn nicht Verzweiflung, müssen die Folgen derartiger Bestimmungen sein. Wir haben einen Friedensvertrag, aber er wird keinen dauernden Frieden bringen, weil er auf Eigennutz gegründet ist."

(Aus: Geschichte in Quellen, München 1979, S. 128)

159.1 Wahlplakat der DNVP (Zur Erläuterung: Entente ist die Bezeichnung für das Bündnis aus England, Frankreich und Russland)

Die Dolchstoßlegende entsteht aus rechter Propaganda

Vor allem der Kriegsschuldartikel wurde zu einer großen Streitfrage. Anhänger der Monarchie und der rechten Parteien in Deutschland beschuldigten die Unterzeichner, der deutschen Armee in den Rücken gefallen zu sein. Sie behaupteten, das deutsche Heer sei zu diesem Zeitpunkt nicht besiegt gewesen. Erst durch die Revolution und den Sturz des Kaisers wäre die Niederlage erfolgt. Die Demokraten hätten das deutsche Heer von hinten erdolcht. Diese Beschuldigung bezeichnet man als Dolchstoßlegende. Obwohl die erste Regierung der Republik weder den Krieg noch die Niederlage verschuldet hatte, wurden sie dafür verantwortlich gemacht.

Den demokratischen Parteien, aber besonders den Regierungsmitgliedern, die den Versailler Vertrag unterzeichnet hatten, wurde die Schuld zugeschoben. Die rechtsradikalen Kräfte in Deutschland bezeichneten die Demokraten als „Novemberverbrecher", weil sie das Kaiserreich im November 1918 „verspielt hätten".

AUFGABEN >>

1. Erkläre die Begriffe „Dolchstoßlegende" und „Novemberverbrecher".
2. Betrachte Abb. 159.1. Lies den Text durch. Beantworte folgende Fragen:
   – Der Schreiber des Blattes spricht von zwei Dolchstößen. Erläutere beide.
   – Der Verfasser gibt Worte eines SPD-Politikers während des Krieges wieder. In welcher Phase des Krieges sind diese Worte gefallen? Erkläre, warum der Verfasser diese auf dem Plakat veröffentlicht.
   – Der Verfasser wählt die Farben und die Haltung der Figuren auf dem Plakat sehr bewusst. Beschreibe die zwei Männer mit eigenen Worten und erkläre, welche Absicht hinter der Farbe und Gestik steckt.
   – Erkläre und begründe, wie dieses Plakat wohl auf Soldaten, Arme, Kaisertreue und Demokraten gewirkt hat.
3. Der Vertrag von Versailles stellte aus mehreren Gründen eine Belastung der Republik dar. Erkläre.

Belastungen der Republik: Politische Gegner

160.1 Bekanntmachung während des Hitlerputsches

160.2 Die Verurteilten des Hitlerputsches nach Ende des Prozesses (Mitte: General Ludendorff, rechts neben ihm Hitler)

Die wirtschaftlichen und sozialen Probleme in den Anfangsjahren der Republik waren ein idealer Nährboden für extreme politische Lager. Rechts- und linksradikale Gruppierungen und Parteien versuchten gewaltsam, die Demokratie zu stürzen.

Angriffe politischer Gegner auf die junge Demokratie

Eine dieser Parteien war die NSDAP (Nationalsozialistische Deutsche Arbeiterpartei), die 1921 gegründet worden war. Adolf Hitler war eines der ersten Mitglieder und wurde Parteivorstand.

Zusammen mit General Ludendorff und mithilfe der bewaffneten Kampftruppe der NSDAP, der SA, versuchte Hitler am 9. 11. 1923, mit einem Putsch die Macht in Bayern an sich zu reißen. Sein Marsch auf die Feldherrnhalle in München wurde von der bayerischen Polizei gestoppt. Dabei starben vier Polizisten und 15 Nationalsozialisten.

Die NSDAP wurde im ganzen Reich verboten und Adolf Hitler wegen Hochverrats verurteilt. Er erhielt die geringst mögliche Strafe, nämlich fünf Jahre Festungshaft in Landsberg am Lech. Die Festungshaft war eine besondere Form der Freiheitsstrafe. Den Häftlingen billigte man eine ehrenhafte Gesinnung zu. Sie wurde auch als Ehrenhaft bezeichnet. Bereits nach einigen Monaten wurde er wieder entlassen. Während dieser Zeit entstand sein Buch „Mein Kampf".

Während der ersten vier Jahre ihres Bestehens hatte die Republik weitere Putschversuche von rechts und links zu überstehen, wobei Aktionen der Linken wesentlich härter bestraft wurden (Tab. 160.3). Bei den rechten Aktionen waren oft ehemalige Offiziere beteiligt. Daher verweigerte das Heer meist seinen Einsatz gegen die Aufstände. Diese Unzuverlässigkeit der Streitkräfte schwächte die Republik zusätzlich.

Politische Morde begangen	Von Links	Von Rechts
Gesamtzahl der Morde	22	354
Davon ungestraft	4	326
Teilweise gestraft	1	27
Gestraft	17	1
Zahl der Verurteilungen	38	24
Geständige Täter freigesprochen	–	23
Geständige Täter befördert	–	3
Dauer der Haft je Mord	15 Jahre	4 Monate
Zahl der Hinrichtungen	15	–
Geldstrafe je Mord	–	2 Papiermark

160.3 Sühne von politischen Morden 1918–1922

AUFGABEN >>

1. Erkläre, warum die Weimarer Republik zwischen 1919 und 1923 von zahlreichen Umsturzversuchen immer wieder bedroht war.
2. Beschreibe Haltung und Gesichtsausdruck der Angeklagten (Abb. 160.2) und versuche diese zu erklären.
3. Überlege, welche Organe der Republik als Machtmittel zur Verfügung standen, mit deren Hilfe es ihr gelang, die Putschversuche zu überstehen.

Die Weimarer Republik

161.1 „Friedrich der Vorläufige", Verunglimpfung des Reichspräsidenten

161.2 Friedrich Ebert, ein „ziviler" Reichspräsident

Rufmord und Mord

Nicht nur Putschversuche schwächten die Demokratie. Besonders Politiker der Weimarer Koalition (> S. 155) waren heftiger Kritik ausgesetzt.

Darunter war Friedrich Ebert, der Reichspräsident (> S. 157). Er wurde 1871 in Heidelberg geboren, sein Vater war Schneidermeister. Ebert erlernte das Sattlerhandwerk. Schon früh trat er der Gewerkschaft und der SPD bei. Diese Mitgliedschaften erschwerten ihm die Arbeitssuche. 1913 wurde er Vorsitzender der SPD, 1918 Reichskanzler, 1919 der erste Präsident der Republik. Der Politiker wurde in Zeitungen und Flugblättern als „Schusterjunge", „Sattlergeselle", „Dolchstoßmörder", „Landesverräter" beschimpft.

Gegen eine Zeitung, die ihn als Landesverräter beschimpft hatte, erhob er Anklage. Ebert hatte sich 1918 an einem Streik in einer Munitionsfabrik beteiligt und ihm gelang die Schlichtung. Von den rechtsradikalen Parteien und ihrer Presse wurde es ihm dennoch als Dolchstoß gegen das kämpfende Heer ausgelegt. Das Gericht vertrat die Auffassung, Ebert hätte Landesverrat begangen. Jeder durfte ihn nun als Landesverräter bezeichnen. Der Reichspräsident legte Berufung gegen das Urteil ein. Bevor es zu einer Neuverhandlung kam, starb er jedoch am 28.2.1925 an einer verschleppten Blinddarmentzündung. Er wollte unbedingt noch an der Verhandlung teilnehmen und hatte die dringend notwendige Operation abgelehnt, weil er um seine Ehre und die Ehre des Staatsoberhauptes kämpfen wollte.

Andere Politiker, die als „Novemberverbrecher" beschimpft wurden, waren Außenminister Walter Rathenau und Finanzminister Matthias Erzberger, der das Waffenstillstandsabkommen unterzeichnet hatte. An ihnen entluden sich die Hetzkampagnen republikfeindlicher Parteien. „Knallt ab den Walther Rathenau, die gottverfluchte Judensau", wurde in rechtsradikalen Kreisen gesungen. Erzberger wurde 1921, Rathenau 1922 ermordet. Die Täter waren ehemalige Offiziere. Dem einen verhalf der Münchner Polizeipräsident persönlich zur Flucht. Die Morde sollten die Republik schwächen, verlor sie doch zwei ihrer fähigsten Politiker.

Eine Zeitung kommentierte den Mord an Erzberger:

„Erzberger … hat das Schicksal erreicht, das ihm die meisten national denkenden Deutschen gegönnt haben. Erzberger, der Deutschland den Versailler Schandfrieden vermittelt hat, hat den Lohn erhalten, der ihm als Vaterlandsverräter zukam."

(Aus: Oletzkoer Zeitung vom 27. 6. 1921)

AUFGABEN >>

1. Nenne die im Text erwähnten Politiker und erkläre, warum sie ermordet wurden.
2. Betrachte Abb. 161. 1. Womit wird der Reichspräsident lächerlich gemacht? Vergleiche auch mit Abb. 133.2.
3. Man sagte von der Justiz der Weimarer Republik: „Sie ist auf dem rechten Auge blind und auf dem linken scharf wie ein Adler." Erkläre diese Aussage mithilfe der Tab. 160.3 und den Urteilen gegen Hitler und Ebert.
4. Erkläre, warum diese Haltung der Justiz eine Belastung für die Republik war.
5. Zeige das innenpolitische Problem der Republik auf, das sich in den Anfangsjahren anbahnt. Erläutere den Zusammenhang zum Versailler Vertrag.

Belastungen der Republik: Wirtschaftliche Krisen

162.1 Arbeitslose erhalten in einer Suppenküche eine Mahlzeit
162.2 (rechts) Inflationsgeld

Inflation und soziale Not

Aufgrund des Versailler Vertrages war es im Deutschen Reich zu einem Verlust von Produktionsstätten und Rohstoffvorkommen gekommen. Die Einkünfte des Staates waren viel zu gering, um alle Ausgaben zu decken. So waren Reparationen und laufende Staatskosten zu tragen. Außerdem mussten Kriegsanleihen zurückbezahlt werden. Diese hatte die Republik als Nachfolgestaat des Kaiserreiches zu leisten. Die Goldreserven, die eigentlich die Währung im Land decken sollten, wurden angegriffen und aufgebraucht.

Als Ausweg wurde mehr Geld gedruckt. Dem standen aber keine Waren als Gegenwert gegenüber. Das geringere Angebot bewirkte einen starken Anstieg der Preise. Diesen Geldwertverfall nennt man Inflation.

Im Ausland musste Kohle eingekauft werden. In den Städten kam es zu Unruhen, da die Lebensmittelversorgung gefährdet war. Besonders hart traf die Geldentwertung den normalen Bürger: Das Gehalt, das am Vormittag ausgezahlt wurde, war am Nachmittag oft nur noch einen Bruchteil wert. Ersparnisse auf den Sparkonten wurden wertlos.

Der Unmut der Bürger richtete sich gegen das politische System, das diesem Besitzverfall offensichtlich nichts entgegensetzen konnte. Von dieser Situation profitierten besonders rechtsextreme Gruppen.

Es gab aber auch Gewinner der Inflation, z. B. Besitzer von Grund und Boden, Häusern und Fabriken. Diejenigen, die hohe Schulden hatten, konnten diese nun sofort zurückzahlen, denn die Schulden wurden der Inflation nicht angepasst.

Erst die Währungsreform vom 15. November 1923 (1 Billion alte Reichsmark = 1 Rentenmark) sowie die Erleichterung von Reparationszahlungen beendeten die Inflation.

Der Schriftsteller Stefan Zweig erinnert sich:

„Man zahlte in der Straßenbahn mit Millionen, Lastwagen karrten das Papiergeld von der Reichsbank zu den Banken und vierzehn Tage später fand man Hunderttausendmarkscheine in der Gosse: Ein Bettler hatte sie verächtlich weggeworfen. Ein Schuhsenkel kostete mehr als vordem ein Schuh, nein, mehr als ein Luxusgeschäft mit zweitausend Paar Schuhen. Für hundert Dollar konnte man reihenweise sechsstöckige Häuser am Kurfürstendamm kaufen. Fabriken kosteten nicht mehr als früher ein Schubkarren.

… Über den Menschen erhob sich gigantisch die Gestalt des Großverdieners Stinnes. Er kaufte, indem er unter Ausnutzung des Marksturzes seine Kredite erweiterte, was nur zu kaufen war. Kohlengruben und Schiffe, Schlösser und Landgüter und alles eigentlich mit Null, weil jeder Betrag, jede Schuld zu Null wurde. Die Arbeitslosen standen zu tausenden herum und ballten die Fäuste … jeder … hatte dabei das geheime Gefühl, dass alle betrogen wurden von einer verborgenen Hand, die das Chaos inszenierte, um den Staat von seinen Schulden und Verpflichtungen zu befreien."

(Aus: S. Zweig, Die Welt von Gestern. Erinnerungen eines Europäers, Stockholm 1955, S. 285 f.)

AUFGABEN >>

1. Erkläre, wie es 1923 zu einer Inflation kam.
2. Erkläre, warum die wirtschaftliche Situation das politische Bewusstsein vieler Menschen beeinflusste.
3. Beschreibe die Auswirkungen der Inflation für die Bevölkerung anhand des Textes, der Abbildungen und der Quellen.

Die Weimarer Republik

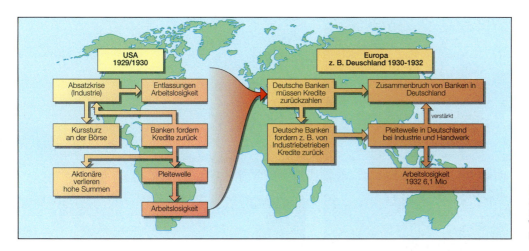

163.1 Aus der amerikanischen Krise wird eine Weltwirtschaftskrise

Die Weltwirtschaftskrise von 1929

Am 25. 10. 1929, am „Schwarzen Freitag", kam es an der New Yorker Börse zu einem Kurssturz der Aktien. Die USA hatten während des Ersten Weltkrieges durch den Verkauf von Kriegsmaterial viel Geld verdient. In den Nachkriegsjahren war der Bedarf der Menschen an alltäglichen Gütern zwar groß, aber es wurden mehr Waren hergestellt als zu verkaufen waren. Der Absatz stockte und die Aktien sanken. Durch den Verkauf ihrer Aktien wollten die Besitzer noch einen Teil ihres Geldes retten. Um über die notwendigen Geldmittel zu verfügen, forderten die amerikanischen Banken ihre Auslandskredite zurück.

Dies hatte besonders auf Deutschland Auswirkungen. Die deutsche Wirtschaft war stark von amerikanischen Krediten abhängig. Die Kündigungsfrist dieser Kredite betrug jedoch nur drei Monate. Viele deutsche Firmen konnten nicht so schnell die geforderten Gelder aufbringen und mussten Konkurs anmelden. Es kam auch zum Zusammenbruch von Banken.

Die Arbeitslosigkeit stieg Anfang 1932 auf über sechs Millionen an. Dadurch wurde noch weniger gekauft, weitere Firmen gingen bankrott. Jeder dritte Arbeitslose war unter 25 Jahren. Denn Jugendliche wurden zuerst entlassen, weil sie noch keine Familie zu ernähren hatten. Das dünne soziale Netz der Republik konnte die Not kaum lindern.

Auch in den Nachbarländern Frankreich, England und Italien war die Wirtschaft am Boden. Erst im Jahr 1934 sollte sich die weltwirtschaftliche Lage wieder deutlich erholen.

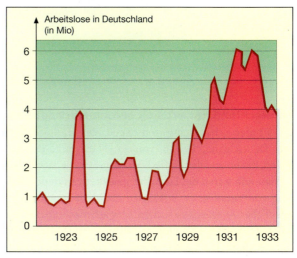

163.2 Entwicklung der Arbeitslosigkeit

163.3 Arbeitssuchender während der Weltwirtschaftskrise

AUFGABEN >>

1. Erkläre mithilfe des Schemas 163.1, wie der amerikanische Börsensturz Deutschland in eine schwere Krise stürzte.
2. Beschreibe die Folgen der Weltwirtschaftskrise für die Bürger der Weimarer Republik.
3. Beschreibe, welche Bevölkerungsgruppen die Krise besonders hart traf.
4. Erkläre, wieso die Inflation und die Weltwirtschaftskrise zu einer Belastung für die Republik wurden.

Erfolge der Republik

164.1 Der deutsche Außenminister Gustav Stresemann vor dem Völkerbund (1926)

164.2 Männer setzen am Fließband ein Automobil zusammen (1926)

Deutschland nähert sich seinen Nachbarn an

1925 trafen sich im schweizerischen Locarno Diplomaten aus Deutschland, Großbritannien, Frankreich, Belgien, Polen, Italien und der Tschechoslowakei. Sechs Jahre nach Kriegsende waren die Europäer gewillt, den Friedensvertrag von Versailles (> S. 158) zu überdenken und einen friedlichen Ausgleich zu suchen. Möglich machten dies vor allem der französische Außenminister Aristide Briand und der deutsche Gustav Stresemann. Briand äußerte in einer Rede: *„Sollen die beiden Völker durch die Jahrhunderte einander ewig bekriegen? Sollen sie einander ewig Tod und Zerstörung zufügen? Nein! Europa kann nicht gespalten bleiben, wie es ist, weder in seinen politischen noch in seinen wirtschaftlichen Interessen."*

Nach der Konferenz von Locarno begannen die Franzosen, das Rheinland schrittweise zu räumen und die Reparationsforderungen zu mildern. Deutschland erkannte im Gegenzug die 1919 festgelegte Westgrenze an und verzichtete auf Elsass-Lothringen. Damit bestätigte das Reich wesentliche Bestimmungen des Versailler Vertrages. Die Ostgrenze zu Polen und der Tschechoslowakei blieb umstritten. Stresemann verpflichtete sich jedoch zu einer gewaltfreien Lösung. Der Vertrag von Locarno trat am 10. September 1926 in Kraft. An diesem Tag wurde Deutschland in den Völkerbund aufgenommen. Der Völkerbund war nach dem Krieg mit dem Ziel gegründet worden, die Probleme zwischen den Nationen friedlich zu regeln. Die Aufnahme in den Völkerbund bedeutete für Deutschland die Rückkehr in den Kreis der führenden Mächte.

Die deutsche Wirtschaft erholt sich

Nach der Inflation von 1923 (> S. 162) lag Deutschland wirtschaftlich am Boden. Die Verluste des Staates und des „kleinen Mannes" waren enorm. Mit Einführung der Rentenmark gelang es jedoch, wieder eine stabile Währung aufzubauen. Investoren aus den USA fassten Vertrauen zu Deutschland. So kam wieder Geld in die Staatskasse und das Reich erlebte einen Wirtschaftsaufschwung. Amerikanische Firmen investierten in Deutschland, um Absatzmärkte für ihre Produkte zu schaffen. Die US-Regierung vermittelte zwischen den Alliierten und Deutschland. Das Ergebnis war die Senkung der Reparationen.

Durch Deutschland ging ein Ruck: Die Industrieanlagen wurden auf den neuesten Stand gebracht, nach amerikanischem Vorbild wurde die Fließbandarbeit eingeführt und die Arbeitsteilung nahm zu. In der Schwerindustrie wurden große Konzerne gebildet, die durch Rationalisierung ihre Produktion steigern konnten. Entdeckungen und Erfindungen ermöglichten es der Industrie, neue Produkte herzustellen, z. B. Elektrogeräte, Radios, Schallplatten, Filmgeräte, Kunststoffe und modernste Schiffe.

In dieser Zeit erhielten zahlreiche deutsche Wissenschaftler den Nobelpreis, z. B. die Physiker Albert Einstein und Gustav Hertz oder der Chemiker Carl Bosch.

Der Aufschwung stand aber auf wackeligen Beinen: Die amerikanischen Kredite liefen mit einer Kündigungsdauer von nur drei Monaten. Damit war die deutsche Wirtschaft sehr von der amerikanischen abhängig. Krisen in den USA hatten sofort Auswirkungen auf Deutschland.

Die Weimarer Republik

Die Menschen erfahren soziale Verbesserungen

Mit dem politischen und wirtschaftlichen Aufschwung verbesserten sich die Lebensverhältnisse. Die Regierungsparteien um SPD und Zentrum versuchten, einen sozialen Rechtsstaat zu schaffen.

Die größte Leistung des Staates war die Einrichtung des sozialen Wohnungsbaus. Dadurch konnten viele Menschen ihre lebensunwürdigen Wohnungen in Mietskasernen und Holzbaracken verlassen.

Durch gesetzliche Regelungen wurden viele Konflikte zwischen Arbeitern und Industriellen entschärft. In Betrieben mit über 50 Angestellten durften Betriebsräte gewählt werden. Arbeitgeber und Arbeitnehmer handelten ohne Eingriff des Staates Arbeitsverträge und Löhne aus (Tarifautonomie). Durch diese Tarifverträge wurden die Gewerkschaften zu einer anerkannten Vertretung der Arbeitnehmer.

1927 wurde die Arbeitslosenversicherung eingeführt. Durch gesetzliche Absicherungen der Arbeitnehmer sank die Zahl der Streiks. Die Arbeitslosigkeit ging bis 1929 deutlich zurück, außerdem verdienten die Menschen mehr Geld. Davon profitierte die Wirtschaft, die Verkaufs- und Exportzahlen stiegen.

Im Vergleich zum Kaiserreich verbesserte sich die Situation der sozial Schwachen enorm. Es gab Fürsorgeeinrichtungen für Kriegsverletzte, Witwen und Waisen, werdende Mütter und Säuglinge. Die Förderung der Jugend durch den Bau von Schulen, Sportstätten und Jugendherbergen war ein zentrales Anliegen der Sozialpolitik.

Die Republik blüht kulturell auf

Die so genannten „goldenen Zwanzigerjahre" bedeuteten nicht nur außen- und innenpolitische Entspannung, sondern auch ein Aufblühen der Kultur. Besonders Berlin wurde zum Treffpunkt vieler europäischer Künstler. In vielen Städten entstanden Bars, Kinos, Varietés, Kabaretts und Theater nach Berliner Vorbild. Die Menschen, die es sich leisten konnten, genossen das reichhaltige Kulturangebot.

Literaten wie Thomas Mann, Bertolt Brecht, Kurt Tucholsky und Erich Kästner belebten die Stadt. Jazz hielt seinen Siegeszug auch in Berlin. Viele Menschen eiferten der neuen Mode nach und tanzten Boogie und Charleston.

Auch in der bildenden Kunst beschritt man neue Wege: Künstler experimentierten in Bildhauerei, Malerei und Architektur mit neuen Methoden, Formen und Farben. Der so genannte Bauhausstil zeichnete sich durch klare Linien und Funktionalität in der Architektur aus (Abb. 165.1). Dieser Baustil wurde in der ganzen Welt berühmt.

165.1 Die moderne „Frankfurter Küche" (1926)

165.2 Szene aus dem Film „Der blaue Engel" mit Marlene Dietrich

AUFGABEN >>

1. Stellt zusammen, welche außenpolitischen Schritte die Rückkehr Deutschlands in den Kreis der führenden Mächte bewirkten.
2. Nenne Maßnahmen und Neuerungen, die in Deutschland zum Wirtschaftsaufschwung führten.
3. Beschreibe, inwiefern sich die soziale Situation vieler Menschen verbesserte.
4. Erläutere, warum mit dem wirtschaftlichen Aufschwung auch das Kulturleben aufblühte.
5. Während der Blütezeit der Weimarer Republik veränderte sich die politische Haltung der Menschen. Demokratische Parteien siegten bei den Wahlen, radikale Parteien erhielten nur wenig Stimmen. Erkläre.

Das Ende der Demokratie

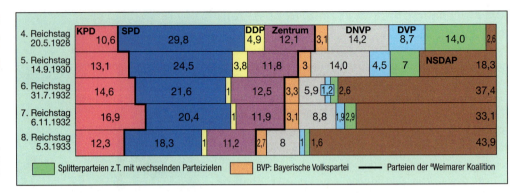

Reichstag	KPD	SPD	DDP	Zentrum	BVP	DNVP	DVP		NSDAP	Splitter
4. Reichstag 20.5.1928	10,6	29,8	4,9	12,1	3,1	14,2	8,7		14,0	2,6
5. Reichstag 14.9.1930	13,1	24,5	3,8	11,8	3	14,0	4,5	7	18,3	
6. Reichstag 31.7.1932	14,6	21,6	1	12,5	3,3	5,9	1,2	2,6	37,4	
7. Reichstag 6.11.1932	16,9	20,4	1	11,9	3,1	8,8	1,9	2,9	33,1	
8. Reichstag 5.3.1933	12,3	18,3	1	11,2	2,7	8	1	1,6	43,9	

166.1 Wahlergebnisse 1928–1933 (Anteile in Prozent)

■ Splitterparteien z.T. mit wechselnden Parteizielen   ■ BVP: Bayerische Volkspartei   — Parteien der ªWeimarer Koalition

Die Demokratie in der Krise

1927 schufen SPD, Zentrumspartei und DDP die Arbeitslosenversicherung. 1929 zerbrach die Koalition aus SPD, Zentrum und der arbeitgeberfreundlichen DVP am Streit um diese Arbeitslosenversicherung. Es ging um eine Anhebung von 0,5 %, damit die Versicherung zahlungsfähig blieb. Die DVP lehnte eine Steigerung der Beiträge für die Arbeitgeber ab. Reichskanzler Müller konnte die Parteien nicht einigen und trat zurück.

Reichspräsident Hindenburg, Reichswehr und Arbeitgeberverbände stellten klar: Mit einer SPD-Regierung wollen sie keine sozialpolitischen Kompromisse aushandeln. Diese mangelnde Kompromissfähigkeit schwächte das System.

Reichspräsident Hindenburg ernannte nun Heinrich Brüning (Zentrum) zum Reichskanzler. Dessen Regierung stützte sich auf keine Mehrheit im Reichstag und war allein vom Vertrauen des Reichspräsidenten abhängig. Gesetze wurden mithilfe des Artikels 48 (> S. 157) verabschiedet, d. h. sie traten ohne Zustimmung des Reichstages in Kraft. Mithilfe dieser „Notverordnungen" versuchte Brüning, die Krise zu meistern.

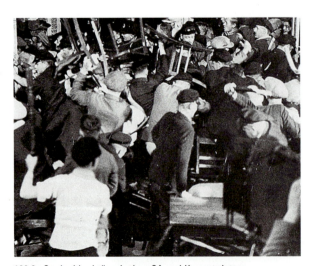

166.2 „Saalschlacht" zwischen SA und Kommunisten

Viele Unzufriedene wählen Hitler

Viele Menschen erhofften sich von Hitler eine Lösung der wirtschaftlichen, sozialen und politischen Probleme. Welche Menschen wählten Hitler und seine NSDAP?

Etwa 33 % der Deutschen gaben ihm in den letzten freien Wahlen 1932 ihre Stimme. Es waren nicht mehrheitlich die Arbeiter, denn die wählten traditionell SPD und KPD. Die Katholiken wählten überwiegend Zentrum. Die NSDAP-Wähler waren vor allem protestantische Kleinbürger, die um ihre Stellung und Ersparnisse fürchteten. Es waren auch konservative Kräfte, die sich durch Hitler eine Rückkehr zur Monarchie erhofften. Es waren viele Frauen, die die Reden Hitlers faszinierten. Und es war der große Block an Nichtwählern, die aus Verdrossenheit ihre Stimme keiner demokratischen Partei gaben. Die Wählerschaft Hitlers zog sich breit durch das ganze deutsche Volk.

1920 war die NSDAP (> S. 160) eine Splitterpartei ohne politischen Einfluss. 1932 wurde sie stärkste Partei bei den Reichstagswahlen. Diese Entwicklung war langfristig geplant und mit allen Mitteln angestrebt worden.

Hitler, der 1921 die Parteispitze übernahm, definierte seine Position als Führer so:

„(Der demokratische Parlamentarismus) kann nur den verlogensten Herumtreibern lieb und wert sein. Dem steht gegenüber die wahrhaftig germanische Demokratie … In ihr gibt es keine Bestimmung einer Mehrheit zu einzelnen Fragen, sondern nur die Bestimmung des Einzelnen."

(Aus: Fest, Das Gesicht im Dritten Reich, Frankfurt 1969)

Mit Hitlers Ernennung zum Parteiführer wurden in der NSDAP Wahlen und Mehrheitsbeschlüsse abgeschafft. Hitlers Wort war Gesetz. Man bezeichnet dies als Führerprinzip. Ein weiteres gesellschaftliches Ziel war das Aufgehen des Einzelnen in der Volksgemeinschaft. Konflikte um Arbeitslöhne, Sozialversicherungen oder Mitbestimmung im Betrieb sollten nach Hitlers Vorstellungen ohne Gewerkschaften gelöst werden. Ein starker Firmenleiter sollte auch in den Betrieben das Führerprinzip verwirklichen.

Die Weimarer Republik

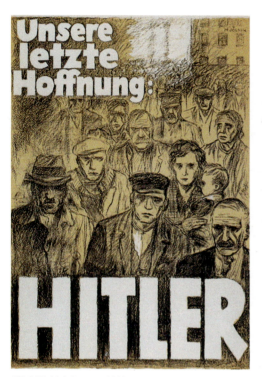

167.1 Wahlplakat von 1932

- Geboren am 20. April 1889 in Braunau/Inn (Österreich)
- Erfolgreiche Volksschulzeit, Bewertung durch die Realschule Linz: „mangelnde Arbeitslust", Schulabgang mit 16 Jahren ohne Abschluss
- 1903 Tod des Vaters, ab 1905 Halbwaisenrente, 1907 Tod der Mutter
  1907/08 wegen mangelnder Begabung an der Wiener Kunstakademie abgewiesen
- 1909 Umzug nach Wien; Leben im Obdachlosenasyl
- 1913 Erbe des Vaters, Umzug nach München
- 1914 Meldung als Kriegsfreiwilliger, bis 1918 Gefreiter, Meldegänger mit Auszeichnung, zweimalige Verletzung; aufgrund hysterischer Ausbrüche keine weitere Beförderung
- 1919 Arbeit für die Reichswehrverwaltung in München als Spitzel und Propagandaredner
- 1920 Eintritt in DAP (Deutsche Arbeiterpartei), Lebensunterhalt durch Reden
- 1921 Umwandlung der Partei in NSDAP, Übernahme der Parteiführung
- 1923 Putsch in München; Verurteilung zu Festungshaft, während der Haft Verfassung des Buches „Mein Kampf"
- 1925–1932 staatenlos, ab 1932 deutscher Staatsbürger
- 1933 Ernennung zum Reichskanzler

167.2 Biografische Angaben zu Adolf Hitler

Von den Menschen verlangte Hitler die absolute Einordnung in die Volksgemeinschaft. Dies wäre mit dem totalen Verlust der eigenen Rechte verbunden gewesen. Führer dieser Volksgemeinschaft wäre er allein gewesen. Finanziert wurde die Partei durch Spenden reicher Industrieller. Zu den Hauptgeldgebern zählte die IG (= Interessengemeinschaft) Farben (ein Zusammenschluss chemischer Betriebe, z. B. BASF, Bayer, Hoechst). Zudem gelang es Hitler, Krupp, Porsche und andere Firmen zur Zusammenarbeit zu bewegen.

Das Ende der Demokratie

Brünings rigorose Sparpolitik mit Steuererhöhungen und Lohnsenkungen führte aber zu steigenden Arbeitslosenzahlen und einer Verschärfung der Wirtschaftskrise. Brüning drängte Hindenburg zu Neuwahlen, weil er sich eine parlamentarische Mehrheit erhoffte. Die Wahl vom 14. 9. 1930 brachte große Gewinne für die extremen Parteien. Die NSDAP wurde mit 143 Sitzen nach der SPD zweitstärkste Partei. Die Parteien der Weimarer Koalition waren nun nicht mehr mehrheitsfähig. Die politischen Auseinandersetzungen verlagerten sich immer mehr auf die Straße. In den Wahlkämpfen lieferten sich die NSDAP und KPD Straßenschlachten und Schießereien (Abb. 166.2). Im Reichstag bekämpften beide Parteien das parlamentarische System. Für sie war der Reichstag nur eine „Schwatzbude".

Auch die nächsten Reichskanzler, Franz von Papen und General von Schleicher, ernannte Präsident Hindenburg, obwohl sie keine Mehrheit im Parlament hatten. Wie unter Brüning wurden Gesetze nur mithilfe des Notverordnungsparagraphen 48 beschlossen. Daher bezeichnet man diese Regierungen als Präsidialregierungen. Nachdem auch General von Schleichers Regierung scheiterte, ernannte Hindenburg am 30. 1. 1933 den Vorsitzenden der stärksten Partei im Reichstag zum Kanzler: Adolf Hitler.

AUFGABEN >>

1. Nenne Ursachen, die zu einer Radikalisierung der politischen Situation in Deutschland führten.
2. Führerkult und Volksgemeinschaft waren prinzipielle Richtlinien von Hitlers Politik. Erläutere diese.
3. Die Kompromissfähigkeit der Parteien in der Zeit der Wirtschaftskrise wäre für das Fortbestehen der Demokratie unerlässlich gewesen. Erläutere, warum einige Parteien dazu nicht gewillt waren.
4. Erkläre, woran die Bildung einer vom Parlament unterstützten Regierung ab 1930 scheiterte.
5. Aus der Geschichte der Weimarer Republik hat die Bundesrepublik viele Lehren gezogen. Überlege, welche Fehler in einer Demokratie vermieden werden müssen, damit sie eine sichere Basis hat.

168.1 Fackelzug der Nationalsozialisten am Abend des 30. 1. 1933 in Berlin (nachgestellte Aufnahme)

Deutschlands Weg in die Diktatur

Eine neue Regierung wird gebildet

Bei den Wahlen im November 1932 war die NSDAP mit 33,1% der Stimmen stärkste Partei im Reichstag geworden (> S. 166). Nach anfänglicher Weigerung ernannte nun Reichspräsident Hindenburg Adolf Hitler am 30. Januar 1933 zum Reichskanzler. Die Anhänger Hitlers zogen an diesem Abend in einem riesigen Fackelzug durch Berlin. Hitler selbst bezeichnet diesen Tag als den Tag der Machtergreifung.

Da Hitlers NSDAP nicht die Mehrheit der Stimmen erhalten hatte, musste er eine Koalition eingehen. Er bildete deshalb mit der DNVP, den Deutschnationalen, die Regierung.

Die Deutschnationalen glaubten, die NSDAP leicht im Griff halten zu können. Der Vizekanzler im Kabinett Hitler, von Papen, hoffte: *„In zwei Monaten haben wir Hitler in die Ecke gedrückt, dass er quietscht."* Dies erwies sich allerdings schon bald als Fehleinschätzung.

Für die Hilfe, die er Hitler beim Einzug in die Regierung geleistet hatte, nannte man von Papen später den „Steigbügelhalter Hitlers". Denn dieser dachte nicht daran, sich in die Ecke drängen zu lassen. Beim Betreten der Reichskanzlei am 30. 1. meinte er: *„Hier bringt mich lebend niemand mehr heraus."*

Vordergründig blieb Hitler zunächst bescheiden. Er beanspruchte für seine Partei nur zwei Ministerposten: Hermann Göring wurde Reichsminister ohne Geschäftsbereich. Daneben war er aber auch preußischer Innenminister und leitete somit die Polizei im größten Bundesland. Wilhelm Frick wurde Reichsinnenminister. Ihm unterstand die Verwaltung und die gesamtdeutsche Polizei. Adolf Hitler selbst war als Kanzler weisungsbefugt über alle Ministerien der Regierung. Der NSDAP war es also gelungen, Schlüsselpositionen, d. h. wichtige Ämter, zu besetzen.

Wollte Hitler nun nach demselben Muster mit der Demokratie wie mit seiner Partei verfahren, dann war sein Ziel klar: Die Errichtung eines Führerstaates. Dazu standen ihm zwei wesentliche Errungenschaften der Weimarer Republik im Wege:

Zum einen die Grundrechte mit ihren Garantien für Freiheit und Rechtssicherheit. Zum zweiten die Volkssouveränität, die Entscheidungsmacht des Volkes, die es auf Zeit den Abgeordneten im Parlament überträgt. Und diese beiden Grundpfeiler der Demokratie zertrümmerte er in nur zwei Monaten mit zwei Gesetzen.

Von der Machtergreifung zur Diktatur

Die Grundrechte werden ausgeschaltet

Hitler störte es, auf die Koalition mit der DNVP angewiesen zu sein. Deshalb überredete er den Reichspräsidenten, Neuwahlen auszuschreiben. Außerdem hatte Hitler bereits Anfang Februar Hindenburg dazu gebracht, die Versammlungs- und Pressefreiheit einzuschränken. Dazu nutzte der Präsident den Artikel 48 der Verfassung.

Hitlers erbittertste Gegner bei diesen Wahlen würden sicher die KPD und die SPD sein. Ihre Verfolgung war sein nächstes Ziel. Dabei spielte ihm ein Ereignis in die Hände: der Reichstagsbrand. In der Nacht vom 27. zum 28. Februar 1933 ging das Parlamentsgebäude in Flammen auf. Bis heute ist nicht geklärt, wie es dazu kam. Die Polizei bezichtigte den Holländer Marinus van der Lubbe, einen überzeugten Kommunisten, den Brand gelegt zu haben. Und so reagierte der „Völkische Beobachter", die Parteizeitung der NSDAP: *„Das Maß ist voll. Jetzt wird rücksichtslos durchgegriffen. Kommunistische Brandstifter zünden das Reichstagsgebäude an ... Das Zeichen zur Entfesselung des kommunistischen Aufruhrs. Schärfste Maßnahmen gegen die Terroristen. Alle kommunistischen Abgeordneten in Haft. Alle marxistischen Zeitungen verboten."*

Für Hitler bot der Brand einen willkommenen Anlass, Grundrechte einzuschränken. Noch in der gleichen Nacht wurden 4000 Kommunisten und Sozialdemokraten verhaftet. Darunter waren auch alle Reichstagsabgeordneten der KPD, obwohl diese unter besonderem Schutz standen. Die Verhaftungen führte nicht die reguläre Polizei durch. Dies übernahm zum größten Teil die SA, eine uniformierte Kampftruppe der NSDAP. Erstmals kam es zu einer Aufgabenüberschneidung zwischen Partei und Staat.

Die Verhafteten wurden in „Schutzhaft" genommen, ein beschönigendes Wort für die Misshandlung der Häftlinge: Folter war in den Kellern dieser ersten „wilden" Konzentrationslager an der Tagesordnung. Die Zeitungen der SPD und KPD wurden verboten und der Rundfunk unterstand von diesem Tag an nur noch der NSDAP.

Dies alles wurde durch eine Verordnung möglich, die heute unter dem Namen „Reichstagsbrandverordnung" (Text 169.2) bekannt ist.

169.1 Der brennende Reichstag

Verordnung des Reichspräsidenten zum Schutz von Volk und Staat vom 28. Februar 1933:

Auf Grund des Artikel 48, Absatz 2 der Reichsverfassung wird zur Abwehr kommunistischer staatsgefährdender Gewaltakte folgendes verordnet:

§1 Die Artikel 114, 115, 117, 118, 123, 124 und 153 der Verfassung des Deutschen Reiches werden bis auf weiteres außer Kraft gesetzt. Es sind daher Beschränkungen der persönlichen Freiheit, des Rechtes der freien Meinungsäußerung, einschließlich der Pressefreiheit, des Vereins- und Versammlungsrechts, Eingriffe in das Brief-, Post-, Telegraphen- und Fernsprechgeheimnis, Anordnungen von Haussuchungen und von Beschlagnahme sowie Beschränkungen des Eigentums auch außerhalb der sonst hierfür bestimmten gesetzlichen Grenzen zulässig.

§4 Wer ... Anordnungen zuwiderhandelt oder wer zu solcher Zuwiderhandlung auffordert, wird ... mit Gefängnis nicht unter einem Monat oder mit Geldstrafe von 150 bis zu 15 000 Reichsmark bestraft.

§5 Mit dem Tode wird bestraft, wer ... schweren Aufruhr oder ... schweren Landfriedensbruch, die Tat mit Waffen und gewolltem Zusammenwirken mit einem Bewaffneten begeht.

169.2 Die Reichstagsbrandverordnung

AUFGABEN >>

1. Zähle einzelne Stationen auf, die Hitlers Weg zum Reichskanzler beschreiben.
2. Beschreibe in eigenen Worten die Reichstagsbrandverordnung (Text 169.2).
3. Erläutere ihr Zustandekommen.
4. Erkläre, welche wichtige Säule der freiheitlichen Demokratie mit dieser Verordnung außer Kraft gesetzt worden ist. Lies dazu nochmals auf S. 156/157 nach.
5. Stell dir vor, deine Eltern wären aktiv in einer Hitler feindlichen Partei gewesen. Was würde nun diese Verordnung für deine Familie bedeuten können?

Deutschlands Weg in die Diktatur

170.1 Hitler spricht vor dem Reichstag

Unter diesen Voraussetzungen gab es am 5. März 1933 Neuwahlen. Die politischen Gegner wurden von der SA massiv eingeschüchtert. Andersdenkende wurden terrorisiert und verhaftet. Die Presse berichtete nur noch zugunsten der NSDAP. Und dennoch erreichte sie nur 43,9% der Stimmen (Abb. 166.1). Hitler wäre also wieder auf eine Koalition mit der DNVP angewiesen. Das wollte er auf jeden Fall vermeiden.

Das Parlament wird ausgeschaltet

Das Parlament trat zum ersten Mal am 24. März zusammen. Da der Reichstag zerstört war, nutzte man die Kroll-Oper in Berlin als „Ersatzparlamentsgebäude". In dieser ersten Sitzung legte Hitler ein Gesetz zur Abstimmung vor, das die Verfassung ändern sollte. Demnach sollte seine Regierung selbst Gesetze verabschieden können. Das war bisher alleiniges Recht der Volksvertretung, denn es ist die Grundlage der parlamentarischen Demokratie. Zur Verfassungsänderung benötigte Hitler jedoch eine Zweidrittel-Mehrheit. Diese wollte er sich an diesem Tag sichern.

Eigentlich sollte sich dieser Reichstag aus 647 Abgeordneten zusammensetzen. Es fehlten jedoch 81 Kommunisten und 26 andere Abgeordnete anderer Parteien – sie waren verhaftet. Zur Einschüchterung ließ Hitler gleichzeitig mit den Abgeordneten die SA einmarschieren, angeblich als Saalschutz (Abb. 170.2). In dieser Stimmung begründete Hitler sein Gesetz (Texte 171.1 und 2).

Darauf antwortete der Fraktionsvorsitzende der SPD, Otto Wels, ständig durch Zwischenrufe der SA unterbrochen (Text 171.3). Dies war die letzte freie Rede im Reichstag. Außer der SPD stimmten alle Parteien dem Gesetz zu. Somit konnte das Gesetz in Kraft treten. Die Zentrumspartei glaubte mit der Zustimmung die Katholiken schützen zu können, andere meinten, dass Hitler nun zufrieden wäre. Das Parlament hatte allerdings praktisch die Abschaffung seiner Rechte beschlossen. Hitler war am Ziel: Er hatte das Staatsgebilde Deutschland von der Demokratie zu einer Diktatur gewandelt.

170.2 SA rückt als „Saalschutz" in die Kroll-Oper ein

Von der Machtergreifung zur Diktatur

Das Ermächtigungsgesetz

Artikel 1: Reichsgesetze können außer in dem in der Reichsverfassung vorgesehenen Verfahren auch durch die Reichsregierung beschlossen werden.
Artikel 2: Die von der Reichsregierung beschlossenen Gesetze können von der Reichsverfassung abweichen ... Die Rechte des Präsidenten bleiben unberührt.
Artikel 3: Die von der Reichsregierung beschlossenen Gesetze werden vom Reichskanzler ausgefertigt und im Reichsblatt verkündet.
Artikel 4: Verträge mit fremden Staaten ... bedürfen ... nicht der Zustimmung der an der Gesetzgebung beteiligten Körperschaften.

171.1 Aus dem „Gesetz zur Behebung der Not von Volk und Staat vom 24. März 1933", dem so genannten Ermächtigungsgesetz

„Es würde dem Sinn der nationalen Erhebung widersprechen und dem beabsichtigten Zweck nicht genügen, wollte die Regierung sich in ihren Maßnahmen von Fall zu Fall die Genehmigung des Reichstages erhandeln oder erbitten. Die Regierung wird dabei nicht von der Absicht getrieben, den Reichstag als solchen aufzuheben, im Gegenteil: Sie behält sich auch in Zukunft vor, ihn von Zeit zu Zeit über ihre Maßnahmen zu unterrichten oder aus bestimmten Gründen, wenn zweckmäßig, auch seine Zustimmung einzuholen."
(Aus: Geschichte in Quellen, München 1979, S. 282)

171.2 Wie Hitler das „Ermächtigungsgesetz" begründete

„Nach den Verfolgungen, die die SPD in der letzten Zeit erfahren hat, wird billigerweise niemand von ihr ... erwarten können, dass sie für das ... Gesetz stimmt. Die Wahlen vom 5. März haben den Regierungsparteien die Mehrheit gebracht und damit die Möglichkeit, streng nach Sinn und Wortlaut der Verfassung zu regieren. Wir deutschen Sozialdemokraten bekennen ... uns zu den Grundsätzen der Menschlichkeit und der Gerechtigkeit, der Freiheit und des Sozialismus. Kein Ermächtigungsgesetz gibt Ihnen die Macht, Ideen, die ewig und unzerstörbar sind, zu vernichten ... Freiheit und Leben kann man uns nehmen, die Ehre nicht."
(Aus: Geschichte in Quellen, München 1979, S. 283)

171.3 Aus der Rede des SPD-Abgeordneten Wels

Der Völkische Beobachter (Parteizeitung der NSDAP) vom 25. 3. 1933:
„Der Wille des deutschen Volkes ist erfüllt: Der Reichstag übergibt Adolf Hitler die Herrschaft. Annahme des Ermächtigungsgesetzes mit der überwältigenden Mehrheit von 441 gegen 94 Stimmen der SPD. Einstimmige Annahme auch im Reichsrat. Hitlers historische Abrechnung mit den Novemberverbrechern."

Joseph Goebbels, engster Vertrauter Hitlers, meinte über die Demokratie:
„Das wird immer einer der besten Witze der Demokratie bleiben, dass sie ihren Todfeinden die Mittel selbst stellte, durch die sie vernichtet wurde. Die verfolgten Führer der NSDAP traten als Abgeordnete in den Genuss der Immunität, der Diäten. Dadurch waren sie vor polizeilichem Angriff gesichert, durften sich mehr zu sagen erlauben als der gewöhnliche Staatsbürger und ließen sich noch die Kosten ihrer Tätigkeit vom Feinde bezahlen."
(Aus: G. Jasper, Die abwehrbereite Demokratie, München 1964, S. 21)

171.4 Reaktionen auf die Verabschiedung des Ermächtigungsgesetzes

AUFGABEN >>

1. *Trotz des massiven Drucks gegen seine politischen Gegner erreichte Hitler nicht die absolute Mehrheit in den Märzwahlen 1933. Beschreibe die Folgen.*
2. *Fasse mit eigenen Worten den Inhalt des so genannten Ermächtigungsgesetzes zusammen (Abb. 171.1).*
3. *Erläutere dessen Zustandekommen.*
4. *Erkläre, welche wichtige Säule der freiheitlichen Demokratie mit dieser Verordnung außer Kraft gesetzt worden ist. Lies dazu nochmals auf S. 156 / 157 nach.*
5. *Lies die Reden Hitlers und des Abgeordneten Wels. Fasse ihre wichtigsten Aussagen zusammen. Vergleiche sie und nimm dazu Stellung.*
6. *Wie ist die 2/3-Mehrheit zustande gekommen? Stelle dazu die Reaktion von Goebbels und Völkischem Beobachter gegenüber. Vergleiche und bewerte sie.*
7. *Man bezeichnet die Reichstagsbrandverordnung und das Ermächtigungsgesetz als das Ende der Demokratie. Belege diese Aussage.*

6 Demokratie und NS-Diktatur

Machtsicherung durch Gleichschaltung

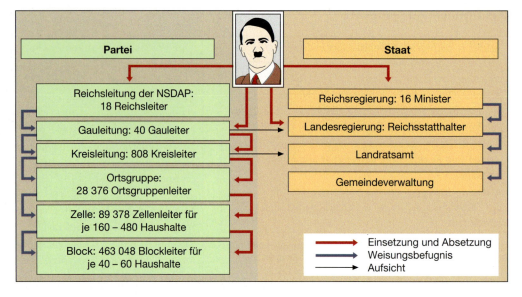

172.1 Aufbau von Staat und Partei (1939)

Hitler war am Ziel: Er hatte die Grundlagen zur Errichtung eines Führerstaates geschaffen, die Grundrechte waren ausgeschaltet und die Gesetzgebung lag in seiner Hand. Nun galt es, das ganze Land nach seiner Vorstellung eines Führerstaates auszurichten. Dazu musste er alle Länder, Parteien, Gewerkschaften, Zeitungen, Kunst, Musik und Literatur mit Organisationen der NSDAP durchdringen und beherrschen: Diesen Vorgang nennt man Gleichschaltung.

Die Länder werden aufgelöst

Das deutsche Reich setzte sich in der Weimarer Republik aus 18 Ländern zusammen. Jedes Land besaß eine eigene Landesregierung, ein eigenes Parlament und war in gewissen Bereichen wie Kultur, Polizei und Verwaltung, relativ unabhängig von Berlin. Das sollte sich durch das „Zweite Gesetz zur Gleichschaltung der Länder mit dem Reich" vom 7.4.1933 ändern:

„§1 /1: In den deutschen Ländern ... ernennt der Reichspräsident auf Vorschlag des Reichskanzlers Reichsstatthalter. Der Reichsstatthalter hat die Aufgabe, für die Beobachtung der vom Reichskanzler aufgestellten Richtlinien der Politik zu sorgen."

(Aus : Ruhl, Brauner Alltag, Düsseldorf 1981, S. 49)

Durch die Reichsstatthalter konnte Hitler nicht nur die Länder überwachen, sondern auch massiv ihre Politik und Verwaltung bestimmen. Wollten Länderregierungen diese Statthalter nicht akzeptieren, wurden sie durch die SA unter Druck gesetzt. Im Januar 1934 löste er die Landtage, also die Länderparlamente ganz auf. Aus dem Gesetz über den Neuaufbau des Reiches vom 30. 1. 1934:

„Artikel 1: Die Volksvertretungen der Länder werden aufgehoben.
Artikel 2 (1): Die Hoheitsrechte der Länder gehen auf das Reich über.
(2) Die Landesregierungen unterstehen der Reichsregierung.
Artikel 3: Die Reichsstatthalter unterstehen der Dienstaufsicht des Reichsministers des Inneren."

(Aus: Lautemann, Schlenke (Hrsg.), Geschichte in Quellen, München 1979, S. 306)

Deutschland wurde nun zentral von Berlin aus regiert. Um die Einheit zu fördern, wurde selbst die Beamtenschaft neu geordnet. Das „Gesetz zur Wiederherstellung des Berufsbeamtentums" vom 7. 4. 1933 besagte:

„§3: Beamte, die nicht-arischer Abstammung sind, sind in den Ruhestand zu versetzen. Soweit es sich um Ehrenbeamte handelt, sind sie aus dem Amtsverhältnis zu entlassen.
§4: Beamte, die nach ihrer bisherigen politischen Betätigung nicht die Gewähr dafür bieten, dass sie jederzeit rückhaltlos für den nationalen Staat eintreten, können aus dem Dienst entlassen werden."

(Aus: Lautemann, Schlenke (Hrsg.), Geschichte in Quellen, München 1979, S. 279)

Von der Machtergreifung zur Diktatur

Die Parteien werden verboten

In der Weimarer Republik gab es eine Vielzahl von Parteien (> S. 155). Die Zerschlagung der Parteien begann schon mit der Verfolgung der KPD nach dem Reichstagsbrand. Im Juni 1933 wurde auch die SPD verboten. Alle anderen Parteien wurden entweder ebenfalls verboten oder zur „Selbstauflösung" gezwungen.
Das geschah durch Terror, durch willkürliche Verhaftung der Parteivorsitzenden und Verfolgung. Mit dem „Gesetz gegen die Neubildung von Parteien" vom 14. Juli 1933 wurde die NSDAP schließlich zur einzigen Partei in Deutschland:

§1: In Deutschland besteht als einzige politische Partei die Nationalsozialistische Deutsche Arbeiterpartei.
§2: Wer es unternimmt, den organisatorischen Zusammenhalt einer anderen politischen Partei aufrecht zu erhalten oder eine neue Partei zu bilden, wird ... mit Zuchthaus bis zu drei Jahren oder mit Gefängnis von sechs Monaten bis zu drei Jahren bestraft."
(Aus: Geschichte in Quellen, München 1979, S. 306)

Um die Verflechtung von Staat und NSDAP zu unterstreichen, erließ Hitler „das Gesetz zur Sicherung der Einheit von Partei und Staat" vom 1. 12. 1933
„§1: Nach dem Sieg der nationalsozialistischen Revolution ist die NSDAP die Trägerin des deutschen Staatsgedankens und mit dem Staate unlöslich verbunden ... Ihre Satzung bestimmt der Führer.
§2: Zur Gewährleistung engster Zusammenarbeit der Dienststellen der Partei und der SA mit den öffentlichen Behörden werden der Stellvertreter des Führers und der Chef der SA Mitglieder der Reichsregierung."
(Aus: Geschichte in Quellen, München 1979, S. 306)

173.1 Besetzung des Gewerkschaftshauses in Berlin durch SA

Die Gewerkschaften werden entmachtet

Die Arbeiterverbände, die so genannten Gewerkschaften, waren in der Weimarer Republik politisch einflussreiche und gut organisierte Vereine. Sie forderten seit Jahren einen gemeinsamen Feiertag, den 1. Mai als internationalen Tag der Arbeit. Diesen führte Adolf Hitler schließlich am 1. Mai 1933 ein. Doch einen Tag später, am 2. Mai, zerschlug die Regierung alle Gewerkschaften.
An ihre Stelle setzte sie auch hier eine Parteiorganisation, die „Deutsche Arbeitsfront" (DAF). Mit dieser Vereinigung kontrollierte sie Arbeiterschaft und Wirtschaft. Aus der „Verordnung Hitlers über die Deutsche Arbeitsfront vom 24. 10. 1934"

173.2 NSDAP-Plakat zum 1. Mai

„§1: Die deutsche Arbeitsfront ist die Organisation der schaffenden Deutschen der Stirn und Faust.
In ihr sind insbesondere die Angehörigen der ehemaligen Gewerkschaften, der ehemaligen Angestelltenverbände und der ehemaligen Unternehmervereinigungen ... zusammengeschlossen."
(Aus: Kühnl, Der deutsche Faschismus in Quellen und Dokumenten, Köln 1979, S. 253)

Machtsicherung durch Gleichschaltung

174.1 Öffentliche Bücherverbrennung

Die freie Presse wird ausgeschaltet

Die Presselandschaft in Deutschland während der Weimarer Republik gehörte zu den vielfältigsten, die es auf der Welt gab. Die Nationalsozialisten wollten jedoch, dass nur kontrollierte und „deutsche" Nachrichten den Bürger erreichten. Schon in der Reichstagsbrandverordnung wurde die Pressefreiheit eingeschränkt. Durch die Zerschlagung und die Unterdrückung der Presse ging eines der wichtigsten Kontrollmittel der Politik verloren: eine freie kritische Presse.

So stürmten am 9. März 1933 SA-Truppen die Redaktion der „Tagespost" in Nürnberg. Die damals 16-jährige Anni W. berichtet:

„Man spürte die Erregung und die Ablehnung gegenüber den SA-Leuten, die, teils mit Gewehren bewaffnet, auf den Vordächern des Verlagshauses postiert standen. Aus dem Haus drang Lärm vom Geschrei und Zerschlagen der Druckmaschinen, durch die Fenster wurden Zeitungen und Bürogegenstände auf die Straße geworfen. Nachdem einige Menschen aus dem Gebäude herausgeführt wurden, wobei man sah, dass es sich um Verhaftungen handelte, gingen wir nach Hause. Die Mutter drückte ... ihre Sorge um meinen Vater aus, der im Vormonat von der Polizei und SA abgeholt worden war und von dem wir seither nichts gehört hatten."

(Aus: Komitee gegen Nazismus (Hrsg.), Kennen Sie das andere Nürnberg? Ein Stadtführer, Nürnberg 1981, Titel 20)

Kunst und Literatur wird angepasst

Nach Auffassung der Nationalsozialisten hatte die Kunst und Literatur ein klares Vorbild zu vermitteln: Den kraftstrotzenden, kriegerischen Menschen, der sich in die Volksgemeinschaft willenlos einordnet. Die Einhaltung dieses Vorbildes wurde durch die Reichskulturkammer streng überwacht. Jeder Künstler musste dieser Organisation angehören.

Demokratisch eingestellte, weltoffene Schriftsteller, experimentierfreudige Maler und Musiker, regimekritische Künstler und vor allem Juden wurden von der Reichskulturkammer als „undeutsch" und als „entartet" abgelehnt. Ihnen wurde die Aufnahme in die Organisation verweigert. Dies bedeutete für die Künstler, dass sie Arbeitsverbot erhielten und ihre Werke in Deutschland nicht veröffentlicht werden durften. Somit entzog man diesen Künstlern nicht nur ihr Publikum, sondern auch ihre Einkommensquellen. Viele Künstler wanderten deshalb aus.

In einer groß inszenierten Aktion verbrannten nationalsozialistische Studenten am 10. Mai 1933 öffentlich Bücher. In der so genannten „Aktion des Kampfausschusses wider den undeutschen Geist" landeten viele angesehene Werke im Feuer. Dazu zählten Bücher des Nobelpreisträgers Thomas Mann, Bücher von Heinrich Mann, Bertolt Brecht, Kurt Tucholsky, Erich Kästner, Franz Kafka und von vielen anderen. Die Aktion wurde in ganz Deutschland im Rundfunk übertragen.

Von der Machtergreifung zur Diktatur

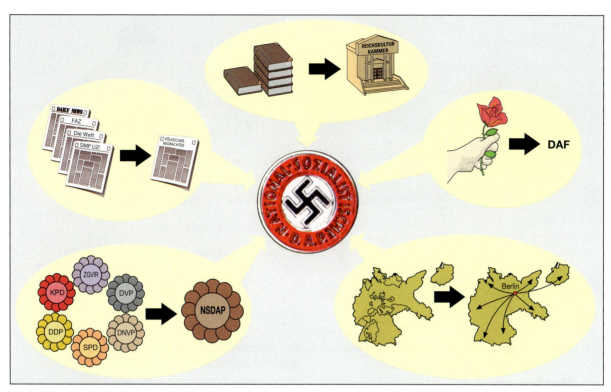

175.1 Schema zur Gleichschaltung

Gleichschaltung gelingt innerhalb eines Jahres

Innerhalb nur eines Jahres war es den Nationalsozialisten gelungen, mögliche Gegner in Staat und Gesellschaft auszuschalten. Die Länder, Parteien, Kirchen, Gewerkschaften, Presse, Kunst und Literatur, alle wichtigen Einrichtungen des Staates und des öffentlichen Lebens waren nun auf die Person Adolf Hitler ausgerichtet. Wo früher Vielfalt war, herrschte die Einheit von Staat und NSDAP. Allen Organen hatten sie parteieigene beigestellt, was die Gleichschaltung garantierte.

AUFGABEN >>

1. Erkläre den Begriff der Gleichschaltung.
2. Lege nach dem Muster der Abb. 175.2 eine Tabelle an und stelle dar, wie die Nationalsozialisten bei der Gleichschaltung vorgingen. (Ihr könnt die Bereiche auch innerhalb der Klasse aufteilen.)
3. In Abb. 175.1 ist der Prozess der Gleichschaltung bildhaft dargestellt. Ordne die einzelnen Maßnahmen zur Gleichschaltung den Bildern zu und erläutere.
4. Alle diese Maßnahmen führten zur nationalsozialistischen Diktatur. Begründe.
5. Hitler wird am 30. 1. 1933 Reichskanzler, am 24. 3. 1933 wird er ermächtigt, Gesetze zu erlassen, am 3. 7. 1934 wird er zum obersten Richter. Damit ist er Diktator. Lies nochmals in Grafik 156.1 nach und erkläre, warum diese Aussage erst am 3. 7. 1934 zutrifft.

	Länder	Parteien	Gewerkschaften	Presse	Kunst
Weimarer Republik	?	?	?	?	?
Nach der Gleichschaltung	?	?	?	?	?
Maßnahmen	?	?	?	?	?
Gesetze	?	?	?	?	?

175.2

176.1 Reichsparteitag in Nürnberg

176.2 Aus einer Fibel für die erste Klasse

Machtsicherung durch Propaganda und Terror

Der Propaganda kann sich niemand entziehen

Nicht nur das öffentliche Leben in Deutschland wurde nach und nach gleichgeschaltet. Jeder Einzelne sollte im Sinne des Nationalsozialismus zu einem einheitlichen Denken erzogen werden.
Deshalb wurde im Mai 1933 das „Reichspropagandaministerium" unter Joseph Goebbels geschaffen. Mithilfe dieses Ministeriums ließen sich alle Medien und Nachrichten kontrollieren. Damit konnte eine schier allgegenwärtige Propaganda (Werbung für politische Ziele) aufgebaut werden.

Schaltete zum Beispiel ein „Volksgenosse" am Morgen sein Radio, den „Volksempfänger", ein, dann hörte er vor allem Führerreden und Beiträge im Sinne der NS-Weltanschauung. Auf dem Weg zur Arbeit begleiteten ihn Hakenkreuzfahnen und Spruchbänder. In der Fabrik gab es einen „Betriebsappell". Ging man abends ins Kino, so berichtete auch dort die „Wochenschau" von den großen Leistungen der Regierung.

Reichsparteitage als Höhepunkte der Propaganda

Den Jahreslauf regelten die Nationalsozialisten mit politischen anstelle der kirchlichen Feiertage. Nun gab es den „Tag der Machtergreifung", „Führers Geburtstag" u. a. Jedes Jahr fanden perfekt einstudierte „Reichsparteitage" in Nürnberg statt. Alle Parteiformationen traten in riesigen militärischen Aufmärschen an: Marschmusik und ein Fahnenmeer unterstrichen die Bedeutung der Feier. Der wichtigste Programmpunkt war die Führerrede und die Verehrung seiner Person. Von der Filmindustrie erhielten Goebbels und Hitler die Ideen für die massenwirksame Gestaltung dieser Reichsparteitage.

Der Führer wird vergöttert

„Die Vorsehung hat mich zum größten Befreier der Menschheit vorbestimmt". So urteilte Adolf Hitler über sich selbst. Josef Goebbels urteilte: „Er ist die Wahrheit selbst. Er hat die Gabe, das zu sehen, was den Augen anderer Menschen verborgen bleibt." Hitler wurde so zu einer übermenschlichen Gestalt gemacht, der man bedingungslos folgen musste. „Führer befiehl, wir folgen", „mein Führer, du allein bist mein Weg und Ziel", „Wir grüßen: Heil Hitler". Das waren Losungen im Sinne des Führerprinzips.

AUFGABEN >>

1. Erläutere das Führerprinzip.
2. Erläutere mithilfe von Abb. 176.1 und 2, wie die Propaganda im Alltag und zu besonderen Anlässen arbeitete.

Von der Machtergreifung zur Diktatur

Gestapo terrorisiert aus dem Untergrund

Was geschah, wenn sich Menschen trotz aller Propaganda dem Führerprinzip nicht unterwarfen? Wenn sie ihre Unabhängigkeit behalten wollten? Dann setzte ein Terrorsystem ein, das zwar stets im Verborgenen, aber hoch wirksam arbeitete. Es verbreitete in Deutschland Angst und Schrecken.

Die Ge(heime) Sta(ats)po(lizei) war das entscheidende Instrument des Terrors im NS-Staat. Dabei waren nie mehr als 20 000 Menschen bei dieser Organisation angestellt. Wie konnte sie dennoch so reibungslos funktionieren? Verbindungsleute, Nachbarn, Bekannte waren ihre freien Mitarbeiter. Das kleinste Wort der Kritik, ein unbedacht geäußerter Witz über Hitler oder einen seiner Parteibonzen, eine Klage über einen zu harten Arbeitstag – man wusste nie, wer zuhörte. Und so konnte es passieren, dass die gefürchteten Herren in ihren beigen Trenchcoats an die Türe klopften und einen ohne richterliche Vorladung und ohne Zusicherung der körperlichen Unversehrtheit zur Befragung mitnahmen. Denn das Gesetz vom 10. 2. 1933 lautete:

„Die Geheime Staatspolizei hat die Aufgabe, alle staatsgefährlichen Bestrebungen im gesamten Staatsgebiet zu erforschen und zu bekämpfen, das Ergebnis der Erhebungen zu sammeln und auszuwerten, die Staatsregierung zu unterrichten und die übrigen Behörden über für sie wichtige Feststellungen auf dem Laufenden zu halten ... Verfügungen und Angelegenheiten der Geheimen Staatspolizei unterliegen nicht der Nachprüfung durch Verwaltungsgerichte."

(Aus: Hofer, W. (Hrsg.), Der Nationalsozialismus, Dokumente, Frankfurt 1985, S. 101)

Neben der Verfolgung von politischen Gegnern wurde die Gestapo z. B. auch gegen Juden, Homosexuelle, Zigeuner, und Zeugen Jehovas aktiv. Sie hatte das Weisungsrecht über die Ordnungspolizei und die Inspekteure der KZs.

Der Volksgerichtshof urteilt ohne Recht

Hitler hatte sich am 3. 7. 1934 zum obersten Richter ernannt. Damit hatte er alle drei Bereiche der Macht in seiner Hand. Aber schon vorher hatte er neben den bestehenden Gerichten ein nationalsozialistisches Gericht eingesetzt: Denn am 24. 4. 1934 wurde in Berlin der Volksgerichtshof eingerichtet. Dieser war ein Sondergerichtshof für die Aburteilung von Hoch- und Landesverrätern. Eng arbeitete er mit der Gestapo zusammen. Eine Vorverhandlung gab es nie. Denn auf der Basis der Reichstagsbrandverordnung gab es keine Kontrolle über das Tun von Gestapo und Volksgerichtshof. Roland Freisler, der 1942 den Vorsitz über das Sondergericht übernahm, verhängte in nur drei Jahren 4951 Todesurteile. Unter seinen Opfern waren auch die Geschwister Scholl (> S. 190) und die Attentäter des 20. Juli (> S. 189). Freislers Aussage lautete: Er werde das Recht schon finden, dazu brauche er kein Gesetzbuch.

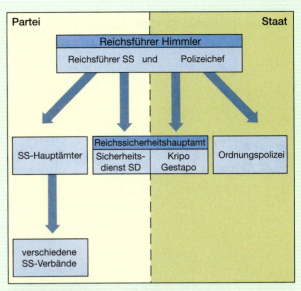

177.1 Herrschaftsinstrumente von Partei und Staat

177.2 Der Reichstagsabgeordnete Kuhnt, SPD, wird von der SA verhöhnt und auf einem Karren zum Verhör geschleppt

AUFGABEN >>

1. Erläutere die Begriffe Gestapo und Volksgerichtshof und nenne deren Aufgaben. Beziehe dazu auch das Gesetz vom 10. 2. 1933 mit ein.
2. Gegen welche Menschen richteten diese Einrichtungen ihre Gewalt?
3. Wodurch wurde dieses Gesetz vom 10. 2. 1933 eigentlich möglich? Warum kann dies in einem Rechtsstaat nicht passieren? Vergleiche dazu die Grundrechte auf S. 156.

Beeinflussung der Jugend

178.1 Zeltlager des Deutschen Jungvolkes

178.2 HJ-Jungen lernen Schießen

Vorstellungen Hitlers über die Jugenderziehung

Seine Ziele zur Erziehung der Jugend im nationalsozialistischen Staat beschrieb Hitler in einer Rede so:

„Meine Pädagogik ist hart. Das Schwache muss weggehämmert werden … Eine gewalttätige, herrische, unerschrockene, grausame Jugend will ich. Schmerzen muss sie ertragen. Es darf nichts Schwaches und Zärtliches an ihr sein. Das freie, herrliche Raubtier muss erst wieder aus ihren Augen blitzen. Stark und schön will ich meine Jugend. Ich werde sie in allen Leibesübungen ausbilden lassen. Ich will eine athletische Jugend. Das ist das Erste und das Wichtigste. So habe ich das reine, edle Material der Natur vor mir. So kann ich das Neue schaffen. Ich will keine intellektuelle Erziehung. Mit Wissen verderbe ich mir die Jugend. Aber Beherrschung müssen sie lernen. Sie sollen mir in den schwierigsten Proben die Todesfurcht besiegen lernen."

(Aus: Sommer, Kinder und Jugendliche im Nationalsozialismus, Stuttgart 1985, S. 22)

Dienst in Jugendorganisationen

Um seine Erziehungsziele zu verwirklichen, schuf Hitler eine Reihe von Kinder- und Jugendorganisationen. Mit 10 Jahren traten die Mädchen bei den „Jungmädel", die Knaben beim „Jungvolk" ein. Von 14–18 gingen sie in den „Bund deutscher Mädel" (BDM) bzw. in die „Hitlerjugend" (HJ). Ab 1936 war die Mitgliedschaft in der HJ Pflicht, die Parteijugend war damit Staatsjugend. Auch die Jugendorganisationen waren nach dem „Führerprinzip" organisiert: In dem Jungvolk bestimmten „Jungzugführer" über eine „Schar" von 30–50 Jungen, ein „Fähnleinführer" über die „Gefolgschaft" von 120–180 Mitgliedern.

Auch die Umgangsformen und Freizeitaktivitäten waren militärisch ausgerichtet: In vorschriftsmäßiger Kleidung musste angetreten werden, stramm gestanden und Meldung gemacht werden. Ein Teil der „Dienstzeit" bestand aus Leibesübungen und aus Kampfsportarten wie Boxen und Ringen. Bei Geländespielen übten die Jugendlichen Karten- und Geländekunde, anschleichen und tarnen. Schießübungen bereiteten den Umgang mit der Waffe vor. An „Heimatabenden" hörten die Jugendlichen von den Taten des Führers, wurden in Rassekunde und deutscher Geschichte belehrt. Sie sangen Partei- und Kampflieder, deren Themen meist um „Kampf und Tod" kreisten. Aufmärsche und Zeltlager, Gesang und Lagerfeuer standen auch beim BDM auf dem Programm und waren durchaus bei vielen beliebt. Mädchen wurden daneben verstärkt auf ihre Rolle als „dienende" Frau und Mutter vorbereitet.

Zwei Mädchen erinnern sich an den BDM

„Großmutter kaufte mir den schwarzen Rock, die weiße Bluse, das schwarze Halstuch und den braunen Lederknoten. Die Ehrensymbole … Gehisste Fahnen, alle in Reih und Glied, Spielschar, Treueschwur. Sie hatten mich aufgenommen, aber für mich war das alles schon bedeutungslos. Ein großes Tamtam, eine Fassade, hinter die ich nicht sehen wollte. Ich ging noch zu einer Zusammenkunft, dann ging ich einfach nicht mehr hin."

„Unsere Lagergemeinschaft war ein verkleinertes Modell dessen, was ich mir unter Volksgemeinschaft vorstellte. Niemals vorher oder nachher habe ich eine so gute Gemeinschaft erlebt. Unter uns gab es Bauernmädchen, Studentinnen, Arbeiterinnen, Verkäuferinnen, Schülerinnen … Geführt wurde das Lager von einer Bauerstochter. Obwohl sie kaum je ein Fremdwort richtig aussprach, wäre niemand auf die Idee gekommen, sie auszulachen. Sie brachte uns dazu …, dass jeder sich bemühte, hilfsbereit und zuverlässig zu sein. Dass ich dieses Modell einer Volksgemeinschaft mit so intensivem Glücksgefühl erlebt habe, hat einen Optimismus in mir entstehen lassen, an den ich mich bis 1945 eigensinnig klammerte."

(Aus: Ruhl, Brauner Alltag, Düsseldorf 1981, S. 49 f.)

Die Schule im Dienst des Nationalsozialismus

„Wenn der Lehrer den Saal betritt, müssen wir alle aufstehen und gemeinsam Heil Hitler grüßen … Am Anfang und am Ende wird gebetet für den Führer … Wenn ein Fest ist oder eine Persönlichkeit kommt, werden wir von der Schule aus an den Platz geführt, wo uns dann der Lehrer das Zeichen gibt, wenn wir Heil oder Sieg Heil rufen müssen."

(Aus: Ruhl, Brauner Alltag, Düsseldorf 1981, S. 52)

So oder ähnlich sahen Unterricht und Schulleben in den meisten Schulen seit 1933 aus. Schon bald versuchten die neuen Machthaber Lehrer und Rektoren, die der neuen Weltanschauung nicht begeistert folgten, durch Nationalsozialisten zu ersetzen. Wichtiger als der Unterricht war die Beeinflussung der Kinder durch wöchentliche Flaggenappelle und Schulfeiern an den NS-Feiertagen, durch „germanisches" Brauchtum und völkisches Liedgut.
Der Sportunterricht wurde auf fünf Stunden erhöht, als neue Inhalte kamen „Geländekunde und Schießlehre" dazu. Neue Fächer wie der „Nationalpolitische Unterricht" oder die „Rassenlehre" sollten helfen, die Schüler von der nationalsozialistischen Ideologie zu überzeugen.

179.1 Werbung für die Hitlerjugend

179.2 In der Schule

AUFGABEN >>

1. Nenne Eigenschaften, die Hitler der Jugend anerziehen wollte.
2. Ein Spruch der 10-jährigen „Pimpfe" im Jungvolk lautete: „Was sind wir? Pimpfe. Was wollen wir werden? Soldaten!" Erkläre.
3. Vergleiche die unterschiedlichen Beurteilungen des BDM.
4. Vergleiche den Unterrichtsalltag mit den Zielen Hitlers.

Macht-sicherung durch Verfolgung politischer Gegner

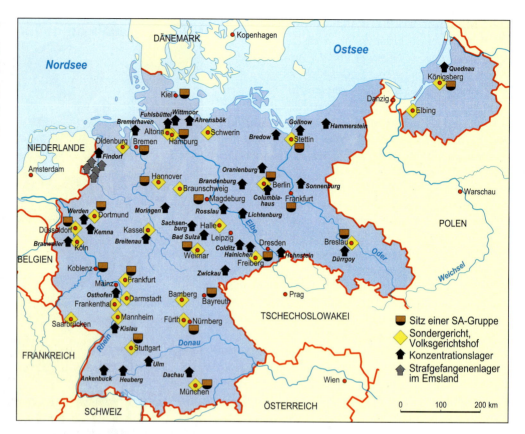

180.1 Konzentrationslager und Sondergerichtshöfe

Die SS beherrscht den ganzen Staat

Die Gestapo war 1936 in eine weit mächtigere Organisation eingegliedert worden, in die Schutzstaffel (SS) der NSDAP. Diese war ursprünglich 1923 als Stabswache gegründet und wuchs zur alles beherrschenden Organisation der NSDAP heran.

Anfangs war sie nur als Schutz für die Parteiprominenz und für Veranstaltungen der Partei gedacht. Die SS war zum absoluten Gehorsam gegenüber dem Führer verpflichtet. Dadurch wurde sie für Hitler zu einer Art Polizei innerhalb seiner Partei. Sie bewährte sich für ihn bei der Ausschaltung der SA, die Hitler zu mächtig geworden war.

Leiter war der Reichsführer SS Heinrich Himmler. Er hatte als Leiter der Gestapo sowie der SS die beiden wichtigsten Terrorinstrumente der NS-Herrschaft unter seiner Führung. Die SS (1939: 240 000 Mitglieder) war die Organisation, die die Verfolgung und Ermordung von Millionen von Menschen im Dritten Reich betrieb: sei es aus rassischen (Juden, Sinti und Roma), moralischen (z. B. Homosexuelle) oder politischen Gründen.

Die SS war Eigentümer, Verwalter, Bewacher und Betreiber der Konzentrations- und Vernichtungslager. Die SS-Totenkopfverbände (1938: 8 500 Mitglieder) wurden dazu eingesetzt. Die Waffen-SS war für die wirtschaftliche Ausbeutung und Ermordung der Menschen verantwortlich.

In den besetzten Gebieten war die SS verantwortlich für die Massenhinrichtungen. Sie siedelte „Fremdvölkische" aus den Ostgebieten gewaltsam aus und „Volksdeutsche" an. In den Nürnberger Prozessen nach dem Zusammenbruch der nationalsozialistischen Diktatur wurde die SS 1946 als Hauptinstrument des politischen Terrors erkannt und zur „verbrecherischen Organisation" erklärt.

AUFGABEN >>

1. Erläutere, warum die SS eingerichtet wurde und beschreibe ihre Entwicklung.
2. Nenne ihre Aufgaben.
3. Nach 1945 ist die SS als verbrecherische Organisation eingestuft worden. Begründe diese Aussage mithilfe der Grundrechte.

Konzentrationslager – Stätten des Schreckens

Schon 1933 gingen die Nazis dazu über, Regimegegner nicht in Gefängnisse, sondern in Konzentrationslager (KZ) zu schaffen. Die KZs waren Einrichtungen zum massenhaften Einsperren von missliebigen Personen. Überall im Reich und den besetzten Gebieten entstanden solche KZs. Das KZ in Dachau war das erste in Deutschland. Es wurde im März 1933 eingerichtet. Zunächst wurden politische Gegner eingewiesen, dann auch Bibelforscher, Homosexuelle, Pfarrer und Juden. Bei der Einlieferung wurde deren Sträflingskleidung entsprechend gekennzeichnet.

Ziel der Inhaftierung war nicht die „Besserung", sondern die Vernichtung dieser Menschen durch Arbeit. So ließ man Häftlinge unter schwersten Bedingungen schuften, ernährte sie schlecht und verdiente an ihnen, indem man sie an deutsche Firmen vermietete. Am Tor der Konzentrationslager stand das Motto: „Arbeit macht frei". Bis heute weiß man nicht, wie viele Menschen in den KZs ums Leben kamen. Ein Augenzeuge berichtet:

„Die Häftlinge mussten bei 25 Grad Kälte ohne Strümpfe und Schuhe im Freien arbeiten. Die Folge waren erfrorene Finger, Hände und Füße. Der Lager-Kommandant ließ Gefangene, die sich krank meldeten, mit 25 Peitschenhieben durchprügeln und kommandierte sie trotz Erfrierungsschäden zur Arbeit. Erst als einige nach Tagen wegen Erfrierungen dritten Grades nicht mehr gehen konnten, wurden sie in den Krankenbau aufgenommen. Amputationen von erfrorenen Fingern, Händen und Füßen wurden vorgenommen und hatten häufig tödliche Folgen."

(Aus: Informationen zur politischen Bildung, Bonn, Neudruck 2004)

181.2 Häftlinge bei der Arbeit

181.3 Folgen mangelnder Ernährung

morgens:
350 g Brot als Tagesration, $1/2$ l Ersatzkaffee
mittags:
6-mal wöchentlich: 1 l Rüben- oder Weißkohlsuppe
1-mal wöchentlich: 1 l Nudelsuppe
abends:
4-mal wöchentlich: 20–30 g Wurst oder Käse und $3/4$ l Tee
3-mal wöchentlich: 1 l Suppe

181.1 Häftlingsverpflegung

AUFGABEN >>

1. Erläutere die Überschrift des Kapitels.
2. Stelle die Häftlingsverpflegung für einen Tag zusammen. Werte dazu Text und Tabelle aus. Vergleiche diese Tagesration mit deiner eigenen.
3. Erkundigt euch, ob es auch in eurer Nähe ein Konzentrationslager oder eine Außenstelle gab. Organisiert einen Besuch in einer Gedenkstätte.

181.4 Strafhängen

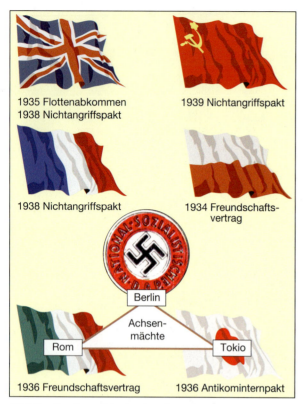

182.1 Verträge Deutschlands mit anderen Staaten

182.2 Plakat zur Außenpolitik Hitlers 1938

„Wir sind wieder wer!"

Der verlorene Erste Weltkrieg, der „Schandvertrag" von Versailles (> S. 158) und die Arbeitslosigkeit hatten bei vielen Menschen das Gefühl aufkommen lassen, dass sie nichts mehr wert seien. Hitler musste also Erfolge vorweisen, damit die Menschen „treu zu ihrem Führer stehen". Und er konnte zunächst vielen Menschen tatsächlich das Gefühl vermitteln, dass dem deutschen Volk wieder international Respekt und Anerkennung gezollt werde. Wie?

Verträge mit anderen Staaten hellen die Stimmung auf

Hitler bemühte sich, Deutschland von seinen internationalen Verpflichtungen und aus seiner Isolation zu befreien. Zu diesem Zweck suchte er sich „Freunde" und Vertragspartner. So schloss er Verträge mit Polen, England, der Sowjetunion und Frankreich (Abb. 182.1).

In Benito Mussolini, dem „Duce" Italiens, entdeckte Hitler einen gleichgesinnten Diktator. Beide unterstützten mit Truppen den spanischen General Franco. Dieser kämpfte seit 1936 gegen die demokratisch gewählte Regierung (Spanischer Bürgerkrieg) und errichtete eine Diktatur. Die italienisch-deutsche Zusammenarbeit fand schließlich ihren Ausdruck in einem Freundschaftsvertrag, der die „Achse Berlin – Rom" begründete.

Mit den japanischen Machthabern verband Hitler die Abneigung gegen die „Kommunistische Internationale" (= „Komintern" = Vereinigung kommunistisch regierter Staaten unter Führung der Sowjetunion). Deshalb wurde mit Japan 1936 ein „Antikominternpakt" abgeschlossen. Als Mussolini diesem Bündnis ein Jahr später beitrat, war die „Achse Berlin – Rom – Tokio" hergestellt.

Alle diese Vertragsabschlüsse wurden propagandistisch entsprechend als Erfolge gefeiert. In der Bevölkerung hellte sich die Stimmung auf.

Positiv aufgenommen wurde auch, wie es Hitlers Regierung gelang, Schritt für Schritt die Bestimmungen des Versailler Vertrages außer Kraft zu setzen (Abb. 182.2), ausführlich S. 194).

183.1 Einzug der Nationen im Berliner Olympiastadion 1936

Das „neue Deutschland" präsentiert sich bei der Olympiade in Berlin

1936 wurden auf deutschem Boden die Olympischen Spiele ausgetragen. Sportler und Zuschauer aus aller Welt kamen nach Berlin zu den Sommerspielen und nach Garmisch-Partenkirchen zu den Winterspielen.

Hitler nutzte die Gelegenheit, der Weltöffentlichkeit das „neue Deutschland" in den schönsten Farben darzustellen. Auf die meisten Teilnehmer, Besucher und Beobachter machte die Olympiade einen überwältigenden Eindruck: großzügige, imposante Spielstätten, aufwändige Begleitveranstaltungen, perfekte Organisation. Es wurde für viele ein unvergessliches Fest mit zahlreichen neuen Weltrekorden. Das Selbstbewusstsein des deutschen Volkes wurde zudem gestärkt durch die 33 Gold-, 26 Silber- und 30 Bronzemedaillen. Damit führten die deutschen Mannschaften im Medaillenspiegel.

Die Spiele wurden ein riesiger Propagandaerfolg für die nationalsozialistischen Machthaber. Der Professor Victor Klemperer notierte in seinem Tagebuch:

„Immerfort wird dem Volk und den Fremden eingetrichtert, dass man hier den Aufschwung, die Blüte, den neuen Geist, die Einigkeit, Festigkeit und Herrlichkeit, natürlich auch den friedlichen, die ganze Welt liebevoll umfassenden Geist des Dritten Reiches sehe."

(Aus: Klemperer, V.: Ich will Zeugnis ablegen bis zum Letzten. Tagebücher 1939–1945, Berlin 1945, S. 293)

AUFGABEN>>

1. Erkläre, durch welche Maßnahmen und Erfolge das Selbstbewusstsein des deutschen Volkes gestärkt wurde. Beziehe die Abbildungen mit ein.
2. Erkläre, warum die Olympiade auch ein Propagandaerfolg für das nationalsozialistische Regime war.
3. Was kann man zwischen den Zeilen im Tagebucheintrag Victor Klemperers lesen?
4. In den USA gab es Überlegungen, an den Olympischen Spielen in Berlin aus Protest nicht teilzunehmen. Nimm dazu Stellung.

Arbeit und Brot für alle – ein „Erfolg"?

Mit dem Versprechen, „Arbeit und Brot für alle" zu schaffen, hatten die Nationalsozialisten viele Wähler gewonnen. Unmittelbar nach der Regierungsübernahme bekräftigte Hitler dieses Versprechen am 1. Februar 1933 im Rundfunk:

„Die Regierung der nationalen Erhebung ... hat nicht 14 Jahre lang die deutsche Nation zugrunde gerichtet... Binnen vier Jahren muss die Arbeitslosigkeit endgültig überwunden sein ... Nun deutsches Volk, gib uns die Zeit von vier Jahren und dann urteile und richte uns!"

Ließ sich dieses Versprechen einlösen?

184.1 NS-Propaganda

Große Bauvorhaben werden durchgeführt

Schon in der Weimarer Republik gab es Pläne für eine „Autostraße Hansestädte – Frankfurt – Basel". Diese Pläne wurden nun wieder aufgegriffen. Hitler persönlich machte den ersten Spatenstich zur „Reichsautobahn". Bald waren an den verschiedenen Baustellen über 100 000 Arbeiter beschäftigt. Innerhalb von fünf Jahren wurden 3000 km des Autobahnnetzes fertig gestellt.

Gleichzeitig mit dem Straßenbau lief das Programm für den Bau von Staats-, Partei- und Verwaltungsgebäuden an. In Berlin („Hauptstadt des Großdeutschen Reiches"), in Nürnberg („Stadt der Reichsparteitage") und in München („Stadt der Bewegung") wurden die ersten Monumentalbauten errichtet. Weitere Arbeitsplätze wurden durch die Errichtung von Fabriken, Kasernen und Flugplätzen geschaffen. Im Wohnungsbau erreichte die Zahl der fertig gestellten Wohnungen allerdings nicht mehr den Stand der „goldenen Zwanzigerjahre" während der Weimarer Republik.

Reichsarbeitsdienst, Wehrpflicht und Einschränkung der Frauenarbeit

1935 wurde der Reichsarbeitsdienst (RAD) eingeführt. Er war für alle 18–25-Jährigen verpflichtend. Mit dieser Maßnahme sollten vor allem jugendliche Arbeitslose beschäftigt werden. Sechs Monate lang waren die jungen Männer und Frauen vorwiegend im Wege- und Straßenbau, in der Land- und Forstwirtschaft und bei der Neulandgewinnung eingesetzt. Für ihre Arbeit bekamen sie einen kleinen Lohn und freie Verpflegung. Im Reichsarbeitsdienst waren immer zwischen 200 000 und 300 000 junge Leute tätig.

Auch die Einführung der allgemeinen Wehrpflicht trug zum Abbau der Arbeitslosigkeit bei: 1936 umfasste die Wehrmacht 320 000, 1938 bereits 500 000 Soldaten.

Aus Sicht der Nationalsozialisten sollten Frauen vor allem Mutter und Hausfrau sein. Viele Frauen wurden deshalb abgehalten, sich eine Erwerbsarbeit zu suchen. Das senkte ebenfalls die Arbeitslosenzahlen.

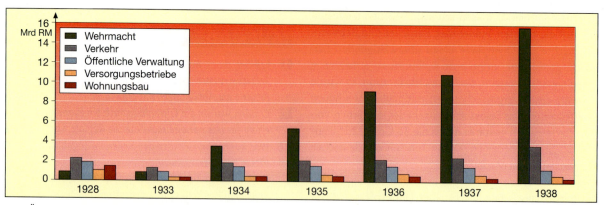

184.2 Öffentliche Ausgaben des Deutschen Reiches 1928–1938

Alltag zwischen Akzeptanz und Widerstand

Der Preis des „Arbeitswunders"

Die Zahl der Arbeitslosen nahm durch die genannten Maßnahmen und die bessere Weltwirtschaftslage innerhalb von vier Jahren deutlich ab (Abb. 185.2). Die meisten Menschen dachten: „Unser Führer ist gut. Endlich haben wir wieder Arbeit. Deutschland blüht wieder auf." Zu den wenigen, die die wahren Absichten Hitlers erkannten, gehörte Wilhelm Keil, ein ehemaliger SPD-Abgeordneter. Er schrieb 1934:

„Das Absinken der Arbeitslosigkeit ist einer der Erfolge, der Hitler gutgeschrieben wird: Dass die gesamte Weltwirtschaft nach der vorangegangenen Krise wieder im Aufstieg begriffen ist, dass Millionen deutsche Arbeitskräfte in den Dienst der Hochrüstung für Kriegspläne gestellt werden, vermag die breite Masse nicht zu erkennen. Auf den Kasernenhöfen und Exerzierplätzen hätte sie sich hiervon überzeugen können ... Vielen imponiert die militärische Disziplin, die durch die verschiedenen Naziformationen dem Volke beigebracht wird."

(Aus: Geschichte in Quellen, München 1979, S. 341)

Übersehen wurde auch, dass die Arbeitsbeschaffungsmaßnahmen „auf Pump" liefen: Denn die Staatsschulden stiegen stark an (Abb. 185.2). Die Ausgaben für Monumentalbauten und die Wehrwirtschaft waren totes Kapital. Das bedeutete: Sie brachten kein Geld ein und erhöhten nicht den Lebensstandard der Bevölkerung. So blieben die Löhne niedrig, die Lebensmittelpreise stiegen bei einigen Artikeln sogar an (Abb. 185.3).

185.1 Plakat zur Wirtschaftspolitik der Nationalsozialisten

AUFGABEN >>

1. Nenne Maßnahmen, durch die die Zahl der Arbeitslosen gesenkt wurde.
2. Welche wahre Absicht Hitlers steckte hinter diesen Maßnahmen? Beziehe die Aussage von W. Keil ein und erkläre an Beispielen.
3. Beschreibe die Abb. 184.1 und 185.1. Sind die Zeichner Befürworter oder Gegner des nationalsozialistischen Regimes? Begründe.
4. Hitler rief das deutsche Volk dazu auf, seine Arbeitslosenpolitik nach vier Jahren zu beurteilen und zu richten. Mache es! Werte dazu auch Abb. 185.2 und 3 aus.

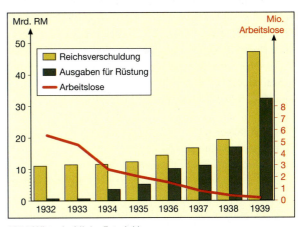

185.2 Wirtschaftliche Entwicklung

	1928	1932	1938
Lohn eines Bergarbeiters je Schicht	810 Pfennige	658 Pfennige	691 Pfennige
Stundenlohn eines Industriefacharbeiters	101,1 Pfennige	81,5 Pfennige	78,8 Pfennige
Preis für 1 kg Weizenmehl		55,5 Pfennige	47,8 Pfennige
Preis für 1 kg Zucker		74,6 Pfennige	76,7 Pfennige
Preis für 1 kg Kalbfleisch		160,4 Pfennige	209,4 Pfennige

185.3 Ausgewählte Durchschnittseinkommen und Durchschnittspreise

Zwischen Anpassung und Widerstand

186.1 Der Zeichner und Grafiker A. Paul Weber (1893–1980) war ein scharfer Kritiker des Nationalsozialismus. 1937 wurde er von der Gestapo verhaftet. Nach seiner Freilassung zeichnete er auch für NS-Zeitschriften

Anpassung – wie und warum?

Heute fragen viele: Warum haben damals fast alle „mitgemacht"? Konnte oder wollte sich diesem Regime gar keiner widersetzen? Warum haben die Menschen geschwiegen? Zeitzeugen antworten auf diese Fragen so:

Ein Arbeiter 1935:

„Ich bin Schulheizer geworden und bin dadurch für den Winter versorgt. Bei dem Umschwung musste ich freilich in die Partei eintreten, damit ich den Posten nicht verlor. Es wird ja viel auf die Nazis gescholten, aber ich kann nicht schelten. Wir haben volle Arbeit und es wird für uns gesorgt. Sehen Sie: Jetzt im Mai war ich zwölf Tage am Rhein; erst ging's mit der Bahn nach Düsseldorf ... Wir haben uns die Röhrenwerke angesehen, Riesenbetriebe ... großartig ... Man muss bei der Wahrheit bleiben; wir haben von dem Umschwung nur profitiert."

(Aus: Geschichte in Quellen, München 1979, S. 342)

Ein ehemaliger SPD-Reichstagsabgeordneter anlässlich einer Eisenbahnfahrt 1934:

„Die Unterhaltungen drehen sich überall um das Naziregime. Die politisch ungeschulten Menschen stehen im Bann der Nazipropaganda, die die Sinne vernebelt, ohne dass öffentlich ein kritisches Wort dazu gesagt werden kann. Bedenken werden beschwichtigt mit dem Hinweis, dass eben doch ‚manches Gute' geleistet werde."

(Aus: Geschichte in Quellen, München 1979, S. 341)

Ein Widerstandskämpfer:

„Wenn sich junge Leute hinstellen und fragen: ‚Warum habt ihr nicht ...?' dann kann ich nur sagen: Die haben keine Ahnung! Alles war ja durchsetzt mit Spitzeln, die Gestapo war unerhört raffiniert, unerhört schnell."

(Aus: Focke/Reimer, Alltag unterm Hakenkreuz, Reinbek 1979)

„Als die Nazis die Kommunisten holten, habe ich geschwiegen.
Ich war ja kein Kommunist.

Als sie die Sozialdemokraten einsperrten, habe ich geschwiegen.
Ich war ja kein Sozialdemokrat.

Als sie die Gewerkschafter holten, habe ich geschwiegen,
ich war ja kein Gewerkschafter.

Als sie mich holten, gab es keinen mehr, der protestieren konnte."

Martin Niemöller

(Aus: Gedenkstätte Deutscher Widerstand, Berlin, Raum 1)

AUFGABEN >>

1. Zeige Stellen in den Texten auf, an denen deutlich wird, dass sich Menschen angepasst haben. Welche Gefahr liegt in der Auffassung des Schulheizers?
2. Finde in den Texten Gründe heraus, warum sich Menschen angepasst haben.
3. Was bringt Pastor Niemöller zum Ausdruck?
4. Beschreibe die Abb. 186.1 und erkläre, was der Karikaturist A. Paul Weber damit ausdrücken will. War er ein Anhänger, ein Mitläufer oder ein Gegner des Nationalsozialismus? Erkläre.

187.1

„Widerstand" – was ist mit diesem Begriff gemeint?

Das Wort „Widerstand" setzt sich zusammen aus „wider" und „stehen" und meint soviel wie „gegen etwas stehen oder sein". Auf den ersten Blick ganz einfach. Fragt man jedoch nach, was sich jemand unter „Widerstand leisten" vorstellt, bekommt man verschiedene Antworten.

Im Zusammenhang mit dem Nationalsozialismus gehen einige Geschichtsforscher heute von einem weiten Verständnis von „Widerstand" aus und unterscheiden verschiedene Formen:

187.2 Fabrikarbeiter. Die Hand in der Hosentasche signalisiert Distanz.

Verschwörung. Dazu gehören Aktionen, die darauf ausgerichtet sind, die Regierung zu stürzen, das Unrechtsregime zu beseitigen.

Selbstbehauptung. Dazu gehören Handlungen, bei denen sich Menschen auf die verbrieften Menschen- und Grundrechte berufen, zum Beispiel auf das Recht auf die freie Entfaltung der Persönlichkeit, auf Gleichheit vor dem Gesetz, auf Glaubens- und Gewissensfreiheit, auf Meinungs- und Versammlungsfreiheit.

Resistenz. Dazu gehören Menschen, die sich nicht von der herrschenden Ideologie anstecken lassen. Sie denken nicht so, wie es der Diktator vorschreibt, sind also „resistent" gegen die vorgegebene Meinung. Oft wird auch gesagt: Es sind Menschen, die ins „innere Exil" gehen.

AUFGABEN >>

1. *An den Sprechblasen kannst du dein Verständnis von Widerstand überprüfen. Ordne jedes Verhalten nach deinem Empfinden auf der „Widerstandskala" ein:*
   0   1   2   3
   kein Widerstand   starker Widerstand
2. *Vergleicht eure Ergebnisse der ersten Aufgabe miteinander und diskutiert darüber in der Klasse.*
3. *Ob es sich um Anpassung oder Widerstand handelt, ist oft schwer zu unterscheiden. Belegt an den Situationen der Abb. 187.1 und 2. Versucht, die Situationen den im Text genannten Formen von Widerstand zuzuordnen.*

Widerstand in Deutschland

188.1 und 2 Illegale Broschüre (links) und Ausschnitt einer Untergrundzeitung (rechts)

Viele Menschen hielten den Nationalsozialismus für gut. Einige waren von Beginn an gegen die Herrschaft der Nationalsozialisten. Andere wurden im Laufe der Zeit zu Gegnern des NS-Regimes. Jeder, der sich für Widerstand entschied, musste großen Mut aufbringen und eine Schwelle aus Hemmungen, Zweifel und Furcht überwinden. Dennoch leisteten Männer und Frauen unterschiedlicher Herkunft und Überzeugung Widerstand.

Widerstand aus der Arbeiterbewegung

Die Anhänger der Arbeiterbewegung leisteten am frühesten politischen Widerstand. Viele von ihnen waren Mitglieder der SPD, der KPD oder der Gewerkschaften. Sie gehörten auch zu den Ersten, die von den Nationalsozialisten verfolgt wurden. Julius Leber, ein sozialdemokratischer Reichstagsabgeordneter, trat öffentlich für die Demokratie ein und wurde deshalb 1933–37 ins KZ gesperrt. Aus dem KZ entlassen, knüpfte er wieder geheime Kontakte zu Freunden, die wie er Hitler stürzen wollten. Nach der Aufdeckung der Pläne wurde er 1944 zum Tode verurteilt. Andere arbeiteten nach dem Parteienverbot und Gewerkschaftsverbot im Untergrund. Sie verbreiteten Flugblätter, oft im Ausland gedruckte Untergrundzeitungen, klebten heimlich Zettel an Häuserwände, forderten in illegalen Rundfunksendungen zum Widerstand auf. Einige folgten Aufrufen zur Sabotage. So füllten beispielsweise Arbeiterinnen in einer Rüstungsfabrik Granaten mit Sand und verzögerten die Produktion. Arbeiter in einer Pulverfabrik bei Ingolstadt lösten immer wieder Explosionen aus und verursachten dadurch Sachschaden. Als man ihnen auf die Spur kam, wurden sie hingerichtet.

Widerstand aus christlichem Glauben

Sowohl in der katholischen als auch in der evangelischen Kirche standen viele Menschen dem Nationalsozialismus nicht grundsätzlich ablehnend gegenüber. In beiden Kirchen gab es aber auch Mitglieder, für die der christliche Glaube und die nationalsozialistische Ideologie nicht vereinbar waren.

Rupert Mayer und Alfred Delp, beide Jesuitenpater in München, sind zwei Beispiele für den Widerstand in der katholischen Kirche. Beide bezahlten mit Freiheit oder Leben für ihre kritischen Predigten. Kardinal Clemens August von Galen trat öffentlich gegen die Tötung von so genanntem „lebensunwertem Leben" auf.

Eine große Zahl evangelischer Christen schloss sich 1934 zur „Bekennenden Kirche" zusammen. Sie bekannten in einem Aufruf:

„Die neue Religion [der Nationalsozialismus] ist Auflehnung gegen das erste Gebot ... In ihr werden Blut und Rasse, Volkstum, Ehre und Freiheit zum Abgott. Der in dieser neuen Religion geforderte Glaube an das ‚ewige Deutschland' setzt sich an die Stelle des Glaubens an das ewige Reich unseres Herrn und Heilandes Jesus Christus."

(Botschaft der Bekenntnissynode der evangelischen Kirche, 5. März 1935; aus: Hofer, Der Nationalsozialismus, S. 144).

Pastor Martin Niemöller (> S. 186), ein führendes Mitglied der Bekennenden Kirche, wurde 1937 verhaftet und blieb bis 1945 im Konzentrationslager, Dietrich Bonhoeffer, der sich einer Widerstandsgruppe angeschlossen hatte, wurde im KZ Flossenbürg ermordet.

Alltag zwischen Akzeptanz und Widerstand

189.1 Hinrichtungsstätte für Widerstandskämpfer in Berlin

189.2 Mahnmal in der Gedenkstätte des deutschen Widerstandes

189.3 Inschrift des Mahnmals

IHR TRUGT
DIE SCHANDE NICHT
IHR WEHRTET EUCH
IHR GABT
DAS GROSSE
EWIG WACHE
ZEICHEN DER UMKEHR
OPFERND
EUER HEISSES LEBEN
FÜR FREIHEIT
RECHT UND EHRE

Widerstand aus dem Militär

Nach seiner Regierungsübernahme gelang es Hitler zunächst, hohe Offiziere der Reichswehr für sich und seine außenpolitischen Ziele zu gewinnen. Ende 1937 erkannten einige kritische Offiziere jedoch endgültig, dass Hitler zielstrebig einen Krieg vorbereitete. General Ludwig Beck, der Generalstabschef des Heeres, trat deshalb 1938 von seinem Amt zurück. Nach seinem Rücktritt wurde er zum Mittelpunkt der militärischen Opposition und sammelte militärische Gegner des Nationalsozialismus um sich.

Zu diesem Widerstandskreis stieß später auch Oberst Claus Graf Schenk von Stauffenberg. Er hatte als Einziger aus dem Kreis Zutritt zu dem streng bewachten Führerhauptquartier. Unter dem Decknamen „Operation Walküre" bereitete der Widerstandskreis einen Umsturzversuch und ein Attentat auf Hitler vor. Am 20. Juli 1944 nahm Stauffenberg zu einer Lagebesprechung im Hauptquartier eine Zeitbombe in seiner Aktentasche mit und stellte sie in der Nähe Hitlers auf. Durch einen vorgetäuschten Telefonanruf ließ er sich aus dem Raum rufen. Die Bombe explodierte. Vier Personen wurden getötet. Hitler wurde aber nur leicht verletzt. Das wusste Stauffenberg jedoch nicht. Er flog nach Berlin zurück, um den Umsturz mit den Verschwörern durchzuführen. Wegen Hitlers Überleben misslang allerdings der Umsturz. Noch am selben Tag wurde Beck zum Selbstmord gezwungen, Stauffenberg und drei Generäle wurden standrechtlich, d. h. nach einem kurzen Verfahren, erschossen. Im Zusammenhang mit dem Attentat wurden von der Gestapo rund 7000 Menschen verhaftet. 200 von ihnen wurden hingerichtet.

AUFGABEN >>

1. Belege aus dem Text, dass Männer und Frauen unterschiedlicher Herkunft und Überzeugung Widerstand leisteten.
2. Stelle in einer Tabelle zusammen, wie diese Menschen Widerstand leisteten und welche Folgen das für sie jeweils hatte. Beziehe auch Abb. 188.1 und 2 ein.
3. Beschreibe das Mahnmal für den Deutschen Widerstand (Abb. 189.2) und versuche, es zu erklären.
4. Am 20. Juli legen jedes Jahr Vertreter der Politik an diesem Mahnmal einen Kranz nieder. Erkläre, warum.
5. Finde zu einer der im Text genannten Personen weitere Informationen und stelle sie deinen Mitschülern vor.

Sophie Scholl, Beispiel einer Widerstandskämpferin

Text 1: Lexikoneintrag zu Sophie Scholl

„Scholl, Sophie (1921–1943), Widerstandskämpferin, Mitglied der Widerstandsgruppe Weiße Rose. Sophie Scholl wurde am 9. Mai 1921 als jüngere Schwester von Hans Scholl in Forchtenberg in Baden-Württemberg geboren. Sie stand dem Nationalsozialismus zunächst positiv gegenüber und war Mitglied des BDM (Bund Deutscher Mädel). 1938 wurde sie zusammen mit ihrem Bruder zum ersten Mal verhaftet, weil sie beide in der bündischen Jugendarbeit tätig waren. Als Studentin der Biologie und der Philosophie in München schloss sie sich der von ihrem Bruder gegründeten Weißen Rose an.

Ab Mai 1942 entwarf und verteilte die Weiße Rose ihre ersten Flugblätter, in denen sie zu einem humanistisch-ethisch und christlich begründeten Widerstand gegen den Nationalsozialismus aufrief. Während einer Flugblattaktion an der Münchner Universität wurden Sophie und Hans Scholl am 18. Februar 1943 verhaftet, am 22. Februar vom Volksgerichtshof zum Tod verurteilt und noch am selben Tag hingerichtet."

(Aus: Microsoft Encarta® Professional 2002)

Text 2: Aus dem 5. Flugblatt der Weißen Rose, Januar 1943

„Der Krieg geht seinem sicheren Ende entgegen... Mit mathematischer Sicherheit führt Hitler das deutsche Volk in den Abgrund ... Was aber tut das deutsche Volk? Es sieht nicht und es hört nicht. Blindlings folgt es seinen Verführern ins Verderben ... Deutsche! Wollt Ihr und Eure Kinder dasselbe Schicksal erleiden, das den Juden widerfahren ist? Wollt Ihr mit dem gleichen Maße gemessen werden, wie Eure Verführer? Sollen wir auf ewig das von aller Welt gehasste und ausgestoßene Volk sein? Nein! Darum trennt Euch von dem nationalsozialistischen Untermenschentum! Beweist durch die Tat, dass Ihr anders denkt! Ein neuer Befreiungskrieg bricht an. Der bessere Teil des Volkes kämpft auf unserer Seite ... Entscheidet Euch, eh' es zu spät ist!"

(Aus: Gedenkstätte Deutscher Widerstand, Berlin, Material 16.8)

Text 3: Aus dem 6. Flugblatt der Weißen Rose, Februar 1943

„Im Namen der deutschen Jugend fordern wir von dem Staat Adolf Hitlers die persönliche Freiheit, das kostbarste Gut des Deutschen, zurück, um das er uns in erbärmlichster Weise betrogen hat ... Es gilt den Kampf jedes Einzelnen von uns um unsere Zukunft, unsere Freiheit und Ehre in einem seiner sittlichen Verantwortung bewussten Staatswesen."

(Aus: Gedenkstätte Deutscher Widerstand, Berlin, Material 16.9)

Text 4: Sophie Scholl zum Gestapo-Beamten beim Verhör, 22. Februar 1943

„Ich bin nach wie vor der Meinung, das Beste getan zu haben, was ich gerade jetzt für mein Volk tun konnte."

Aus: Bundesarchiv, ZC 13267, Bd. 3, S. 19.

Text 5: Sophie Scholl zu Richter Freisler bei ihrem Prozess, 22. Februar 1943

„Einer muss ja doch den Anfang machen. Was wir sagten und schrieben, denken ja so viele, nur wagen sie es nicht, es auszusprechen."

Aus: Die Weiße Rose. Der Widerstand von Studenten gegen Hitler. München 1942/43, hrsg. von der Weiße Rose Stiftung. München 1991, S. 60.

190.1 Hans (links) und Sophie Scholl

Alltag zwischen Akzeptanz und Widerstand

Marmorbüste der Widerstandskämpferin Sophie Scholl in der Wallhalla enthüllt
„Ein Stück Ehre zurückgegeben"
Festakt am 60. Jahrestag der Hinrichtung – Als Vorbild für Zivilcourage gewürdigt

191.1 Zeitungsschlagzeile aus dem Jahr 2003

191.2 Marmorbüste von Sophie Scholl in der Wallhalla

Text 6: Ein Schüler der 10. Klasse des Max-Gymnasiums in München, Februar 1993
„Jeglicher Widerstand, sowohl damals als auch heute, gegen eine diktatorische Herrschaft ist der größte Dienst an der Gesellschaft. Insofern bin ich der Meinung, dass die Geschwister Scholl eine sehr wichtige Rolle in der deutschen Geschichte spielen. Für mich sind alle Widerstandskämpfer bewundernswert und haben durchaus eine Vorbildfunktion."
(Aus: Süddeutsche Zeitung vom 15. 2. 1993, S. 14)

Text 7: Ein Schüler der 10. Klasse des Max-Gymnasiums in München, Februar 1993
„Auf dem Flugblatt riefen sie alle Deutschen dazu auf, nachzudenken über Hitler und seine Folgen. Sie wollten die Deutschen dazu auffordern, gegen Hitler zu protestieren, besonders nach Stalingrad! Ich finde ihr Verhalten nicht gut, weil sie zu unvorsichtig waren. Natürlich musste man damals schnell handeln, um etwas erreichen zu können, aber ihre Lage und die der Gesamtheit scheint mir aussichtslos gewesen zu sein. Durch diese Flugblätter ihr Leben und das Leben der Kollegen aufs Spiel zu setzen, finde ich absurd. Sie sind für mich daher kein Vorbild – überhaupt nicht!"
(Aus: Süddeutsche Zeitung vom 15. 2. 1993, S. 14)

Text 8: Aus der Ansprache von Ministerpräsident Stoiber anlässlich der Aufstellung der Büste von Sophie Scholl in der Walhalla am 22. Febr. 2003
„Sophie Scholl ist moralisches Vorbild. Sie hat für alle Deutschen ein Zeichen der Courage und des Widerstandes gegen das Unrecht gesetzt. Sophie Scholl hat vorgelebt, dass Unrecht nicht durch Wegsehen ignoriert werden darf, sondern dass jeder Einzelne mit verantwortlich ist für ein menschenwürdiges und tolerantes Zusammenleben in der Gesellschaft. Wie andere im Widerstand engagierte Menschen hat sie Zeichen gesetzt gegen die Unterordnung des Einzelnen und Unfreiheit und für Selbstverantwortung und Solidarität ... Erinnerung und Aufklärung sind unverzichtbar für die Wehrhaftigkeit unserer Demokratie gegen alte und neue Gefahren ... Freiheit ist niemals eine Selbstverständlichkeit. Freiheit braucht stets aufs Neue den entschlossenen Einsatz zum Schutz vor ihren Gegnern. Frieden, Freiheit und die Werte der Menschlichkeit müssen die Menschen und die Völkergemeinschaft verbinden. Nur auf Werten und Traditionen der Menschlichkeit, des Friedens und der Freiheit können wir eine gemeinsame und friedliche Zukunft bauen.
(Aus: Bayerische Staatskanzlei, Internet)

AUFGABEN >>

1. Erstelle mithilfe des Textes 1 einen tabellarischen Lebenslauf von Sophie Scholl.
2. Was wollte Sophie Scholl durch ihren Widerstand erreichen? Werte die Texte 2 bis 5 dazu aus.
3. In der Walhalla bei Regensburg sind die Büsten großer Deutscher aufgestellt. Begründe, warum die Büste von Sophie Scholl jetzt auch dort aufgestellt ist.
4. Die Widerstandsaktion von Sophie Scholl und der Weißen Rose wird unterschiedlich beurteilt. Zeige dies an den Texten 6 bis 8 und Abb. 191.1 auf.
5. Wie beurteilst du diesen Widerstand? Stelle deine Meinung in Form eines kurzen Textes dar.

Die Nationalsozialistische Außenpolitik 1933–1939

1. Wir fordern den Zusammenschluss aller Deutschen aufgrund des Selbstbestimmungsrechtes der Völker zu einem Groß-Deutschland.
2. Wir fordern die Gleichberechtigung des deutschen Volkes gegenüber den anderen Nationen, Aufhebung der Friedensverträge von Versailles und St. Germain.
3. Wir fordern Land und Boden (Kolonien) zur Ernährung unseres Volkes und Ansiedlung unseres Bevölkerungsüberschusses.

(Aus: Grundsätzliches Programm der nationalsozialistischen Arbeiterpartei vom 24. Februar 1920)

192.1 Aus dem NSDAP-Programm von 1920

Als Hitler 1933 die Regierung übernahm, war die Außenpolitik Deutschlands durch die Bestimmungen des Friedensvertrages von Versailles (> S. 158) gekennzeichnet. Die Regierungen der Weimarer Republik hatten versucht, durch Verhandlungen auf friedlichem Weg Änderungen herbeizuführen, aber wenig erreicht.

192.2 Amerikanische Karikatur zu einer Rede Hitlers (1933)

Das außenpolitische Programm der NSDAP

Die Spannung – vor allem im Ausland – war deshalb groß: Würde Hitler als Reichskanzler an dem außenpolitischen Programm festhalten, zu dem er sich bisher bekannt hatte?
Als Parteiführer hatte Hitler bereits erste außenpolitische Ziele entwickelt. Diese wurden 1920 erstmals im Parteiprogramm der NSDAP als Forderungen aufgestellt (Text 192.1). Dass Hitler außenpolitisch aber noch mehr erreichen wollte, verdeutlichte er im Jahr 1925. Nach dem Putsch von 1923 (> S. 160) war er zu Festungshaft verurteilt worden. Während der Haft fasste er seine Vorstellungen in einem Buch zusammen, das er „Mein Kampf" nannte. Dort machte er auch klar, wie er seine Ziele erreichen wollte:

„Heute werde ich nur von der nüchternen Erkenntnis geleitet, dass man verlorene Gebiete nicht nur durch die Zungenfertigkeit [= Reden]... zurückgewinnt, sondern durch ... einen blutigen Kampf ...
Die Wiederherstellung der Grenzen des Jahres 1914 war nicht das einzige Ziel, sondern ein wesentlich größeres: dem deutschen Volk den ihm gebührenden Grund und Boden auf dieser Erde zu sichern. Damit ziehen wir Nationalsozialisten bewusst einen Strich unter die außenpolitische Richtung. Wir ... weisen den Blick nach dem Land im Osten. Wenn wir heute in Europa von neuem Grund und Boden reden, können wir in erster Linie nur an Russland und die untertanen Randstaaten denken ...
Nach der Eroberung des „Lebensraumes" im Osten wird endlich Deutschland notwendigerweise die ihm gebührende Stellung auf dieser Erde gewinnen. Es muss eines Tages zum Herren der Erde werden."

(Aus: Hitler, Mein Kampf, München Auflage 1935, S. 742)

Außenpolitik und Zweiter Weltkrieg

Hitler redet öffentlich vom Frieden und ...

Aufmerksam lauschte die Weltöffentlichkeit deshalb der Antrittsrede Hitlers am 31. 1. 1933. Darin hieß es:
„Außenpolitisch wird die nationale Regierung ihre höchste Mission in der Wahrung der Lebensrechte und damit der Wiedererringung der Freiheit unseres Volkes sehen ... sie wird mithelfen, in die Gemeinschaft der übrigen Nationen Deutschland als einen Staat gleichen Wertes und damit allerdings auch gleicher Rechte einzufügen. Sie ist dabei erfüllt von der Größe der Pflicht, mit diesem freien, gleichberechtigten Volke für die Erhaltung und Festigung des Friedens einzutreten, dessen die Welt heute mehr bedarf als je zuvor."
(Aus: Informationen zur polit. Bildung, 1982, S. 36)

Es war weder vom blutigen Kampf noch vom Lebensraum im Osten die Rede. Die NS-Regierung schien die friedensbetonte Außenpolitik der Weimarer Republik fortsetzen zu wollen. Doch das täuschte.

... plant heimlich den Krieg

Nur drei Tage später stellte Hitler Generälen der Reichswehr in einer geheim gehaltenen Rede seine außenpolitischen Pläne vor. Darin heißt es:
„Einstellung der Jugend und des ganzen Volkes auf den Gedanken, dass nur der Kampf uns retten kann ... Nach außen. Kampf gegen Versailles. Gleichberechtigung in Genf; aber zwecklos, wenn Volk nicht auf Wehrwillen eingestellt. ... Aufbau der Wehrmacht wichtigste Voraussetzung für Erreichung des Ziels: Wiederringung der pol. Macht. Allg. Wehrpflicht muss wieder kommen ... wie soll pol. Macht, wenn sie gewonnen ist, gebraucht werden? Jetzt noch nicht zu sagen. Vielleicht Erkämpfung neuer Export-Mögl., vielleicht – und wohl besser – Eroberung neuen Lebensraums im Osten u. dessen rücksichtslose Germanisierung ..."
(Aus den Aufzeichnungen des Generalleutnants Liebmann vom 3. Februar 1933, abgedruckt in: Fragen an die deutsche Geschichte. Berlin 1981, 7. Aufl., VI/236).

AUFGABEN >>

1. Nenne die außenpolitischen Ziele Hitlers. Wie wollte Hitler die außenpolitischen Ziele erreichen? Belege am Text aus „Mein Kampf".
2. Erkläre, was der amerikanische Karikaturist ausdrücken will (Abb. 192.2).
3. Abb. 193.1 zeigt, wie das außenpolitische Programm umgesetzt wurde. Ordne die Ereignisse den außenpolitischen Zielen zu.
4. Noch heute hört man gelegentlich: „Wenn ich gewusst hätte, dass Hitler einen Krieg plant, dann hätte ich nicht die NSDAP gewählt." Was sagst du dazu? Beziehe die Texte von Seite 192 mit ein.
5. Auf den Seiten 194–199 findet ihr eine ausführliche Darstellung, wie die außenpolitischen Ziele umgesetzt wurden. Teilt euch in Gruppen auf und berichtet darüber.

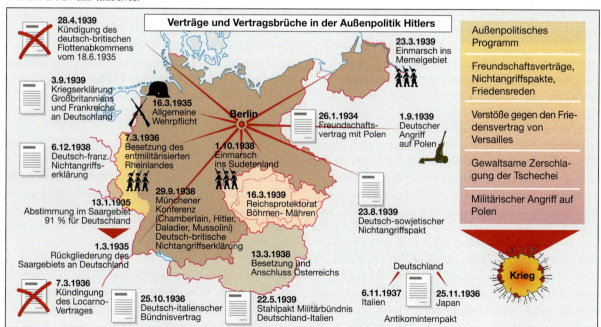

193.1 Nationalsozialistische Außenpolitik

Revision des Versailler Vertrags

194.1 Nach dem Anschluss des Saarlandes: Hitler nimmt in Saarbrücken eine Parade ab

Bald nach der Regierungsübernahme machte sich Hitler daran, seine außenpolitischen Ziele in die Tat umzusetzen. Die Revision (= Änderung) des Versailler Vertrages stand zunächst auf seinem Programm. Schritt für Schritt kam er diesem Ziel zwischen 1933 und 1936 näher. Wie?

Das Deutsche Reich tritt aus dem Völkerbund aus

Nach dem 1. Weltkrieg war der „Völkerbund" gegründet worden, eine Vereinigung von Staaten zur Sicherung des Weltfriedens mit dem Sitz in Genf. In diesen Völkerbund war auch das Deutsche Reich 1926 aufgenommen worden. Damit wollten die anderen Nationen zeigen, dass sie das Deutsche Reich wieder als Partner anerkennen.
Nach wie vor blieben allerdings die Beschränkungen des Versailler Vertrages gültig: Deutschland darf nur ein Berufsheer von 100 000 Mann haben und keine Panzer, U-Boote, Schlachtschiffe und Kriegsflugzeuge besitzen. 1932 hatte die Weimarer Regierung auf einer Abrüstungskonferenz erreicht, dass Deutschland grundsätzlich auch im militärischen Bereich gleichberechtigt sein sollte. Nachdem Hitler die Regierung übernommen hatte, wollten Frankreich und England, dass das Deutsche Reich erst eine vierjährige Probezeit unter internationaler Kontrolle bestehen sollte. Daraufhin brach die deutsche Abordnung die Verhandlungen ab und verließ die Genfer Konferenz. Hitler erklärte zugleich den Austritt aus dem Völkerbund. Ihm war diese Entwicklung willkommen: So war er nicht mehr an die internationale Staatengemeinschaft gebunden und konnte ohne Kontrolle aufrüsten.

Das Saarland kommt „heim ins Reich"

Im Januar 1935 ließen die Westmächte - entsprechend dem Versailler Vertrag – im Saarland eine Volksabstimmung unter Aufsicht des Völkerbundes durchführen. Die Saarländer sollten abstimmen, ob sie lieber bei Frankreich bleiben oder wieder zurück zu Deutschland wollten. 91% der Bevölkerung sprachen sich für die Zugehörigkeit zu Deutschland aus. Hitler gab dieses Ergebnis als persönlichen Erfolg im Kampf gegen den Versailler „Schandvertrag" aus.

Das Deutsche Reich rüstet auf

Im März 1935 wurde die allgemeine Wehrpflicht wieder eingeführt (> S. 184). Frankreich, England und Italien protestierten zwar gegen diese eindeutige Verletzung der Bestimmungen des Versailler Vertrages, aber sie unternahmen nichts weiter. Zugleich wurde das offizielle Startzeichen für den bis dahin verschwiegenen Ausbau der Luftwaffe gegeben.
Als den „glücklichsten Tag seines Lebens" bezeichnete Hitler den 18. Juni 1935. Warum? An diesem Tag kam mit England ein „Flottenabkommen" zustande: Darin wurde festgelegt, dass die Anzahl der deutschen Schlachtschiffe ein Drittel der englischen Schiffe betragen dürfe. Hitler hatte allen Grund zur Freude: Er hatte damit von einer der Siegermächte des Ersten Weltkriegs die Zustimmung zum Bruch des Versailler Vertrages und zur Aufrüstung Deutschlands bekommen. Und er hatte die Geschlossenheit der Westmächte aufgebrochen.

Außenpolitik und Zweiter Weltkrieg

Deutsche Truppen marschieren 1936 im Rheinland ein

Im Versailler Vertrag war festgelegt worden, dass Deutschland bis zu 50 km östlich des Rheins keine Truppen stationieren durfte (> Karte 158.1). Am 2. März 1936 erhielt die deutsche Wehrmacht den Befehl, in das Rheinland einzumarschieren.

Wie würden die Westmächte auf den Vertragsbruch reagieren? Die deutschen Generäle und Politiker waren sich bewusst, dass der Einmarschbefehl ein großes Risiko war. Sie wussten, dass Frankreich dem Deutschen Reich militärisch überlegen war. Aber Hitler kam mit seinem „riskanten Spiel" durch. Die Westmächte griffen nicht militärisch ein.

Als die deutschen Truppen am 7. März 1936 in der entmilitarisierten Zone einmarschierten, wurden die Soldaten von der Bevölkerung mit Beifall und mit Blumen überschüttet.

AUFGABEN >>

1. Nenne die einzelnen Schritte und Maßnahmen zur Revision des Versailler Vertrages.
2. Wie reagierte das Ausland auf diese Schritte?
3. Hitler betrieb eine riskante Außenpolitik. Erkläre.
4. Warum gingen Frankreich und England nicht militärisch gegen den Einmarsch deutscher Truppen ins Rheinland vor? Werte die Textquellen dazu aus.
5. Welche seiner öffentlichen und geheimen außenpolitischen Pläne (> S. 192/193) hatte Hitler innerhalb von etwa drei Jahren realisiert? Welche noch nicht?

Reaktion Frankreichs auf den Einmarsch deutscher Truppen ins Rheinland

„In Paris ruft ... die militärische Besetzung der rheinischen Städte starke Erregung hervor. Man ist nicht im geringsten darauf vorbereitet, diesem Ereignis die Spitze zu bieten. Der Ministerrat tagt ununterbrochen ... Aber was soll Frankreich tun? ... Soll man der französischen Armee Befehl erteilen, die deutschen Regimenter mit Gewalt aus den rheinischen Städten zu vertreiben?

... Das Volk ist darauf nicht vorbereitet. Man hat es daran gewöhnt, an den Völkerbund, an die Wirksamkeit seiner Organe und Maßnahmen, zu glauben. Es hätte kein Verständnis dafür, dass Frankreich isoliert handelte, ohne Unterstützung der anderen Mächte, vor allem Großbritanniens. In dieser Beziehung findet aber Frankreich wenig Entgegenkommen ... Die französiche Regierung gibt daher den Gedanken an militärische Vergeltungsmaßnahmen und gewaltsames Vorgehen auf."

(Aus: André Francois-Poncet, Von Versailles bis Potsdam, 1949, S. 193 ff.)

Reaktion Englands

„Die öffentliche Meinung lehnte den Krieg ab. Sie lautete, in die Sprache des einfachen Mannes übersetzt, etwa: ‚Wir sind nicht verrückt und gehen nicht noch einmal nach der Somme ..., weil die Deutschen ihr eigenes Land besetzen' ..."

(Aus: Geschichte in Quellen, Weltkriege und Revolutionen 1914–1945, S. 360)

195.1 Einmarsch ins besetzte Rheinland

Schaffung eines Groß- deutschen Reiches

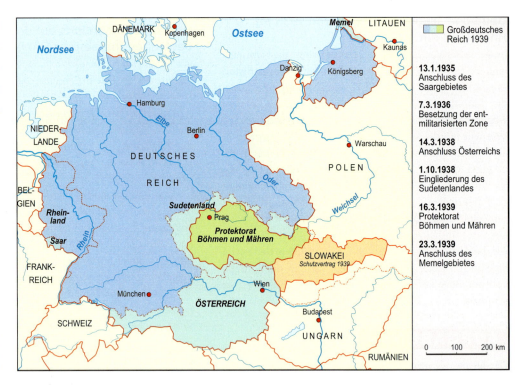

196.1 Ausdehnung des deutschen Machtbereichs bis 1939

Österreich wird „angeschlossen"

Nachdem die NS-Regierung so „erfolgreich" bei der Revision des Versailler Vertrages war, wurde ab Herbst 1937 das nächste außenpolitische Ziel in Angriff genommen: Der Zusammenschluss aller Deutschen aufgrund des Selbstbestimmungsrechtes der Völker zu einem Groß-Deutschland (> Text 192.1).

Von Österreich-Ungarn war nach dem Ersten Weltkrieg nur noch ein kleiner Teil als Republik Österreich übriggeblieben. Die österreichische Bevölkerung hatte sich damals den Zusammenschluss mit dem Deutschen Reich gewünscht, aber die Siegermächte hatten es nicht erlaubt (> S. 158). Hitler, selbst im österreichischen Braunau geboren, schrieb 1924 in seinem Buch: „Deutschösterreich muss wieder zurück zum deutschen Mutterlande."

Wie in Deutschland gab es auch in Österreich eine nationalsozialistische Bewegung. Sie arbeitete eng mit Hitler zusammen und forderte Österreichs Anschluss an ein „Großdeutsches Reich". Schließlich hätten die Österreicher 1919 nicht von ihrem Selbstbestimmungsrecht Gebrauch machen können. Der österreichische Bundeskanzler von Schuschnigg wollte diesen Anschluss nicht. Hitler lud ihn 1938 nach Berchtesgaden ein und erklärte:

„Ich habe einen geschichtlichen Auftrag und den werde ich erfüllen ... Sie werden doch nicht glauben, dass sie mich auch nur eine Stunde aufhalten können? Wer weiß – vielleicht bin ich über Nacht in Wien ... Dann sollen sie etwas erleben! Ich möchte es den Österreichern gerne ersparen; das wird viele Opfer kosten ... Ich habe mich entschlossen, einen allerletzten Versuch zu unternehmen ... Verhandelt wird nicht. Sie haben entweder zu unterschreiben, oder ich werde dann im Laufe der Nacht meine Entschlüsse zu fassen haben."

(Aus: Schuschnigg, Ein Requiem in Rot-Weiß, Zürich 1946, S. 38).

Nach Wien zurückgekehrt, wollte Schuschnigg eine Volksabstimmung über den Anschluss Österreichs durchführen lassen. Hitler drohte mit militärischem Eingreifen, wenn diese durchgeführt würde. Zugleich verlangte er, dass ein Nationalsozialist zum Bundeskanzler ernannt werden. Schuschnig gab nach und trat von seinem Amt zurück. Am 12. März 1938 marschierten die deutschen Truppen unter dem Jubel der österreichischen Bevölkerung im Land ein. Hitler verkündete den vollständigen Anschluss Österreichs an das Deutsche Reich. In einer nachträglich durchgeführten Volksabstimmung stimmten 99% der österreichischen Bevölkerung für die Eingliederung ins Deutsche Reich. Die nationalsozialistische Propaganda feierte dies als Triumph des „nationalen Selbstbestimmungsrechtes" und des „völkischen Prinzips".

England und Frankreich protestierten halbherzig gegen den Einmarsch der deutschen Truppen. Sie setzten sich nicht für ein unabhängiges Österreich ein, wie es der Versailler Vertrag bestimmte (> Text 158.2).

Außenpolitik und Zweiter Weltkrieg

197.1 Werbeplakat zur Volksabstimmung über den „Anschluss" Österreichs vom 10. April 1938

197.2 Die Verhandlungspartner der Münchner Konferenz am 29.9.1938. Vordere Reihe von links: der britische Premierminister Chamberlain, der französische Ministerpräsident Daladier, Hitler, Italiens „Duce" Mussolini, sein Außenminister Ciano.

Die sudetendeutschen Gebiete werden angegliedert

In dem Vielvölkerstaat Tschechoslowakei, der 1919 gegründet worden war, lebten etwa 3,5 Millionen Deutsche. Sie waren vor allem im Sudetenland (Karte 196.1) beheimatet und 1919 gegen ihren Willen in die Tschechoslowakei eingegliedert worden. Die 7,5 Millionen Tschechen betrachteten sich als das eigentliche Staatsvolk. Sie bestimmten in der Regierung in Prag. Die Bemühungen der deutschen, slowakischen und ungarischen Minderheit, mehr Gleichberechtigung zu gewinnen, scheiterten. Viele Sudetendeutsche unterstützten die Sudetendeutsche Partei. Ihr Führer Konrad Henlein bekam von Hitler die Anweisung, der tschechischen Regierung „unerfüllbare Anforderungen" zu stellen. Daraufhin forderte er den Anschluss der deutschen Siedlungsgebiete an das Deutsche Reich. Die Regierung in Prag lehnte ab. Sie hoffte auf Hilfe der Schutzmächte England und Frankreich. Diese empfahlen jedoch den Tschechen, Zugeständnisse zu machen. Als die Prager Regierung die Teilmobilmachung der Truppen anordnete, spitzte sich die Lage zu. Der englische Premierminister Neville Chamberlain versuchte, den Frieden zu retten. Zweimal reiste er persönlich zu Hitler. Die Westmächte begannen damit, einen Krieg vorzubereiten. Nun schaltete sich Mussolini ein und brachte eine Konferenz zusammen. Zwischen Frankreich, England, Italien und dem Deutschen Reich wurde am 29. September 1938 das „Münchner Abkommen" ausgehandelt: Die sudetendeutschen Gebiete werden in zehn Tagen von den Tschechen geräumt und von den deutschen Truppen besetzt.

Hitler sagte in einer Rede im Berliner Sportpalast: *„Ich wiederhole es hier, dass es ... für Deutschland in Europa kein territoriales Problem mehr gibt. Wir wollen keine Tschechen im Reich."*

AUFGABEN >>

1 Nenne die Schritte und Maßnahmen zur Schaffung eines Großdeutschen Reiches.
2 Wie reagierte das Ausland auf diese Schritte?
3 Überlege, wieso Hitler erst nach dem Einmarsch in Österreich eine Volksabstimmung durchführen ließ. Beziehe auch die Abb. 197.1 ein.
4 Wie beurteilst du, dass die Regierung der Tschechoslowakei nicht am „Münchner Abkommen" beteiligt wurde?
5 Welche seiner öffentlichen und geheimen außenpolitischen Pläne (> S. 192) hatte Hitler 1938 realisiert? Welche noch nicht?

„Lebensraum im Osten": Der Weg in den Zweiten Weltkrieg

198.1 Einmarsch deutscher Truppen in Prag am 15. März 1939

Hitler stimmt das deutsche Volk auf Krieg ein

Nachdem die NS-Regierung zwei der außenpolitischen Ziele erreicht hatte, begann sie Ende 1938 mit der Vorbereitung des dritten Ziels, der „Eroberung von „Lebensraum im Osten" (> S. 192).

„Die Umstände haben mich gezwungen, jahrzehntelang fast nur vom Frieden zu reden. Nur unter der fortgesetzten Betonung des deutschen Friedenswillens ... war es mir möglich, dem deutschen Volk Stück für Stück die Freiheit zu erringen und ihm die Rüstung zu geben, die immer wieder für den nächsten Schritt als Voraussetzung notwendig war ... Es war nunmehr notwendig, das deutsche Volk psychologisch allmählich umzustellen und ihm langsam klarzumachen, dass es Dinge gibt, die ... mit Mitteln der Gewalt durchgesetzt werden müssen. Dazu war es aber notwendig, ... dem deutschen Volk bestimmte außenpolitische Vorgänge so zu beleuchten, dass die innere Stimme des Volkes selbst langsam nach der Gewalt zu schreien begann ... [Das deutsche Volk] muss lernen, so fanatisch an den Endsieg zu glauben, dass, selbst wenn wir einmal Niederlagen erleiden würden, die Nation sie nur, ich möchte sagen, von dem höheren Gesichtspunkt aus wertet: Das ist vorübergehend; am Ende wird uns der Sieg sein! ...Dann stehen wir sicherlich erst am Beginn einer großen Geschichtsepoche unseres Volkes ."

(Hitlers Rede vor der deutschen Presse am 10. Nov. 1938; aus: Michalka, Das Dritte Reich, München 1985, Bd. 1, S. 261 ff.)

Die Tschechoslowakei wird „zerschlagen"

Wie der Beginn der „großen Geschichtsepoche" aussehen sollte, zeigte sich ein halbes Jahr nach dem Münchner Abkommen: Am 15. März 1939 marschierten deutsche Truppen in die bislang unabhängigen Gebiete der Tschechoslowakei ein. Hitler brach damit sein Versprechen, keine weiteren territorialen Forderungen in Europa zu stellen (> S. 197). Und er vollzog damit, was er heimlich bereits im Mai 1938 geplant hatte: *„Es ist mein unabänderlicher Entschluss, die Tschechei in absehbarer Zeit durch eine militärische Aktion zu zerschlagen."*

Von der Prager Burg aus erklärte er die tschechischen Gebiete zum „Protektorat" (= wörtlich „Schutzgebiet") Böhmen und Mähren" (Karte 196.1). Mit dem slowakischen Teilstaat, der mit Hitler kooperiert hatte, wurde ein „Schutzvertrag" abgeschlossen.

Mit der Zerschlagung der Tschechoslowakei trat eine entscheidende Wende in der nationalsozialistischen Außenpolitik ein: Zum ersten Mal wurde jetzt ein fremdes Volk unterworfen.

Offenkundig wurde nun auch, dass Hitler an seinem Ziel der Eroberung von „Lebensraum im Osten" festhalten wollte. Mit der gewaltsamen Besetzung der Tschechoslowakei hatte er für die weitere Ausdehnung nach Osten ein militärisch und wirtschaftlich wichtiges Aufmarschgelände gewonnen.

Die Westmächte rücken von ihrer Beschwichtigungspolitik ab

Den Westmächten gingen nun die Augen auf, wie eine Rede Chamberlains am 17. März 1939 deutlich machte:

„Was ist aus der Versicherung ‚Wir wollen keine Tschechen im Reich' geworden? Wieviel Rücksicht hat man genommen auf den Grundsatz der Selbstbestimmung, worüber Herr Hitler in Berchtesgaden mit mir so heftig diskutierte, als er die Trennung des Sudetengebietes von der Tschechoslowakei und dessen Einverleibung ins Reich forderte? ...
Ist dies der letzte Angriff auf einen kleinen Staat, oder sollen ihm noch weitere folgen? Ist dies sogar ein Schritt in der Richtung auf den Versuch, die Welt zu beherrschen? ...
Ich fühle mich verpflichtet zu wiederholen, dass kein größerer Fehler begangen werden könnte, als der, zu glauben, unsere Nation habe, weil sie den Krieg für eine sinnlose und grausame Sache hält, so sehr ihr Mark verloren, dass sie nicht bis zur Erschöpfung ihrer Kraft einer solchen Herausforderung entgegentreten werde."

(Aus: Geschichte in Quellen, Weltkriege und Revolutionen 1914 – 1945, S. 422 f.)

England rückte damit von seiner Politik, Hitler durch Zugeständnisse zu beschwichtigen (= Appeasement-Politik), ab. Zusammen mit Frankreich gab es den bedroht erscheinenden Staaten Polen, Rumänien, Griechenland und der Türkei Garantieerklärungen ab: Sollten diese von Deutschland angegriffen werden, würden sie mit Waffengewalt eingreifen.

Hitler bereitet den Angriff auf Polen vor

Die neue britische Außenpolitik wirkte auf Hitler keineswegs abschreckend. Er war zum Krieg bereits entschlossen. Am 23. Mai 1939 sagte er zu den Oberbefehlshabern der Wehrmacht:

„Es handelt sich für uns um die Erweiterung des Lebensraumes im Osten und Sicherung der Ernährung ... Es ... bleibt der Entschluss, bei erster passender Gelegenheit Polen anzugreifen. An eine Wiederholung der Tschechei ist nicht zu glauben. Es wird zum Kampf kommen."

(Aus: Geschichte in Quellen, Weltkriege und Revolutionen 1914–1945, S. 433).

Hitler wusste, dass im Kriegsfall das Verhalten der Sowjetunion sehr wichtig war. Obwohl er den Kommunismus hasste und die Sowjetunion stets zum Staatsfeind erklärt hatte, schloss er für die Dauer von zehn Jahren im August 1939 einen deutsch-sowjetischen Nichtangriffspakt ab. In einem geheimen Zusatzabkommen einigten sich Hitler und Stalin auf die Teilung Polens.

199.1 Hitler und Stalin treffen sich über der Leiche Polens. Karikatur des britischen Zeichners David Low auf den Nichtangriffspakt 1939. Hitler sagt: „Der Abschaum der Menschheit, wenn ich nicht irre?" Stalin: „Der blutige Mörder der Arbeiterklasse, wie ich annehme?"

AUFGABEN >>

1. Nenne die ersten Schritte und Maßnahmen zur Eroberung des „Lebensraumes im Osten".
2. Wie reagierte das Ausland auf diese Politik?
3. Hitler betrieb eine riskante Außenpolitik. Erkläre.
4. Erkläre den Begriff „Appeasement-Politik" an einem Beispiel.
5. „Appeasement-Politik ist gegenüber einer Diktatur leichtfertig und naiv." Wie beurteilst du diese Aussage?
6. Erläutere, was der britische Zeichner mit seiner Karikatur (Abb. 199.1) ausdrücken will.
7. Welche seiner öffentlichen und geheimen außenpolitischen Pläne (> S. 192) hatte Hitler bis 1939 realisiert? Welche noch nicht?

Der Zweite Weltkrieg 1939–1945: Beginn und Verlauf

200.1 In München erfahren die Menschen die Nachricht vom Kriegsbeginn

Hitler schafft einen Anlass für die Auslösung des Krieges

Die nationalsozialistische Politik war von Anfang an auf einen Kampf um die Vorherrschaft (= Hegemonie) Deutschlands in Europa und in der Welt angelegt. Nur weil die Westmächte unbedingt den Frieden erhalten wollten, konnte zwischen 1933 und 1939 ein Krieg verhindert werden. Im Herbst 1939 wurde dann der Krieg, der ständig hinter der riskanten Außenpolitik Hitlers gelauert hatte, entfacht.

Den Anlass zur Auslösung des Krieges schuf Hitler in Gleiwitz, einer deutschen Industriestadt an der polnischen Grenze. Fünf Männer der SS hatten den Auftrag, einen Überfall auf den Radiosender vorzutäuschen. Sie verkleideten sich mit polnischen Soldatenuniformen und drangen am 31. August in den Sender ein. Sie gaben Pistolenschüsse ab und ließen einige Leichen (es waren extra dafür ausgewählte Sträflinge) zurück. Sie verlasen einen Aufruf, in dem gesagt wurde, der Sender befinde sich in polnischer Hand. Dann verschwanden sie.

1. September 1939: Mit dem Angriff auf Polen wird der Zweite Weltkrieg entfesselt

Nach diesem inszenierten Vorfall überschritten deutsche Truppen ohne Kriegserklärung in den frühen Morgenstunden des 1. September 1939 die Grenze nach Polen und begannen mit ihren militärischen Aktionen. Noch am gleichen Tag richtete der polnische Präsident einen Aufruf an sein Volk: *„Bürger! Diese Nacht hat unser Erbfeind Angriffshandlungen gegen den polnischen Staat begonnen. Ich stelle das vor Gott und der Geschichte fest."* Aus Hitlers Rede vor dem Reichstag in Berlin erfuhr das deutsche Volk über Rundfunk und Presse: *„Polen hat heute Nacht zum ersten Mal auf unserem Territorialgebiet auch durch reguläre Soldaten geschossen. Seit 5.45 Uhr wird jetzt zurückgeschossen."*

England und Frankreich stellten Hitler das Ultimatum, den Angriff auf Polen zu stoppen. Hitler ließ es unbeachtet. Daraufhin erklärten England und Frankreich am 3. September 1939 Deutschland den Krieg. Der Zweite Weltkrieg war entfesselt.

AUFGABEN >>

1. Was war der Anlass für den Zweiten Weltkrieg?
2. Beschreibe Abb. 200.1. Was geht den einzelnen Leuten wohl durch den Kopf?
3. Vergleiche die Abb. 200.1 mit Abb. 143.1. Suche Gründe, warum die Menschen so unterschiedlich auf die Ankündigung des Krieges reagieren.
4. Erkläre mithilfe der Karten und der Übersicht (> S. 201) den Verlauf des Zweiten Weltkrieges.
5. Informiere dich über ein Kriegsereignis näher und stelle das Ergebnis deinen Mitschülern vor.
6. Begebt euch auf Spurensuche zum Zweiten Weltkrieg in eurer näheren Umgebung. Eine Arbeit im Archiv oder eine Befragung von Zeitzeugen kann euch dabei helfen.

Außenpolitik und Zweiter Weltkrieg

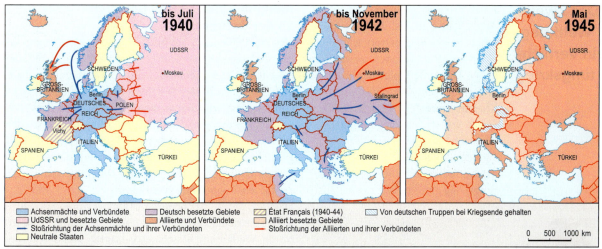

201.1–3 Kriegsverlauf in Europa (État Francais = offizieller Name für den Teil von Frankreich, der nach der Niederlage von 1940 nicht von deutschen Truppen besetzt war.)

	Krieg um die Vorherrschaft in Europa
1. September 1939	Deutscher Angriff auf Polen. Die deutsche Wehrmacht ist an Zahl, Bewaffnung und Ausbildung der Soldaten überlegen. Der „Blitzkrieg" dauert 18 Tage.
3. September 1939	England und Frankreich erklären Deutschland den Krieg.
17. September 1939	Sowjetische Truppen marschieren in Ostpolen ein. Ende September wird Polen zwischen Deutschland und der Sowjetunion aufgeteilt.
April 1940	Deutsche Truppen besetzen Dänemark. Norwegen wird nach schweren Kämpfen erobert.
Mai/Juni 1940	Deutsche Truppen besetzen die neutralen Staaten Holland und Belgien. Frankreich wird angegriffen und besetzt. Italien, mit Deutschland verbündet, tritt in den Krieg ein.
Ab August 1940	Die deutsche Luftwaffe bombardiert die britische Insel („Luftschlacht um England"). Der Plan, mit Schiffen zu landen, wird 1941 aufgegeben.
24. März 1941	Der Afrikafeldzug beginnt. Das deutsche Afrikakorps rückt unter Befehl Rommels gegen die Briten in Nordafrika bis Juni 1942 bis nach Nordägypten vor.
April 1941	Deutsche Truppen helfen den verbündeten Italienern und besetzen Jugoslawien und Griechenland. Nach 2 Wochen Kapitulation von Jugoslawien und Griechenland.
22. Juni 1941	Deutsche Truppen überschreiten die Grenze der Sowjetunion und dringen nach Osten vor.
	Der europäische Krieg wird zum Weltkrieg
Dezember 1941	Japanische Truppen überfallen die Pazifikflotte der USA in Pearl Harbor. Deutschland und Italien, mit Japan verbündet, erklären den USA den Krieg.
Mai 1942	Amerika und England beginnen mit dem Luftkrieg gegen Deutschland.
	Der Krieg wendet sich
Januar 1943	Kapitulation der 6. Armee in Stalingrad. Beginn des Rückzugs deutscher Truppen im Osten.
Juli 1943	Landung der Engländer und Amerikaner in Italien. Kapitulation Italiens im September.
Oktober 1943	Das deutsche Afrikakorps gibt angesichts der amerikanisch-britischen Übermacht auf.
Juni 1944	Landung der Engländer und Amerikaner in Nordfrankreich. Rückzug der deutschen Truppen im Westen.
	Die Endphase des Krieges
Ab Januar 1945	Sowjetischer Vorstoß von Osten nach Deutschland hinein. Vorstoß der Briten und Amerikaner vom Westen nach Deutschland hinein.
April 1945	Britisch-amerikanische und sowjetische Armeen reichen sich bei Torgau/Elbe die Hand. Hitler und Goebbels begehen Selbstmord.
8. Mai 1945	Bedingungslose Kapitulation Deutschlands

201.4 Der Verlauf des Zweiten Weltkriegs im Überblick

Der Zweite Weltkrieg, ein Vernichtungskrieg

Jeder Krieg ist grausam und bringt Angst, Leid und Tod über die Menschen. Jeder Krieg zerstört, was Menschen erdacht, erfunden, geschaffen haben. Dies unterschied den Zweiten Weltkrieg nicht von den bisherigen Kriegen. In einem entscheidenden Punkt war er allerdings anders: Es ging nicht nur um die Eroberung von Ländern und die Vorherrschaft in Europa, sondern er wurde als Vernichtungskrieg geführt. Wie sah das aus?

Kampf bis zum letzten Soldaten an der Ostfront

Nachdem Polen und die meisten Länder Westeuropas erobert worden waren (> S. 201), begann am 22. Juni 1941 der Angriff auf die Sowjetunion. In breiter Front drangen deutsche Armeen in Russland ein. Sie erbeuteten große Mengen von Kriegsmaterial. Sie machten Millionen von Gefangenen – sowohl russische Soldaten als auch Zivilisten. Viele wurden zur Zwangsarbeit nach Deutschland verschleppt (> S. 217). Es sah so aus, als könnte Russland ebenfalls in einem kurzen „Blitzkrieg" erobert werden. Anfang Dezember standen die deutschen Truppen 40 km vor Moskau.

Da brach der Winter herein. Für Temperaturen bis – 40°C waren die deutschen Soldaten nicht ausgerüstet. Viele erfroren. Waffen und Maschinen versagten. Auf den langen Wegen kam der Nachschub nicht nach. Die sowjetische Armee, mit diesen Lebensbedingungen vertraut, setzte erfolgreich zum Gegenangriff an. Stalin rief den „Großen Vaterländischen Krieg" aus und motivierte die russischen Soldaten, um jeden Preis ihr Land zu verteidigen.

Im Sommer 1942 gelang es deutschen Verbänden, weitere Gebiete zu besetzen. Die deutsche Armee sollte vor allem auch das Rüstungszentrum Stalingrad erobern. Nachdem die sechste deutsche Armee mit 280 000 Soldaten Stalingrad erreicht hatte, wurde sie von russischen Truppen eingekreist und vom Nachschub abgeschnitten. Obwohl die Lage aussichtslos war, befahl Hitler, die Stadt bis zum letzten Mann zu verteidigen. Ende Januar ergab sich General Paulus mit seiner 6. Armee. 190 000 Soldaten waren in der „Hölle von Stalingrad" gefallen. 90 000 gerieten in russische Gefangenschaft, von denen nur 5000 überlebten und lange nach Kriegsende heimkehrten.

202.1 Der Vormarsch bleibt im Schlamm stecken

202.2 Häuserkampf in Stalingrad

202.3 Vom Kampf gezeichnete Soldaten

203.1 Frauen in der Rüstungsproduktion 1943

Kampf bis zur Selbstaufgabe an der „Heimatfront"

Nach der Katastrophe von Stalingrad machten sich in der Bevölkerung Zweifel breit, ob der Krieg gewonnen werden könnte. Propagandaminister Goebbels hielt drei Wochen danach vor 10 000 Zuhörern eine Rede im Berliner Sportpalast. Sie wurde auch über Rundfunk übertragen. Darin hieß es:

„Ich frage euch: Glaubt ihr mit dem Führer und mit uns an den endgültigen totalen Sieg des deutschen Volkes?
Ich frage euch: Seid ihr entschlossen, dem Führer in der Erkämpfung des Sieges durch dick und dünn und unter Aufnahme auch der schwersten persönlichen Belastungen zu folgen?
Ich frage euch: Seid ihr und ist das deutsche Volk entschlossen, wenn der Führer es beschließt, zehn, zwölf und wenn nötig vierzehn Stunden täglich zu arbeiten und das Letzte herzugeben für den Sieg?
Ich frage euch: Wollt ihr den totalen Krieg? Wollt ihr ihn, wenn nötig, totaler und radikaler als wir ihn uns heute überhaupt noch vorstellen können?"
(Aus: Jacobsen, Der Zweite Weltkrieg in Chronik und Dokumenten, Darmstadt 1961, S. 380)

Auf jede dieser Fragen antworteten die Zuhörer begeistert mit „Ja". Goebbels stimmte damit das Volk darauf ein, dass die gesamte Wirtschaft auf Krieg umgestellt wurde: Tag und Nacht liefen die Maschinen in den Rüstungsbetrieben. Die Arbeitszeiten wurden erhöht. Frauen wurden in den Rüstungsbetrieben zur Herstellung von Waffen eingesetzt. Lebensmittel, Heizmaterial und Kleidung wurden rationiert. Metallgegenstände mussten abgeliefert werden und wurden eingeschmolzen für Waffen.

203.2 Goebbels bei der Rede zum totalen Krieg

203.3 Zuhörer bei der Goebbels-Rede

204.1 Das letzte Aufgebot, der Volkssturm

Kampf bis zum letzten Mann

Obwohl die deutschen Truppen an allen Fronten wegen der Übermacht der alliierten Truppen bereits den Rückzug angetreten hatten und die Aussicht, noch den Krieg zu gewinnen, gleich Null war, gab Hitler am 25. September 1944 den so genannten „Volkssturm-Erlass" heraus. Darin hieß es:

„Dem uns bekannten totalen Vernichtungswillen unserer jüdisch-internationalen Feinde setzen wir den totalen Einsatz aller deutschen Menschen entgegen ... Überall dort, wo der Feind den deutschen Boden betreten will, rufe ich daher alle waffenfähigen deutschen Männer zum Kampfeinsatz auf. Ich befehle: 1. Es ist in den Gauen des Großdeutschen Reiches aus allen waffenfähigen Männern im Alter von 16 bis 60 Jahren der Deutsche Volkssturm zu bilden. Er wird den Heimatboden mit allen Waffen und Mitteln verteidigen."
(Aus: Reichsgesetzblatt 1944, Teil I, S. 253 f.)

Schüler, Lehrlinge, Kriegsveteranen des Ersten Weltkrieges – alle wurden daraufhin in Schnellkursen mit dem Kriegsgerät vertraut gemacht. Mit einfachsten Waffen mussten sie gegen die im Osten und Westen heranrückenden alliierten Truppen kämpfen, die über neueste technische Waffen verfügten. Viele der jungen und alten Angehörigen des „Volkssturms" starben oder wurden schwer verwundet.

Bombenkrieg gegen die Zivilbevölkerung

Der weitgehende Schutz der Zivilbevölkerung gehört zu den völkerrechtlich anerkannten Vereinbarungen über die Kriegsführung. Gegen diese Regel wurde im Zweiten Weltkrieg vielfach verstoßen.
Bei der „Luftschlacht um England" (> S. 201) griffen 500 deutsche Bomber am 15. November 1940 die englische Stadt Coventry an. Hitler ließ nicht nur das Industriegebiet, sondern auch die Innenstadt mit den Wohngebieten bombardieren, um die Widerstandskraft der Bevölkerung zu zermürben. Im Gegenzug starteten auch Engländer und Amerikaner immer stärkere Luftangriffe auf Deutschland. „Bombenteppiche" legten ganze Städte in Schutt und Asche.
Wie verheerend sich ein Bombenangriff auf die Bevölkerung auswirkte, lässt sich der Beschreibung des Bombenangriffs auf Dresden in der Nacht vom 13. auf den 14. Februar 1945 entnehmen:

„Die Stadt beherbergte ... 700 000 Menschen. Zwischen 21 und 22 Uhr flogen die ersten Wellen schwerer Kampfmaschinen heran und warfen rund 3000 Sprengbomben und 400 000 Brandbomben. Die Masse der Brandbomben setzte weite Flächen in Brand. Als die Angriffsverbände abflogen, lag ein riesiger gelbroter Feuerschein über Dresden. Ganze Stadtteile waren einfach ausgelöscht ... Um 1.22 Uhr erschienen die nächsten Wellen englischer Kampfgeschwader über der Stadt und warfen

205.1 und 2 Dresden nach dem Luftangriff vom 13. auf den 14.2.1945

rund 5000 Sprengbomben und 2000 Brandbomben ab. Sie trafen mitten in die Menschen hinein, die sich aus den brennenden Vierteln hatten retten können. Es erhob sich ein Feuersturm, dessen Sog so gewaltig war, dass er an vielen Stellen die Menschen über einhundert Meter Entfernung rettungslos in die Flammen riss ...

Die Zahl der Opfer konnte nie genau festgestellt werden ... In ganzen Kellerzügen befanden sich die Toten in einem derartigen Zustand, dass man sie nicht bergen, sondern nur mit Flammenwerfern endgültig verbrennen konnte. In Löschteichen trieben die Ertrunkenen umher, die in ihrer Verzweiflung mit brennenden Kleidern ins Wasser gesprungen waren."

(Aus: Thorwald, Es begann an der Weichsel, Dokumentarbericht über den deutschen Zusammenbruch im Osten, Stuttgart 1952, S. 126)

Ein Vernichtungskrieg – warum?

Man schätzt, dass etwa 60 Millionen Menschen im Zweiten Weltkrieg und an den Folgen des Krieges gestorben sind. Warum wurden so viele Menschen getötet?

Der Hauptgrund liegt in der völkisch-rassistischen Weltanschauung des Nationalsozialismus. Am Ende des Kampfes sollte nicht ein „Siegfrieden" stehen, sondern die Vernichtung des Feindes, die Auslöschung ganzer Menschheitsgruppen, Völker und Herrschaftssysteme (> S. 208). Für dieses Ziel wurde mit allen Mitteln bis zum letzten Mann gekämpft. Die weltanschauliche Ausrichtung in Verbindung mit der Weiterentwicklung der Militärtechnik (Luftwaffe, U-Boote, Ortung mit Radar) führte zu einer bis dahin nicht vorstellbaren Grausamkeit der Kriegsführung vor allem auf Kosten der Zivilbevölkerung.

AUFGABEN >>

1. Zeige an Beispielen auf, dass der Zweite Weltkrieg als Vernichtungskrieg geführt wurde. Beziehe bei deinen Erläuterungen auch die Abbildungen mit ein.
2. „Die Hölle von Stalingrad", „Der totale Krieg", „Volkssturm", „Bombenteppiche" sind zu feststehenden Schlagworten des Zweiten Weltkrieges geworden. Erkläre, was man darunter versteht.
3. Erkläre, warum so viele Menschen im Zweiten Weltkrieg getötet wurden.
4. Stellt einen Zusammenhang her zwischen „Lebensraum im Osten" – „völkisch-rassistische Weltanschauung" – Völkermord – Vernichtungskrieg.
5. Erklärt die Entwicklung vom Hegemonial- zum Vernichtungskrieg im Zweiten Weltkrieg.
6. Stellt einen Vergleich zwischen dem Ersten Weltkrieg und dem Zweiten Weltkrieg im Hinblick auf Ziel, Verlauf und Bilanz an. Überlegt, wie ein Dritter Weltkrieg aussehen würde.

6 Demokratie und NS-Diktatur

8. Mai 1945: Kapitulation oder Befreiung?

206.1 Von russischen Soldaten installiertes Schild mit einer Parole Hitlers aus dem Jahr 1933

Das Ende des Krieges: Die bedingungslose Kapitulation

Anfang 1945 stand die militärische Niederlage Deutschlands unmittelbar bevor. Auf deutschem Reichsgebiet begann die Endphase des Krieges (> S. 201). Am 25.4. trafen amerikanische und russische Truppen in Torgau an der Elbe zusammen. Am selben Tag wurde die Hauptstadt Berlin von sowjetischen Truppen eingeschlossen und kapitulierte nach heftigen Kämpfen am 2. Mai.

Hitler befand sich im bombensicheren Bunker unter der Reichskanzlei in Berlin. Voller Wut verdammte er das deutsche Volk und schloss sein „politisches Testament" mit den Worten ab:

„Vor allem verpflichte ich die Führung der Nation und die Gefolgschaft zur peinlichen Einhaltung der Rassengesetze und zum unbarmherzigen Widerstand gegen den Weltvergifter aller Völker, das internationale Judentum."
(zit. nach Weizsäcker, Rede, a.a.O.)

Am 30. April 1945 beging Adolf Hitler im Bunker der Reichskanzlei Selbstmord. Generalfeldmarschall Wilhelm Keitel unterzeichnete am 8. Mai 1945 die bedingungslose Kapitulation der deutschen Wehrmacht.
Damit war der Zweite Weltkrieg zu Ende.

AUFGABEN >>

1. Wie beurteilst du Hitlers „politisches Testament" und seinen Selbstmord?
2. Warum ist der 8. Mai 1945 ein Datum, an das sich viele Menschen erinnern?
3. Ist der 8. Mai 1945 mit der Kapitulation der deutschen Wehrmacht aus deiner Sicht ein Tag der Niederlage oder der Befreiung? Begründe deine Meinung.
4. Wie schätzt Bundespräsident Richard von Weizsäcker diesen Tag ein? Belege dies anhand des Textes auf Seite 207.
5. Was meint der Bundespräsident, wenn er vom „Ende eines Irrweges deutscher Geschichte" spricht?
6. Welche Bitte richtet der Bundespräsident an die jungen Menschen? Warum an sie?
7. Würden sich Kriege vermeiden lassen, wenn alle die Bitte des Bundespräsidenten beherzigen würden? Begründe deine Meinung.

Der 8. Mai 1945 – ein „denkwürdiger" Tag

„Der 8. Mai ist für uns vor allem ein Tag der Erinnerung an das, was Menschen erleiden mussten. Er ist zugleich ein Tag des Nachdenkens über den Gang unserer Geschichte. Je ehrlicher wir ihn begehen, desto freier sind wir, uns seinen Folgen verantwortlich zu stellen.

Der 8. Mai ist für uns Deutsche kein Tag zum Feiern. Die Menschen, die ihn bewusst erlebt haben, denken an ganz persönliche und damit ganz unterschiedliche Erfahrungen zurück. Der eine kehrte heim, der andere wurde heimatlos. Dieser wurde befreit, für jenen begann die Gefangenschaft. Viele waren einfach nur dafür dankbar, dass Bombennächte und Angst vorüber und sie mit dem Leben davongekommen waren. Andere empfanden Schmerz über die vollständige Niederlage des eigenen Vaterlandes. Verbittert standen Deutsche vor zerrissenen Illusionen, dankbar waren andere Deutsche für den geschenkten neuen Anfang.

Es war schwer, sich alsbald klar zu orientieren. Ungewissheit erfüllte das Land. Die militärische Kapitulation war bedingungslos. Unser Schicksal in der Hand der Feinde. Die Vergangenheit war furchtbar gewesen, zumal auch für viele dieser Feinde. Würden sie uns nun nicht vielfach entgelten lassen, was wir ihnen angetan hatten?

Die meisten Deutschen hatten geglaubt, für die gute Sache des eigenen Landes zu kämpfen und zu leiden. Und nun sollte sich herausstellen: Das alles war nicht nur vergeblich und sinnlos, sondern es hatte den unmenschlichen Zielen einer verbrecherischen Führung gedient. Erschöpfung, Ratlosigkeit und neue Sorgen kennzeichneten die Gefühle der meisten. Würde man noch eigene Angehörige finden? Hatte ein Neuaufbau in diesen Ruinen überhaupt Sinn?

Der Blick ging zurück in einen dunklen Abgrund der Vergangenheit und nach vorn in eine ungewisse dunkle Zukunft.

Und dennoch wurde von Tag zu Tag klarer, was es heute für uns alle gemeinsam zu sagen gilt: Der 8. Mai war ein Tag der Befreiung. Er hat uns alle befreit von dem menschenverachtenden System der nationalsozialistischen Gewaltherrschaft ...

Wir dürfen den 8. Mai 1945 nicht vom 30. Januar 1933 trennen ... Wir lernen aus unserer eigenen Geschichte, wozu der Mensch fähig ist. Deshalb dürfen wir uns nicht einbilden, wir seien nun als Menschen anders und besser geworden ...

Hitler hat stets damit gearbeitet, Vorurteile, Feindschaften und Hass zu schüren. Die Bitte an die jungen

207.1 Der ehemalige Bundespräsident Richard von Weizsäcker bei seiner Rede zum 40. Jahrestag der Beendigung des Zweiten Weltkrieges

Menschen lautet: Lassen Sie sich nicht hineintreiben in Feindschaft und Hass
gegen andere Menschen,
gegen Russen oder Amerikaner,
gegen Juden oder Türken,
gegen Alternative oder Konservative,
gegen Schwarz oder Weiß.
Lernen Sie miteinander zu leben, nicht gegeneinander.
Lassen Sie auch uns als demokratisch gewählte Politiker dies immer wieder beherzigen und ein Beispiel geben.
Ehren wir die Freiheit.
Arbeiten wir für den Frieden.
Halten wir uns an das Recht.
Dienen wir unseren inneren Maßstäben der Gerechtigkeit.
Schauen wir am heutigen 8. Mai, so gut wir es können, der Wahrheit ins Auge."

(Aus der Ansprache des Bundespräsidenten Richard von Weizsäcker am 8. Mai 1985 im Deutschen Bundestages zum 40. Jahrestag der Beendigung des Zweiten Weltkrieges. Quelle: http://www.bundestag.de/parlament/geschichte/parlhist/dok26)

6 Demokratie und NS-Diktatur

208.1 Ausschnitte aus dem Buch „Trau keinem Fuchs auf grüner Heid und keinem Jud bei seinem Eid." („Bilderbuch für Groß und Klein, 1936)
Texte: „Der Deutsche ist ein stolzer Mann, der arbeiten und kämpfen kann. Weil er so schön ist und voll Mut, hasst ihn von jeher schon der Jud!" „Dies ist der Jud, das sieht man gleich, der größte Schuft im ganzen Reich! Er meint, dass er der Schönste sei und ist so hässlich doch dabei!"

Eine unmenschliche Rassenlehre

Völkisch-rassistische Weltanschauung Hitlers

Im 19. Jahrhunderts kam in Europa ein übersteigerter Stolz auf die eigene Nation und das eigene Volk auf. In diesem Zusammenhang behaupteten einige Gruppen, dass bestimmte Völker und Rassen mehr Wert seien als andere. Aus solchen Gedanken entwickelte Hitler seine Weltanschauung. In seinem Buch „Mein Kampf" (> S. 192) legte er diese dar.

Aus Hitlers Sicht gab es Völker höherer und niederer Rasse, stärkere und schwächere, bessere und schlechtere. Die edle Rasse seien die „Arier", besonders die nordisch-germanische Rasse. Diese zeichne sich durch helle Haut, blondes Haar und blaue Augen aus. Die germanische „Herrenrasse" sei anderen überlegen. Sie müsse aber mit den anderen Völkern um den Lebensraum kämpfen. Von Bedeutung sei es, die eigene Rasse „blutrein" zu halten, d. h. sich nicht mit „artfremdem Blut" zu vermischen. Ein Volk mit Rassenwert würde deshalb nie Internationalität, Gleichheit und Gewaltlosigkeit predigen.

Die Nationalsozialisten bekämpfen Juden und andere „minderwertige Rassen"

Für minderwertig hielt Hitler die Kommunisten (Bolschewisten). Denn diese hätten 1917 in Osteuropa unter dem Schlagwort „Proletarier aller Länder vereinigt euch" ein international ausgerichtetes Herrschaftssystem errichtet. Auch die Sinti und Roma (die „fremdrassigen Zigeuner") und die Juden waren „international" und deshalb minderwertig: Sie hatten keinen eigenen Staat und waren überall auf der Welt zerstreut.

Der ganze Hass galt den Juden (= Antisemitismus). In einem Brief schrieb Hitler 1919:

„Der Antisemitismus ... wird seinen letzten Ausdruck finden in der Form von Pogromen [= Judenverfolgung] ... Der Antisemitismus ... muss führen zur planmäßigen gesetzlichen Bekämpfung und Beseitigung der Vorrechte des Juden ... Sein letztes Ziel aber muss unverrückbar die Entfernung der Juden überhaupt sein."

(Aus: Jäckel, Hitler. Sämtliche Aufzeichnungen 1905–1924, Stuttgart 1980, S. 90)

AUFGABEN >>

1. Fasse zusammen, wie die völkisch-rassistische Weltanschauung Hitlers aussah. Beziehe dazu auch Abb. 208.1 mit ein.
2. Erkläre, welche Menschengruppen die Nationalsozialisten warum für minderwertig hielten.
3. Welche Maßnahmen plante Hitler gegen die Juden?

Terror und Völkermord

TRIO-Zusatzinfo: Die Geschichte der Juden – eine Geschichte ständiger Verfolgung

Schon im Alten Testament lesen wir von der Flucht der Juden aus Ägypten und von der babylonischen Gefangenschaft. Ihr Heimatland Palästina wurde 70 n. Chr. von den Römern besetzt und der Tempel in Jerusalem – ihr wichtigstes Heiligtum – zerstört. Von da an wurden die Juden in alle Länder der Welt zerstreut. Trotz dieses Schicksals hielt die Juden auch in der Fremde eines zusammen: ihr Glaube an den einen Gott Jahwe und ihr Festhalten an den Regeln und Formen ihres Glaubens. Judentum bedeutet also keine Angehörigkeit zu einer Rasse, sondern zu einer Religionsgemeinschaft.

Auch im Mittelalter wurden die Juden in Europa vielfach verfolgt. Man warf ihnen vor, Jesus Christus getötet zu haben, gab ihnen die Schuld an Seuchen und anderem Unglück. Sie mussten besondere Kleidung tragen, um als Juden erkennbar zu sein. Es wurde ihnen verboten, als Bauern oder Handwerker ihren Lebensunterhalt zu verdienen. Viele wurden deshalb Händler oder Geldverleiher. Manche Juden kamen dadurch zu Reichtum und zogen Neid auf sich. Die Juden wurden verächtlich gemacht, indem man z. B. in Kirchen „Judensäue" anbrachte. Immer wieder vertrieb man sie, zerstörte ihre Synagogen (Kirchen) und Wohnhäuser und ermordete sie zu Tausenden. Mit der Zeit ging die Verfolgung zurück. Juden konnten in den Staaten Europas ihre Religion ausüben und wurden als gleichberechtigte Bürger anerkannt. Im Ersten Weltkrieg kämpften und starben auch Tausende von deutschen Juden als Soldaten für Deutschland.

Trotzdem gab es noch immer antisemitische Einstellungen. Diese griff Hitler in seiner Rassenlehre auf. Nicht mehr der Glaube war nun der „Stein des Anstoßes", für die Nationalsozialisten waren die Juden „an sich" durch ihre Geburt schlecht.

209.1 Judenverfolgung im 15. Jahrhundert

209.2 Judensau im Münster Heilsbronn (Kreis Ansbach)

209.3 Antisemitische Parolen im Dritten Reich

Die Entrechtung der jüdischen Bevölkerung

210.1 Judenstern

210.2 Boykott gegen jüdische Geschäfte

Mit einem Aufruf zum Boykott beginnt die Judenverfolgung

Nur zwei Monate, nachdem Hitler die Regierung übernommen hatte, wurde mit der „gesetzlichen Bekämpfung und Beseitigung der Vorrechte der Juden" (> S. 208) in Deutschland angefangen.

Am 30. 3. 1933 konnten die Menschen überall Plakate lesen: „Kauft nichts in jüdischen Geschäften und Warenhäusern! Geht nicht zu jüdischen Rechtsanwälten! Meidet jüdische Ärzte!" Mit diesem Aufruf zum Boykott begann die Verfolgung der jüdischen Bevölkerung (Abb. 210.2). Von nun an ging es Schlag auf Schlag: Im April wurden die jüdischen Beamten entlassen, den jüdischen Rechtsanwälten die Zulassung entzogen. Im Mai wurde der Großteil der jüdischen Professoren von den Universitäten verwiesen. Ab September durften jüdische Künstler nicht mehr ausstellen und jüdische Schriftsteller nicht mehr veröffentlichen. Ebenso durften Filme und Theaterstücke von Juden nicht mehr aufgeführt werden. Für viele Juden bedeuteten diese Maßnahmen den wirtschaftlichen Ruin.

Die „Nürnberger Gesetze" rauben den Juden grundlegende Rechte

1935 erließen die nationalsozialistischen Machthaber die so genannten „Nürnberger Gesetze". Sie bestimmten:

„§ 2.1 Reichsbürger ist nur der Staatsangehörige deutschen oder artverwandten Blutes ...

§ 2.3 Der Reichsbürger ist der alleinige Träger der vollen politischen Rechte."

Damit waren die Juden keine Bürger mehr. Sie durften nicht mehr wählen und keine öffentlichen Ämter bekleiden, also keine Bürgermeister, Stadträte, Richter sein.

Das „Gesetz zum Schutze des deutschen Blutes und der deutschen Ehre" (15. 9. 1935) bestimmte:

„§ 1.1 Eheschließungen zwischen Juden und Staatsangehörigen deutschen oder artverwandten Blutes sind verboten. Trotzdem geschlossene Ehen sind nichtig, auch wenn sie ... im Auslande geschlossen sind.

§ 2 Außerehelicher Verkehr zwischen Juden und Staatsangehörigen deutschen oder artverwandten Blutes ist verboten.

§ 5.1 Wer dem Verbot von § 1 zuwiderhandelt, wird mit Zuchthaus bestraft."

(Aus: Hofer, Der Nationalsozialismus. Dokumente 1933–1945, S. 284 f.)

210.3 Öffentliche Zurschaustellung wegen Rassenschande

Terror und Völkermord

Gewalttätige Ausschreitungen gegen die Juden in der „Reichskristallnacht"

Im November 1938 erschoss ein 17 Jahre alter Jude, dessen Eltern verschleppt worden waren, in Paris den deutschen Botschaftssekretär. Dies nutzten die Nationalsozialisten für eine planmäßige Gewaltaktion gegen Juden: In der Nacht vom 9. auf den 10. November 1938 wurden jüdische Gotteshäuser (Synagogen) in Brand gesteckt, jüdische Friedhöfe geschändet, Geschäfte und Wohnungen der Juden verwüstet und zerstört. Viele jüdische Einwohner wurden misshandelt, verhaftet und in Konzentrationslager gebracht. Für die in der „Reichskristallnacht" – so nannten die Nazis diese Gewaltaktion wegen der vielen Scherben – entstandenen Schäden mussten die Juden selbst aufkommen. Außerdem hatten sie noch eine „Sühne" von einer Milliarde Reichsmark an den Staat zu bezahlen.

Eine Vielzahl von Verordnungen macht den Juden ein menschenwürdiges Leben unmöglich

Durch eine Vielzahl von Verordnungen wurden die Juden entrechtet:

> August 1938: Juden müssen zu ihren Vornamen zusätzlich den Namen Israel bzw. Sarah führen.
> Sept. 1938: Berufsverbot für jüdische Rechtsanwälte und Ärzte
> Okt. 1938: Reisepässe von Juden müssen mit „J" gekennzeichnet sein.
> Dez. 1938: Juden müssen ihr Vermögen zwangsverkaufen. Juden müssen die Führerscheine abgeben.
> Jan. 1939: Juden dürfen keinen Handel, kein Gewerbe und kein Handwerk betreiben.
> Feb. 1939: Juden müssen Gold, Edelsteine und andere Wertsachen abliefern.
> April 1939: Juden müssen „arische" Häuser verlassen und in „Judenhäuser" einziehen.
> Sept. 1939: Juden müssen um 20 Uhr zu Hause sein. Sie müssen ihre Rundfunkgeräte abliefern.
> Feb. 1940: Juden erhalten keine Kleiderkarten mehr.
> März 1941: Juden werden zur Zwangsarbeit eingesetzt.
> Juli 1941: Juden dürfen kein Telefon besitzen.
> Sept. 1941: Alle Juden über 6 Jahre müssen in der Öffentlichkeit den „Judenstern" tragen.
> Okt. 1941: Juden dürfen ihre Wohnung nur mit besonderer Erlaubnis verlassen. Dasselbe gilt für die Benutzung öffentlicher Verkehrsmittel.
> Sept. 1942: Juden erhalten keine Fleisch- und Milchmarken.

Viele Juden verlassen Deutschland

Durch die zahlreichen Maßnahmen erzeugte die nationalsozialistische Regierung bewusst einen Auswanderungsdruck. Von den etwa 500 000 Juden in Deutschland wanderten aus:

Jahr	Emigranten	Jahr	Emigranten
1933	37 000	1936	25 000
1934	23 000	1937	23 000
1935	21 000	1938/41	170 000

Am 23. Oktober 1941 erließ die deutsche Reichsregierung ein Auswanderungsverbot. Für die noch verbliebene jüdische Bevölkerung hatte sie sich eine andere „Lösung" ausgedacht.

AUFGABEN >>

1. Erkläre, durch welche Maßnahmen die jüdische Bevölkerung zwischen 1933 und 1941 planmäßig in ihren Lebensbereichen eingeschränkt wurde.
2. Welche dieser Maßnahmen findest du persönlich besonders schlimm? Begründe.
3. Beschreibe die Abbildungen und erläutere, mit welcher Maßnahme sie im Zusammenhang stehen.
4. Zeige auf, gegen welche Grund- und Menschenrechte die durchgeführten Maßnahmen verstoßen.
5. Wie viele Juden hatten Deutschland zwischen 1933 und 1941 insgesamt verlassen? Wie viele lebten im Oktober 1941 noch in Deutschland? Überlege, warum diese geblieben sind.

211.1 Ausgebrannte Synagoge in München

Die Ermordung der Juden in Europa

212.1 Verhaftung im Warschauer Getto

Welche „Lösung" sich die nationalsozialistischen Machthaber für die deutschen Juden ausgedacht hatten, wurde am 20. Januar 1942 in Berlin besprochen. Im Protokoll der so genannten Wannseekonferenz heißt es:
„Anstelle der Auswanderung ist nunmehr als weitere Lösungsmöglichkeit nach entsprechender vorheriger Genehmigung durch den Führer die Evakuierung [= Ausweisung, Aussiedlung] der Juden nach dem Osten getreten. Die evakuierten Juden werden zunächst Zug um Zug in so genannte Durchgangsgettos verbracht, um von dort aus weiter nach dem Osten transportiert zu werden."
(Protokoll der Wannseekonferenz aus: Scheffler, Judenverfolgung im Dritten Reich, Berlin 1964, S. 37 f.)

Damit war besiegelt, dass den deutschen Juden der gleiche Leidensweg bevorstand wie den anderen Juden in Europa.

Gettos, Massenlager, Massenerschießungen

Auf Befehl des Reichsführers der SS Himmler waren seit dem Angriff auf Polen so genannte „Einsatzkommandos" den deutschen Soldaten gefolgt. Sie hatten den Auftrag, Judenverfolgungen anzuzetteln, Massenerschießungen durchzuführen und überlebende Juden in Gettos zusammenzupferchen. Aus dem gesamten „Großdeutschen Reich" und den besetzten Ländern Europas wurden die Juden in den Osten des damaligen deutschen Machtbereiches abtransportiert. Die Aufträge wurden von den Einsatzkommandos mit großer Brutalität durchgeführt. So meldete eine Einsatzgruppe an Himmler, dass innerhalb von vier Monaten 135 567 Personen „liquidiert" worden seien. Otto Schwerdt, geboren 1923, ein Jude und Überlebender von Auschwitz, erinnert sich:
„Auch wir wurden gezwungen, … ins Getto Dombrowa zu ziehen … Jeder Winkel im Getto war überfüllt mit Menschen. Es herrschten unbeschreiblich schlechte hygienische Verhältnisse in den Häusern. Die Enge, der Gestank und der Lärm waren nur schwer zu ertragen … Ich bin schrecklich durcheinander und aufgewühlt. Immer wieder suche ich nach einer Erklärung für das grausame Treiben der Deutschen. Warum tun sie das mit uns? … Unser Leben wird immer schwieriger, die Schikanen der Nazis immer häufiger und heftiger. Die Angst vor ihnen, die Angst vor den Polizeiaktionen, die Angst vor der Deportation ins Zwangsarbeitslager, die Angst vor dem Morgen beherrscht die Menschen …"
(Aus: Schwerdt, Als Gott und die Welt schliefen, Viechtach 1999, 6. Aufl., S. 30 f.)

212.2 Juden vor ihrer Erschießung

Terror und Völkermord

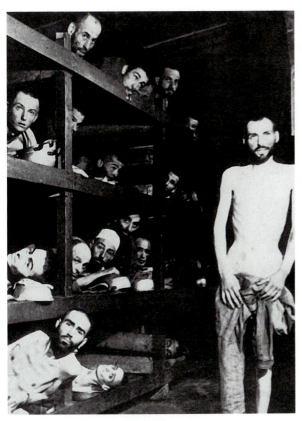

213.1 Hungernde im Konzentrationslager

213.2 Eingangstüre im KZ

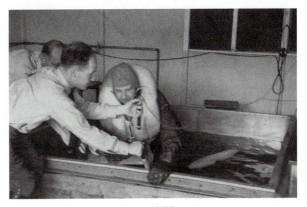

213.3 Medizinische Versuche an Häftlingen

Vernichtung durch Arbeit bis zum Tode

„Unter entsprechender Leitung sollen nun im Zuge der Endlösung die Juden in geeigneter Weise im Osten zum Arbeitseinsatz kommen. In großen Arbeitskolonnen unter Trennung der Geschlechter werden die arbeitsfähigen Juden straßenbauend in diese Gebiete geführt, wobei zweifellos ein Großteil durch natürliche Verminderung ausfallen wird."

(Protokoll der Wannseekonferenz aus: Scheffler, Judenverfolgung im Dritten Reich, Berlin 1964, S. 37 f.)

Dieser Plan wurde – wie in der Wannseekonferenz besprochen – durchgeführt. Wie viele Juden dabei ums Leben kamen, ist nicht belegt. Otto Schwerdt erinnert sich:

„Nach drei Tagen im Durchgangslager brachten sie uns in das Zwangsarbeitslager Groß-Masselwitz bei Breslau ... Es war eine Art Flugzeughalle. Hier sollten wir schlafen ... Was man uns abends zum Essen brachte, bekam ich kaum in meinen Magen. Obwohl der Hunger zunahm, wurde mir jeden Tag übel von dem Geruch, der aus dem Teller hochstieg. Nachts konnte ich nur wenig schlafen. Ich musste mich an die Flöhe gewöhnen, die uns in der Halle überfielen ... Und dann die Kälte, die meine Knochen und Muskeln starr werden ließ. In Groß-Masselwitz mussten wir riesige Flugzeughallen bauen. Ich war einer Gruppe von 18 Arbeitern zugeteilt und hatte die Aufgabe, Betoneisen zu biegen, die für den Bau der Hallen benötigt wurden. Eigentlich war dies keine schwere Arbeit, doch wir hatten nicht genug zu essen und wenig Schlaf. Meine körperliche Verfassung war schlecht und die Arbeit fiel mir sehr schwer. Dazu kam die ständige Angst."

(Aus: Schwerdt, Als Gott und die Welt schliefen, Viechtach 1999, 6. Aufl., S. 36 f.)

Zerstörung durch medizinische Experimente

Gleichzeitig mit diesen Vernichtungsmaßnahmen wurden Zwangssterilisierungen (= unfruchtbar, zeugungsunfähig machen) durchgeführt. Unter Missachtung aller ärztlichen Verpflichtungen wurden medizinische Versuche an lebenden Menschen vorgenommen: So wurden mit den Häftlingen Unterkühlungsversuche und Höhenflugversuche unternommen. Offene Wunden der Häftlinge wurden mit Malariaerregern infiziert. Viele dieser medizinischen Experimente brachten den Versuchspersonen den Tod oder lebenslängliche Schäden.

214.1 Selektion in Auschwitz. Wenn die Juden die Züge verlassen hatten, entschieden an der Bahnsteigrampe Ärzte darüber, wer arbeitsfähig war. Die Arbeitsfähigen kamen ins Lager, wo deutsche Unternehmen Zweigwerke hielten. Schwache, Alte, Frauen mit Kindern sowie Kinder kamen sofort in die Gaskammern.

Massenvernichtung durch Vergasung

Was mit den Juden geschehen sollte, welche die durchgeführten „Aktionen" überlebten, wurde in der Wannseekonferenz so formuliert:

„Der allfällig endlich verbleibende Restbestand wird, da es sich bei diesem zweifellos um den widerstandsfähigsten Teil handelt, entsprechend behandelt werden müssen, da dieser, eine natürliche Auslese darstellend, bei Freilassung als Keimzelle eines neuen jüdischen Aufbaues anzusprechen ist."

(Protokoll der Wannseekonferenz aus: Scheffler, Judenverfolgung im Dritten Reich, Berlin 1964, S. 37 f.)

Die „entsprechende Behandlung" sah so aus:

„Der Zug fährt schon eine Weile langsamer. Es ist unerträglich heiß. Ich habe das Gefühl, zu ersticken ... Der Zug bleibt stehen. Die, die noch leben, geben jetzt keinen Laut von sich ... Wo sind wir, und was wird mit uns geschehen? Diese Frage hämmert in meinem Kopf ... Unsere Tür wird aufgerissen... ‚Raus, raus!', schreien die SS-Männer. Schneller! Sie ziehen uns aus den Waggons ... ‚Hier stehen bleiben!' Wir stehen an der Rampe von Auschwitz-Birkenau. Wir stehen da. Verlassen. Ein SS-Arzt geht musternd an uns vorbei. Dann dreht er sich um und stellt sich vor uns hin. Jetzt müssen wir langsam an ihm vorbeigehen. Bei jedem einzelnen zeigt er mit dem Finger nach rechts oder nach links ... Plötzlich ist es mir klar. Links bedeutet Tod, rechts Leben. Rechts Arbeitslager, links Gas. Rechts, links, links, links, rechts, zeigt der SS-Mann. So einfach ist das für die Herrenmenschen. Der Mann, der damals in Dombrowa auftauchte und von den Vergasungen in Treblinka erzählte, hatte recht. Sie tun es. Sie tun es wirklich. Sie vergasen Menschen. Jetzt nehme ich zum erstenmal den süßlichen Gestank wahr, der in der Luft hängt. In meinem Kopf fügt es sich zusammen. Erst vergasen sie die Menschen, dann verbrennen sie die Leichen. Und das alles im Namen eines höheren deutschen Ziels!"

(Aus: Schwerdt, Als Gott und die Welt schliefen, Viechtach 1999, 6. Aufl., S. 46 f.)

214.2 Verbrennungsöfen

Terror und Völkermord

215.1 Konzentrations- und Vernichtungslager im Großdeutschen Reich

Die Menschen wurden mit einem Giftgas getötet, das aus den Brauseanlagen der Duschen strömte. Der Kommandant des Vernichtungslagers Auschwitz, Höss, sagte aus: „Die ‚Endlösung' der jüdischen Frage bedeutete die vollständige Ausrottung aller Juden in Europa. ... Als ich das Vernichtungsgebäude in Auschwitz errichtete, gebrauchte ich Zyklon B, eine kristallisierte Blausäure, die wir in die Todeskammer durch eine kleine Öffnung einwarfen. Es dauerte 2 bis 15 Minuten, je nach den klimatischen Verhältnissen, um die Menschen in der Todeskammer zu töten. Wir wussten, wann die Menschen tot waren, weil ihr Kreischen aufhörte. Wir warteten gewöhnlich eine halbe Stunde, bevor wir die Türen öffneten und die Leichen entfernten. Nachdem die Leichen fortgebracht waren, nahmen unsere Sonderkommandos die Ringe ab und zogen das Gold aus den Zähnen der Körper.

Eine Verbesserung gegenüber Treblinka war, dass wir Gaskammern bauten, die 2000 Menschen auf einmal fassen konnten, während die 10 Gaskammern in Treblinka nur je 200 Menschen fassten. Die Art und Weise, wie wir unsere Opfer auswählten, war folgendermaßen: zwei SS-Ärzte waren in Auschwitz tätig, um die einlaufenden Gefangenentransporte zu untersuchen. Die Gefangenen mussten bei einem der Ärzte vorbeigehen, der bei ihrem Vorbeimarsch durch Zeichen die Entscheidung fällte. Diejenigen, die zur Arbeit taugten, wurden ins Lager geschickt."

(Aus: Scheffler, Judenverfolgung im Dritten Reich, Berlin 1964, S. 77)

Nach heutiger Forschung kamen allein in Auschwitz 1,4 Millionen Juden aus ganz Europa um. Insgesamt wurden im Holocaust (= engl. Brandopfer, Zerstörung, Massenmord) 5 bis 6 Millionen Juden umgebracht. Zwei Drittel der jüdischen Bevölkerung Europas wurden dadurch Mordopfer der Shoa (= hebr.: Zerstörung, Katastrophe).

AUFGABEN >>

1. Erkläre, mit welchen Methoden die Ermordung der Juden Europas durchgeführt wurde. Beziehe auch die Abbildungen mit ein.
2. Wie viele Juden wurden Opfer der von den Nationalsozialisten planmäßig durchgeführten Ermordung?
3. Beschreibe die menschliche Tragödie, die hinter dem Schicksal jedes verfolgten Juden steht. Beziehe auch die Erinnerungen Otto Schwerdts mit ein.
4. Sucht aus dem Text die Begriffe heraus, die für den „in der Geschichte beispiellosen Völkermord an den Juden" (Richard von Weizsäcker) gebraucht wurden und werden. Vergleicht die Begriffe.
5. Vergleicht die Quellentexte zur Massenvernichtung auf den Seiten 214–215. Was stellt ihr fest?
6. Überlegt, was in einem Buch mit dem Titel „Erziehung nach Auschwitz" stehen könnte. Verfasst selbst einen Text dazu. Im Internet findet ihr Anregungen dazu.
7. Peter Eisenman hat ein „Denkmal für die ermordeten Juden" in Berlin geschaffen. Informiert euch darüber.

Die Behandlung der „fremden Völker" in Osteuropa

216.1 Umsiedler ziehen in die Häuser vertriebener Polen ein

Menschen werden unterdrückt und ausgebeutet

Hitler hatte den Krieg entfesselt, um „Lebensraum im Osten" für die „arisch-germanische Herrenrasse" zu erobern. In Osteuropa lebten aus seiner Sicht „minderwertige Völker", die „slawischen Untermenschen". Seit der Besetzung Polens 1939 (> S. 200) bekamen sie die rassistische Weltanschauung grausam zu spüren.
Heinrich Himmler war damit beauftragt, für die „Festigung des deutschen Volkstums" zu sorgen. In einer Rede am 4. 10. 1943 vor SS-Gruppenführern führte er aus:
„Ein Grundsatz muss für den SS-Mann absolut gelten: Ehrlich, anständig, treu und kameradschaftlich haben wir zu Angehörigen unseres eigenen Blutes zu sein und zu sonst niemandem. Wie es den Russen geht, wie es den Tschechen geht, ist mir total gleichgültig. Das, was in den Völkern an gutem Blut unserer Art vorhanden ist, werden wir uns holen, indem wir ihnen, wenn notwendig, die Kinder rauben und sie bei uns großziehen. Ob die anderen Völker in Wohlstand leben oder ob sie verrecken vor Hunger, das interessiert mich nur soweit, als wir sie als Sklaven für unsere Kultur brauchen ... Ob bei dem Bau eines Panzergrabens 10 000 russische Weiber an Entkräftung umfallen oder nicht, interessiert mich nur insoweit, als der Panzergraben für Deutschland fertig wird ... Alles andere kann uns gleichgültig sein. Ich wünsche, dass die SS mit dieser Einstellung dem Problem aller fremden, nicht germanischen Völker gegenübertritt, vor allem den Russen."
(Aus: Geschichte in Quellen, München, Bd. 6, S. 507)

Diesen Vorgaben entsprechend wurde auch verfahren: Rohstoffe, Maschinen und Nahrungsmittel wurden aus den eroberten Ländern ins Deutsche Reich gebracht, um die deutsche Kriegswirtschaft zu unterstützen. Durch „völkische Siebungen" wurden zum Beispiel die „minderwertigen" Polen von den „Volksdeutschen" und solchen Personen, die als „eindeutschungsfähig" galten, getrennt. Sie wurden in „Volkslisten" eingetragen, erhielten unterschiedliche Ausweise und unterschiedliche Rechte. Menschen, die vorher friedlich neben- und miteinander gelebt hatten, wurden dadurch häufig zu Feinden.

Menschen werden vertrieben, umgesiedelt und ermordet

Unter dem Stichwort „völkische Flurbereinigung" wurden Millionen von Menschen wie Vieh verschoben. So wurden etwa 750 000 Polen aus ihren Wohnungen und Bauernhöfen vertrieben (Abb. 216.1), ihres Eigentums beraubt und in ein festgelegtes Gebiet, das so genannte Generalgouvernement (Abb. 215.1), ausgesiedelt. Diese Wohn- und Lebensräume der Polen (und Juden) wurden dann den „volksdeutschen" Umsiedlern zugewiesen, die aus Litauen, Lettland und der Sowjetunion „heim ins Reich" geholt worden waren.
Hunderttausende von Polen, von Sinti und Roma, von Russen und anderen „Nichteindeutschungsfähigen" wurden in Konzentrationslager gebracht, wo viele an Unterernährung, Entkräftung, durch Misshandlungen und Erschießungen starben.

Menschen werden als Zwangsarbeiter nach Deutschland verschleppt

In einer „Denkschrift über die Behandlung des Fremdvölkischen im Osten" hatte Himmler auch folgende Richtlinie vorgegeben:

„Die Bevölkerung des Generalgouvernements ... wird als führerloses Arbeitsvolk zur Verfügung stehen und Deutschland jährlich Wanderarbeiter und Arbeiter für besondere Arbeitsvorkommen (Straßen, Steinbrüche, Bauten) stellen; sie wird ... unter der strengen, konsequenten und gerechten Leitung des deutschen Volkes berufen sein, an dessen ewigen Kulturtaten und Bauwerken mitzuarbeiten."

(Aus: Informationen zur politischen Bildung Heft 142/143, 1985, S. 37)

Bis 1945 wurden 7,6 Millionen Menschen nach Deutschland verschleppt. Viele von ihnen waren polnische und sowjetische Kriegsgefangene und Zivilisten. Als Zwangsarbeiter standen sie im Dienst der deutschen Kriegswirtschaft. Viele kamen bei den unmenschlichen Arbeitsbedingungen um.

Eine Frau erinnert sich an die Zwangsarbeiter:

„Mit sieben Jahren war ich einmal mit meiner Mutter im Wald zum Schwarzbeeren-Zupfen. Da hatten russische Gefangene eine kleine Holzhütte als Unterkunft. Die Russen mussten Bäume fällen und andere schwere Waldarbeiten verrichten. Sie hatten alle großen Hunger und waren sehr mager, lauter junge Männer. Ich hatte immer ein bisschen Angst vor ihnen, aber meine Mutter beruhigte mich. Einmal hatte meine Mutter ein großes Stück Brot dabei. Es war in Zeitungspapier eingewickelt. Ich legte es so unter die Schwarzbeersträucher, dass sie es sehen konnten. Ein paar Tage später haben wir das wieder gemacht ... Da lag, in Zeitungspapier eingewickelt, ein kleines Kunstwerk aus Holz. Die Gefangenen hatten mir einen kleinen Pfau geschnitzt."

(Aus: Gebhardt, Meine Kindheit am Wald. In: Im Reichswald, Treuchtlingen, 1993, S. 73)

217.1 „Ostarbeiter" bei der Ankunft in Berlin

217.2 Grabstein in einem fränkischen Dorf mit kyrillischer Schrift. Dorfbewohner hatten 1991 das lange Zeit verwahrloste Grab gepflegt. Dabei konnte man die Inschrift wieder entziffern: Wassilij Prochorenko, 19. 12. 1928–9. 3. 1946. Der junge Mann aus der Ukraine musste als Fremdarbeiter auf einem Bauernhof arbeiten.

AUFGABEN >>

1. Erkläre, wie an den Menschen in Osteuropa die völkisch-rassistische Weltanschauung in die Tat umgesetzt wurde. Beziehe auch die Bilder der Seiten 216 und 217 mit ein.
2. Welche dieser Maßnahmen findest du besonders schlimm und menschenverachtend? Begründe.
3. Vergleiche die Aussagen Himmlers mit dem Verhalten der Mutter und Tochter gegenüber den Zwangsarbeitern. Was stellst du fest?

TRIO-Arbeitsweise: Filmmaterial auswerten und vergleichen

Ihr habt schon oft Filme gesehen: Im Fernsehen, im Kino und auch im Unterricht. Wenn ihr einen Film zur Erarbeitung des Unterrichtsstoffes nutzen wollt, müsst ihr ihn natürlich „anders sehen" als zuhause auf der Couch oder im Kinosessel. Am besten geht ihr in folgenden Schritten vor:

Einen Film auswerten	Schritt	Tipps
	❶ Film in Ruhe anschauen. Erste Eindrücke festhalten.	So kannst du deinen Eindruck mündlich äußern oder schriftlich festhalten: „Ich habe wahrgenommen …, gesehen …, gefühlt …, mich erinnert …". „Beeindruckt hat mich die Szene, in der … "
	❷ Betrachtungsaspekte festlegen. Film oder einzelne Szenen noch mal unter den Betrachtungsaspekten anschauen. Einzelergebnisse vorstellen.	Ausgewählte Aspekte, unter denen man einen Film betrachten kann, findet ihr auf der gegenüberliegenden Seite. Sinnvoll ist es, sich zunächst auf die Handlung und die Figuren zu konzentrieren. Wenn ihr die filmischen Gestaltungsmittel untersucht, solltet ihr euch zuerst auf eine Einstellung (= kleinste filmische Einheit ohne Unterbrechung der Filmaufnahme) in der Klasse einigen.
	❸ Beziehungen zwischen den einzelnen Betrachtungsaspekten herstellen.	Die einzelnen Aspekte stehen nie für sich allein, sondern sind miteinander verknüpft und ergeben so den Gesamteindruck, z. B.: Hauptfigur – Großaufnahme – entsetzter Blick – dramatische Musik – scharfer Kontrast: Angst, Verzweiflung.
	❹ Zusammenfassendes Ergebnis und Beurteilung.	Zum Abschluss sollte man noch die „Botschaft" (= message) des Films zusammenfassen: „Der Film hat die Absicht …, will zeigen …" „Dem Regisseur ist gelungen, …" „Der Film ist gut/nicht gut gelungen, weil …"
Filme miteinander vergleichen		
	Geeignete Filme auswählen. Vergleichsaspekte festlegen. Vergleiche anstellen.	Filme im Geschichtsunterricht sollten das gleiche Thema und/oder den gleichen Zeitabschnitt behandeln. Die Filme lassen sich unter den oben angeführten Aspekten vergleichen. Weitere Vergleichsaspekte sind: Um welche Filmarten handelt es sich? Wann wurden die Filme gedreht? Von wem? Zu welchem Zweck wurden die Filme gedreht? Welcher der Filme kommt der historischen Wahrheit näher? Woran merkt man das?

AUFGABEN >>

1. Besorgt euch über die zuständige Bildstelle oder den Landesmediendienst Bayern geeignete Filme über die Zeit des Nationalsozialismus. Euere Lehrkraft ist euch dabei sicher behilflich!
2. Wählt einen Film aus und wertet ihn wie dargestellt aus.
3. Wählt einen weiteren, zum Vergleich geeigneten Film aus und vergleicht die Filme miteinander wie dargestellt.

Terror und Völkermord

Aspekte zur Auswertung eines Filmes

Filmarten im Geschichtsunterricht

Filmdokument
Originale Bilder von Personen, Gegenständen und Ereignissen ohne Überarbeitung.

Dokumentarfilm
Aneinanderreihung von Filmdokumenten unter bestimmter inhaltlicher Zielsetzung; kommentiert, interpretiert.

Spielfilm
Erdachte Spielhandlung
☐ Ein historischer Spielfilm: Film aus früherer Zeit.
☐ Ein Spielfilm mit historischem Stoff.

Unterrichtsfilm
Ein für den schulischen Unterricht hergestellter Film zum gezielten Wissens- und Bildungserwerb.

Die Filmhandlung

Inhalt
Um welche Sache, welches Thema geht es?

Aufbau
☐ Eröffnung
☐ Plot (= der grobe Verlauf der Geschichte)
☐ Schluss

Darstellung der Handlung
☐ Schnitte (= Sprünge in Raum und Zeit)
☐ Montage (= Zusammenfügung der Szenen, z. B. abrupt oder fließend)
☐ Rückblenden

Die Filmfiguren

Einzelfigur
☐ Äußeres Erscheinungsbild: Name, Geschlecht, Alter, Aussehen, Beruf
☐ Handlungen
☐ Sprache: Aussagen, Dialoge, Gestik, Mimik, Bewegungen.

Figurenbeziehung
☐ Hauptfiguren, Nebenfiguren
☐ Zusammengehörigkeit, Gruppierung
☐ Aktiv, passiv, dominierend, Held
☐ Beziehung zueinander: eng, distanziert, neutral, freundschaftlich, feindlich...

Visuelle Gestaltungsmittel

Kamerabewegung (= wie wird die Kamera geführt)
Kameraschwenk
☐ KS rechts / links
☐ KS oben / unten

Kamerafahrt
☐ Kf rechts
☐ Kf links

Zoom
☐ Tele
☐ Weitwinkel

Kameraperspektive (= Blickrichtung der Kamera)
☐ normal (auf Augenhöhe mit dem Objekt)
☐ tiefliegend (unterhalb der Augenhöhe; Extremposition: Froschperspektive)
☐ hochliegend (oberhalb der Augenhöhe; Extremposition: Vogelperspektive)

Einstellungsgröße (= Größe des gefilmten Objekts)
☐ Totale (z. B. Person in einem Raum)
☐ Halbtotale (z. B. Person von Kopf bis Fuß)
☐ Nah (z. B. Person mit Kopf und Brust)
☐ Groß (z. B. Gesicht einer Person)
☐ Detail (z. B. Nase einer Person)

Auditive Gestaltungsmittel

Ton

Sprache
☐ im Bild
☐ außerhalb des Bildes

Musik
☐ objektbezogen
☐ trägt Aussage
☐ Hintergrund

Geräusche
☐ im Bild
☐ hinzugefügt

Räumliche Gestaltungsmittel

Bildkomposition Lichteffekte

Schauplatz
☐ Innen
☐ Außen

Tageszeit
☐ Tag
☐ Nacht

Licht / Kontrast
☐ hell ☐ dunkel
☐ weich ☐ scharf

TRIO-Kompakt: Weimarer Republik und NS-Diktatur

1918	1919	1920	1921	1922	1923	1924	1925	1926	1927	1928	1929	1930	1931
Ende des 1. Weltkriegs	Republik und Verfassung			Inflation				Golden Twenties			Weltwirtschaftskrise		

220.1 Zeitstrahl

AUFGABEN >>

1. Wiederhole anhand der Zeitleiste und der Abbildungen die wichtigsten Ereignisse und Errungenschaften der Weimarer Republik.
2. Stelle die Leistungen und Belastungen der Weimarer Republik gegenüber. Überlege, wieso Hitler so viele Anhänger finden konnte.
3. „Das Wissen um die Geschichte der Weimarer Republik ist für unsere demokratische Gesellschaft wichtig". Begründe, warum diese Aussage zutrifft.

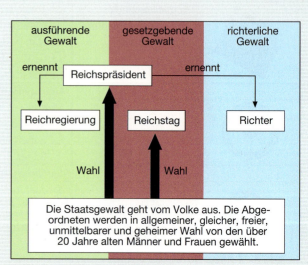

220.2 Herrschaftsform in der Weimarer Republik

TRIO-Kompakt

1933	Hitler als Reichskanzler 30. Januar 1933
1934	Ermächtigungsgesetz, Reichstagsbrand
1935	Wehrpflicht, Aufrüstung
1938	Anschluss Österreichs
1939	Zerschlagung Tschechoslowakei, Kriegsbeginn
1942	Stalingrad
1944	Attentat 20. Juli 1944
1945	Kapitulation 8. Mai 1945

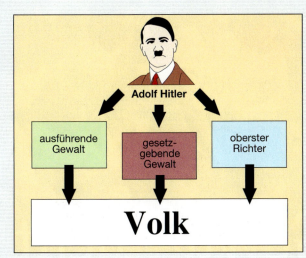

221.1 Herrschaftsform in der NS-Zeit

AUFGABEN >>

1. Wiederhole anhand der Zeitleiste und der Abbildungen die wichtigsten Ereignisse der NS-Zeit.
2. Erläutere die Unterschiede der NS-Herrschaft zur Weimarer Republik (Abb. 220.2 und 221.1).
3. „Die NS-Zeit gehört zu den dunkelsten Kapiteln der deutschen Geschichte." Begründe.
4. „Wer sich nicht an das Vergangene erinnert, ist dazu verurteilt, es nochmals zu erleben." Erkläre, was mit diesem Satz gemeint ist.

7 Demokratie in Deutschland

„Alle Gewalt geht

Im Bundestag

Im Wahllokal

vom Volke aus"

Politische Parteien

> Die **SPD** forderte auf Drängen der **GRÜNEN**..., während **CDU/CSU** zusammen mit der FDP den Vorschlag ablehnten. Unterstützung bekamen die beiden Regierungsparteien von der **PDS**, die ebenfalls... Alle Parteien sind jedoch der Meinung, dass...

224.1 Parteien in den Medien

In den Nachrichten, in Zeitungen, in politischen Diskussionen, in Werbebroschüren, auf Plakaten – überall begegnen uns die Parteien. Das war nicht immer so. Die Entstehung von Parteien in Deutschland ist eng verbunden mit dem Jahr 1848. Damals nahm die Nationalversammlung ihre Arbeit auf (> S. 65). Bald kristallisierten sich Gruppen heraus, die unterschiedliche Vorstellungen zur Gestaltung des Staates hatten. Gleichgesinnte schlossen sich zusammen und gründeten eine Partei. Sie gaben sich einen Parteinamen und entwickelten ein Programm, in dem sie ihre politischen Ziele und Vorstellungen festlegten. Ähnlich läuft eine Parteigründung auch heute noch ab.

Aber nicht jeder Zusammenschluss von Bürgern ist eine Partei. Wann spricht man von einer politischen Partei?

Sozialdemokratische Partei Deutschlands (SPD)
Christlich Demokratische Union Deutschlands (CDU)
Christlich-Soziale Union in Bayern e.V. (CSU)
Bündnis 90/Die Grünen (GRÜNE)
Freie Demokratische Partei (FDP)
Die Linkspartei PDS (Die Linke)
Nationaldemokratische Partei Deutschlands (NPD)
Deutsche Volksunion (DVU)
Statt Partei – Die Unabhängigen (STATT Partei)
... für Direkte Demokratie + bürgernahe Lösungen (UNABHÄNGIGE)
Die Republikaner (REP)
Partei für Arbeit, Rechtsstaat, Tierschutz, Elitenförderung und basisdemokratische Initiative (Die PARTEI)
Partei für soziale Gleichheit, Sektion der Vierten Internationale (PSG)
Pro Deutsche Mitte – Initiative Pro D-Mark (Pro DM) Bayernpartei (BP)
Marxistisch-Leninistische Partei Deutschlands (MLPD)
Feministische Partei – Die Frauen
Deutsche Gemeinschaft für Gerechtigkeit (DGG)
Perspektive (PERSPEKTIVE)
50Plus-Bürger- und Wählerinitiative für Brandenburg (50Plus)
Ab jetzt... Bündnis für Deutschland Partei für Volksabstimmung und gegen Zuwanderung ins „Soziale Netz" (Deutschland)
Allianz für Gesundheit, Frieden und soziale Gerechtigkeit (AGFG)
Humanwirtschaftspartei
Partei Rechtsstaatlicher Offensive (Offensive D)
Anarchistische Pogo-Partei Deutschlands (APPD)
Deutsche Soziale Union (DSU)
Familien-Partei Deutschlands
Mensch Umwelt Tierschutz (Tierschutzpartei)
Die Grauen – Graue Panther (GRAUE)
Humanistische Partei (HP)
Christliche Mitte (CM)
Partei Bibeltreuer Christen (PBC)
Deutsche Zentrumspartei (ZENTRUM)
Bürgerrechtsbewegung Solidarität (BüSo)

(2) Parteien sind Vereinigungen von Bürgern, die dauernd oder längere Zeit für den Bereich des Bundes oder eines Landes auf die politische Willensbildung Einfluss nehmen und an der Vertretung des Volkes im deutschen Bundestag oder einem Landtag mitwirken wollen, wenn sich nach dem Gesamtbild der tatsächlichen Verhältnisse, insbesondere nach Umfang und Festigkeit ihrer Organisation, nach der Zahl ihrer Mitglieder und nach dem Hervortreten in der Öffentlichkeit eine ausreichende Gewähr für die Ernsthaftigkeit dieser Zielsetzung bieten.

(3) Die Parteien legen ihre Ziele in politischen Programmen nieder.

224.2 Merkmale politischer Parteien (§ 2 des Parteiengesetzes)

224.4 Parteien, die sich der Bundestagswahl 2005 stellten

224.3

> Unsere Progamm ist ...
> Wir wollen ...
> Unsere Schwerpunkte liegen ...
> Wählt uns, denn ...

AUFGABEN >>

1. Erkläre, wie es zur Gründung von Parteien kam und kommt. Nutze dazu auch Text 224.2.
2. Nenne Merkmale, durch die sich eine politische Partei von anderen Zusammenschlüssen unterscheidet.
3. Versuche aus den Namen der Parteien (Text 224.4) deren Programmschwerpunkte herauszufinden.

Mehrparteiensystem

225.1 Wahlplakate verschiedener Parteien

Eine Partei? Nein, viele Parteien!

Besonders vor Wahlen schimpfen viele Leute: „Dieses ewige Hickhack der Parteien untereinander. Diese Mengen von Wahlplakaten mit den Bewerbern. Was das kostet. Eine richtige, gute Partei – das würde doch reichen!" Haben diese Leute Recht? Sicherlich nicht! Wohin es führt, wenn es nur eine Partei gibt, haben die Menschen in der Zeit des Nationalsozialismus erfahren (> S. 173).

Das Wort „Partei" kommt aus dem Lateinischen. Es ist von pars = Teil abgeleitet. Seit 1949 gibt es bei uns ein Mehrparteiensystem. Dieses ist ein Merkmal von Demokratie. Denn die verschiedenen Parteien vertreten die unterschiedlichen Interessen von Bürgern:

– Der Wähler hat bei jeder Wahl Entscheidungsfreiheit, welcher Partei er seine Stimme abgibt.
– Er kann damit Parteien an der Regierung im Amt bestätigen, aber auch eine andere Partei wählen, wenn er mit der bisherigen Regierung nicht zufrieden ist.
– Parteien stehen im Wettbewerb gegeneinander, bringen dadurch neue Ideen und verschiedene Lösungsvorschläge für aktuelle Probleme.
– Parteien stehen in Konkurrenz. Sie wollen ihre Wählerstimmen erhalten und müssen Erfolge vorweisen.
– Parteien kontrollieren sich gegenseitig, z. B. ob ihre Einnahmen richtig verwendet werden.

AUFGABEN >>

1. Erkläre den Unterschied zwischen einem Einparteiensystem und einem Mehrparteiensystem.
2. Nenne die Vorteile eines Mehrparteiensystems und erkläre an Beispielen.
3. Recherchiere im Internet über Länder mit einem Einparteiensystem. Was stellst du fest?

Parteien weisen sich durch ihre Programme aus

Welche Wertvorstellungen die Grundlage bilden, welche Ziele erreicht werden sollen und welche Forderungen sich daraus ergeben, macht die Identität einer Partei aus. Das Parteiprogramm enthält Erläuterungen zu diesen Grundsatzfragen (Grundsatzprogramm). (Es wird von einer Grundsatzkommission erarbeitet und von den Parteimitgliedern auf einem Bundesparteitag beschlossen.) Damit vermag es die Partei nach innen zu integrieren und nach außen abzugrenzen. Weil ein Parteiprogramm auf Dauer angelegt ist, finden sich dort nur selten Antworten auf aktuelle politische Fragen. Parteiprogramme unterscheiden sich somit von Wahlprogrammen, die für den mittelfristigen Zeitraum einer Wahlperiode entwickelt wurden.

Das Selbstverständnis der im Bundestag vertretenen Parteien lässt sich folgendermaßen charakterisieren:

 Die *CDU (Christlich-Demokratische Union)* betreibt eine Politik, die auf dem christlichen Verständnis der Menschen beruht.

 Die *CSU (Christlich-Soziale Union)* gibt es nur in Bayern. Sie ist die Schwesterpartei der CDU. Anhänger dieser beiden Parteien werden als „Schwarze" bezeichnet.

 Die *SPD (Sozialdemokratische Partei Deutschlands)* wandelte sich von einer Arbeiterpartei zur Volkspartei. Heute fühlen sich Menschen aus unterschiedlichen Gruppen den „Roten" verbunden.

 Die *FDP (Freie Demokratische Partei)* will einen Staat, der Freiheit, Eigentum und Privatsphäre der Bürger besonders schützt. Ihre Anhänger gelten deshalb als *„Liberale"*.

 Bündnis 90/Die Grünen verfolgen nach dem Motto „Die Zukunft ist grün" eine Politik der nachhaltigen Entwicklung.

 Die *Linkspartei* fühlt sich weiterhin einem Sozialismus verpflichtet. Ihre Genossen wollen für eine bessere Gesellschaft streiten.

AUFGABEN >>

1. Beschreibe, was in einem Parteiprogramm enthalten ist. Erkläre, wann ein Parteiprogramm sinnvoll ist.
2. Suche im Internet Parteiprogramme und lies sie in Auszügen.
3. Informiert euch mithilfe des Internets genauer über die Parteien, die im Bundestag vertreten sind.

Aufgaben der Parteien

Wie wichtig mehrere Parteien sind, hast du auf den vorhergehenden Seiten erfahren. Welche Aufgaben haben eigentlich Parteien? Dazu heißt es im Parteiengesetz:

> **§ 1 Verfassungsrechtliche Stellung und Aufgaben der Parteien**
> (2) Die Parteien wirken an der Bildung des politischen Willens des Volkes auf allen Gebieten des öffentlichen Lebens mit, indem sie insbesondere auf die Gestaltung der öffentlichen Meinung Einfluss nehmen, die politische Bildung anregen und vertiefen, die aktive Teilnahme der Bürger am politischen Leben fördern, zur Übernahme öffentlicher Verantwortung befähigte Bürger heranbilden, sich durch Aufstellung von Bewerbern an den Wahlen in Bund, Ländern und Gemeinden beteiligen, auf die politische Entwicklung in Parlament und Regierung Einfluss nehmen.

Parteien wirken an der politischen Willensbildung mit

Jeder Bürger entwickelt eine Vorstellung davon, worauf in unserem Staat besonders Wert gelegt werden soll (z. B. soziale Gerechtigkeit). Der Bürger gibt der Partei, die seine Vorstellungen am ehesten verwirklichen will, dann die Wählerstimme. Damit gibt er seinen politischen Willen kund. Durch ihr Programm versuchen die Parteien wiederum, den politischen Willen zu beeinflussen.

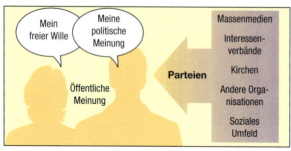

226.1 Politische Willensbildung

Jeder von uns bildet sich zu Personen, Ereignissen oder Zuständen eine eigene Meinung. Wenn ein größerer Teil der Bevölkerung zu verschiedenen Politikern, zu bestimmten politischen Ereignissen (z. B. Aufmarschverbot der Neonazis in Berlin) oder zu politischen Zuständen (z. B. leere Rentenkassen) eine übereinstimmende Meinung hat, spricht man von „öffentlicher Meinung". Parteien machen Personen und Ereignisse oft zu einem Thema. Dadurch beeinflussen sie die öffentliche Meinung.

Die Parteien regen die politische Bildung an

Bei Umfragen wird oft deutlich, dass Jugendliche, aber auch Erwachsene, z. B. wenig über den Aufbau eines Staates oder über vergangene und gegenwärtige politische Ereignisse wissen. Wer mitreden will, braucht jedoch entsprechendes Wissen. Fast alle großen Parteien haben deshalb Bildungseinrichtungen geschaffen, in denen sich politisch Interessierte weiterbilden können. Beispiele dafür sind die Friedrich-Ebert-Stiftung der SPD oder die Hanns-Seidel-Stiftung der CSU. Partei übergreifend arbeitet z. B. die Akademie für politische Bildung in Tutzing.

9.–11. September
Alles erlaubt? Über den Verlust moralischer Grenzen

19.–23. September
Vielfalt als Ressource – Chancen durch Zuwanderung

28.–30. September
Islamistischer Terrorismus – Ursachen, Akteure, Bekämpfungsstrategien

4.–5. Oktober
Alt, versorgt, zufrieden – Perspektiven für die Senioren von morgen?

AKADEMIE FÜR POLITISCHE BILDUNG TUTZING

226.2 Beispiele für Veranstaltungen in Tutzing

Die Parteien bilden politischen Nachwuchs heran

Mit Slogans wie „Frischen Wind braucht das Land!" oder „Schau doch mal bei uns vorbei!" versuchen Parteien junge Leute für die Mitgliedschaft in ihrer Partei zu interessieren. Es gehört zu den Aufgaben der Parteien, politischen Nachwuchs zu finden und Bürger heranzubilden, die Verantwortung im Staat übernehmen wollen und können. Diese Aufgabe ist nicht leicht: Viele Menschen sind wenig an einer aktiven Mitarbeit in der Politik interessiert. Andere wenden sich verdrossen von den Parteien ab. Gegen diese Parteiverdrossenheit haben sich Nachwuchsorganisationen von vier Parteien etwas einfallen lassen:

> ## Keine Null-Bock-Generation
> In der so genannten „Altdorfer Erklärung" formulieren die politischen Nachwuchsorganisationen JU, JUSOS, JULIS und GJ (> Abb. 227.2) ihre gemeinsame Position im Kampf gegen Politikverdrossenheit unter Jugendlichen. Zentrale Aussagen der Erklärung sind die Forderung nach einem sachlichen Umgang zwischen den Parteien und einer Stärkung der politischen Bildung in der Schule.

226.3 Zeitungsbericht

Mehrpateiensystem

227.1 Werbung für den Kandidaten

Die Parteien stellen Bewerber bei Wahlen auf

Vor allem vor Wahlen kannst du auf belebten Plätzen bunte Sonnenschirme mit den verschiedenen Parteilogos sehen. Hier werben die einzelnen Parteien für ihren Kandidaten. Für alle Wahlen (z. B. Bezirkstag, Landtag, Bundestag) werden Bewerber aufgestellt, welche die verschiedenen Parteien dann vertreten sollen.

Die Kandidaten (Bewerber) stellen sich durch Broschüren, Vorträge, Diskussionen, Werbegeschenke usw. vor, um möglichst viele Stimmen zu erhalten. Dabei ist wichtig, dass der Kandidat durch seine Aussagen möglichst vielen Bürgern sympathisch ist. Wählbar ist, wer seit mindestens einem Jahr Deutscher ist, das 18. Lebensjahr vollendet hat und nicht vom Wahlrecht ausgeschlossen ist.

Das Verfahren der Kandidatenaufstellung zeigt anschaulich, wie innerparteiliche Demokratie funktioniert. Es wird deutlich, dass sich die Willensbildung in den Parteien nicht ausschließlich von oben nach unten vollzieht. Denn die Kandidaten brauchen die Unterstützung der Basis (Mitglieder), was häufig zu Überraschungen bei der Nominierung führt. Grundsätzlich besitzen die Parteien ein Monopol bei der Aufstellung von Kandidaten. Etwa ein Jahr vor einer geplanten Bundestagswahl beginnt die Kür der Kandidaten auf allen Ebenen der Parteiorganisationen. Alle Mitglieder sind dabei aufgefordert, ihren Bewerber zu unterstützen.

Auf den Kandidatenlisten finden sich verschiedene Alters- und Berufsgruppen, um mit der Partei eine breite Schicht der Bevölkerung anzusprechen. Auch auf eine Ausgewogenheit zwischen Frauen und Männern wird Wert gelegt. Geworben wird heute in allen Medien, wobei jeder Bewerber danach trachtet, viele Menschen live und persönlich anzusprechen.

Jugend in der Partei

Mit 16 Jahren können Jugendliche in eine Partei eintreten. Viele Parteien haben dafür eine Jugendorganisation. Leider sind diese Mitglieder noch nicht voll stimmberechtigt. Ansonsten sind alle Parteimitglieder gleich.

Vorteile einer Parteimitgliedschaft sind:
– Man kann sich besser über Hintergründe von Politik informieren.
– Man erhält Einblick in die verwirrenden Wege von politischen Entscheidungen und wie die politische Meinung der Partei entsteht.
– Man kann sich in der Partei über aktuelle Themen unterhalten, weil es viele Leute gibt, die sich dafür interessieren.
– Letztendlich kann man seine eigenen Ideen und Vorschläge mit anderen diskutieren und hoffen, dass man die Mehrheit findet, damit die Ideen in die Tat umgesetzt werden können.

227.2 Jugendorganisationen der vier großen Parteien: Junge Union (JU), Jungsozialisten (JUSOS), Junge Liberale (JULIS), Junge Grüne (GJ)

AUFGABEN >>

1. Nenne die Aufgaben einer politischen Partei und erläutere sie.
2. Erkläre, wie politische Willensbildung vor sich geht. Beziehe Abb. 226.1 mit ein.
3. „Null Bock auf Politik". Diskutiert diese Meinung vieler Jugendlicher in der Klasse.
4. Recherchiere im Internet über Jugendorganisationen von Parteien.
5. Nur 5 % der Bevölkerung sind Mitglieder in Parteien. Nimm dazu Stellung.

TRIO-Arbeitsweise: Wir untersuchen Wahlplakate

228.1

228.3

228.2

228.4

Mehrpateiensystem

Vor jeder Wahl werden die Bürger von Parteien und Politikern heftig umworben. Neben Fernsehspots, Großkundgebungen und Zeitungsanzeigen sind Plakate ein beliebtes Mittel im Wahlkampf, um Stimmen zu gewinnen. Deshalb ist eine Analyse der Wahlplakate sehr aufschlussreich für die Themen, mit denen die Parteien Stimmen sammeln wollen. Daneben ist die Art und Weise, wie Themen und Parteien dargestellt werden, interessant für die Qualität des Wahlkampfes.
Untersuche nun die Plakate der Parteien zur Bundestagswahl 2002 (Abb. 228.1–4). Dabei kannst du dich an folgenden Fragen orientieren:

Zum Inhalt:
– Welche Partei wirbt um den Wähler?
– Welches Thema wird aktualisiert?
– Ist etwas über den politischen Gegner zu erfahren (z. B. Arbeit und Arbeitslosigkeit, Abb. 228.3)?
– Wenn ja, was wird über ihn ausgesagt?
– Was nimmt die Partei für sich in Anspruch?

Zur Gestaltung:
– Wie ist das Plakat gestaltet (Aufbau, Größe, Farbe)?
– Welche Bilder, Symbole, Begriffe werden verwendet?
– Wie werden Bilder und Texte miteinander kombiniert?

Zum Gehalt:
– Welche „echten" Informationen kann der Wähler entnehmen?
– Was soll durch das Plakat erreicht werden?

Zur Beurteilung:
– Wie wirkt das Plakat auf dich?
– Wie bewertest du die Selbstdarstellung der Partei?

Zur Weiterarbeit und Vertiefung
Im Internet findest du unter www.wahlthemen.de weitere Wahlplakate zu Bundestagswahlen.
Suche solche Plakate aus, die dich spontan ansprechen und analysiere sie in der beschriebenen Weise.

229.1 und 2 Wählen gehen! Eine Aktion von Zeitungsverlagen

AUFGABEN >>

1. Betrachte die Plakate 229. 1 und 229.2. Welcher Sachverhalt wird hier angesprochen? Was soll dadurch erreicht werden? Wer hat die Gestaltung dieser Plakate in Auftrag gegeben?
2. In den Parteiprogrammen ist dargestellt, welches Anliegen eine Partei hat und welche Ziele sie verfolgt. Informiert euch mithilfe des Internets über die Programme der im Bundestag vertretenen Parteien. Vergleicht dann die Wahlplakate mit den Programmen der einzelnen Parteien.
3. Entwerft und gestaltet in Kleingruppen selber Wahlplakate. Lasst sie von anderen Gruppen analysieren.

Ausübung der Volkssouveränität durch Wahlen

Oft ist in Nachrichten die Rede davon, dass Wahlen stattfinden. Dann ist der Bürger aufgerufen, Personen zu bestimmen, die stellvertretend für ihn politisch handeln sollen:
– bei Kommunalwahlen in der Heimatgemeinde,
– bei Landeswahlen, z. B. in Bayern
– bei Bundeswahlen in Deutschland,
– bei Europawahlen in der Europäischen Union.

Alle vier Jahre wird der Bundestag gewählt

Wenn eine Bundestagswahl ansteht, merken dies die Menschen spätestens daran, dass die Parteien im Wahlkampf um die Gunst des Wählers buhlen. Die Organisation dafür läuft hingegen nahezu unbemerkt von der Öffentlichkeit ab:

Deutschland muss in Wahlkreise (derzeit 299) mit annähernd gleicher Anzahl von Wahlberechtigten (etwa 250 000) eingeteilt werden (Abb. 230.1).

Jeder Wahlberechtigte muss erfasst und in das Wählerverzeichnis seiner Wohngemeinde eingetragen werden.

Jeder Wahlberechtigte muss rechtzeitig eine Wahlbenachrichtigung erhalten (Abb. 230.2).

An zentralen Orten einer Gemeinde müssen Wahllokale eingerichtet werden.

Dort müssen in den einzelnen Wahlräumen Wahlkabinen aufgestellt werden.

Geeignete Wahlhelfer müssen ausgesucht, bestimmt und in ihre Aufgaben eingewiesen werden (Abb. 230.3).

Diese aufwändigen Vorarbeiten sind notwendig, wenn Wahlen „demokratisch" sein sollen.

Grundsätze einer demokratischen Wahl

Im Grundgesetz (Art. 38) ist festgelegt: „Abgeordnete des Deutschen Bundestages werden in allgemeiner, unmittelbarer, freier, gleicher und geheimer Wahl gewählt."

Allgemein bedeutet: Alle Deutschen, die das 18. Lebensjahr vollendet haben, seit drei Monaten in Deutschland ihren Wohnsitz haben und die bürgerlichen Ehrenrechte besitzen, dürfen wählen – unabhängig von Rasse, Geschlecht, Religion, Besitz oder politischer Überzeugung.

Unmittelbar bedeutet: Abgeordnete werden direkt gewählt, es darf kein Mittelsmann zwischengeschaltet sein.

Frei bedeutet: Auf keinen Wähler darf in irgendeiner Art Druck ausgeübt oder Einfluss genommen werden (z. B. durch Bestechung oder Gewalt).

Gleich bedeutet: Jede Wählerstimme zählt gleich viel.

Geheim bedeutet: Die Entscheidung des Wählers darf für niemanden ersichtlich, erkennbar oder nachprüfbar sein.

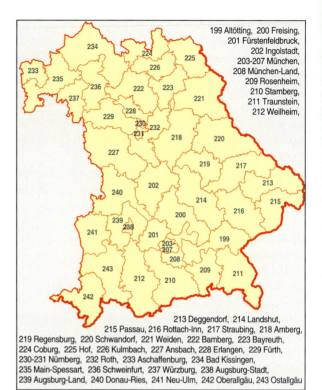

230.1 Wahlkreise in Bayern

199 Altötting, 200 Freising, 201 Fürstenfeldbruck, 202 Ingolstadt, 203-207 München, 208 München-Land, 209 Rosenheim, 210 Starnberg, 211 Traunstein, 212 Weilheim, 213 Deggendorf, 214 Landshut, 215 Passau, 216 Rottach-Inn, 217 Straubing, 218 Amberg, 219 Regensburg, 220 Schwandorf, 221 Weiden, 222 Bamberg, 223 Bayreuth, 224 Coburg, 225 Hof, 226 Kulmbach, 227 Ansbach, 228 Erlangen, 229 Fürth, 230-231 Nürnberg, 232 Roth, 233 Aschaffenburg, 234 Bad Kissingen, 235 Main-Spessart, 236 Schweinfurt, 237 Würzburg, 238 Augsburg-Stadt, 239 Augsburg-Land, 240 Donau-Ries, 241 Neu-Ulm, 242 Oberallgäu, 243 Ostallgäu

230.2 Wahlbenachrichtigung

230.3 Wahlvorgang im Wahllokal

Wahlen auf Bundesebene

Die Wähler bestimmen die Abgeordneten

Bei dem Wahlsystem für den Bundestag handelt es sich um eine personalisierte Verhältniswahl. Deshalb hat der Wähler zwei Stimmen, eine „Erststimme" und eine „Zweitstimme".

Mit der Erststimme kreuzen die Wähler die Person an, die ihren Wahlkreis im Bundestag vertreten soll. Der Kandidat mit den meisten Stimmen (einfache Mehrheit) zieht als Sieger des Wahlkreises direkt in den Bundestag ein (Wahlkreisabgeordneter). Die Stimmen unterlegener Mitbewerber fallen unter den Tisch. Damit werden 299 Abgeordnete des Bundestages in Form einer Persönlichkeitswahl bestimmt.

Mit seiner Zweitstimme entscheidet sich der Wähler für eine Partei. Diese Stimme entscheidet darüber, in welchem Kräfteverhältnis die Parteien im Bundestag vertreten sind (reine Verhältniswahl). Damit legt der Wähler fest, wie viele Abgeordnete jede Partei in den Bundestag entsenden darf.

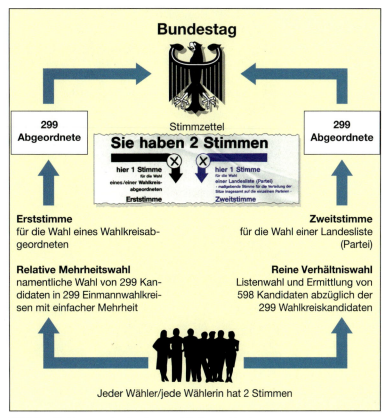

231.1 Das Wahlsystem der Bundesrepublik Deutschland

Wer so als Abgeordneter einer Partei in den Bundestag kommt, darüber entscheiden die jeweiligen Landeslisten. Sie werden in jedem Bundesland im Vorfeld der Wahlen von den Parteien erstellt. Auf ihnen stehen der Reihe nach Politiker, die im Bundestag mitarbeiten wollen. Ausgehend von der Gesamtzahl der Sitze, die eine Partei errungen hat, werden nach Abzug der Direktmandate die restlichen Sitze vergeben. Damit werden 299 Abgeordnete in Form einer Listenwahl bestimmt. Verändert wird dieses Wahlsystem durch die 5%-Klausel und die Überhangmandate.

Wahlen sind das Fundament der Demokratie

„Alle Staatsgewalt geht vom Volke aus". Mit diesem Satz im Artikel 20 des Grundgesetzes ist festgelegt: Das Volk ist der Herrscher im Staat (Volkssouveränität). Und diese Herrschaft übt das Volk in Wahlen aus, denn ...
- mit der Wahl bestimmen die Bürger, wem sie den Auftrag (Mandat) geben, das Volk im Parlament zu vertreten,
- mit der Wahl haben die Bürger die Möglichkeit, Mandatsträger nicht wieder zu wählen,
- durch die Wahl nehmen Bürger Einfluss auf politische Richtungen und unterschiedliche Programme,
- durch die Wahl können Bürger jene Kandidaten aussuchen, die ihre Interessen vertreten (repräsentieren) und bei Entscheidungen berücksichtigen,
- mit der Wahl wird eine zum Regieren notwendige Mehrheit und eine zur Kontrolle der Mehrheit benötigte Opposition geschaffen.

AUFGABEN >>

1. *Zähle auf, bei welchen Gelegenheiten die Bürger durch Wahlen ihre Vertreter bestimmen.*
2. *Beschreibe die notwendigen organisatorischen Vorarbeiten zur Durchführung einer Wahl.*
3. *Begründe die Notwendigkeit dieser Maßnahmen, indem du einen Zusammenhang zu den Grundsätzen demokratischer Wahlen herstellst.*
4. *Beim Wahlsystem zum Bundestag handelt es sich um ein personalisiertes Verhältniswahlrecht. Erkläre mithilfe der Abb. 231.1.*
5. *Informiert euch genauer zur „5%-Klausel" und den „Überhangmandaten". Erklärt beide Sachverhalte.*
6. *Erläutere mit eigenen Worten, welche Funktion und Bedeutung Wahlen in einer Demokratie haben.*

Der Bundestag – das Herzstück der Demokratie

232.1 Im deutschen Bundestag

Viele Menschen meinen, die Regierung sei das wichtigste Organ in einem Staat. Sicher, die Regierung ist von sehr großer Bedeutung. Aber in einem demokratischen Staat ist das Parlament (von lat.: Besprechung) das Herzstück. Bei uns trägt es die Bezeichnung „Deutscher Bundestag". Der Bundestag setzt sich aus den vom Volk gewählten Vertretern, den Bundestagsabgeordneten, zusammen (> S. 231). Sie haben für vier Jahre über die Politik in unserem Land zu entscheiden. Wie sieht das aus?

Der Bundestag wählt den Bundeskanzler

Eine erste, verantwortungsvolle Aufgabe nach einer Bundestagswahl ist die Wahl eines Bundeskanzlers. Sie erfolgt mit der „absoluten Mehrheit" der Bundestagsmitglieder. Das bedeutet, dass mindestens 50 % der Abgeordneten plus eine Stimme eine bestimmte Person wählen.
In Abb. 233.1 ist zu erkennen, dass bei der Wahl am 18. September 2005 keine Partei die absolute Mehrheit der Sitze bekommen hatte. Die Abgeordneten von SPD und CDU einigten sich deshalb auf eine gemeinsame Kanzlerkandidatin, Angela Merkel. Mit ihrer Stimmenmehrheit wählten sie sie zur Bundeskanzlerin.
Bundeskanzler suchen sich Frauen und Männer ihres Vertrauens aus und schlagen sie dem Bundespräsidenten vor. Dieser ernennt sie dann zu Ministerinnen und Ministern. Bundeskanzler und Minister werden wiederum im Bundestag vereidigt. Damit ist eine neue Regierung eingesetzt.
Nur der Bundestag hat die Möglichkeit, mit der Mehrheit seiner Mitglieder den Bundeskanzler abzusetzen.
Bundestagsabgeordnete wirken ebenfalls bei der Wahl des Bundespräsidenten und der Verfassungsrichter (> S. 234/235) mit.

Der Bundestag gibt die Gesetze

Jedes Gemeinwesen braucht feste, allgemein verbindliche Regeln. Die bedeutendsten Regeln sind in unserer Verfassung, dem Grundgesetz, niedergelegt. Dort findet sich in Artikel 20 auch die Bestimmung, dass die vollziehende Gewalt – also Regierung, Behörden, Ämter – an Gesetz und Recht gebunden ist. Wenn beispielsweise eine Familie Kindergeld bekommt, geschieht das auf der Grundlage eines Gesetzes.
Weil in unserem Staat praktisch nur mit Gesetzen und durch Gesetze regiert wird, ist die Gesetzgebung eine äußerst wichtige Sache. Schließlich geht es bei den Gesetzen um die für das ganze Volk verbindlichen Regeln! Und dafür sind die Vertreter des Volkes zuständig. Zwar dürfen und sollen an der Erarbeitung des Inhalts eines Gesetzes viele mitwirken, aber beschlossen und damit verantwortet müssen sie von denen werden, die von den Bürgerinnen und Bürgern dafür gewählt worden sind (> S. 237).

Entscheidungsprozesse in der parlamentarischen Demokratie

Der Bundestag kontrolliert die Regierung

Die Abgeordneten sehen der Regierung genau auf die Finger. Sie kontrollieren zum Beispiel, welche Verträge mit anderen Staaten abgeschlossen werden, was die Bundeswehr anschafft, welche Autobahnen gebaut werden sollen. Besonders genau prüfen sie die Staatsfinanzen. So wird der Haushaltsplan, in dem sämtliche Einnahmen und Ausgaben des Bundes festgehalten sind, per Gesetz vom Bundestag verabschiedet. Damit legen die Abgeordneten fest, wie viel Geld die Bundesregierung im folgenden Jahr ausgeben kann und wofür die Steuergelder verwendet werden: z. B. für Verteidigung, Verkehr oder Forschung.

Zur Kontrolle der Regierung haben die Abgeordneten verschiedene Möglichkeiten: Die wöchentliche Fragestunde im Parlament, die aktuelle Stunde, schriftliche Anfragen. Die Mitglieder der Regierung müssen dann den Volksvertretern Rede und Antwort stehen. Um Unklarheiten und Fehler der Regierung aufzuklären, können die Abgeordneten auch so genannte „Untersuchungsausschüsse" einsetzen. Diese Kontrollmöglichkeiten werden besonders von der Opposition wahrgenommen, also den Abgeordneten der Parteien, die nicht die Regierung stellen.

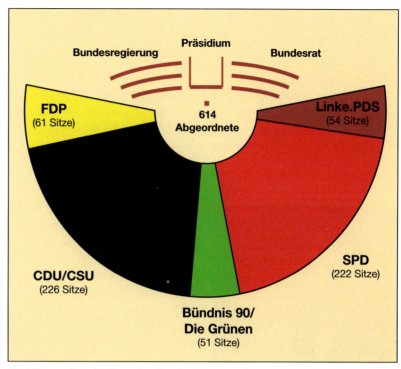

233.1 Sitzverteilung im Deutschen Bundestag

AUFGABEN >>

1. Wie setzt sich der Bundestag zusammen? Beziehe auch Abb. 233.1 mit ein.
2. Nenne und erläutere wichtige Aufgaben des Bundestages.
3. Welche der im Text genannten Aufgaben spiegelt sich im Terminkalender der Abgeordneten (Abb. 233.2) wider? Welche nicht?
4. Der Bundestag hat Wahl-, Gesetzgebungs- und Kontrollfunktion. Erkläre.
5. Begründe, warum man das Parlament als „Herzstück der Demokratie" bezeichnen kann.
6. Nimm Stellung zu diesen Aussagen „Der Bundestag ist eine Quasselbude." – „Das Parlament ist oft leer. Die Abgeordneten arbeiten nichts." – „Entscheidungen fallen in der Wirtschaft, nicht im Parlament."

233.2 Aus dem Terminkalender einer Abgeordneten

Wichtige Institutionen der deutschen Demokratie

Nach den Jahren der Unfreiheit und des Terrors unter der nationalsozialistischen Diktatur (> S. 168 f.) gab sich das deutsche Volk eine neue demokratische Ordnung. Der Begriff „Demokratie" ist aus dem Griechischen abgeleitet und heißt wörtlich übersetzt: „das Volk herrscht". Diese Volkssouveränität (= übersetzt: Volksherrschaft) wird in Deutschland durch die Abgeordneten im Deutschen Bundestag ausgeübt. Sie sind die Repräsentanten (= Vertreter) des Volkes für vier Jahre. Wir sprechen deshalb auch von einer repräsentativen Demokratie. Neben dem Bundestag als wichtigster demokratischer Einrichtung gibt es in unserem Staat noch weitere vier sehr wichtige politische Institutionen.

Bundespräsident/in und Bundesversammlung

234.1 Horst Köhler, seit 2004 Bundespräsident

Der Bundespräsident ist der „erste" Mann im Staat. (Es könnte auch eine Frau sein, aber bisher gab es nur Männer in diesem Amt). Bundespräsident kann werden, wer Deutsche/r ist, das aktive Wahlrecht besitzt und 40 Jahre alt ist.
Der Bundespräsident wird von der Bundesversammlung für fünf Jahre gewählt. Die Bundesversammlung tritt nur zur Wahl eines Bundespräsidenten zusammen. Sie setzt sich zusammen aus Abgeordneten des Deutschen Bundestages und genauso vielen Personen, die von den Länderparlamenten gewählt werden. Damit wird deutlich, dass der Bundespräsident den Bund und die Länder vertritt.
Zu den Aufgaben des Bundespräsidenten gehört es, Deutschland völkerrechtlich zu vertreten. Deshalb ist er oft in den Nachrichten zu sehen, wenn er Staatsbesuche macht oder Staatsoberhäupter empfängt. Er ernennt die Verfassungsrichter, den Bundeskanzler und die Bundesminister. Wenn die Mehrheit der Abgeordneten es wünscht, muss der Präsident auch den Bundeskanzler entlassen. Viele Gesetze gelten erst, wenn er sie geprüft und unterzeichnet hat. Und noch ein besonderes Recht hat ein Bundespräsident: Er kann Verurteilte begnadigen.
Die Bundespräsidenten seit 1949: Theodor Heuss, Heinrich Lübke, Gustav Heinemann, Walter Scheel, Karl Carstens, Richard von Weizsäcker, Roman Herzog, Johannes Rau. Seit dem 1. Juli 2004 ist Horst Köhler Bundespräsident.

Bundesregierung

234.2 Bundeskanzlerin Angela Merkel im Parlament

Die Bundesregierung steuert den Staat. Sie besteht aus dem Bundeskanzler und den Bundesministerinnen und -ministern. Zusammen bilden sie das Kabinett.
Nachdem der Bundeskanzler auf vier Jahre vom Bundestag gewählt worden ist (> S. 232), schlägt er dem Bundespräsidenten Männer und Frauen seiner Wahl vor, die dieser dann zu Minister und Ministerinnen ernennt.
Der Bundeskanzler „bestimmt die Richtlinien der Politik und trägt dafür die Verantwortung" (GG Art. 65), d.h. er legt die Schwerpunkte der Politik fest. Im Rahmen dieser Richtlinien leitet jede/r Bundesminister/in ein Ministerium, das für bestimmte Aufgaben zuständig ist. So kümmert sich das Bundesministerium für Familie, Senioren, Frauen und Jugend um vieles, was mit diesen Gruppen zu tun hat, der Bundesminister der Verteidigung um die Ausstattung der Bundeswehr und Einsätze der Streitkräfte.
Kanzler und Minister/innen treffen sich zu Sitzungen, in denen sie sich beraten und Entscheidungen treffen.
Die Bundeskanzler seit 1949: Konrad Adenauer, Ludwig Erhard, Kurt Georg Kiesinger, Willy Brandt, Helmut Schmidt, Helmut Kohl, Gerhard Schröder. Seit 2005 ist Angela Merkel die Bundeskanzlerin der Bundesrepublik Deutschland.

Entscheidungsprozesse in der parlamentarischen Demokratie

Bundesverfassungsgericht

Das Bundesverfassungsgericht wacht darüber, dass die Verfassung, also das „Grundgesetz für die Bundesrepublik Deutschland" eingehalten wird. Es besteht aus zwei Senaten mit jeweils acht Richtern, die je zur Hälfte vom Bundestag und vom Bundesrat gewählt werden.

Wenn jemand der Meinung ist, dass er in seinen Grundrechten verletzt worden ist, kann er das vom Bundesverfassungsgericht prüfen lassen.

Zum Beispiel: Eine Lehrerin wollte auch im Unterricht ein Kopftuch als Ausdruck ihres muslimischen Glaubens tragen dürfen. Ein Vater wollte nicht, dass seine Kinder in Klassenzimmern unterrichtet werden, in denen Kreuze aufgehängt sind. Beide reichten Klage vor dem Verfassungsgericht ein. Die Richter überprüften, ob in diesen Fällen gegen Artikel 4 des Grundgesetzes, verstoßen wurde. (In Artikel 4 wird jedem die Freiheit des Glaubens garantiert.) Dann sprachen die Richter ihr Urteil.

235.1 Bundesverfassungsgericht bei der Verkündung eines Urteils

Bekommen die Kläger Recht, müssen die Behörden entsprechend handeln oder ein Gesetz muss so geändert werden, dass es dem Grundgesetz nicht widerspricht.

Nicht nur Einzelbürger, sondern auch Gemeinden und die Bundesländer können bei diesem Gericht „Verfassungsbeschwerde" einlegen, wenn ein Bundesgesetz aus ihrer Sicht nicht mit einer Bestimmung im Grundgesetz vereinbar ist. Das Bundesverfassungsgericht ist also eine sehr wichtige Einrichtung in Deutschland.

Die Staatsorgane der Bundesrepublik Deutschland		
Gesetzgebende Gewalt (= Legislative)	Ausführende Gewalt (= Exekutive)	Rechtsprechende Gewalt (= Judikative)
Bundestag GG, Art. 38 bis Art. 49	Bundespräsident GG, Art. 54 bis Art. 61	Bundesverfassungsgericht GG, Art. 92 bis Art. 104 a
Bundesrat GG, Art. 50 bis Art. 53	Bundesregierung GG, Art. 62 bis Art. 69	

Freiheitlich-demokratische Grundordnung: „Die Macht (= Gewalt) im Staat ist aufgeteilt. Die Staatsorgane sind voneinander unabhängig. Sie kontrollieren sich gegenseitig."

AUFGABEN >>

1. Erstellt eine Tabelle zu den Staatsorganen in der Bundesrepublik Deutschland: Bezeichnung, Zusammensetzung, Aufgaben, Bedeutung. Schlagt dazu auch im Grundgesetz nach.
2. Entwickelt ein „Spiel des Wissens" zu den Staatsorganen.
3. „Es wäre viel einfacher und besser, wenn eine Person im Staat alle Macht in ihrer Hand hätte." Nehmt zu dieser Aussage Stellung.

Die Staatsorgane und ihr Zusammenwirken

Den Begriff „Organ" kennst du aus der Biologie. Herz, Lunge, Nieren sind z. B. Organe, die bestimmte Aufgaben in unserem Körper übernehmen. Jedes Organ für sich ist eine abgegrenzte Einheit, aber leben und überleben kann ein Mensch nur, wenn alle Organe funktionieren und reibungslos zusammenarbeiten. Ähnlich verhält es sich mit einem Staat.

Ein Staat ist nichts anderes als ein Zusammenschluss von Menschen (= Staatsvolk; in unserem Bild: die vielen Zellen eines Körpers) innerhalb eines räumlich begrenzten Gebietes (= Staatsgebiet; in unserem Bild: der Umriss des Körpers). In diesem Gemeinwesen gibt es öffentliche Einrichtungen (= Staatsorgane, Verfassungsorgane), die bestimmte Aufgaben zu erfüllen haben und durch unsere Verfassung mit besonderen Rechten ausgestattet worden sind: Bundespräsident, Bundestag, Bundesregierung, Bundesrat, Bundesverfassungsgericht und Bundesversammlung.

Diese Staatsorgane sind einerseits voneinander abgegrenzt, regulieren und kontrollieren sich gegenseitig. Andererseits müssen sie aber auch reibungslos zusammenarbeiten, damit in unserem Staat „etwas vorangeht". Der übergeordnete Zweck aller Staatsorgane ist es, jedem Einzelnen ein Leben in Freiheit und Menschenwürde zu sichern.

Grundinformationen im Buch:
zum Bundespräsidenten > S. 234
zum Bundestag > S. 232/233
zur Bundesregierung > S. 233/234
zum Bundesrat > S. 246/247
zum Bundesverfassungsgericht
> S. 235
zur Bundesversammlung > S. 234
Aktuelle Informationen:
www.deutschland.de

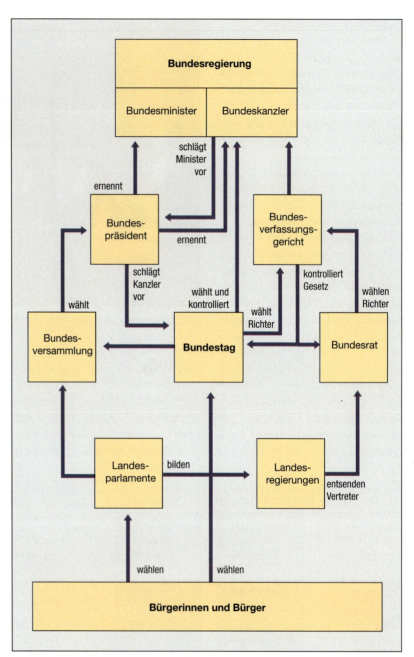

236.1 Die Staatsorgane der Bundesrepublik Deutschland

AUFGABEN >>

1. Erkläre den Begriff „Staatsorgan".
2. Nenne die Staatsorgane der Bundesrepublik Deutschland.
3. Zeige am Schaubild 236.1 auf, welche Funktionen die einzelnen Staatsorgane haben. Wo müssen diese zusammenarbeiten?
4. Zeige am Schaubild 236.1 auf, dass jeder Bürger durch seine Wählerstimme auf jedes Staatsorgan Einfluss nimmt.

Staatsorgane arbeiten zusammen: Ein neues Gesetz entsteht

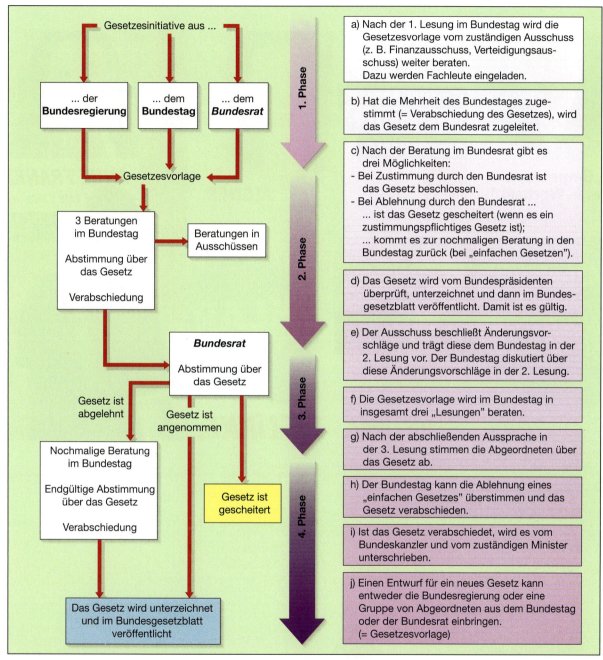

237.1 Ein Gesetz entsteht

AUFGABEN >>

1. Bringe die Erklärungen a–j in die richtige Reihenfolge. Ordne sie anschließend den Phasen der Gesetzesentstehung zu.
2. Beschreibe mithilfe der Abb. 237.1 den Weg eines Gesetzes mit eigenen Worten.
3. Zeige das Zusammenwirken der Staatsorgane am Beispiel der Entstehung eines Gesetzes auf.

TRIO-Kompakt: Demokratie in Deutschland

238.1 Wahlplakate

Viele Parteien – ja bitte!

Eine Partei – nein danke!

AUFGABEN >>

Erkläre, wie und warum die beiden Jugendlichen beim Anblick der vielen Wahlplakate (Abb. 238.1) zu diesen beiden Aussagen kommen.

TRIO-Kompakt

TRIO-Kompakt: Demokratie in Deutschland

239.1

AUFGABEN >>

1. Erkläre anhand des Schaubildes 239.1, wie die Demokratie in Deutschland funktioniert.
2. Erkläre die Begriffe „repräsentative Demokratie" und „Volkssouveränität".

8 Deutschland - ein Bundesstaat

240.1 Bayerische Polizei

240.2 Maximilianeum, Sitz des Bayerischen Landtages

241.2 Bundeswehr

241.3 Reichstag, Sitz des Deutschen Bundestages

241.1 Grenzschilder

242.1 Auf der Fahrt durch Deutschland

Deutschland – ein Bundesstaat

Die Bundesrepublik ist in einzelne Bundesländer gegliedert

Wenn du nach einem Urlaub im Ausland mit dem Auto wieder nach Deutschland einreist, dann fährst du an zwei Grenzschildern vorüber (> Abb. 241.1): Das erste sagt dir, dass du in die Bundesrepublik Deutschland einreist, das zweite weist auf den Freistaat Bayern hin.

Auch auf einer Reise durch Deutschland passierst du Grenzschilder (Abb. 242.1). Du fährst von einem Bundesland ins andere, befindest dich aber trotzdem noch innerhalb der Bundesrepublik Deutschland. Die Bundesrepublik ist ein Bundesstaat, in dem sich die einzelnen Bundesländer unter einem gemeinsamen Dach zusammengefunden haben.

Berlin, die Bundeshauptstadt

Die Hauptstadt unseres Bundesstaates Deutschland ist Berlin. Hier befinden sich die für Deutschland wichtigsten politischen Einrichtungen: der Bundestag und Bundesrat, die Bundesregierung mit dem Bundeskanzleramt und den unterschiedlichen Ministerien sowie der Sitz des Bundespräsidenten. So werden in Berlin Gesetze entworfen und beschlossen, die für die gesamte Bundesrepublik gelten und das Leben aller Bundesbürger wesentlich bestimmen.

München, eine Landeshauptstadt

Die Hauptstadt unseres Bundeslandes Bayern ist München. Der Ministerpräsident, der seinen Sitz in der Staatskanzlei hat, und die einzelnen Minister mit ihren jeweiligen Ministerien bilden die bayerische Landesregierung. Im Maximilianeum tagt der Landtag als bayerische Volksvertretung. Hier werden Gesetze entworfen und beschlossen, die nur für das Bundesland Bayern gelten. Da sich die Bundesrepublik aus 16 Bundesländern zusammensetzt, sind diese Landesregierungen und Landesparlamente somit auch 16-mal vorhanden.

Förderalismus in Deutschland

Bisweilen hört man kritische Stimmen zu unserem Bundesstaat (Abb. 243.1). Mancher Bürger sieht in den hohen Kosten nur die Nachteile unserer Landesparlamente und des Bundestags.

Dabei übersehen diese Kritiker allerdings die Vorteile unseres politischen Systems, so wie du sie auf den folgenden Seiten kennen lernen wirst.

Aber abgesehen davon: Die Gliederung in Bundesländer könnte ohnehin nicht abgeschafft werden.

243.1 Kritische Stimmen zum Föderalismus

Das Grundgesetz schreibt den Bundesstaat vor

Im Juli 1948, drei Jahre nach Ende des Zweiten Weltkriegs, gaben die westlichen Siegermächte USA, Großbritannien und Frankreich den Auftrag, eine Verfassung für Westdeutschland auszuarbeiten.

Diese sollte so ausgestaltet werden, dass eine Schreckensherrschaft wie die NS-Diktatur für immer in Deutschland verhindert würde. Eine starke Zentralregierung sollte daher ausgeschlossen werden. Der neu zu gründende Staat sollte auch kein Einheitsstaat sein. So wurde die Bundesrepublik in Bundesländer unterteilt und es entstand ein föderalistischer Bundesstaat (lat. Foedus = Bündnis). Der Artikel 20 unseres Grundgesetzes gehört zu den Kernsätzen und schreibt die drei wichtigsten Säulen unseres Staates vor: „Die Bundesrepublik Deutschland ist ein demokratischer und sozialer Bundesstaat".

Neben der Demokratie und der Sozialstaatlichkeit (> Kapitel 7 und 3) wird in diesem Artikel somit auch der Bundesstaat vorgegeben. Weil diese Ordnung absolut unantastbar sein soll, schließt das Grundgesetz ausdrücklich eine Änderung aus (Art. 79, Absatz 3).

AUFGABEN >>

1. Bereits in der 7. Jahrgangsstufe hast du im Kapitel Deutschland eine Faustskizze kennen gelernt, die dir helfen sollte, die Lage der einzelnen Bundesländer einzuprägen.
Ordne nochmals, möglichst auswendig, den einzelnen Ziffern in der Faustskizze die Bundesländer mit ihren Hauptstädten zu (Abb. 243.2).
2. Erkläre den Begriff „Föderalismus".
3. Welche politische Einrichtungen gibt es auf Bundesebene und auf der Landesebene?
4. Warum wollte man in Deutschland nach der NS-Diktatur unbedingt eine föderalistische Staatsordnung einrichten?

Projekt Lernort:
Staatsregierung und Landtag in Bayern

Im Rahmen eines Projektes könnt ihr euch mit eurer Klasse vor Ort in München zum Föderalismus erkundigen. Getragen wird dieses Projekt von der Landeszentrale für politische Bildungsarbeit.
Klassen können für einen Tag entweder ein Ministerium und die Staatskanzlei oder den Landtag besuchen. Ihr könnt vorbereitete Fragen an die Politiker richten, für die Fahrtkosten nach München werden von der Landeszentrale Zuschüsse gewährt.

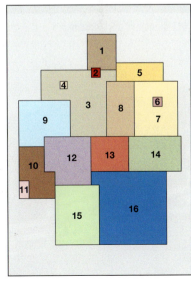

243.2

Vielfalt und Einheitlichkeit im Bundesstaat Deutschland

Vielfalt in Deutschland

Aus der letzten Jahrgangsstufe weißt du, wie landschaftlich abwechslungsreich Deutschland ist. Die Küstenlandschaften im Norden und die Alpen im Süden Deutschlands zeigen extreme Gegensätze. Der Mensch hat sich in seiner Lebensweise diesen natürlichen Voraussetzungen angepasst. Im Laufe der Geschichte entwickelten sich so unterschiedliche Volksgruppen und Kulturen. Deutlich unterscheiden sich Bewohner der Küsten und der Alpen zum Beispiel hinsichtlich des Dialekts, der Bräuche oder der Trachten an Festtagen. Auch die Häuser und Städte zeigen eine unterschiedliche Bauweise auf. Diese kulturelle Vielfalt kann am besten in einem föderativen System gepflegt werden.

244.1 Deiche an der Nordsee

244.2 Lawinenschutz in den Alpen

Unterschiedliche Probleme

So unterschiedlich die einzelnen Landschaften in Deutschland ausgeprägt sind, so unterschiedlich sind auch die Probleme, mit denen die Einwohner zu kämpfen haben. Die Menschen an der Küste und in Hamburg fürchten die Sturmfluten, vor denen sie sich mit Dämmen und Staumauern zu schützen versuchen. In Hamburg gibt es hierfür eine spezielle Behörde, welche den Schutz vor den Sturmfluten organisiert.

Die Menschen in den Bayerischen Alpen haben mit anderen Problemen zu kämpfen. Im Winter bedrohen Schnee und Lawinen Siedlungen in den Tälern. Das bayerische Landesamt für Wasserwirtschaft in München ist hier für den Schutz des Menschen zuständig.

Diese Aufgaben sind so vielfältig, dass sie am besten durch Entscheidungen vor Ort erfüllt werden können. Eine zentrale Behörde in Berlin wäre von den betroffenen Landschaften und Menschen so weit entfernt, dass sie kaum wirksam eingreifen könnte. Die einzelnen Länderregierungen können hier schneller und gezielter auf die Sorgen und Anliegen ihrer Bürger eingehen.

Einheitlichkeit im Bundesstaat

Trotz der kulturellen Vielfalt und der unterschiedlichen Probleme haben wir in Deutschland viele gemeinsame Anliegen. So haben wir in allen Bundesländern den Wunsch nach Schulbildung oder Ausbildungsplätzen. Die Anforderungen sollen vergleichbar sein, außerdem will der Auszubildende in Bayern das Gleiche lernen und etwa genauso viel verdienen wie der Auszubildende in Norddeutschland. Neben der genannten Vielfalt in den einzelnen Bundesländern streben wir also auch nach gleichwertigen Lebensverhältnissen. Hierzu erlässt der Bundestag Gesetze, welche in den Bundesländern eingehalten werden müssen.

AUFGABEN >>

1. Beschreibe zwei unterschiedliche Probleme, die sich aus der landschaftlichen Vielfalt Deutschlands ergeben.
2. Begründe, warum solche Aufgaben von Bundesländern besser erfüllt werden können als von einer zentralen Behörde in Berlin.
3. Warum benötigen wir Gesetze, wie sie vom Bundestag beschlossen werden und für ganz Deutschland gelten?

Föderalismus in Deutschland

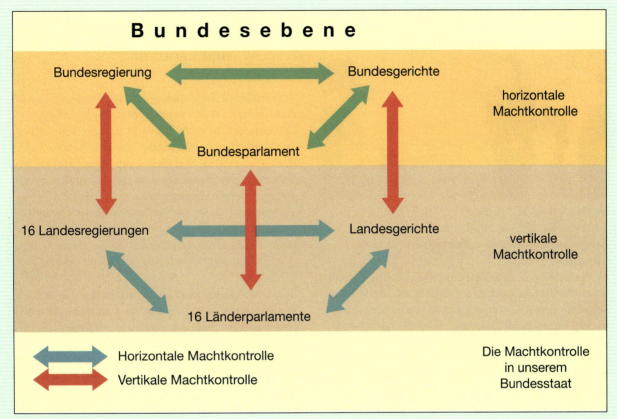

245.1 Machtkontrolle im Bundesstaat

Macht muss begrenzt werden

Keine Einrichtung im Staat, weder der Bundestag, noch die Bundesregierung mit ihrem Bundeskanzler und den Bundesministern, soll über zuviel Macht verfügen. Um den Staat regieren und verwalten zu können, brauchen sie sich gegenseitig. Dabei achtet das Bundesverfassungsgericht bei allen Entscheidungen und Handlungen über die Einhaltung des Grundgesetzes. Diese Verteilung der Macht auf Bundesebene bezeichnet man als horizontale Gewaltenteilung.

Die staatliche Machtausübung wird auch dadurch kontrolliert, dass der Bundestag immer nur für einen Zeitraum von vier Jahren gewählt wird. Somit überträgt das Volk die Machtausübung durch Wahlen nur zeitlich begrenzt.

Macht wird aufgeteilt

Im Föderalismus wird verhindert, dass die Bundesregierung zu viel Macht erhält: Denn die Bundesebene erhält mit der Landesebene ein Gegengewicht (Abb. 245.1). Zu jeder Einrichtung in der Bundesebene gibt es einen „Gegenspieler" auf Landesebene. Die entscheidenden Elemente des Staates, nämlich die Gesetzgebung, Regierung und Rechtsprechung, sind sowohl auf Bundesebene als auch auf Landesebene vertreten. Um wichtige Entscheidungen zu treffen, sind die beiden politischen Ebenen häufig aufeinander angewiesen. Sie können bestimmte Gesetze nur dann erlassen, wenn sie zuvor zusammengearbeitet haben. Diese wechselseitige Kontrolle verhindert, dass eine Ebene zu mächtig wird. Sie wird als vertikale Gewaltenteilung bezeichnet.

AUFGABEN >>

1. Was versteht man unter den zwei politischen Ebenen?
2. Welche Einrichtungen kontrollieren sich innerhalb der horizontalen Gewaltenteilung gegenseitig?
3. Erkläre das Prinzip der vertikalen Gewaltenteilung mithilfe des Textes und der Abb. 245.1.
4. Begründe, warum die vertikale Gewaltenteilung ein Instrument zur Machtkontrolle ist.
5. Wie wird in unserem Bundesstaat vermieden, dass es wie unter der NS-Diktatur zu einem Machtmissbrauch kommt? Fasse die Instrumente zur Machtbegrenzung in kurzen Aussagen zusammen.

Aufgabenverteilung im Bundesstaat

246.1 Lehrerin vor der Klasse

Aufgabenverteilung zwischen Bund und Ländern

Auf Seite 244 hast du Aufgaben kennen gelernt, die jedes Bundesland am besten für sich selbst lösen kann. Die Landesparlamente sind aufgefordert, zu diesen Aufgabenbereichen eigene Landesgesetze zu erlassen. Zu den Aufgabenbereichen, welche von den Ländern geregelt werden, gehört auch das Schulwesen. Es ist dem Bayerischen Staatsministerium für Unterricht und Kultus unterstellt. Andererseits gibt es Aufgaben, deren Erfüllung die Bundesländer überfordern würde. Zum Beispiel die Einsätze der Bundeswehr oder Gesetze zur Verteidigung betreffen alle Deutschen und müssen daher vom Bund bzw. vom Bundestag beschlossen werden. In Abb. 246.2 werden weitere Aufgaben genannt, bei denen die ausschließliche Gesetzgebung dem Bundestag unterliegt.

AUFGABEN >>

1. Nenne Aufgaben, die der ausschließlichen Gesetzgebung der Länder bzw. des Bundes unterliegen (Abb. 246.2).
2. Welche Gründe sprechen für die Trennung dieser Zuständigkeitsbereiche?

246.2 Zuständigkeit in der Gesetzgebung

Zusammenwirken von Bund und Ländern

Artikel 30 sagt: *„Die Ausübung der staatlichen Befugnisse und die Erfüllung der staatlichen Aufgaben ist Sache der Länder ..."* Der erste Teil dieses Artikels gibt den obersten Grundsatz in der Aufgabenverteilung zwischen Bund und Ländern wieder: Möglichst viele Aufgaben sollen von den Bundesländern übernommen werden. Somit soll die Mitwirkung und die Eigenverantwortung möglichst kleiner Einheiten auf der unteren politischen Ebene gewährleistet werden.

Dann allerdings schränkt der zweite Teil dieses Artikels ein: *„... soweit dieses Grundgesetz keine andere Regelung trifft oder zulässt."*

Das Grundgesetz kann demnach andere Regelungen treffen, also dem Bundesstaat dann Aufgaben übertragen, wenn die Länder mit deren Wahrnehmung überfordert wären.

Neben den Bereichen, in denen entweder die Länder oder der Bund allein berechtigt sind, Gesetze zu erlassen, gibt es die „konkurrierende Gesetzgebung". Es handelt sich dabei um Aufgabenbereiche, bei denen sowohl der Bund als auch die Länder betroffen sind. Aber auch hier stärkt Artikel 72 GG zunächst das Vorrecht der Länder:

„(1) Im Bereich der konkurrierenden Gesetzgebung haben die Länder die Befugnisse zur Gesetzgebung, solange und soweit der Bund von seiner Gesetzgebungszuständigkeit nicht durch Gesetz Gebrauch gemacht hat."

Im zweiten Teil dieses Absatzes wird bereits darauf hingewiesen, dass der Bund das Gesetzgebungsrecht in Anspruch nehmen kann. Art. 72 führt im zweiten Absatz (2) weiter aus, wann dies zutreffen soll, nämlich

„(2) ... wenn ... die Herstellung gleichwertiger Lebensverhältnisse im Bundesgebiet ... im gesamtstaatlichen Interesse eine bundesgesetzliche Regelung erforderlich macht."

AUFGABEN >>

Du findest das Grundgesetz im Internet unter der Adresse http://www.datenschutz-berlin.de/recht/de/.

1. Lies nochmal Art. 72 nach: Wann kann der Bund den Gesetzgebungsanspruch in Anspruch nehmen?
2. Art. 74 benennt solche Bereiche, wie sie in Art. 72 angesprochen werden. Wähle fünf Bereiche aus, gib deren Inhalt in eigenen Worten wieder und versuche zu begründen, warum hier jeweils das Land und der Bund zusammen an der Gesetzgebung beteiligt sein müssen.

Förderalismus in Deutschland

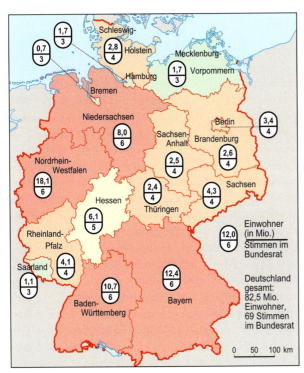

247.1 Stimmen im Bundesrat

Der Bundesrat: Länder wirken im Bund mit

Der Bundesrat setzt sich aus den Regierungen der 16 Bundesländer zusammen. Die Bundesratsmitglieder werden demnach nicht vom Volk direkt gewählt, sondern von den Landesregierungen abgesandt. Dabei hängt die Anzahl der Abgesandten von der Bevölkerungszahl des jeweiligen Bundeslandes ab (Abb. 247.1). Die Länder haben also im Bundesrat unterschiedliches Gewicht.

Über den Bundesrat wirken die Länder an der Gesetzgebung des Bundes mit, sie sind somit am Zustandekommen aller Gesetze beteiligt. Im Bundesrat wird es den Bundesländern ermöglicht, ihre Interessen gegenüber dem Gesamtstaat zu vertreten.

AUFGABEN >>

1. Stelle fest, mit welcher Stimmenzahl die einzelnen Länder im Bundesrat vertreten sind (Abb. 247.1).
2. Von welcher Größe hängt die Anzahl der Sitze im Bundesrat ab?
3. Welche Funktion hat der Bundesrat?
4. Das Bundesland Nordrhein-Westfalen hat 18 Millionen, Bremen lediglich 0,7 Millionen Einwohner. Im Bundesrat unterscheiden sie sich nur durch drei Sitze. Begründe: Wäre es nicht gerechter, wenn das größere Bundesland auch durch entsprechend mehr Sitze vertreten wäre?

Unterschiedliche Interessen zwischen Bundesrat und Bundestag

Zu verabschiedende Bundesgesetze werden im Bundestag zunächst als Gesetzesvorlagen beraten (> Entstehung eines neuen Gesetzes Abb. 237.1). Anschließend müssen die im Bundestag gefassten Gesetzesbeschlüsse unverzüglich dem Bundesrat vorgelegt werden. Der Bundesrat hat dann mindestens das Recht, Einspruch zu erheben. Wenn die Interessen der Bundesländer von dem vorgelegten Gesetzesbeschluss betroffen sind (zum Beispiel bei Steuergesetzen), kann der Bundesrat sogar seine Zustimmung verweigern, also das Gesetz zunächst scheitern lassen. Das liegt daran, dass die Bundesländer bei der Verteilung der Steuern andere Interessen verfolgen als der Bund. Bundestag und Bundesregierung werden die Steuergesetze so beschließen, dass sie in erster Linie dem Bund zur Verfügung stehen. Mit den Steuereinnahmen kann die Bundesregierung ihre Aufgaben, z. B. die Bundeswehr oder den Autobahnbau finanzieren. An den Steuereinnahmen wollen aber auch verstärkt die Bundesländer teilhaben. Damit wollen sie ihre vielfältigen Aufgaben finanzieren.

Darüber hinaus können die Bundesländer im Bundesrat auch selbst Gesetzesvorlagen ausarbeiten, welche schließlich der Zustimmung durch den Bundestag bedürfen. So sind sowohl der Bundestag als auch der Bundesrat während der gesamten Entstehung eines Gesetzes gezwungen, sich immer wieder miteinander zu beraten.

AUFGABEN >>

1. Betrachte nochmals Abb. 237.1 zur Entstehung eines Bundesgesetzes: Welche Bedeutung hat der Bundesrat im Rahmen der Gesetzgebung?
2. Wie müssen Bundestag und Bundesrat zusammenwirken?
3. Erkläre am Beispiel der Steuergesetzgebung: Warum hat der Bundesrat die Möglichkeit, ein Gesetz sogar abzulehnen? Welche unterschiedlichen Interessen verfolgen Bund und Länder?

Bayern, ein Land mit politischer Tradition

248.1 Graf Montgelas

Bayern ist ein Bundesland mit langer geschichtlicher und politischer Tradition. Seit 1180 herrschte das Geschlecht der Wittelsbacher und bestimmte bis 1918 die Politik. Das heutige Aussehen und die Verwaltung erhielt Bayern zu Beginn des 19. Jahrhunderts, als Europa unter Napoleon umgestaltet wurde.

Nach Napoleons Sturz wurde Europa auf dem Wiener Kongress (1814/15) in seiner heutigen Form neu geordnet. Für Bayern brachten diese Verhandlungen fast eine Verdoppelung des Staatsgebietes: Zu den Stammlanden Oberbayern, Niederbayern, Oberpfalz kamen Schwaben und Franken hinzu. Maximilian Joseph von Montgelas gab diesem neuen Staatengebilde eine einheitliche Verwaltung. Mit dem Ziel, eine wirkungsvolle Staatsverwaltung zu schaffen, führte er eine Zentralregierung mit Mittelbehörden, den heutigen Bezirksregierungen vergleichbar, ein. Gleichzeitig wurde ein qualifiziertes Beamtentum eingerichtet. Weil diese Reformen im Wesentlichen bis heute gelten, wird Montgelas auch als Schöpfer des modernen bayerischen Staates bezeichnet.

1818 erhielt Bayern seine erste Verfassung. In ihr sollten bereits die Freiheits- und Gleichheitsrechte eingeführt werden. Aber erst 1848, zur Zeit der Revolution (> S. 64), wurden unter Max II. die Gedanken dieser Verfassung umgesetzt: ein neues Wahlgesetz, das Recht der Gesetzgebung durch den Landtag und die Aufhebung der Zensur. (Zensur = Überprüfung von Zeitungen und Büchern, um kritische Äußerungen zu unterbinden). Somit war der entscheidende Schritt auf dem Weg zu einem Rechtsstaat getan.

Am Ende des Ersten Weltkriegs kam es auch in Bayern zu Streiks. In Städten wie München und Nürnberg wurden Arbeiter- und Soldatenräte gebildet (> S. 152). Am 8. 11. 1918 wurde die Republik ausgerufen, der bayerische König Ludwig III. floh ins Ausland. Nach der Machtübernahme durch Hitler (> S. 168 f.) wurde der Landtag aufgelöst, Deutschland wurde zentral regiert.

Zum Ende des Zweiten Weltkriegs wurde Bayern – wie die anderen Länder auch – von den Alliierten besetzt. Deutschland wurde in vier Besatzungszonen aufgeteilt, Bayern fiel unter amerikanische Besatzung. Die Besatzungsmacht trieb die Demokratisierung Bayerns zügig voran: Im Herbst 1945 wurden wieder Parteien gegründet, 1946 erste Wahlen abgehalten. Noch vor dem Grundgesetz wurde am 1. 12. 1946 in einem Volksentscheid die bayerische Verfassung angenommen. Zugleich wurde Deutschland als föderalistischer Staat eingerichtet.

248.2 Im bayerischen Landtag heute

AUFGABEN

1. Fasse wesentliche Stationen der Geschichte Bayerns zusammen. Verwende dabei folgende Daten: 1180 – 1814/15 – 1818 – 1848 – Ende des Zweiten Weltkriegs – 1. 12. 1946.
2. Mit welchen Reformen erneuerte Montgelas die Verwaltung Bayerns?

Freistaat Bayern

Die Regierungsbildung in Bayern

Das Volk
In einer Demokratie ist immer das Volk der Träger aller Staatsgewalt. Es bekundet seinen Willen durch Wahlen und vergibt somit nur zeitlich begrenzt Macht. In Bayern müssen sich die Abgeordneten zum Landtag alle 5 Jahre zur Wahl stellen.

Der Landtag
Der Landtag ist der politische Mittelpunkt des Freistaates Bayern. Seine wichtigsten Aufgaben sind
- die Entscheidung über den Staatshaushalt (Einnahmen und Ausgaben in Bayern),
- die Gesetzgebung (Beratung und Beschluss von Gesetzen im Bundesland Bayern),
- die Bildung der Staatsregierung: Die Abgeordneten wählen den Ministerpräsidenten und stimmen der Berufung der Minister zu.

249.1 Regierungsbildung in Bayern

Die bayerische Staatsregierung
Sie setzt sich aus dem Ministerpräsidenten, den Ministern und den Staatssekretären zusammen. Der Ministerpräsident hat eine Doppelrolle im bayerischen Staat:
- Er ist der Chef der Regierung, d. h. er bestimmt die Richtlinien in der bayerischen Politik, an die sich seine Minister und Staatssekretäre in der Regierung halten müssen. (Auf Bundesebene entspricht diese Aufgabe der des Bundeskanzlers, auch der ist Regierungschef.)
- Er ist oberstes Staatsoberhaupt Bayerns, d. h. er vertritt Bayern nach außen. (Auf Bundesebene entspricht diese Aufgabe der des Bundespräsidenten, er vertritt Deutschland nach außen.)

Die Minister und der ihnen unterstellte Staatssekretär leiten jeweils ein Ministerium (z. B. das Staatsministerium für Unterricht und Kultus). Dabei müssen sie sich an die Richtlinien halten, die ihnen vom Ministerpräsidenten vorgegeben werden.
Alle Mitglieder der Regierung müssen ihre Entscheidungen nach der Bayerischen Verfassung und nach dem Grundgesetz der Bundesrepublik Deutschland ausrichten. Dabei werden sie stets vom Landtag kontrolliert und müssen sich alle 5 Jahre gegenüber dem Wähler verantworten.

Internetseiten der Bayerischen Staatsregierung (www.bayern.de; Unterpunkt „Politik für Bayern")

AUFGABEN >>

1. Gib den in Abb. 249.1 gezeigten Ablauf der Regierungsbildung in eigenen Worten wieder.
2. Nenne zwei weitere Aufgaben des Landtags.
3. Das Volk wird in einer Demokratie auch als „Souverän" bezeichnet. Versuche den Begriff aus dem Textzusammenhang zu klären. Du kannst auch in einem Lexikon oder Wörterbuch nachschlagen.
4. Dem Ministerpräsidenten in Bayern kommt eine Doppelrolle zu. Beschreibe diese.

249.2 Die Staatsregierung am Kabinettstisch

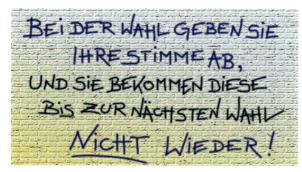
250.1 Graffiti zum Wählen

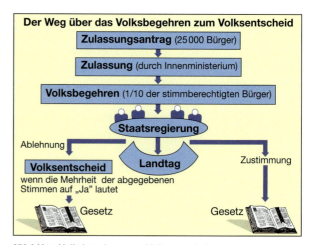
250.2 Vom Volksbegehren zum Volksentscheid

Die Stimme abgeben – und sie trotzdem behalten

Probleme der repräsentativen Demokratie

Wie in den Deutschen Bundestag werden in den Bayerischen Landtag Abgeordnete für einen bestimmten Zeitraum gewählt. Sie repräsentieren das Volk, sind aber bei Entscheidungen nur ihrem Gewissen verpflichtet. Erst nach fünf Jahren (Bundestag vier Jahre) können sie abgewählt werden. Dies ist für manche Bürger das Problem der repräsentativen Demokratie. Denn die Wähler entscheiden sich für bestimmte Politiker und für eine Partei. Wie diese dann bei den Sachproblemen abstimmen, stimmt nicht immer mit den Vorstellungen des Wählers überein.

1998: „Schlanker Staat ohne Senat": Im Volksentscheid setzte sich die Mehrheit der Stimmberechtigten durch: Der Senat wurde abgeschafft.
1998: „Gentechnikfrei aus Bayern"
2000: „Die bessere Schulreform"
2003: „Menschenwürde ja, Menschenklonen niemals!"
2004: „Aus Liebe zum Wald"

250.3 Volksbegehren aus jüngerer Zeit

Chancen der direkten Demokratie
Die bayerische Verfassung sieht deshalb vor, dass Bürger zu einem einzelnen Problem auch selbst und direkt entscheiden können (direkte Demokratie). Der Staat gibt damit dem Bürger seine Stimme wieder zurück.
Die Bürger übernehmen selbst die Aufgabe des Gesetzgebers. Hierfür müssen Bürger sich aber einsetzen, sich zusammenschließen, die Initiative ergreifen und einen Gesetzesvorschlag entwickeln. Landtag und Regierung müssen sich dann an die Entscheidung der Bürger halten.

TRIO-Arbeitsweise: Lesen und Auswerten eines Artikels aus der bayerischen Verfassung

Artikel 74 der bayerischen Verfassung beschreibt den Weg des Volksbegehrens bzw. Volksentscheids. Besorge dir diesen Artikel (z. B. unter www.bayern.de im Internet) und bearbeite folgende Arbeitsaufträge:
1. Muss eigentlich ein Volksbegehren dem Landtag vorgelegt werden? Berufe dich bei deiner Entscheidung auf den entsprechenden Absatz.
2. Ist es deiner Meinung nach eher leicht oder eher schwer, auf dem Weg des Volksbegehrens und Volksentscheids ein Gesetz in Bayern durchzubringen? Um deine Aussage zu begründen, helfen dir Abb. 250.2 und 3.
3. Vergleiche die Vor- und Nachteile einer direkten mit einer repräsentativen Demokratie.
4. Werte auch die Kapitel 30, 72 und 74 des Grundgesetzes aus.

AUFGABEN >>

1. Welche Probleme der repräsentativen Demokratie werden im Text genannt? Erkläre dazu die doppeldeutige Aussage „seine Stimme abgeben" (Abb. 250.1).
2. Beschreibe den Weg eines Volksentscheids (Abb. 250.2).
3. Für welche Bereiche haben Wähler in Bayern bereits selbst Gesetze erlassen? (Abb. 250.3).

Freistaat Bayern

251

TRIO-Arbeitsweise: Wir werten einen Zeitungsbericht zur Landespolitik aus

Das Volksbegehren „Aus Liebe zum Wald"

Im November 2004 wurde in Bayern das Volksbegehren „Aus Liebe zum Wald" durchgeführt. Anlass war die von der CSU-Staatsregierung beschlossene Forstreform. Nach dieser Reform soll die Verwaltung des Staatsforstes Gewinn bringender arbeiten. Diese Ausrichtung am wirtschaftlichen Gewinn ließ die Gegner der Reform befürchten, dass der Wald nur noch einseitig als Lieferant des Rohstoffes Holz betrachtet würde. Große Abholzungen und das Anpflanzen von Monokulturen wurden befürchtet.

Gruppierungen wie der Bund Naturschutz, der Deutsche Alpenverein oder der Landesbund für Vogelschutz schlossen sich im „Wald Bündnis Bayern" zusammen. Sie strebten die Durchführung eines Volksbegehrens an. Gegen dieses Volksbegehren bildete sich das Bündnis „Wir sind der Wald", dem unter anderem der Bayerische Waldbesitzerverband und der Bayerische Bauernverband angehörten.

Zum Ausgang des Volksbegehrens schrieb der Informationsdienst des Amtes für Stadtforschung und Statistik für die Stadt Nürnberg:

Misslungenes Volksbegehren „Aus Liebe zum Wald"

Nach Art. 71 Abs. 2 des bayerischen Landeswahlgesetzes (LWG) ist es zur Rechtsgültigkeit eines Volksbegehrens erforderlich, dass das Verlangen nach Schaffung eines Gesetzes von mindestens einem Zehntel der Stimmberechtigten (dies entsprach 916 575 Personen) gestellt worden ist. Die Landeswahlleiterin hat das offizielle Ergebnis des Volksbegehrens „Aus Liebe zum Wald" am 15. Dezember 2004 nun bekannt gemacht. Danach wurde das Volksbegehren nur von 9,3 Prozent der stimmberechtigten Bürgerinnen und Bürger in Bayern unterstützt. Die Initiatoren (= Urheber) der Gesetzesvorlage sind mit ihrem Vorhaben knapp gescheitert. Um dem Begehren Rechtsgültigkeit zu verleihen, fehlten 61 548 Unterschriften unterstützungswilliger Stimmberechtigter. Im Erfolgsfall wäre über den Gesetzentwurf ein anschließender Volksentscheid durchzuführen gewesen, sofern ihn der bayerische Landtag nicht unverändert angenommen hätte ...

Unter den 96 bayerischen kreisfreien Städten und Landkreisen konnten in München mit 77 007 Einträgen die meisten gesammelt werden; dies waren jedoch nur 9,3 % der Stimmberechtigten in der Stadt, sodass München gerade im bayerischen Durchschnitt lag. In Nürnberg als Bayerns zweitgrößte Stadt konnte auch die zweithöchste Eintragungszahl erreicht werden. Mit 36 608 Unterschriften hatten 11,5 % der Nürnberger Stimmberechtigten das Volksbegehren unterstützt. Die Nachbarstädte Fürth und Erlangen konnten dieses Ergebnis mit 11,9 % bzw. 13,2 % noch übertreffen. Schwabach erzielte sogar 14,6 % und erreichte bayernweit den drittbesten Rang. Nur in den Landkreisen Nürnberger Land (15,2 %) und Weilheim-Schongau (17,5 %) konnte noch größeres Interesse verzeichnet werden ...

251.1 Zeitungsbericht

Du kannst den Zeitungsartikel in zwei Schritten auswerten:
1. Schritt: Um was geht es in dem Zeitungsartikel?
Im Eingangstext erfährst du etwas über die Hintergründe des Volksbegehrens. Beantworte hierzu folgende Fragen:
– Um welches Volksbegehren geht es?
– Warum wurde dieses Volksbegehren angestrebt?
– Welche Bedenken hatten die Gegner der Forstreform?
– Wer waren die Befürworter, wer die Gegner des Volksbegehrens?

2. Schritt: Welche sind die wesentlichen Aussagen des Zeitungsartikels?
Du wirst bereits festgestellt haben, dass in dem Text der Ausgang des Volksbegehrens mit vielen Zahlen beschrieben wird. Diese Zahlen müssen nun ausgewertet werden:
– Wie viel Prozent hätten sich in Bayern für das Volksbegehren eintragen müssen?
– Wie viele stimmberechtigte Personen wären dies gewesen?
– Aus den Daten kannst du die Zahl der Wahlberechtigten im Dezember 2004 berechnen. Wie viele Personen haben sich tatsächlich in die Listen eingetragen?
– Gib das prozentuale Abschneiden der erwähnten Gemeinden in einem Balkendiagramm wieder.

TRIO-Kompakt: Deutschland – ein Bundesstaat

Wer ist wofür zuständig?

Da die Bundesrepublik Deutschland ein Bundesstaat ist, sind die Zuständigkeiten sowohl auf den Bund als auch auf die 16 Länder verteilt. Der Bundestag beziehungsweise die einzelnen Landtage erlassen für ihre Bereiche jeweils Gesetze. Schlagzeilen aus der Zeitung wie „Wehrpflichtzeit wird verkürzt" geben solche Gesetzesregelungen wieder.

Entscheide, welche der zwölf aufgeführten Schlagzeilen mit Zuständigkeiten des Landes und welche mit Zuständigkeiten des Bundes zu tun haben.
Notiere dein Ergebnis im Heft und begründe deine Entscheidung.

1. Polizei in neuer Uniform
2. Neuer Lehrplan für die Hauptschule
3. Fluglotsen klagen: Luftraum überlastet
4. Deutscher Forschungssatellit geplant
5. Amtszeit der Bürgermeister wird verlängert
6. Soldaten erhalten höheren Wehrsold
7. Gemeinden erhalten mehr Geld zur Erfüllung ihrer Aufgaben
8. Wichtiger Vertrag mit Moskau abgeschlossen
9. Bundeswehreinsatz in Afghanistan verlängert
10. Gehaltserhöhung für Polizisten wird verschoben
11. Bundesgrenzschutz benötigt weniger Personal
12. Diskussion über geplantes Einwanderungsgesetz

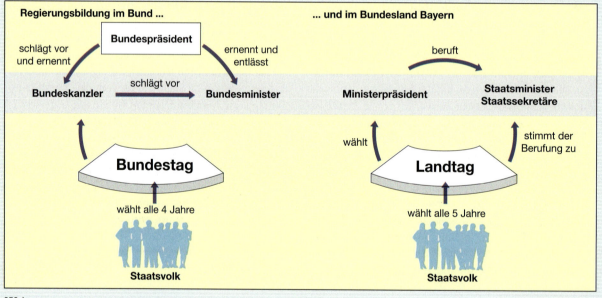

252.1

Gesetzesgebung in Bund und Land

Je nach Zuständigkeit werden Gesetze auf Bundes- oder auf Landesebene erlassen. Bei Bundesgesetzen sind sowohl der __?__ als auch der __?__ in die Gesetzgebung eingebunden (> Schaubild 237.1).
Die Abgeordneten im Landtag beschließen stellvertretend für das Volk (__?__) Gesetze. Zusätzlich besteht für die Bürger auf dem Weg des __?__ die Möglichkeit, selbst und __?__ über einen Gesetzesvorschlag abzustimmen. Neben der repräsentativen Demokratie besteht in Bayern also auch die direkte Demokratie.

AUFGABE>>

1. Übertrage den Lückentext in dein Heft und setze die passenden Begriffe ein:
   Volksbegehrens – Bundestag – repräsentativ – Bundesrat – direkt
2. Vergleiche die Regierungsbildung im Bund und im Bundesland Bayern (Abb. 252.1)

TRIO-Kompakt

Mehr Entscheidungen in den Ländern – oder mehr im Bund?

Zum Wesen des Föderalismus gehört immer das Ringen um politischen Einfluss: Der Bund, vertreten durch Bundestag und Bundesregierung, möchte bei möglichst vielen Entscheidungen mitbestimmen können. Besonders bei der Verteilung der Steuereinnahmen wird dies deutlich. Dagegen stehen die Interessen der Länderparlamente und Landesregierungen: Auch sie möchten möglichst viele Entscheidungen ohne Mitsprache des Bundes treffen können. In der Wirtschaftspolitik zum Beispiel möchte jedes Land möglichst viele Unternehmen von seinem Standort überzeugen. Das bringt Arbeitsplätze und Steuereinnahmen für das Bundesland.

In den letzten Jahren haben sich die Aufgaben von Bund und Ländern zunehmend miteinander verflochten. In immer mehr Bereichen wirken Bund und Länder bei der Wahrnehmung staatlicher Aufgaben zusammen. Diese Aufgabenverflechtung führte häufig dazu, dass sich Bundestag und Bundesrat bei der Gesetzgebung gegenseitig blockierten. Zugleich aber verloren die Landesparlamente an Bedeutung, weil immer mehr Entscheidungen auf Bundesebene getroffen wurden.
So gibt es in der Diskussion um den Föderalismus zwei unterschiedliche Richtungen (Texte 253.1 und 2).

„Betonung der Einheitlichkeit im Bundesstaat"

Um mehr Einheitlichkeit im Bundesstaat zu erhalten, sollten grundsätzlich mehr Entscheidungen in Berlin getroffen werden.
Dazu müssen mehr Rechte an den Bundesrat abgegeben werden, der Bundesrat würde im Vergleich zum Bundestag gestärkt werden.
Gleichzeitig würde die Bedeutung der Landesparlamente weiter abnehmen.

Die Befürworter dieser Richtung führen an, dass die Landesparlamente schon heute nur noch in wenig Politikbereichen vollkommen selbstständig bestimmen können. Außerdem würden in Zukunft immer mehr Bereiche bereits vom europäischen Parlament in Brüssel bestimmt.

253.1

„Betonung der Vielfalt im Bundesstaat"

Um mehr Vielfalt im Bundesstaat zu erhalten, sollten grundsätzlich wieder mehr Entscheidungen in den Ländern getroffen werden.
Dazu müssen mehr Rechte an die Landtage übertragen werden. Die Bedeutung der Landtage würde gestärkt, die Länder wieder mehr Kompetenzen erhalten.

Die Befürworter dieser Richtung, z. B. auch der Freistaat Bayern, führen an, dass die Bundesländer am besten selbst ihre Probleme lösen können. Außerdem würde unter den Bundesländern mehr Wettbewerb entstehen. Dieser Wettbewerb würde auch dafür sorgen, dass Probleme, zum Beispiel die Arbeitslosigkeit in Deutschland, schneller gelöst werden könnten.

253.2

AUFGABE >>

1. Welche Argumente werden für die Stärkung der Einheitlichkeit, welche für die Stärkung der Vielfalt genannt?
2. Findest du selbst auch noch Argumente für die jeweilige Richtung?
3. Verfolgt in den Medien Diskussionen zum Thema Föderalismus.
4. Führt in der Klasse eine Diskussion mit dem Thema: „Sollen die Länderparlamente wieder mehr Bedeutung übertragen bekommen?"

Agrargesellschaft	50	Liberale	62
Altersvorsorge	90	Machtergreifung	168
Antisemitismus	208	Marktwirtschaft	34
Binnenmarkt	25 f.	Massentierhaltung	111
Boden	94 f.	Massentourismus	33
Bodenschätze	103	Mechanisierung	107
Bundesrat	236, 247	Militarismus	140
Bundesstaat	240 f.	nachhaltige Landwirtschaft	112
Bundestag	230	Nationalismus	140
Demokratie	156, 222 f.	Nationalsozialisten	166 f.
Dolchstoßlegende	159	Nationalversammlung	154, 224
Dreifelderwirtschaft	51	Partei	155, 224 f.
Ermächtigungsgesetz	171	Planwirtschaft	34
Ernährungsprobleme	116 f.	Polarkreis	18
Erster Weltkrieg	142 f.	Propaganda	152, 176
Europäische Union	15	Rassenlehre	208
Euro-Zone	38	Rassismus	138
Fairer Handel	125	Regionalpolitik	37
Föderalismus	242 f.	Reparationen	158
Führer	166, 176	Republik	153
Fürsorge	82	Revolution	64, 145, 152
Generationenvertrag	88	Rohstoffe	30
Gewaltenteilung	245	sanfter Tourismus	33
Gewerkschaften	60, 173	Sozialdemokraten	61, 153
Gleichschaltung	172 f.	Soziale Frage	60
Großdeutsches Reich	196	Sozialhilfe	83
Großlandschaften Europas	12	Sozialstaat	70 f.
Grundgesetz	230, 243	Sozialversicherung	79
Grundrechte	155, 169	Spezialisierung	108
Grüne Revolution	120	Ständegesellschaft	51
Hitlerjugend	179	standortgerechte Landwirtschaft	122
Hochtechnologie (Hightech)	29, 45	Strukturwandel	45, 108
Imperialismus	128 f.	Totaler Krieg	203
Industrialisierung	54 f.	Vegetationszone	16
industrielle Landwirtschaft	107 f.	Verfassung	65, 156, 250
Inflation	162	Versailler Vertrag	158, 182, 194
Intensivierung	107	Versorgung	80
Juden	208 f.	Vertreibung	216
Kapitulation	206	Volksbegehren	250
Kartogramm	20	Wahlrecht	156, 231
Klimazone	16	Weimarer Republik	155 f.
Kolonie	44, 131 f.	Weltwirtschaftskrise	163
Konzentrationslager	169, 181, 213	Wettrüsten	140
Kriegsschuldfrage	149	Widerstand	186 f.
Landtag	249	Zweiter Weltkrieg	200 f.

Bildnachweis

„Menschen für Menschen": 124.3;
Akademie für politische Bildung, Tutzing: 226.2;
akg-images, Berlin: 55.1, 58.2, 76.1, 130.1, 133.1, 133.2, 152.2, 153.1, 159.1, 160.1, 167.2, 169.1, 173.1, 174.1, 195.1, 197.2, 214.1;
Archiv für Kunst und Geschichte, Berlin: 60.3, 62.2, 63.1, 68.5, 73.2, 129/129.1, 129.2, 142.1, 150.1, 150.3, 151.1, 151.2, 165.2, 168.1, 181.3, 181.4, 205.2, 209.3, 210.2, 212.2, 220.1 d, 220.1 f;
Archiv Gerstenberg, Wietze: 65.1, 68.4, 140.2, 144.2, 146.2, 154.1, 162.2, 167.1, 171.3, 192.2, 202.2, 202.3, 213.1, 220.1 c, 220.1 h;
ARD/NDR, Hamburg: 224.1;
Artothek, Peissenegg: 50.1;
Astrofoto, Sörth: 8/9.1;
aus: „Kladderadatsch 1879": 131.1, 140.3;
aus: Jung-Deutschland. Eine deutsche Fibel, Ausgabe M. Braunschweig/Berlin/Hamburg G 2. AUFL. 1936. S. 64: 176.2;
Autenrieth, Cadolzburg: 209.2;
Bäsemann (www.polarfoto.com): 18.1;
Bauer, Möhrendorf: 22.1, 23.1, 246.1;
Bayerische Staatskanzlei, München: 249.2;
Betz, Oberstenfeld: 97.1 a;
Bildarchiv Bayerischer Landtag, München: 248.2;
Bildarchiv Preußischer Kulturbesitz, Berlin: 48/49.1, 51.3, 52.1, 52.3, 55.2, 60.2, 61.1, 62.1, 63.2, 64.1, 68.2, 68.3, 69.1, 69.5, 76.2, 131.2, 140.1, 143.1, 144.3, 147.3, 152.1, 153.2, 160.2, 163.3, 173.2, 186.1, 187.2, 198.1, 199.1, 203.1, 204.1a, 204.1b, 209.1, 220.1 b, 220.1 e, 248.1;
Bundesarchiv Koblenz: 150.2, 154.2, 179.1;
Bundesbaugesellschaft Berlin: 241.3;
Bundesministerium für wirtschaftliche Zusammenarbeit, Berlin: 124.4;
Bundesverband Deutscher Zeitungsverleger e. V.: 229.1;
Bundeswehrarchiv Koblenz: 241.2;
BÜNDNIS 90/DIE GRÜNEN Bundesverband, Berlin: 228.4;
Busching, Ludwigshafen: 110.3, 114.1, 114.3, 115.4;
Bütow, Kemnitz: 29.2;
CCC, www.c5.net: 74.3 (Schoenfeld), 93.1 (Hanel), 93.2 (Wiedenroth), 95.1 (Haitzinger), 98.1 (Luis Murschetz), 127.1 (Haitzinger)
Claas, Harsewinkel: 109.4;
Corbis, Düsseldorf: 22.2;
CSU-Landesleitung, München: 228.1;
Das Fotoarchiv (Knut Müller), Essen: 26.1;
DB AG/SNCF: 24.2;
Deiseroth, Niederaula: 235.2;
Deutsche Bahn AG, Berlin: 101.4;
Deutsche Shell AG, Hamburg: 24.1;
Deutsche Welthungerhilfe, Bonn: 118.2;
Deutscher Bundestag, Berlin: 234.2;
Deutsches Historisches Museum, Berlin: 76.3, 77.2, 177.2;
Deutsches Museum, München: 51.2;
Die Photographische Sammlung/SK Stiftung Kultur – August Sander Archiv, Köln; VG Bild-Kunst, Bonn: 149.1;
dpa, Frankfurt: 24.3, 31.1, 223.1, 223.2, 232.1, 239.1 b;
Dury, Bräunlingen: 115.1, 115.2;
Fabian, Hannover: 27.1, 86.1, 88.1, 88.2;
Fiedler, Güglingen: 118.4;
Focus, Hamburg: 116.2, 124.1;
Friedrich-Ebert-Stiftung, Bonn: 182.2;
Gedenkstätte des deutschen Widerstandes, Berlin: 189.1;
GNAPS, Spang, Münster: 10.3;
Grosser, Wilhermsdorf: 96.1, 98.3, 99.1, 100.2, 106.1, 106.2, 107.1, 108.1, 108.2, 112.3;
Groth, Hannover: 114.2;
Güttler, Berlin: 10.2, 12.1, 14.1, 14.2, 15.1, 15.2, 19.2, 23.3, 28.1, 29.1, 31.3, 34.1, 35.1, 35.2, 36.3, 37.2, 37.3, 38.2, 41.1, 46.1, 47.1, 55.3, 65.3, 66.1, 116.3, 117.1, 120.1, 122.1, 127.2, 134.1, 136.1, 137.1, 158.1, 180.1, 196.1, 201.1–3, 215.1, 230.1, 240/241.3, 247.1;
Härle, Wangen: 96.6, 244.2;
Hebel, Freiburg: 13.1;
Heidolph, Kottgeisering: 10.1, 11.1, 15.3, 16.2, 16.3, 16.4, 17.1, 17.2, 18.2, 25.4, 26.1a, 26.2a, 26.3a, 26.4a, 26.5a, 44.2, 44.3, 45.2, 51.1, 68.1, 74.2, 78.3, 79.7, 81.1, 81.2, 83.1, 83.2, 83.3, 84.1, 85.1, 85.2, 85.3, 85.4, 88.3, 88.4, 89.2, 89.4, 90.2, 91.2, 91.3, 92.1, 97.1, 98.2, 101.1, 101.2, 101.3, 102.2, 107.2, 107.3, 107.4, 109.1, 109.2, 109.3, 110.2, 113.1, 113.2, 117.2, 117.3, 119.1, 119.2, 123.1, 126.1, 127.3, 127.4, 127.5, 130.2, 134.2, 134.3, 141.1, 141.2, 148.2, 154.3, 154.4, 155.1, 156.1, 156.2, 163.1, 163.2, 166.1, 172.1, 175.1, 177.1, 182.1, 184.2, 185.2, 193.1, 218/219, 220.1 a, 220.2, 221.1, 224.3, 226.1, 230.3, 231.1, 233.1, 236.1, 237.1, 239.1, 243.2, 245.1, 246.2, 249.1, 250.2, 252.1;
Hellmuth, Freiburg: 120.2;
Hewlett-Packard, Bristol: 45.1;
HIRO LIFT, Bielefeld: 86.2;
Historisches Archiv Krupp/Friedrich Krupp GmbH, Essen: 57.1;
IFA-Bilderteam, Ottobrunn: 19.1, 31.1a;
IMA, Hannover: 111.1, 111.2;
Imperial War Museum, London: 146.1;
Industriegewerkschaft Metall, Frankfurt am Main: 121.2;
Jahn, Breidenbach: 103.2;
Junge Union Bayern, München; Junge Liberale, Berlin; Jusos Bundesverband, Berlin; Grüne Jugend Bayern, München: 227.2;
Kahlert, Bliesransbach: 26.4;

Kali- und Salz-GmbH, Kassel: 94.2;
Keystone, Hamburg: 72.1, 79.2, 82.1, 210.3;
Kimberger, Fürth: 217.2;
Kluge, Chemnitz: 17.4;
Krautwurt, Schwabach/Pappler, Gunzenhausen: 104.1, 104.2, 104.3, 105.1, 105.2;
Krings, Freiburg: 125.1;
Krzemien, Hannover: 121.3;
Kuhli, Oerlinghausen: 17.5;
Kunstbibliothek Preußischer Kulturbesitz: 49.3, 67.2, 68.6;
Kunz, Neustadt: 43.3, 90.1;
laif, Köln: 69.8, 70.1, 71.1, 75.1, 77.3, 93.6, 102.1, 124.2, 234.1;
Landesarchiv Berlin Fotosammlung: 58.1;
Landesbildstelle Baden, Karlsruhe: 69.6;
Landesmedienzentrum Rheinland-Pfalz, Koblenz: 122.3;
Langbein, Freiburg: 121.1;
Lausitzer Braunkohle AG (Rauhut), Senftenberg: 69.7;
Libera, München: 32.1, 33.1, 42.2 a, 43.5;
liberal Verlag GmbH, Berlin: 228.2;
Magnum Photos, Agentur Focus (Jean Gaumy): 26.2;
Mauritius, Mittenwald: 70.2, 78.1, 79.5, 86.3, 96.5, 97.1b, 118.3;
Mauritius-images, Mittenwald (H. Schmied): 9.2, 25.3;
Meinel, Hannover: 26.3;
Mercedes Benz AG, Stuttgart: 53.1;
Michelin, Paris: 23.2;
Mitschke, München: 26.5, 240.2;
Mose, Vechta: 44.4;
Mülders, Geldern: 96.4;
Müller, B., Bartensleben: 72.3, 94/95.1, 99.3, 242.1, 243.1;
Museen der Stadt Nürnberg: 56.2;
National Archives, USA-Washington: 213.3;
Nowosti, Bonn: 13.3;
ÖNB/Bildarchiv/ÖGZ, A-Wien: 197.1;
Pädagogische Hochschule, Ludwigsburg: 147.1, 147.2;
Pflüger, Springe: 108.3, 112.2;
picture-alliance/akg-images: 189.2;
picture-alliance/dpa, Frankfurt/Main: 9.3, 75.2, 75.3, 87.2, 191.1, 207.1, 225.1, 235.1, 238.1;
picture-alliance/zb, Frankfurt/Main: 71.3, 79.3;
plainpicture, Hamburg: 73.1;
Planungsamt Stuttgart: 100.1;

Plustech Oy, Tampere: 30.2;
Polizeipräsidium München: 240.1;
Reinecke, Vechta: 112.2;
Reuters AG, Berlin: 38.1;
Rheinbraun AG, Köln: 103.1, 103.3;
Rheinisches Industriemuseum, Ratingen: 54.1, 69.2;
Robel, Bad Dürkheim: 122.2;
Schmidtke, Melsdorf: 13.4, 118.1, 244.1;
Schöpper, R., Münster: 89.1;
Schroedel Archiv: 39.1, 39.3, 43.4, 57.2, 57.3, 57.4, 60.1, 90.3, 96.3, 99.2, 116.1, 132.1, 138.1, 138.2, 161.1, 184.1, 185.1, 188.1, 188.2, 192.1, 208.1, 225.2b, 230.2, 233.2, 238.2, 238.3, 250.1;
Schroedel-Kartographie: 20.1, 22.3, 24.4, 44.1;
Senft, Altenschneeberg: 241.1;
Skoda-Auto, CZ-Mladá Boleslav: 35.3;
Spangenberg, Lauffen: 43.6, 115.3;
SPD, Berlin: 228.3;
Stadler, Fürstenfeldbruck: 13.2, 25.1, 30.1;
Stadtarchiv Nürnberg: 49.1, 49.1 a, 56.1, 69.3;
Stuttgarter Gesellschaft für Kunst und Denkmalpflege: 165.1;
Süddeutscher Verlag, München: 143.2, 144.1, 144.4, 145.2, 157.1, 164.2, 166.2, 170.1, 178.2, 179.2, 181.2, 190.1, 194.1, 202.1, 205.1, 211.1, 212.1;
Sutor, Karlsruhe: 42.1, 42.2;
SV-Bilderdienst, München: 161.2, 162.1, 200.1, 213.2, 216.1, 217.1;
TransFair e. V., Köln: 125.2;
Transglobe Agency, Hamburg: 222/223.1;
Ullstein, Berlin: 52.2, 53.3, 54.2, 59.1, 77.1, 137.2, 139.1, 145.1 (Bergen, Claus Friedrich © VG Bild-Kunst, Bonn 2005), 147.4, 164.1, 170.2, 176.1, 178.1, 183.1, 203.2, 203.3, 206.1, 214.2, 210.1, 220.1 g, 220.1 i, 225.2a;
vario-press, Bonn: 227.1;
Verlag an der Ruhr: 229.2;
Volkswagen AG, Wolfsburg: 25.2;
Wagner, Amberg: 40.1, 72.2, 74.1, 78.4, 79.4, 79.6, 80.1, 87.1, 87.3;
Wirtschaftssenioren NRW, Bonn: 93.5;
Wostok, Berlin: 17.3;
Wrba, Sulzbach: 36.1, 36.2, 96.2;